中国制造业
质量管理
实战指南

施荣伟　施戈◎编著

本书是编著者长达40余年质量管理理论研究及工作经验的结晶。

这是一本面对中国制造业质量管理需求，试图淬炼出能够帮助企业实现管理技术升华的参考书。编著者梳理、总结了前沿质量管理的理念和最佳实践，参考研究了日本和美国质量管理的利弊，结合我国制造业质量管理实际，提出我国企业推行全面质量管理的中国方案——CTQM 设想。本书第 1 篇介绍质量理念和最佳实践以及 CTQM 架构；第 2 篇阐述企业从市场研究到产品开发、采购、制造、质量监控以及售后服务等关键过程质量管理；第 3 篇阐述质量工具的具体应用路径。

本书实践指导性强，能够满足制造业企业质量管理人员、质量黑带、质量工程师和生产现场人员的质量管理方法应用需求，能够帮助企业切实提升质量管理水平。

图书在版编目（CIP）数据

中国制造业质量管理实战指南/施荣伟，施戈编著 . —北京：机械工业出版社，2024.2

ISBN 978-7-111-75129-8

Ⅰ.①中… Ⅱ.①施… ②施… Ⅲ.①制造工业 – 工业企业管理 – 质量管理 – 研究 – 中国　Ⅳ.①F426.42

中国国家版本馆 CIP 数据核字（2024）第 032414 号

机械工业出版社（北京市百万庄大街22号　邮政编码100037）
策划编辑：李万宇　　　　　　　　　　责任编辑：李万宇　舒　宜
责任校对：孙明慧　李可意　张　征　　封面设计：马精明
责任印制：邵　敏
三河市宏达印刷有限公司印刷
2024 年 3 月第 1 版第 1 次印刷
169mm×239mm・30 印张・3 插页・586 千字
标准书号：ISBN 978-7-111-75129-8
定价：128.00 元

电话服务　　　　　　　　　　　网络服务
客服电话：010-88361066　　　　机　工　官　网：www.cmpbook.com
　　　　　010-88379833　　　　机　工　官　博：weibo.com/cmp1952
　　　　　010-68326294　　　　金　书　网：www.golden-book.com
封底无防伪标均为盗版　　　　　机工教育服务网：www.cmpedu.com

质量管理专家朱兰（Joseph M. Juran）博士预言"21世纪是质量的世纪"。

制造业是国民经济的主体，是立国之本、兴国之器、强国之基。制造业中的中小型企业一直是我国经济发展中极其重要的微观主体——贡献了全国50%以上的税收，60%以上的GDP，70%以上的技术创新成果和80%以上的劳动力就业——是中国经济的基本盘。

成书背景

《中国制造2025》提出"质量为先"战略，把质量作为建设制造强国的生命线，走以质取胜的发展道路。当前，中国制造正处于中国式现代化的伟大变革时期，竞争与机遇同在，现在正是我国企业家大有作为的时候。如何进一步提高企业管理水平，打造中国制造质量精品，做大做强中国制造，成为摆在企业家面前的一项重大课题。

目前，针对中小型制造企业，系统论述质量管理的有价值的实用性书籍较少，企业管理人员及工程师缺乏良好的指导。有鉴于此，我结合自己40年的质量管理从业经验及对质量的认识和研究，编写本书，愿为中国制造业尽一份绵薄之力。对此，我也深感荣幸。

本书特点

本书介绍了当今全球最前沿的质量管理理念和实践，系统介绍和阐述了质量管理主要的方法与工具的正确应用，重点在于指导中小型企业的质量管理实践并获得切实的利益。

本书注重理论性指导，并特别注重实用性和实效性。

1. 理论基础：梳理普遍性的管理原则、工具方法的一般性机理与重要的质量意识。同时，提出中小型企业推行全面质量管理的中国方案设想，阐述了中小型企业质量管理发展的方向和实施步骤。

2. 实用演练：突出实用性，复杂问题简单化，为实现管理目标提供路线图。特别是对DOE这样复杂的统计工具的把握和运用，本书皆以图文的方式展现，使读者可以按图索骥，比较方便地理解和掌握。同时，编著者也开发出适合中小型企业一线人员使用的简便高效的两大工具——简明精益生产（Clear LP）和简明六西格玛（Clear 6Sigma）。这两大工具既可作为正式引用精益六西格玛项目的前期铺垫，也能作为独立的改进工具。

章节介绍

本书分三篇，共18章。

第1篇为质量理念与实践。第1、2章介绍质量的含义和管理理念；第3章提出了中国式全面质量管理（CTQM）的构想，适合不同类型企业选用和参考。

第2篇为关键过程的质量管理。第4~10章阐述了质量组织与过程管理、质量检验、产品设计质量管理、制造过程设计、制造过程控制、顾客关系管理、材料与供应商管理等方面的质量管理。

第3篇为质量工具。第11~18章系统介绍质量工具的应用，涵盖了从低端到高端的常用质量工具。其中，第11章介绍质量改进应遵循的思路和策略；第12章介绍简明统计学知识，包括利用Minitab进行统计分析的方法，以避开烦琐的计算过程；第13章介绍常用质量管理工具；第14章介绍统计过程控制（SPC）；第15章介绍经典DOE、田口DOE和谢宁DOE的运用。第16、17章介绍简明精益生产（Clear LP）和简明六西格玛（Clear 6Sigma）。第18章介绍如何正确选择与有效应用六西格玛、卓越绩效管理、精益生产等先进管理方法。

使用对象

本书的使用对象主要为企业的管理者，制造、质量、工程部门经理，工程技术人员及质量管理人员。本书能作为企业内部培训教材使用；能为咨询师及讲师提供实用参考；也能为学习质量管理的在校学生提供一种实践参考资料。

鸣谢

本书得以付梓，得到众多企业与管理同行的支持，他们提供了大量的数据资料，并给予我极大的鼓励。编著者在多年的工作中，得到了众多领导、同行、客户和朋友们的帮助，在此一并表示衷心的感谢。

本书涉及面较广，引用了诸多专家学者的论述和数据，在此深表感激。

致歉

由于编著者水平有限，书中难免存在瑕疵和不足，希望专家学者和广大读者不吝赐教，提出宝贵意见，在此表示真诚的谢意（作者邮箱：johnshi8888@163.com）。

施荣伟

2023年6月于深圳宝安风采轩

前言

第1篇 质量理念与实践

第1章 理解质量的基本问题
1.1 质量的含义与分析
1.1.1 质量的意义
1.1.2 质量的定义
1.1.3 符合性质量与适用性质量
1.1.4 理所当然质量与魅力质量
1.1.5 质量损失函数
1.1.6 效率、成本、质量哪个优先
1.2 质量连锁反应
1.3 质量管理的历程与展望
1.4 全面质量管理
1.4.1 全面质量管理的思想与特点
1.4.2 全面质量管理的原理与架构
1.4.3 实施全面质量管理（TQM）的四种途径与模式
1.5 质量——21世纪的挑战
1.5.1 朱兰对"质量世纪"的诠释
1.5.2 21世纪质量管理的趋势

第2章 管理理念与风格
2.1 戴明质量理论体系
2.1.1 一个循环：质量管理的普遍原则
2.1.2 两个试验：引导管理阶层观念转型
2.1.3 三张图：助力日本经济快速崛起
2.1.4 十四要点：建立卓越绩效的原则
2.1.5 渊博知识体系：质量管理的知识宝藏

2.2 朱兰质量管理理论 ································ 28
2.3 克劳士比管理理念 ································ 29
2.4 三位质量管理学家的管理风格 ································ 30
2.5 两个质量大国的管理实践与风格 ································ 31
  2.5.1 日本 20 世纪 50 年代质量革命运动 ································ 32
  2.5.2 美国 20 世纪 80 年代质量革命运动 ································ 32
  2.5.3 美日质量管理的风格与优劣启示 ································ 33
  2.5.4 戴明经典案例：福特汽车公司的脱胎换骨与再造 ································ 37

第 3 章 中国式全面质量管理创新 ································ 41
3.1 中国质量管理学初探 ································ 41
  3.1.1 理由：范式不可复制，走自己的路 ································ 41
  3.1.2 构想中国式全面质量管理（CTQM） ································ 42
3.2 CTQM 的指导思想与原则 ································ 43
  3.2.1 指导思想 ································ 43
  3.2.2 CTQM 的定义 ································ 43
  3.2.3 CTQM 的基本原则 ································ 44
3.3 CTQM 的基本策略与特点 ································ 45
3.4 CTQM 的基本架构与要素 ································ 47
  3.4.1 CTQM 体系屋 ································ 47
  3.4.2 管理要素的选择 ································ 47
3.5 CTQM 应用的三个阶梯 ································ 48
  3.5.1 创业起步：开拓业务，质量保证（三西格玛） ································ 49
  3.5.2 第 1 阶段：构建系统，夯实基础（四西格玛） ································ 49
  3.5.3 第 2 阶段：扎实推进，行业楷模（五西格玛） ································ 51
  3.5.4 第 3 阶段：永葆活力，创造卓越（六西格玛） ································ 52
3.6 质量管理基础 ································ 54
3.7 如何保持成功 ································ 56

第 2 篇 关键过程的质量管理

第 4 章 质量组织与过程管理 ································ 60
4.1 质量组织 ································ 60
  4.1.1 传统质量管理的组织架构与职责 ································ 60
  4.1.2 现代质量管理的组织架构与职责 ································ 61
  4.1.3 日本企业的质量组织与职责 ································ 63
4.2 质量职能 ································ 64

4.3　质量保证 ⋯⋯⋯⋯⋯⋯⋯⋯⋯⋯⋯⋯⋯⋯⋯⋯⋯⋯⋯⋯⋯⋯⋯ 65
4.4　质量计划 ⋯⋯⋯⋯⋯⋯⋯⋯⋯⋯⋯⋯⋯⋯⋯⋯⋯⋯⋯⋯⋯⋯⋯ 67
4.5　过程管理 ⋯⋯⋯⋯⋯⋯⋯⋯⋯⋯⋯⋯⋯⋯⋯⋯⋯⋯⋯⋯⋯⋯⋯ 67

第5章　质量检验 ⋯⋯⋯⋯⋯⋯⋯⋯⋯⋯⋯⋯⋯⋯⋯⋯⋯⋯⋯⋯⋯⋯⋯ 72

5.1　质量控制计划 ⋯⋯⋯⋯⋯⋯⋯⋯⋯⋯⋯⋯⋯⋯⋯⋯⋯⋯⋯⋯⋯ 72
5.2　检验的基本概念与要求 ⋯⋯⋯⋯⋯⋯⋯⋯⋯⋯⋯⋯⋯⋯⋯⋯⋯ 77
5.3　产品检验的实施 ⋯⋯⋯⋯⋯⋯⋯⋯⋯⋯⋯⋯⋯⋯⋯⋯⋯⋯⋯⋯ 79
5.4　抽样检验与抽样方案 ⋯⋯⋯⋯⋯⋯⋯⋯⋯⋯⋯⋯⋯⋯⋯⋯⋯⋯ 82
　　5.4.1　基本概念与术语 ⋯⋯⋯⋯⋯⋯⋯⋯⋯⋯⋯⋯⋯⋯⋯⋯⋯ 82
　　5.4.2　抽样检验实施程序 ⋯⋯⋯⋯⋯⋯⋯⋯⋯⋯⋯⋯⋯⋯⋯⋯ 84
　　5.4.3　关于抽样的几个问题 ⋯⋯⋯⋯⋯⋯⋯⋯⋯⋯⋯⋯⋯⋯⋯ 87
5.5　检验的性质与发展趋势 ⋯⋯⋯⋯⋯⋯⋯⋯⋯⋯⋯⋯⋯⋯⋯⋯⋯ 89
5.6　质量报表与数据分析 ⋯⋯⋯⋯⋯⋯⋯⋯⋯⋯⋯⋯⋯⋯⋯⋯⋯⋯ 90
　　5.6.1　工厂常用质量指标 ⋯⋯⋯⋯⋯⋯⋯⋯⋯⋯⋯⋯⋯⋯⋯⋯ 90
　　5.6.2　质量报表的设计与汇总 ⋯⋯⋯⋯⋯⋯⋯⋯⋯⋯⋯⋯⋯⋯ 91
　　5.6.3　数据分析 ⋯⋯⋯⋯⋯⋯⋯⋯⋯⋯⋯⋯⋯⋯⋯⋯⋯⋯⋯⋯ 93

第6章　产品设计质量管理 ⋯⋯⋯⋯⋯⋯⋯⋯⋯⋯⋯⋯⋯⋯⋯⋯⋯⋯⋯ 98

6.1　设计的意义与目标 ⋯⋯⋯⋯⋯⋯⋯⋯⋯⋯⋯⋯⋯⋯⋯⋯⋯⋯⋯ 98
6.2　构建科学的产品研发流程 ⋯⋯⋯⋯⋯⋯⋯⋯⋯⋯⋯⋯⋯⋯⋯⋯ 101
6.3　积极充分的设计评审 ⋯⋯⋯⋯⋯⋯⋯⋯⋯⋯⋯⋯⋯⋯⋯⋯⋯⋯ 102
6.4　善用先进的管理工具 ⋯⋯⋯⋯⋯⋯⋯⋯⋯⋯⋯⋯⋯⋯⋯⋯⋯⋯ 105
6.5　抛弃经验，开始田口容差设计 ⋯⋯⋯⋯⋯⋯⋯⋯⋯⋯⋯⋯⋯⋯ 105

第7章　制造过程设计 ⋯⋯⋯⋯⋯⋯⋯⋯⋯⋯⋯⋯⋯⋯⋯⋯⋯⋯⋯⋯⋯ 109

7.1　用精益原则改造设计现有流程 ⋯⋯⋯⋯⋯⋯⋯⋯⋯⋯⋯⋯⋯⋯ 109
7.2　过程设计的目标与内容 ⋯⋯⋯⋯⋯⋯⋯⋯⋯⋯⋯⋯⋯⋯⋯⋯⋯ 109
　　7.2.1　过程设计的目标 ⋯⋯⋯⋯⋯⋯⋯⋯⋯⋯⋯⋯⋯⋯⋯⋯⋯ 109
　　7.2.2　过程设计的主要项目 ⋯⋯⋯⋯⋯⋯⋯⋯⋯⋯⋯⋯⋯⋯⋯ 110
7.3　两个重要输出：过程控制标准与作业标准 ⋯⋯⋯⋯⋯⋯⋯⋯⋯ 112
　　7.3.1　过程控制标准 ⋯⋯⋯⋯⋯⋯⋯⋯⋯⋯⋯⋯⋯⋯⋯⋯⋯⋯ 112
　　7.3.2　作业标准 ⋯⋯⋯⋯⋯⋯⋯⋯⋯⋯⋯⋯⋯⋯⋯⋯⋯⋯⋯⋯ 115

第8章　制造过程控制 ⋯⋯⋯⋯⋯⋯⋯⋯⋯⋯⋯⋯⋯⋯⋯⋯⋯⋯⋯⋯⋯ 118

8.1　过程控制的目标与要求 ⋯⋯⋯⋯⋯⋯⋯⋯⋯⋯⋯⋯⋯⋯⋯⋯⋯ 118
8.2　过程控制的可用方式 ⋯⋯⋯⋯⋯⋯⋯⋯⋯⋯⋯⋯⋯⋯⋯⋯⋯⋯ 120
8.3　现场"5M"管理 ⋯⋯⋯⋯⋯⋯⋯⋯⋯⋯⋯⋯⋯⋯⋯⋯⋯⋯⋯⋯ 122
　　8.3.1　质量波动的根源 ⋯⋯⋯⋯⋯⋯⋯⋯⋯⋯⋯⋯⋯⋯⋯⋯⋯ 122

8.3.2 物料管理 ·· 122
8.3.3 人员管理 ·· 123
8.3.4 设备管理 ·· 124
8.3.5 作业方法管理 ·· 127
8.3.6 现场环境管理 ·· 127
8.4 关键工序质量控制 ·· 128
8.4.1 关键工序的特征 ·· 128
8.4.2 关键工序的控制方法 ·· 128
8.5 工程变更控制 ·· 129
8.6 现场服务支持系统 ·· 129
8.7 工序控制的三级水平与应用策略 ·· 130

第9章 顾客关系管理 ·· 132
9.1 顾客驱动：实现客户价值链 ·· 132
9.2 销售部门质量职责和质量活动 ·· 132
9.3 售后及投诉的处理 ·· 133

第10章 材料与供应商管理 ·· 135
10.1 供应商、材料与生产线 ·· 135
10.2 采购部门的质量职责 ·· 135
10.3 进料质量控制："全检或全不检" ·· 136
10.4 长远布局：供应链管理 ·· 137

第3篇 质量工具

第11章 质量改进理念与策略 ·· 140
11.1 为什么需要改进 ·· 140
11.2 美国企业与日本企业的质量策略 ·· 140
11.3 戴明质量改进理念与策略 ·· 142
11.4 朱兰质量改进理念与策略 ·· 146
11.5 质量度量的三种方式与换算 ·· 149
11.5.1 质量度量方式及其意义 ·· 149
11.5.2 质量度量尺度换算 ·· 149
11.6 实践出真知 ·· 150

第12章 简明统计学知识 ·· 151
12.1 统计的基本问题 ·· 151
12.1.1 统计思考 ·· 151
12.1.2 统计：收集、组织、分析、解释、呈现数据 ·· 151

- 12.1.3 统计学三个关键要素：过程、变异、数据 ········· 152
- 12.2 变异的知识 ········· 152
- 12.3 如何收集数据 ········· 154
  - 12.3.1 总体、样本与抽样 ········· 154
  - 12.3.2 数据的类别与数据收集 ········· 155
  - 12.3.3 数据收集的分层问题 ········· 158
- 12.4 高级统计知识 ········· 159
  - 12.4.1 概率与分布：变量和过程分析的基础工具 ········· 159
  - 12.4.2 假设检验：以95%的可信度，在探索与决策之间架起一座桥梁 ········· 166
  - 12.4.3 方差分析：全面揭示变异原因及其影响，并区分主次 ········· 171
  - 12.4.4 回归分析：建立 $y=f(x_i)$ 数学模型，并予以优化 ········· 173
- 12.5 Minitab 统计应用 ········· 175
  - 12.5.1 统计其实很简单——Minitab 三部曲 ········· 175
  - 12.5.2 基本统计与分布 ········· 178
  - 12.5.3 图形分析 ········· 181
  - 12.5.4 假设检验 ········· 184
  - 12.5.5 方差分析 ········· 190
  - 12.5.6 MSA 双性分析（R&R） ········· 192
  - 12.5.7 试验的功效与样本 ········· 194

第13章 常用质量管理工具 ········· 196

- 13.1 亨利法则：如何使用工具 ········· 196
- 13.2 活用 QC 七种工具 ········· 198
- 13.3 变异分析与趋势图 ········· 210
- 13.4 原因识别与验证技术 ········· 212
  - 13.4.1 识别潜在原因 ········· 212
  - 13.4.2 验证根本原因 ········· 212
- 13.5 多变量分析 ········· 215
  - 13.5.1 多变量分析概述 ········· 215
  - 13.5.2 多变量分析原理和方法 ········· 216
  - 13.5.3 多变量分析图应用 ········· 219
- 13.6 测量系统分析（MSA） ········· 220
- 13.7 失效模式与后果分析（FMEA） ········· 221
  - 13.7.1 FMEA 的原理与要素 ········· 221
  - 13.7.2 过程 FMEA（PFMEA） ········· 223

13.7.3　FMEA 2019 ……………………………………………… 227
13.8　质量功能展开（QFD） ……………………………………… 227

第14章　统计过程控制（SPC） ……………………………………… 230
14.1　企业为什么需要统计过程控制 ……………………………… 230
14.2　SPC 介绍 ……………………………………………………… 232
14.3　控制图的制作与应用 ………………………………………… 241
14.3.1　计量型控制图 ………………………………………… 241
14.3.2　计数型控制图 ………………………………………… 246
14.4　控制图数据收集 ……………………………………………… 253
14.5　过程能力研究 ………………………………………………… 254
14.6　SPC 常见的10个问题与澄清 ………………………………… 259

第15章　试验设计（DOE） …………………………………………… 263
15.1　获取六西格玛质量的超级利器 ……………………………… 263
15.1.1　美国人与日本人从不张扬的秘密 …………………… 263
15.1.2　DOE 的本质与优势 …………………………………… 264
15.1.3　应用 DOE 的几个关键问题 …………………………… 265
15.2　经典 DOE——完整分析和优化 ……………………………… 267
15.2.1　试验设计基本原理 …………………………………… 267
15.2.2　全因子试验设计 ……………………………………… 280
15.2.3　部分因子试验设计 …………………………………… 288
15.2.4　响应曲面设计 ………………………………………… 290
15.2.5　多指标 DOE 分析与优化 ……………………………… 302
15.3　田口 DOE——超级水平和稳健 ……………………………… 309
15.3.1　田口 DOE 的原理 ……………………………………… 311
15.3.2　田口试验设计应用 …………………………………… 314
15.3.3　稳健参数试验设计 …………………………………… 319
15.3.4　复杂制程改进案例研究：芯片多晶硅沉淀试验 …… 323
15.4　谢宁 DOE——快速改进和简便 ……………………………… 332
15.4.1　快速了解谢宁 DOE …………………………………… 332
15.4.2　谢宁 DOE 理论框架 …………………………………… 333
15.4.3　如何使用谢宁 DOE …………………………………… 338
15.4.4　DOE 十大工具应用实例 ……………………………… 340

第16章　简明精益生产（Clear LP） ………………………………… 367
16.1　传统条件下的精益生产 ……………………………………… 367
16.1.1　将5S 进行到底 ………………………………………… 367

16.1.2　Clear LP 的目标与原则 ·················· 369
16.2　Clear LP 的实现机制 ·························· 372
　　16.2.1　了解精益生产的基本原理 ·················· 372
　　16.2.2　实物看板系统 ·················· 372
16.3　精益改善事项 ·················· 374
　　16.3.1　传统生产计划方式升级 ·················· 374
　　16.3.2　作业生产线改善 ·················· 375
　　16.3.3　确立内部流程供应链 ·················· 376
　　16.3.4　时间陷阱与瓶颈改善 ·················· 376
　　16.3.5　改善现场支持服务系统 ·················· 378
　　16.3.6　批量最小化与快速换模 ·················· 379
16.4　Clear LP 实施的三个阶段 ·················· 379
　　16.4.1　零阶段：5S 门槛 ·················· 379
　　16.4.2　第 1 阶段：快速消肿 ·················· 380
　　16.4.3　第 2 阶段：流程改造 ·················· 380
　　16.4.4　第 3 阶段：精益生产 ·················· 381
16.5　远景展望：奔向丰田 TPS ·················· 382

第 17 章　简明六西格玛（Clear 6Sigma） ·················· 383

17.1　简明六西格玛的目标：改善质量、成本与速度 ·················· 383
　　17.1.1　Clear 6Sigma 的实质 ·················· 383
　　17.1.2　Clear 6Sigma 的原则 ·················· 383
　　17.1.3　Clear 6Sigma 的实现方式 ·················· 384
　　17.1.4　六西格玛工具 ·················· 384
17.2　实施六西格玛项目的 DMAIC 流程 ·················· 385
　　17.2.1　定义阶段（D）：选择项目，确定目标 ·················· 385
　　17.2.2　测量阶段（M）：测量流程，确定基线 ·················· 393
　　17.2.3　分析阶段（A）：分析数据，确认根因 ·················· 396
　　17.2.4　改进阶段（I）：创建方案，实施改进 ·················· 397
　　17.2.5　控制阶段（C）：新标监管，总结推广 ·················· 399
17.3　简明精益六西格玛（Clear LP & 6Sigma） ·················· 400

第 18 章　先进管理模式应用 ·················· 402

18.1　ISO 9000 质量管理体系标准 ·················· 402
　　18.1.1　管理者的困惑——回到原点 ·················· 402
　　18.1.2　企业管理起步与发展的基石 ·················· 402
　　18.1.3　ISO 9000 的基本结构与要素 ·················· 404

    18.1.4 实施 ISO 9000 的顺序与要点 ································· 407
    18.1.5 应用 ISO 9004：2018 ·· 411
  18.2 六西格玛 ··· 412
    18.2.1 六西格玛的背景及其发展 ······································ 412
    18.2.2 六西格玛的原理 ··· 414
    18.2.3 如何应用六西格玛 ·· 420
    18.2.4 精益六西格玛——全面快速突破的最佳策略 ················ 421
  18.3 卓越绩效管理 ·· 422
    18.3.1 卓越绩效管理产生的背景 ······································ 422
    18.3.2 美国卓越绩效模式：波多里奇质量奖 ························· 423
    18.3.3 中国卓越绩效管理：《卓越绩效评价准则》（GB/T 19580）
           的结构与要素 ·· 425
    18.3.4 卓越绩效管理应用 ··· 426
  18.4 精益生产 ·· 427
    18.4.1 背景与门槛 ··· 427
    18.4.2 精益生产原理与要件 ·· 428
    18.4.3 精益生产应用策略 ··· 435
    18.4.4 日本工厂参观随记—— 美国人眼中的 JIT ···················· 437
  18.5 日本质量管理 ·· 439
    18.5.1 日本质量管理的形成与发展 ···································· 439
    18.5.2 日本质量管理的理论指导 ······································ 440
    18.5.3 日本质量管理成功的经验 ······································ 441
    18.5.4 戴明奖对日本质量管理的影响 ································ 443
    18.5.5 日本质量管理最佳实践汇集 ···································· 445

附录 ··· 459
  附录 A 统计术语 ·· 459
  附录 B 控制图界限及常数表 ·· 460
  附录 C 正态分布表（Z 表） ·· 461
  附录 D 卡方分布表 ··· 464
  附录 E 西格玛与 PPM 度量换算表 ··· 465
  附录 F t 分布表 ··· 466

参考文献 ··· 468

第 1 篇

质量理念与实践

第 1 章　理解质量的基本问题

1.1 质量的含义与分析

1.1.1 质量的意义

随着社会的发展和科学技术的进步，质量的内涵发生了深刻的变化。同时，由于人们所在的角度不同，也会对质量做出不同的解释。例如，生产者和顾客会经常对质量的理解不同而导致顾客不满意；操作者与检验员对质量标准的认定也会经常不一致，从而导致产品不合格而未被处理，或因标准过严而导致过度返工，造成浪费；股东和经理人对质量的看法也不一样，股东要投资回报率，而经理人要年薪加度假，等等。如此混乱的现象极大阻碍了企业的经营管理效能的提升。因此，澄清质量的概念就显得尤为重要。

质量意味着什么？它与我们有什么关系？朱兰博士有一段精彩的描述，值得我们品味与思考。朱兰把质量形容为"堤坝"。他说，人们将安全、健康甚至日常的幸福都置于许多质量控制的"堤坝"的保护之下，一个国家的生产力依赖于产品和过程的设计质量，经济增长在于其能源、通信、交通等系统的可靠性。可见质量无论对于人们个人的生活，还是对于国家经济发展的影响，都是那么的密切与深远。质量问题不得不察。

1.1.2 质量的定义

给质量下个定义并非易事，但这件工作必须要做。朱兰博士认为，质量管理的一个重要工作是为"质量"这个词下定义。人们必须首先对这个词的含义达成共识，之后组织（企业）才能知道如何对"它"来进行管理，能够管理就能够提供，从而使顾客满意。同时，戴明博士也反复强调"操作定义"的原则，这对于质量管理的实际应用以及解释所有的问题，意义尤为重要。

1. 可供理解的质量定义

国际标准化组织 ISO 9000：2000 标准将质量定义为"一组固有特性满足要求的程度"。这个质量定义为全球贸易的产品交付及法律仲裁提供了参照的基础。

戴明：质量是以最经济的手段制造出市场上最有用的产品。
朱兰：质量为适用性，即产品在使用时满足顾客要求的程度。
克劳士比：质量的定义是符合要求。
田口玄一：质量是产品出厂后给社会带来的损失。
上述质量定义的表述有一个共同点，那就是"质量由顾客评判"。

2. 质量定义的组成与拓展

（1）产品质量

产品质量是指生产过程输出的实物的质量。通常通过测量产品的特性来评价质量的好坏。测量的指标通常包括性能、功能、可信性、安全性、经济性、时间性、可生产性、可维护性等。

对于制造业来讲，实物质量是最基本的要求，若脱离了实物质量，一切质量都将是无源之水。

（2）服务质量

对于制造业来讲，服务质量包括成本、交货周期、顾客现场及售后服务等。

（3）工作质量

工作质量是指为保证产品质量和增加顾客满意度，部门和人员的工作效能和表现。工作质量也称为职能质量，指部门及人员的工作对过程、产品和质量保证的影响。

（4）过程质量

过程质量是指为实现产品输出与业务运营的过程运行的效率和达成目标的效果，以及对企业经营目标的贡献。

（5）管理质量

管理质量是指组织所有生产经营管理所体现的功能效用与整体效能。根据戴明理论，质量取决于优异的管理。企业的质量管理、生产管理、设备管理、培训管理等管理质量的好坏对企业运营绩效有重要影响。优秀的管理与劣质的管理产生的结果有天壤之别。

（6）大质量

传统的质量观只关注产品和制造过程的质量（俗称小Q）。除此之外，人们还应该关注与企业生产经营活动有关的所有过程的质量，以及相关方需求、健康安全和社会责任，这就是大质量（俗称大Q）。大质量强调企业所有方面的优秀。全面质量管理（TQM）以大质量为基础，而卓越绩效则是大质量观的新表现形式。

3. 质量定义的三个层次

对于处在不同发展阶段的企业来说，应当构建与企业战略目标相适应的质量定义。以下三种质量定义的层次由低向高，可供选择参考。

1) 提供符合顾客要求的产品和服务,并获得顾客满意(ISO 9000 要求)。
2) 提供产品和服务满足并超过顾客的期望,获得顾客忠诚并使相关方满意。
3) 为顾客创造价值并获得顾客忠诚,承担社会责任,使本组织所有成员及社会受益。

1.1.3 符合性质量与适用性质量

生产者与顾客对质量的理解是不尽相同的。生产商关注的是质量合格、成本和生产性,而顾客关注的则是获得满意的产品和服务。生产者追求符合性质量,而顾客则追求适用性质量。符合性质量与适用性质量对照见表1-1。

表1-1 符合性质量与适用性质量对照

类别	符合性质量(生产者观点)	适用性质量(顾客的观点)
目的	内部控制	满足交付要求
关注点	出厂检验符合规格、成本	好用、一致性、价格
质量特征	尺寸、功能、性能、外观、包装……	运输、安装、可靠性、维修性、交付速度、现场服务……
质量度量	不合格	缺陷

顾客从自己的视角,以自己的语言来表达自己的需要;而生产者必须理解这些表述背后所隐藏的真正的含义,并将这些需要转化成生产者的语言——企业内部控制的质量标准,也就是规格和操作标准,即符合性质量。适用性质量是外部质量,考虑的是符合顾客要求;符合性质量属于企业内部控制质量,最终也需要满足顾客要求。

在管理的实践中,应该区分"不合格"与"缺陷"这两个不同的概念。不合格与设计规格相联系;缺陷与顾客的要求相联系。

不合格是指产品经检验判定不符合设计规格。特性不符合规范的产品叫作不合格品。

缺陷是指产品存在瑕疵和问题,不满足顾客的要求。

为满足顾客的要求,必须达成以下三方面的共识。

1. 规格 ≠ 质量

产品不仅要符合内控质量的要求,而且必须满足顾客的要求。为达到此目的,需要运用质量功能展开(QFD)等技术,将顾客的需求转换成规范和内部控制标准。此外,要兼顾顾客要求与规范要求,两者相辅相成。

2. 企业内部人员应各尽其职

1) 对于检查者,产品是检验出来的——质量就是符合规格。

2) 对于生产者,质量是制造出来的——不仅须符合规格,而且还要关注目的性,即产出对后流程及最终顾客的影响。目的性对制造者提出了更高的要求。

3) 对于设计者,质量是设计出来的——产品质量和成本在设计阶段基本形成,设计人员必须采用正确的方法,竭尽全力地设计出高质量、低成本与生产性的产品特征。

3. 追求质量的一致性

戴明博士指出,质量的核心问题是"一致性"。质量的一致性比所谓的高质量更重要。一致性意味着加工出来的产品间的差异较小。一致性的产品质量为顾客带来最大价值,也降低了由于返工带来的制造成本。一致性质量不仅是目标,还是企业优异管理与持续改进的结果。

1.1.4 理所当然质量与魅力质量

日本质量专家卡诺(Kano)博士提出了卡诺模型,把质量依照顾客的感受及满足顾客需求的程度分成三种质量:理所当然质量、期望质量和魅力质量(见图1-1)。卡诺模型是质量设计和质量改进中重要的分析工具,成为现代质量管理的前沿思想理念。

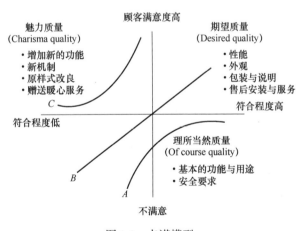

图1-1 卡诺模型

A:理所当然质量。当质量特性不充足(不满足顾客需求)时,顾客很不满意;当质量特性充足(满足顾客需求)时,顾客有可能满意也有可能不满意。

B:期望质量也称为一元质量。当质量特性不充足时,顾客很不满意;当质量特性充足时,顾客就满意。质量特性越不充足越不满意,越充足越满意。

C:魅力质量。当质量特性不充足时,因为是无关紧要的特性,则顾客无所谓,当质量特性充足时,顾客就十分满意。

1.1.5 质量损失函数

日本质量专家田口玄一博士认为产品质量与质量损失密切相关，质量损失是指产品在整个生命周期中，由于质量不满足规定的要求，给生产者、使用者和社会所造成的全部损失之和。当产品性能接近目标值时，质量损失小，则质量好；产品性能偏离目标值越远，质量损失越大，则质量差。这种理念在日本质量管理和产品设计中得到广泛应用，戴明非常赞赏田口的理念。

质量损失函数 $L(x)$ 的表达式如下：

$$L(x) = k(x-m)^2$$

式中 m 是目标值；x 是质量特性；k 是常数，一般由"功能界限"确定。

应用损失函数时应注意，不能仅满足符合规格，而且要关注减少损失，通过过程改进，使过程中心接近目标值。下面是戴明对质量损失函数应用的说明（见图1-2）。

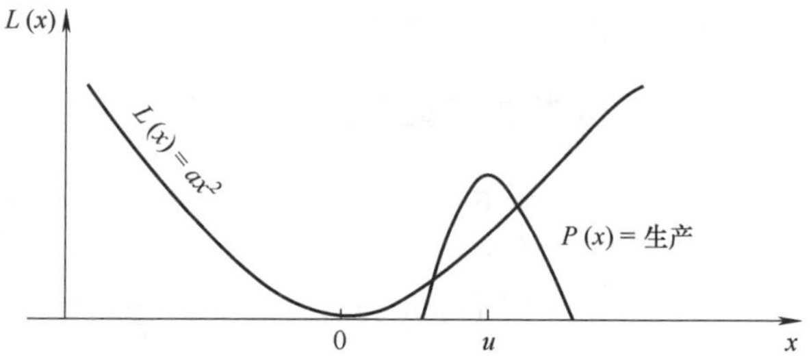

设损失函数 $L(x) = ax^2$，x 为零时损失最小。生产的损失函数是

$$\int_{-\infty}^{\infty} L(x)P(x)\mathrm{d}x = f(u,\sigma)$$

图1-2 为使损失降至最小，应使生产过程中的值趋向目标值

资料来源：《戴明论质量管理》。

我们努力的目标是使生产过程中的值趋向目标值，即 $u=0$。

1.1.6 效率、成本、质量哪个优先

企业存在的目的是追求利润。效率、成本、质量这三者都直接影响着利润的多少，甚至会导致负债亏损，而长期亏损即意味倒闭。因此，效率、成本、质量就成为职业经理人至关重要的主题，因为这些都是考核经理人绩效的重要指标。有一些企业的职业经理人常常围绕着"高质量花费更多还是更少"而争论不休。有些经理嘴上说着质量，心里却一直挂念着效率和利润。于是，就产生两种经营策略：一种是效率优先经营策略；另一种是质量优先经营策略。

不同的经营策略将给企业带来截然不同的结果。顺应社会发展和市场需求变化的企业一定取胜，反之定受挫。最值得借鉴的经典例子就是福特汽车公司。福特汽车不仅是丰田汽车制造的老师，更是全面质量控制（TQC）的老师。20世纪80年代，在美国家电和小汽车市场严重遭遇日本产品冲击的强大压力的背景下，福特汽车经过持续改进质量和更好地满足顾客要求，从底特律三大汽车制造商的

最后一名变成了先锋,很快成为一家盈利能力很强的公司。可是好了伤疤忘了疼,由于产品质量下降,2002年1月12日"福特裁员35000人,关闭5家工厂"成为头条新闻。报纸引用福特CEO威廉·福特的话说:"我们背离了那些使我们攀上巅峰的东西,这使得我们付出了惨重的代价。"为扭转危机,福特发起了"质量复兴计划",重新将持续改进置于公司经营战略的优先位置。福特终于认识到:"没有质量,就没有销售;没有销售,就没有利润;没有利润,就没有工作。"此后,质量优先的理念逐步为众多的美国公司所接受。

在现实世界中,在质量优先与效率优先之间摇摆的企业还真的不在少数,效率、成本、质量哪个优先的问题必须解决。

1.2 质量连锁反应

对于经理们所困惑的"到底效率优先还是质量优先"问题,早在20世纪50年代初,戴明博士就给出了答案,并将此原理传授给了日本工业界的高管和工程师们,这就是著名的连锁反应原理。戴明告诉日本人:"质量改进了,就会把浪费在工作上和机器上的时间转化为更好的产品和服务。之后是一连串的连锁反应:更低的成本、更有利的竞争地位、更快乐的员工,以及提供更多的就业机会。"连锁反应原理构成戴明14项管理原则的理论基础。

日本的企业高层管理者们采纳了这一连锁反应的理念,认同企业员工的共同目标都是质量第一。质量连锁反应变成日本人一种根深蒂固的生活方式。由此,日本开启了"新经济时代"。

现在,西方重要的世界级企业的管理者们也日益认识到质量管理的重要性。通用电气总裁韦尔奇说:"质量是顾客忠诚的最好保证,它是我们抵御国外产品竞争的最有力的武器,是持续增长和获得利润的唯一方法。"

1.3 质量管理的历程与展望

近代质量管理的发展大致经历了以下四个阶段。

1. 质量检验(QC)阶段

20世纪初,随着工业革命后生产力的发展,科学管理倡导者泰勒提出将产品的质量检验从制造中分离出来,成立了专职检验部门,制造部门只负责生产,由专职人员负责质量监督。这对当时的出厂质量保证起到重要作用,但同时存在致命弱点。

2. 统计质量控制(SQC)阶段

20世纪40年代(第二次世界大战期间),由于美国国防工业迫切需要保证军火的质量,统计质量控制应运而生,这对美国大量军工生产的质量控制发挥了重要作用。1925年，美国的贝尔实验室的工程师休哈特博士发明了控制图，首次将统计学理论应用于管理，他认为产品质量不是检验出来的，而是生产制造出来的。统计质量控制（包括控制图和抽样检验技术）被美国国防部要求各个军工企业强制执行，这使美国军品质量得到明显提高。

统计质量控制（SQC）在现代质量管理中扮演着重要角色，西方国家将SPC（控制图）列为现代质量管理重要管理技术之一。戴明博士称应用控制图的制造是"唯一正确的制造方法"。

3. 全面质量管理（TQM）阶段

全面质量管理的概念首先由美国质量专家费根鲍姆提出，朱兰及戴明等质量管理学家的思想极大地丰富了全面质量管理的内涵。1961年费根鲍姆出版《全面质量管理》一书，对全面质量管理的概念进行了系统的阐述，主要的观点有：产品质量单纯依靠检验和统计控制是不够的；将质量控制向管理领域扩展，形成全过程的管理；提高质量是企业全体成员的责任等。朱兰说："事实证明，TQM带给企业一个强烈的呼声，一个新的工作动力，一种新的管理方法。为此，我们对TQM必须全力以赴，再接再厉，因为TQM给我们的企业经营提供了一种新的管理方法和体系。"

全面质量管理虽然发源于美国，但却在日本真正取得成效。日本的质量管理已成为全世界学习效仿的典范，并将初级的全面质量控制（TQC）的概念真正演变成如今的全面质量管理（TQM）。如今，全面质量管理的理念已被世界各国所接受，并在实践中不断得到丰富和发展，成为组织提高质量、获得竞争优势的有效途径。

特别值得一提的是，印度是践行质量管理较好的国家之一。仅在1998年—2008年，印度就有Sundaram Clayton、VS内燃机、刹车部件制造、Rane发动机及塔塔钢铁等16家印度企业获得日本最高质量奖项——戴明奖，而美国只有一家企业获此殊荣。

4. 全面质量管理发展阶段

1987年是一个重要的质量管理发展年份。这一年，同时诞生了三个崭新的质量管理模式：

- 国际化标准组织颁布的ISO 9000质量管理体系系列国际标准。
- 摩托罗拉公司开发出六西格玛计划。
- 美国国会通过波多里奇国家质量奖法案，次年颁布波多里奇奖，奖励卓越绩效管理突出的企业。

ISO 9000、六西格玛与卓越绩效受到全面质量管理理念和实践的影响，是在全球化市场激烈竞争的大背景下产生的，它们是对全面质量管理理念和实践的补充、发展及应用。

1.4 全面质量管理

1.4.1 全面质量管理的思想与特点

国际标准化组织（ISO）对全面质量管理的定义：一个组织以质量为中心，以全员参与为基础，目的在于通过让顾客满意和本组织所有成员及社会受益而达到长期成功的管理途径。质量管理应该贯穿于市场调查、研发设计、生产准备、采购、制造、测试检验、销售、售后服务，以及财务、人力资源、教育培训等企业所有活动。

1992 年，由 9 家美国大企业的 CEO、著名商学院及咨询专家联合提出了关于全面质量管理的定义："全面质量管理是一个以人为中心的管理系统，它致力于在不断降低成本的基础上不断提高顾客的满意度。全面质量管理是一个综合的系统方法（而非一个孤立的领域或项目），是高层级战略的组成部分。它横跨所有的职能和部门，涉及所有员工，并向前后延伸至供应链和客户链。全面质量（管理）强调学习和适应不断的变化，这是组织成功的关键所在。"

日本戴明质量奖评审委员会关于全面质量管理的定义：以质量为中心，以全员参加为基础，目的在于通过让顾客满意和本组织的所有成员及社会受益而达到长期成功的一种管理途径。

日本从美国引入全面质量管理，早已从最初的全公司质量管理（WCQC）发展成如今的"质量经营"，即"以质量第一、综合管理"的全面质量管理，真正将全面质量控制变成了全面质量管理。日本质量管理经过几十年的发展，已经成为全世界学习效仿的典范。日本质量管理的实践与戴明奖的评价标准，对于所有国家和组织推行全面质量管理均有着重大借鉴意义。

全面质量管理具有以下三个最显著特征。

1. 全员

全面质量管理首先，必须是全员参与的管理。企业所有人员，包括领导人员、工程技术人员、管理人员和工人等都参加质量管理，并对质量负责。戴明博士告诫管理者，管理系统的核心是人。只有真正调动员工的主动性和积极性才能让企业成功，这可不是靠简单的技术改进或行政手段就能解决的。

2. 全过程

对市场调查、研究开发、设计、生产准备、采购、生产制造、包装、检验、贮存、运输、销售、为用户服务等全过程都进行质量管理。

3. 全面

全面的质量包括产品质量、服务质量、工作质量、过程质量，还涉及相关方所关心的要求，如安全、健康、环保等，这也是大质量的概念。

全面质量管理注重管理内容的全面性与管理知识工具的全面利用。全面质量管理不仅要着眼于产品的质量，而且要注重形成产品的工作质量，采用多种方法和技术，包括科学的组织管理工作、各种专业技术、数理统计方法、成本分析等。

1.4.2 全面质量管理的原理与架构

一个可实施和可持续的全面质量管理系统必须是基本原则、基础架构、工具方法和管理基础的结合体。

无论如何定义全面质量管理，它都必须遵循以下基本原则：
- 关注顾客与相关方。
- 全员参与和团队合作。
- 基于过程导向的持续改进。
- 学习与变革。

基础架构是指组织有效遵循和实施全面质量管理所必需的基本管理系统，包括以下要素：
- 领导和战略。
- 顾客关系管理。
- 过程管理。
- 人力资源管理。
- 信息与知识管理。

工具方法是解决问题的重要武器，是实施质量管理和实现组织目标的重要手段。在人类管理发展的历史长河中，前人开发和积累了大量有用的工具，组织应结合自身的需要选择与适用于解决问题的体系、方法和工具。

推行全面质量管理必须具备良好的管理基础。质量管理的基础性工作一般包括质量责任制、企业标准化、计量管理、5S管理、QC改善小组活动、信息数据管理和教育培训等。

1.4.3 实施全面质量管理（TQM）的四种途径与模式

从费根鲍姆提出全面质量管理概念到如今，人们进行全面质量管理的实践活动已非常丰富。从管理实践的成功经验来考察，组织实施全面质量管理的途径和模式基本有以下四种：
- ISO 9000。
- 六西格玛（6Sigma 或 6σ）。

- 卓越绩效。
- 日本全面质量管理模式。

全面质量管理是"体",而 ISO 9000、六西格玛、卓越绩效则是"用"。为了方便读者了解不同管理模式的机理、应用范围和性质特点,列出三种模式比较以供参考,见表1-2。

表1-2 ISO 9000、六西格玛、卓越绩效三种模式比较

项 目	ISO 9000	六 西 格 玛	卓 越 绩 效
目的	建立质量保证体系,提供符合要求的产品,使顾客满意	追求世界级高质量,获得质量领先竞争优势	期望获得卓越绩效,成为世界级企业,参与国际竞争
关注点	顾客需求	顾客与财务	顾客与结果
管理重点	过程控制、初步改进	关键流程的改进与优化	全面的,依评价准则分七大类
管理方法	过程方法、PDCA	DMAIC、统计工具、团队项目	重点不突出,烦琐杂乱
参与主体	全体员工	少数专家:黑带(六西格玛全职管理人员)、绿带(六西格玛兼职管理人员)	管理人员起主要作用
难易度	5	9	8
有效性	65	85	90

注:难易度取值1为最低、10为最高;有效性取值1为最低、100为最高。

ISO 9000 是典型的西方管理的范式,但它也照顾了不发达地区的状况,是一个全球各类经济体都能共享的管理规范和准则,成为一种国际标准。ISO 9000 旨在指导和规范国际贸易中供货方的质量行为标准,以保证向顾客提供符合要求的产品,使顾客满意,并持续改进以维持组织质量体系的有效性。ISO 9000 代表了国际贸易的基本惯例和通用的质量要求。迄今为止,ISO 9000 是人类管理活动中得到最广泛应用的质量管理模式,没有之一。

六西格玛与卓越绩效更是典型的美国(西方主流)管理模式,它的管理特征就是"结果导向管理"。六西格玛方法是摩托罗拉开发的、GE 等美国大型企业不断完善的现代质量管理方法,而卓越绩效模式则是美国为重新树立其国家领导地位的国家级战略,它集聚了美国主流管理学者的思想、知识和理论。

本书之所以将日式管理作为实施全面质量管理的第四种模式而单列出来,理由有二:一是日本作为整个工商界(不只是个别企业)应用全面质量管理最为成功的国家,已经成为全世界效仿学习的典范(朱兰、戴明);二是日本质量管理属于"过程导向的管理",它的理念与做法截然区别于西方质量管理的"结果导向

的管理"。因此,实施全面质量管理除了 ISO 9000、六西格玛和卓越绩效三种途径以外,还有日式管理这条不同的路径和方式可供有需求的组织来进行选择。

日本质量管理深受戴明思想的影响。日本从接受美国的全面质量控制概念至今,潜心探索奋发前行,终于从全公司质量管理(Company Wide Quality Control,CWQC)发展到现在的全面质量管理。可以这么讲,日本的质量管理理念和实践突出彰显了全面质量管理的全部内涵。要真正、全面地了解全面质量管理并获得实效,就必须认真了解日本质量管理的理念与实践。

日本质量管理具有以下显著特征:

1) 日本质量管理较为完整地吸取和遵循戴明理念原则,形成以"过程导向"为特征的管理模式,强调在因和过程上下功夫,并努力地持续改进。可以说,过程导向管理就是日本式管理。这与美西方"结果导向"管理形成鲜明对照(今井正明)。
2) 受朱兰思想影响,把质量管理渗透到企业经营的各个方面,把质量管理演变成"质量经营",强调以质量为先的兼顾成本、效率、安全等绩效的综合质量管理。
3) 建立和实施全面质量管理体系,持续改进。这与 ISO 9000 系统高度契合。
4) 强调领导作用,社长(董事长)亲自领导方针管理与质量改进的实施。
5) 充分授权员工,实现员工自主管理并能充分参与企业管理决策。
6) 强烈的质量意识。质量第一、持续改进已经深深植入员工的脑海。日本有句名言:全面质量管理就是把应该做的事情扎扎实实地做好。质量意识教育已经成为日本企业的必备功课。
7) 重视以团队合作为基础的产品开发流程,企业的研发能力、设计质量和开发周期领先于世界平均水平。
8) 先进的制造理念与严格的工序控制。日本的质量理念是追求一致性,一次性生产出符合要求的产品,并持续改进过程与产品。美国的质量理念是追求符合性,典型的制造机制是"先把产品制造出来,再剔除不合格品"。
9) 重视基础性管理。如 5S、作业标准、全员设备维修及现场改善,都是全球做得较好的。
10) 重视员工教育培训,并将之作为质量管理之本。企业、行会、政府都投入大量的资源。
11) 重视供应链管理,帮助供应商进步,实现合作共赢。
12) 学术界一大批世界顶级的质量管理管理专家的支持。如石川馨、狩野纪昭、久米均、田口玄一等质量管理学家为日本的质量管理学家发展做出了巨大贡献。

13）没有使用现代时髦的复杂工具，坚持应用戴明的统计质量管理（简称统计品管）方法及日本企业自己开发的诸如 QC 七大手法等，却能创造出几个 ppm⊖（六西格玛）的高质量产品。

14）日本企业不缺乏创新，但却能几十年如一日地坚持质量管理最基本的方法保持不变。

1.5　质量——21 世纪的挑战

1.5.1　朱兰对"质量世纪"的诠释

1994 年，朱兰博士提出"21 世纪将是质量的世纪"的论断，迎接 21 世纪质量的挑战成为全球的共识。随后，朱兰博士对"质量的世纪"的含义进行了更进一步的解读。他说，由于 20 世纪市场竞争的巨大力量的累积效应将质量搬上了舞台中心。如此宏大的运动在逻辑上本来应当激发起一种回响，即一场质量管理的革命。但是，组织很难认识到这样一场质量管理革命的必要性，它们缺乏必要的警报信号。生产现场确实存在技术性的质量措施，但最高管理层却没有管理性的质量措施。因此，除日本外，必需的质量管理革命直到 20 世纪末才初露端倪。这场质量管理革命要有效地席卷全球，需要几十年乃至整个 21 世纪的人们的努力。

当今，以及在可预见的未来，各行各业的组织都必须不懈努力以追求高质量和实现优异，必须达到卓越绩效的水准。

1.5.2　21 世纪质量管理的趋势

美国质量协会（ASQ）于 2005 年提出了对未来质量产生影响的六种关键力量。

1. 全球化

组织形态将会被无所不在的互联网所塑造，旧的基础架构将不再成为羁绊，不断变化的贸易政策将产生重大影响。这些变化都要求必须有新型的合作关系，并导致前所未有的竞争强度和促进对财务底线的重视。

2. 创新、创造、变革

设计质量和创新将变得日益重要，以应对更快的变化、更短的寿命周期、更高的消费者要求。

3. 外包

工作将日益独立于场所和空间的限制。质量将越来越延伸到全球供应商网络中。

⊖　$1\text{ppm} = 1 \times 10^{-6}$。

4. 消费者

当今消费者的期望在日益提高。这些期望中除了产品质量，还包括及时的供货、更短的寿命周期和更多的产品特征。产品质量是必需的，但不再是充分的。

5. 价值创造

任何产品、服务或业务的价值构成都必须从利益相关者的角度来阐释和定义。只有当前的过硬的质量和无瑕的服务是不够的，必须通过改变管理体系来创造更多的价值。价值包括可持续性，社会方面、环境方面和财务方面的结果，以及消除浪费。质量管理必须在所有方面都创造价值。

6. 质量观的改变

质量必须由过程模式向系统方法论演化。质量管理的重点将由经营战略和行动转向人员管理。

这些力量造成了许多影响。随着商业界变得日益复杂，质量必须由系统而非过程的视角来加以考察。管理体系正在变得日益综合，必须同时关注质量、环境、安全等多个方面。对质量的关注从最初的控制，到后来的保证，再到当前的管理，未来则会更加重视设计质量。质量将日益发挥战略而非战术的作用。

从 ASQ 的上述预见和分析中，可以看到日本企业的质量管理是多么超前，它们从全公司质量管理发展到 TQM，比美国的质量管理布局整整提前了 30 年。这些与日本人忠实地接受并履行戴明思想和原则不无关系。

第 2 章 管理理念与风格

2.1 戴明质量理论体系

爱德华兹·戴明（Edwards Deming）博士是世界著名的质量管理专家，他因对世界质量管理发展做出的卓越贡献而享誉全球，被誉为现代质量管理之父。以戴明命名的"戴明质量奖"，至今仍是日本质量管理的最高荣誉。

戴明博士为了保持他的理念的原旨不被后人所误解，反对在他百年之后开设研究院和培训机构。戴明博士一生著书不多，关于戴明质量管理的思想、理论与方法，都囊括、浓缩于他的两本书——《转危为安》和《新经济观》中。无论需要探寻什么管理问题，几乎都可以在戴明理论里找到答案。戴明理论是穿透质量管理的道（原理规律）、术（策略原则）、器（方法工具）之集大成者。只要坚定信念并遵循戴明原则采取行动，企业必定能够获得成功，这是被日本质量管理几十年的卓越实践所充分证实的。同时，这也是被曾经接受戴明指导的福特汽车、通用电气、休斯飞机等诸多西方国家的企业的成功的质量实践所证实的。

戴明理论具有普遍性和实践性。在当今所有管理学家中，能够贯通质量管理的道、术、器并取得如此骄人成就的，非戴明博士莫属。仔细研究戴明学说可知，似乎所有的主题皆非戴明原创，例如，PDCA 循环、休哈特控制图、统计变异理论、系统论、知识理论、心理学等，但戴明博士总能吸取人类知识的精华，通过他敏锐的观察和思考，以超人的智慧、超前的眼光及判断力，把经过加工、实践和修正的理论很好地应用到他工作的领域——质量管理中。

2.1.1 一个循环：质量管理的普遍原则

PDCA 循环由美国质量管理专家沃特·A. 休哈特（Walter A. Shewhart）首先提出，（原称作 PDSA 循环），经由戴明博士采纳、宣导并获得广泛普及与应用的，所以又被人们称作戴明循环。戴明博士说，运用"休哈特循环"可使方法与过程得到持续改善，它不但适用于任何过程，也可以借此找到用统计信息指标检测的特殊原因。

PDCA 循环已经成为现代质量管理最普遍的原则和方法。在日本，戴明循环就是质量改进的代名词,是日本质量管理和改进的典型的普遍的方式。石川馨博士认为管理者应当通过"戴明循环"实现质量的全过程管理,并借助统计技术在全企业范围内实现质量控制。

PDCA 循环分为四个步骤,即计划(Plan)、执行(Do)、检查(Check)和行动(Act),见图 2-1。为了准确理解戴明的原意,本书大体引用戴明博士的原话来解释 PDCA 循环。

步骤 1:计划(Plan)。某人有个改进产品或过程的构想,这是零阶段。接着是步骤 1,即规划如何测试、比较或试验,这是整个循环的基础。仓促地开始会导致效率低下、费用偏高,甚至完全失败。人们往往急于结束这个过程,迫不及待地有所行动,匆忙进入步骤 2。

步骤 2:执行(Do)。依据步骤 1 所确定的构想,进行测试、比较或试验,最好是小规模的。

步骤 3:检查(Check)。检查执行结果是否与期望和预期相符。如果不符,问题何在?

步骤 4:行动(Act)。进行变革,或是放弃,也可以在不同的环境、材料、人员、规则之下,再重复这个循环。

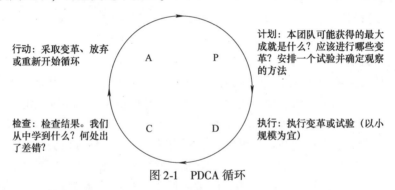

图 2-1 PDCA 循环

资料来源:爱德华兹·戴明,《戴明论质量管理》。

需要注意的是:无论进行变革或放弃,都需要预测。因此,戴明博士告诫我们,在上述改进的各个阶段,都需要用到统计知识。同时他说明,管理的实质就是预测。

2.1.2 两个试验:引导管理阶层观念转型

早在 20 世纪中叶,戴明就在呼吁他的同胞重视质量,但被视为异类。戴明非常清楚,他的理论有悖于人们的固有观念,同时他也清楚,人们比较会相信被重复试验所证明的理论。因此,戴明博士将红珠试验和漏斗试验作为核心教案,而且每次都带领着学员一起来做试验。戴明一生都在做这个试验,从 1942 年——

1992年6月11日,50年间共进行了53次试验。终于,在1980年的"世纪质量之问"之后,美国人重新认识了戴明,戴明的理论和观点被世界级的企业和各国质量组织逐步接受,他的观点和原则写进了美国各工商学院的教材。

1. 红珠试验

试验材料包括:

1) 4000粒木珠,直径约为3mm,其中800粒为红色(代表不合格产品),3200粒为白色(代表合格产品)。
2) 一个有50个凹洞的勺子,一次可盛起50粒木珠(代表工作量)。
3) 一个长方形容器,大小恰好能够让一把勺子在里边捞珠子。

试验的目的是要证实一个事实:经理人为员工所设下的标准常常超出员工所能控制的范围。通过这项试验也可看出,如何用统计方法找出问题的根源。

戴明亲自担任主管,招聘作业员6名,检验员2名,检验长1员,记录员1名。所有的作业员均遵循规定的程序。

由记录员将作业员四天的生产数量汇总,见表2-1,并根据此汇总数据画出控制图,如图2-2所示。控制图显示:系统上限(UCL)为17.65,系统下限(LCL)为1.1,所有的数据点(红珠)均落在界限内,表明这是一个受控(稳定)的系统。

表2-1 红珠试验生产(每次捞出的红珠)数量汇总 (单位:粒)

工人姓名	第1天	第2天	第3天	第4天	合计
史高	9	11	7	8	35
史宾	6	11	11	9	37
拉瑞	12	7	5	5	29
莎瑞	11	10	13	9	43
提姆	14	8	9	11	42
大卫	4	11	12	12	29
累计平均	9.3	9.5	9.5	9.4	9.4

试验结论与启示:

1) 试验本身是一个稳定的系统。在系统维持不变的情况下,工厂的产出水平及质量差异是可预测的;事实上成本也是可预测的。

2) 所有的变异,包含工人之间产出红珠数量的差异,以及每位工人每日产出红珠数量的变异,均完全来自过程本身。没有任何证据显示哪一位工人比其他工人更高明。

3) 工人的产出显示为统计管制状态,也就是稳定状态。工人们已经全力以赴,在现有状况之下,不可能有更好的表现。

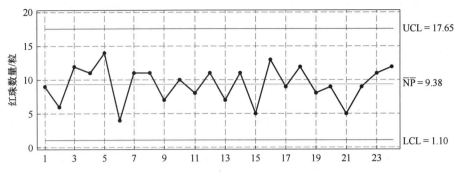

图 2-2 红珠试验控制图（员工的作业绩效形成稳定的系统）

2. 漏斗试验

试验目的：证明干预（过度调整）将造成损失的理论，也就是"结果导向管理"的损失。

试验材料：一个漏斗、一粒可以很容易通过漏斗的弹珠、一张桌子，最好铺上桌布。

试验程序：首先在桌布上标注一个目标点，每项试验将弹珠投掷 50 次，记录弹珠每次落下静止的位置。

漏斗试验的四种规则及结果如图 2-3 所示。

- 规则一：将漏斗口对准目标点，保持这种状态不变，将弹珠从漏斗落下 50 次，记录弹珠每次静止的位置（结果：弹珠落点随机分布在目标点两侧，近似圆形轨迹，形成一个较稳定的分布）。
- 规则二：根据每次落点与目标点的差距，将漏斗预定的位置进行移动做补偿（结果：落点围绕目标点形成一个稳定的较大的圆形，但是落点的分布范围较规则→几乎增加 1 倍）。
- 规则三：每次弹珠落下后调整漏斗位置，但以目标点为参考点（结果：落点由两侧大幅散开，离目标点越来越远，形成一个不稳定的分布）。
- 规则四：每次弹珠落下后，就将漏斗移到该静止点上方（结果：情况更糟，弹珠落点逐渐偏离，离目标点越来越远，形成一个崩溃的、完全失控的系统）。

漏斗试验的结论和启示：

1) 规则一是所有规则中效果较好的。由于我们对规则一不满，因而制定了规则二~规则四，但是结果越来越糟糕。
2) 我们应先建立一个稳定的系统（按照设定的目标和标准进行操作，并排除属于个别操作引起的特殊原因）。
3) 如果对现有的系统（如规则一）不满意，可以采取改善的行动（例如，降低漏斗的高度，以及换一块粗糙的桌布等），而不是另行制定规则，或者进行过度调整（干预）。

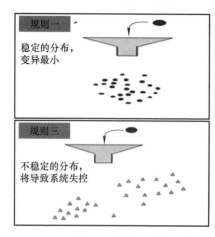
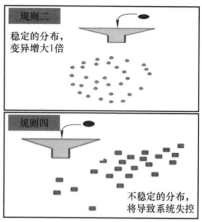

图 2-3　漏斗试验的四种规则及结果（弹珠落点的记录）

2.1.3　三张图：助力日本经济快速崛起

戴明 1950 年赴日本讲学，在日本引发了一场质量革命。日本运用戴明方法，仅仅用 4 年的时间就甩掉了劣质产品的帽子，占领了国际市场。在随后短短不到的 20 年时间里，日本小汽车和电子等产品大量涌入并占领美国市场，成为世界经济强国，被朱兰博士称为人类工业史上从无先例的典范。美国 NBC 电视台在 1980 年发出质量之问："如果日本能，为什么我们不能？"这也使得名不见经传的戴明一夜成名。日本是如何做到的呢？让我们把时间拉回到 20 世纪 50 年代吧。

戴明是在未受到美国国内重视的情况下，东渡扶桑讲学的。日本科技联原本只邀请戴明讲统计品管方法——控制图，但戴明清楚，仅依赖一种技术工具很难达到提高产品质量管理水平的目的，他立志用其一生所学的所有知识，帮助日本企业取得成功。同时，戴明也清楚，日本人不善理论，在短短的几天时间里，让日本工商界的高层管理者接受他的整套理论，确实有着巨大的挑战。为了向日本管理者和工程师传授关于质量管理的全部的理论和方法，他精心准备了三张图——连锁反应图、流程图和控制图。

戴明在讲坛上亲手绘制三张图，以模仿战争的方式，用连锁反应图给日本企业高管（占据着全日本 80% 的资本）做"战略动员"（提高质量能使日本人过上富裕的生活）；用"流程图"为他们做"战役推演"（如何实现高质量）；用控制图（戴明统计品管）为他们讲解"战术应用"（如何解决问题）。战略动员→战役推演→战术应用——惟妙惟肖、精彩绝伦的 8 天讲演给日本人留下深刻印象。质量管理和打仗是一个道理，三个层面互为指导和支持，构成一个完整的理论逻辑链。三张图：从战略到落地，解决全部质量管理问题。

戴明的三个表格，从三个层面帮助日本管理者建立起明确的质量概念与运行轨迹。

1. 以"连锁反应图"展示质量的实质、目的和方向

戴明向日本管理者描绘一张图："提高质量可以降低成本并提高生产率，同时以较好质量和较低价格的产品占领国际市场，实现持续经营并提供就业机会"（见图2-4）。戴明博士告诉日本人，提高质量可以振兴经济、过上幸福的生活。在日本，连锁反应已经深入人心，已经形成日本人的生活哲学。

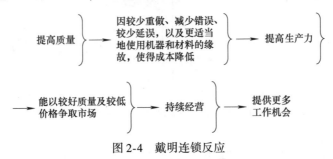

图2-4　戴明连锁反应

资料来源：爱德华兹·戴明，《戴明论质量管理》。

2. 以"流程图"阐述质量生命周期全过程的管理

戴明博士提出"流程图"的概念，把生产及所有的质量活动视为一个系统（见图2-5）。企业所有部门，如设计研发、销售、计划、采购、制造、测试、储运等，都处在这个系统中，并以团队合作方式开展工作。在这个系统中，管理者应担负起质量管理的责任，供应商和顾客是系统中重要的部分。如今，金字塔结构还在深深地困扰着西方的管理，而在日本，团队合作已经俨然成为员工的工作方式。

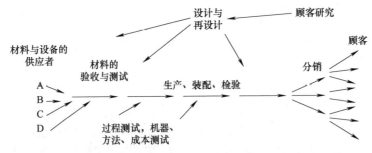

图2-5　戴明流程图：把生产及所有的质量活动视为一个系统

资料来源：爱德华兹·戴明，《戴明论质量管理》。

戴明这样说："只谈质量是没有用的，必须付诸行动。这个流程图提供了一个出发点。图 2-5 左侧进来的是材料与机器设备。提高进料质量是非常必要的,与供应商在长期忠实互信的基础上合作,才能提高进料质量,减少成本。

"顾客是生产线上最重要的部分,所以质量要针对顾客需要——不论是过去还是将来。

"质量始于'意图'(Intent),而且与管理层的决定绝对有关,这意图还必须通过工程师与其他人转换为计划、规格、测试,最后才由生产来完成。这个原理与前述的连锁反应、流程图及传授给数百位工程师的各种统计品管技巧,带动了日本的工业转型。一个新的经济时代开始了。

"管理者深知,在生产线的每一个阶段,他们都要担负起改进的责任。工程师知道自己的职责所在,并学会各种简单有力的统计方法,觉察产生变异的特殊原因(过程控制),他们也知道持续不断改进生产过程(过程改进)绝对有必要。

"最终,质量改进成了众人全力以赴的目标:全企业的、举国上下的,包括所有的生产与服务(如采购、产品与服务的设计与再设计、设备的使用及生产、顾客研究等)"。

3. 以"控制图"(统计品管)**诠释解决问题的新方法——过程导向管理**

第二次世界大战结束后,日本一直在向美国学习质量管理和统计质量控制,但就是找不到正确的方向且收效甚微。戴明通过控制图,向日本讲述"过程导向"管理的原理:利用控制图区分过程变异的两种原因(见图 2-6),把管理分成两个部分——过程控制与过程改进。第一部分,工作由工人负责,运用控制图收集数据(替代了检验)、描点,若发现异常,便及时采取措施消除,以获得并维持稳定的过程;第二部分,一旦消除变异的特殊原因(达到统计控制),即由工程师接手,对过程(系统)进行持续的改进——这是管理者的责任。

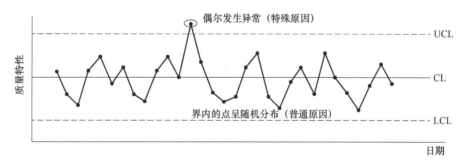

图 2-6 休哈特控制图

戴明强调必须是持续不断的改进。通过改进使过程性能和产品质量提高,新的过程再交由工人管理维护。如此一来,通过"改进—维护—改进—维护……(循环)",质量不断提高以满足和超越顾客的要求与期望。这就是日本持续改进的原动力和管理风格。

三张图是戴明管理理论体系的浓缩，涵盖了质量管理的全部内容，是戴明理论体系"道、术、器"完美融合的最佳展现。三张图从战略展开、质量管理全过程，直至战略落地问题解决，构成一个科学、完整的质量管理的逻辑体系。有了第一张图，组织就有了改进质量的动力且明确了方向；有了第二张图，就能够了解质量形成和发展的轨迹、质量的责任、管理所需的过程以及正确的工作方式；有了第三张图（指戴明倡导的统计品管方法，控制图只是其典型的代表工具），就真正了解和掌握了提高质量与解决问题的钥匙和方法。

20世纪50年代，戴明的三张图所展现的管理哲学与演示技巧无与伦比。即便在今天，也是领先世界前沿的管理理念和方法。正如标题所言，战后重建的日本应用戴明的三张图用了短短的4年时间便甩掉了"廉价劣质"的帽子，用优质产品占领了欧美市场，实现了经济大逆转——这是日本人的奇迹，也是戴明的奇迹。雄辩的事实足以证明戴明理论对一个组织乃至一个国家经济的影响是多么的深远。

2.1.4 十四要点：建立卓越绩效的原则

戴明学说简明扼要，直抒事实真相。十四要点集聚了戴明一生的管理智慧，是所有组织追求卓越、实现永续经营的重要管理原则。这些原则大部分观点逐渐被现代质量模式如ISO 9000、六西格玛以及美国波多里奇奖所接受。戴明十四要点远高于卓越绩效标准，任何组织，如果能像日本企业那样，忠实接受和履行戴明思想和原则，则必能在质量管理和生产经营方面取得巨大成功。

1. 建立永恒不变的目标，以改进产品与服务的质量

这是正确的质量管理的起点，是实现企业经营战略目标和永续经营的首要条件。如果企业坚定不移地确立了"提高产品、服务和生产力"这一持续不变的目标，就意味着接受戴明思想并开启转型，为实现组织成功奠定了良好的基础。

为履行这一原则，企业必须具有长远的眼光，投资于持续创新、教育和研究，并承担改进产品质量和生产力的责任。这是企业最高管理层的责任，他们必须做出承诺。

2. 接受新理念

戴明说："第2要点真正的意义在于，让人们认清管理结构必须大幅转型进行变革。这套（传统）管理结构早已经不适用了。其实它们一开始就不对，只是当年的市场持续扩张，怎么都不会是输家。竞争一出现，弱点就浮现出来了。我们必须全面破除美国式管理结构，但不幸这套结构已经传遍整个西方国家了。竞争带来挤压效果，高层管理人员则提出各种借口。"

企业管理者的首要任务，在于"学习如何改变，接受重大的变革，领导企业蜕变为适应时代要求的经营体。"管理者必须意识到自己的责任,直面挑战,领导改革。改革首先是观念的转变,管理者应预见到变革的困难性并做好应对和沟通。

3. 停止依靠大量检验来提高质量

检验是一种事后的弥补办法,若不合格的产品已经出现,检验的方式太慢、太无效率且代价昂贵,为什么不用"一开始就制造好质量"的方式呢(这是日本企业正在采用的策略,不同于零缺陷概念)?"老方法让我们检验出'坏质量'(美式做法),新方法则要我们构建出好质量。"质量并非由检验而来,而是由设计、源头管理和改进生产过程而获得的。大规模检验的时代已经结束,合格品质必须植入产品(强调源流管理)。

有更好的方法替代检验,即采用控制图。控制图能以较小的样本检验产品,成本低且效果好。

有些情况下一定百分比的检验不可避免。重要的是,在检验时要"找对地方",花最小的成本,必须由专业人员来执行。同时,应建立操作定义的标准和程序,以避免失误和浪费。

4. 废除以最低价竞标的采购制度

不要只根据价格来做生意,要着眼于总成本最低。要立足于长期的忠诚和信任,逐步地并最终做到一种物品只跟一个供应商打交道。

无法衡量购入物品的质量,价格再低也没有意义。如果无法适度地衡量质量,业务就会流到了最低价中标者,结果必然是质量降低、成本提高。

顾客有责任与唯一供应商合作,保持联系,共同解决问题,互相帮助。顾客的责任是告知供方关键部件并反馈其表现。供应商的责任不仅是交货,这样的时代已经结束,也不只管理符合规格,而要关注材料的使用结果。供应商需要追踪它们的产品在顾客生产线上的使用情况和结果,便于了解出现的问题,并采取措施,尽可能避免将来出现问题。

5. 持续改进生产和服务系统,以提高质量和生产力、降低成本

"改善"不是一件一劳永逸的工作,必须不断改进系统,这个责任永远不会停止。

质量在设计阶段就要开始构建。每一件产品应被视为不可重复的,只有一次机会获得成功。设计时以团队进行,是最根本的要求。

对质量的期望始于管理阶层的意图,再由意图转变成为计划、规格与测试,把所要的质量水平的产品交到顾客手中,所有这些都必须是管理者的责任。

各方面的工作也要跟着不断地减少浪费与改进质量,包括采购、运输、工程、维护、制造、销售、分销、监督、再训练、人事及顾客服务等。

在任何出现麻烦的地方，用统计方法找出浪费、低生产率和质量差的源头。找出现场问题是什么；分清两种原因（特殊原因与普通原因）：什么错误属于系统错误，应该由管理者负责纠正。注意不要依赖于主观判断。

在不断改进的过程中，关键是追求质量的一致性，即减少过程变异和产品特性变异。

6. 建立正确的培训制度

1）培训必须重新解构（进行变革）。管理阶层必须接受培训，从进料到顾客都要了解。其中的中心问题是要了解"变异"。管理阶层必须了解哪些问题造成了员工无法在工作上获得满足，并采取行动加以解决。

2）最大的浪费是不能善用个人的能力。除非去除那些妨碍工作的因素，否则花在培训上的金钱与时间将白白浪费。

3）采用能改进系统的方法。人员是系统的一部分，通过让工作人员更好地了解什么能被接受，以及什么不能被接受，管理可以改善系统。系统的改进能提高机器的性能、改进生产工序和产品设计。

7. 建立领导机制

"领导"是管理阶层的工作。管理的目的是帮助员工，让他表现得更好，更有效率地使用机器设备。应知道管理者的工作不是监督，而是领导。管理者应致力于改进的根本，也就是建立起产品与服务的质量意识，然后将这种意念转换成设计及实际的产品。

督导者必须了解他们所监管的工作。他们必须被赋予权利，能直接向高层管理者报告必须改进的事项。管理者必须对这些改进事项采取行动。主管必须有更多时间帮助在岗员工。

8. 排除恐惧，使人人都能有效为企业工作

恐惧引发工作效率低下，使企业付出沉重代价。除非员工处在一个有安全感的环境，否则很难有最好的表现。

大多数工人，甚至是在管理岗位的工作人员，不了解自己的工作是什么，也不明白对与错，而且不清楚怎么发现问题。许多人害怕提出问题，也害怕汇报问题。只有高层管理者多鼓励员工大胆发问，提出问题，实施改革，才能减少恐惧。

9. 打破职能部门障碍

推倒部门围墙，用合作代替竞争，用流程管理和项目管理代替职能管理，以实现企业整体利益最大化。企业是一个团队（系统），每一个部门都不应独善其身。只有高层管理者才能将人们聚集在一起。部门间的隔阂只能束缚生产，提高成本。

戴明流程图是破除金字塔结构及部门隔离的有效办法。研发、设计、销售和生产部门必须作为团队合作，以发现和理解产品和服务在生产和使用中可能会遇到的问题。无论是工程设计还是材料采购、材料测试、产品性能测试，负责这些工作的人都有一位内部顾客，这位顾客就是必须应用这些材料和进行设计的人。必须了解顾客的要求和期望，要多花点时间到工厂听听他们的意见。应由设计、工程、生产与销售人员组成跨部门小组，由此小组做出前瞻性的设计，对产品、服务及质量做出重大的改进。这种小组可以叫作管理上的"品管圈"。

10. 消除零缺陷的口号和说教

这样的动员只会产生对立关系，挫伤员工积极性，是造成低质量、低生产率的主要原因，这属于"系统"的问题，超出操作人员的控制能力和范围。

统计控制表明，如果生产已经处于统计控制状态，则唯一的解决问题的办法是管理者对系统采取改进行动，没有其他任何办法。

企业一定要有目标，例如永无休止地改进。每个人也都要有自己的目标，需要有详细、具体的执行方案。对员工而言，签保证书没用，问题是"怎么做"。对管理者而言，对于这个目标，管理层在做什么？若没有措施，没人能帮上忙，则尽最大努力也是没有用的。

"第一次就做对"是响亮的口号，可是当买进来的材料尺寸不对、颜色不对、有瑕疵或机器不合格、测量仪器不可靠时，如何能一次就做对呢？没有缺点并不一定能成就事业，也不一定能够保持工厂运营，要做的事情有很多，而零缺点并不足够。

11. 废除生产定额、数字管理和目标管理，代之以领导

生产定额是妨碍质量与生产力的一大障碍。它与持续改进是不相容的，从而造成员工的迷惑、混乱不满与离职。这种损失是很惊人的。

强调"结果导向管理"对于生产过程及业务改进都没有什么效果：
1）如果系统稳定，设定目标没有用。系统永远达不到它能力范围以外的目标。
2）如果系统不稳定，设定目标同样没有意义。因为你不知道系统将会产生什么——不稳定的系统没有能力。

12. 排除不能以工作为荣的障碍，取消绩效考评制度

年度考评制度给企业员工带来种种障碍，致使质量、生产力、竞争地位问题得不到很好的解决。这些障碍剥夺了员工与生俱来以工作为荣的权利，无法让他们做好工作。

位居管理层的人已经长时间习惯于业务问题，却对"人"的问题束手无策。

他们对各种建议仍然束手无策，而一个成功的领导者知道自己的责任，能接受忠告，采取行动，去除那些压制以工作为荣的障碍。

13. 建立有活力的自我教育和提高机制

机构要的不只是良好的人才，还需要那些能够自我教育和提高的人。在自我提高方面，大家要牢记在心：好的人才并不缺乏，我们所缺少的是较高层次的知识。

一般人普遍都对知识感到恐惧，想要取得竞争优势就必须扎根于知识。我们都需要新的教育（如戴明的渊博知识体系等），管理者更必须学习新的知识。

14. 采取行动，实现转型

所谓转型是指事物的结构形态和人们观念的根本性转变。为了达到组织的转型，应该采取以下行动：

1) 管理阶层应针对上述 13 要点和各种障碍奋斗不懈。应深切体会上述新观念的意义与执行方向，并且切实实行这些新管理哲学。
2) 管理阶层必须采用新管理哲学，以负起新责任为荣。必须勇于突破传统，即使遭受同僚排挤也在所不惜。
3) 必须向企业内全体员工解释为何要改变，并使人人参与其中。整个活动必须加以组织，并由中层管理者推行，号令一致。
4) 每一项活动、每一个工作，都是整个过程中的一部分（过程方法）。任何阶段都可以借助 PDCA 循环的帮助来进行持续改进。
5) 每人都可以在小组中找到角色扮演。小组的目的是提高任何阶段的投入与产出。每个团队都有各自具体的方向、任务、目标，所以说，"宗旨"的说明就不可以太具体，否则会影响创意。这样进行下来，每个人都会了解自己能做什么，高层管理者能做什么。
6) 建立有质量专家参与的质量组织。

戴明全面总结了关于 14 要点及全面质量管理的核心内容，使人们对戴明的管理学说增进了解与执行的自觉性。

2.1.5　渊博知识体系：质量管理的知识宝藏

改善质量的一个必要条件是知识，戴明博士称之为渊博知识。企业需要有渊博知识的指导。渊博知识来自外部，任何行业都需要来自外界的指导，因为系统无法了解自己。

渊博知识体系由系统理论、变异知识、知识的理论和心理学四大部分组成，它们不能单独分开，因为它们彼此联系。产业、教育和政府部门的 14 点管理原则就是渊博知识的自然应用，它可以将现行的西方管理风格转型为对整个系统最为有利的做法。

1. 系统论

系统是一组互相依赖的组成部分，通过共同运作以达到该系统的目标。系统必须要有目标，必须让每个人都明白地知道该系统（而非本部门）的目标，系统内每个组成部分的义务就是为系统做出最大的贡献。

系统必须被管理。系统不能自我管理，它随着时间变化而变化，因此必须管理它，而且必须尽可能地进行远期预测。在稳定的状态下，系统的各个组成部分能自我管理，完成各自的目标。

流程图帮助理解系统。理解系统能使人追踪到所预计的变化结果。流程图实际上是一张组织图，显示拥有各自专业知识的不同组成部分之间如何合作，以便大家都受益。如果系统内部各组成部分互为竞争对手，当系统被破坏，每个组成部分都受损。

人员是管理系统的一部分，团队合作对企业的基业长青至关重要。

2. 变异知识

生活就是变异。不论在人与人之间，或在产品、服务及产出之中，到处都有变异存在。通过变异，人们才可能对过程及其中工作的人员进行观察，并做出合理、正确的判断和决定。

懂得变异是成功管理的关键。持续改进观点认为，改进过程的唯一方法是不断缩小差异。随着差异的减小，即产品的可靠性和质量提高，成本就会下降，这是一个连锁反应，日本人已经明白多年。

区分变异的共同原因与特殊原因，对改善质量至关重要，94%属于共同原因，6%属于特殊原因。改进系统的责任在于管理者，查明和消除特殊原因通常由事发地的人员处理。弄不清"共同原因"与"特殊原因"，会让每个人都很受挫，并导致更大的变异及更高的成本。

在一个稳定的过程中，操作者无法改变系统，他们的工作差异是可以接受的。干预一个稳定的系统将导致损失。关注无意义的小变异（稳定系统），往往使管理层付出极高的代价。

3. 知识的理论

管理是预测。知识的理论有助于我们了解：任何形式的管理都是预测。例如，最简单的计划："今晚怎么回家"都需要预测。任何假设也是预测，如"我认为""我假定""我预计"。任何理性计划无论多么简单，都要根据条件、行为，在比较两种程序或材料性能的基础上进行预测。

理性的预测有赖于理论，同时把实际观察的情况与预测相比，借以对理论做系统的修正与扩充而构建知识。

理论必须根据许多实例才能建立起来。但是，只要出现一个与理论不符的情况，这个理论就需要修订，甚至完全放弃。扩大应用范围，会暴露出理论的不足，而有必要修订或发展新的理论。如果没有理论，经验就没有意义。如果没有理论，就不能提出疑问。因此，没有理论，就没有学习。

理论引导人们提出问题。没有问题，经验和例子没有教育作用。

知识需要时间的积累。知识源自理论，没有理论，人们就没法利用即时的信息。

信息不是知识。信息无论多么完整和快速，都不是知识。知识必须预测未来，并解释过去。知识来自理论，没有理论就无法使用瞬间得到的信息。

经验不是解决方案。除非有专业理论和统计理论的指导，否则，经验本身不能教人学会任何东西。

没有理论的指导，仅抄袭成功的范例，有可能造成重大损失。

4. 心理学

心理学有助于理解他人、理解人与环境之间的互动，领导和下属及任何管理系统之间的互动。人彼此不同，人有内在动机、外在动机、过度辩护效应。领导者必须意识到这些差异，利用这些差异最大限度发挥每个人的能力和偏好。

2.2 朱兰质量管理理论

约瑟夫·M. 朱兰（Joseph M. Juran）是举世公认的现代质量管理的领军人物。朱兰主要的贡献是引起人们对质量危机的关注，建立起新方法进行质量策划、培训及帮助企业重新策划现有过程，避免质量缺陷。作为世界著名的质量管理专家，他所倡导的质量管理理念和方法始终深刻影响着世界企业界及世界质量管理的发展。朱兰最早把帕累托法则引入质量管理。朱兰认为"小质量"将质量视为技术范畴，而"大质量"将质量与商业范畴联系在一起。朱兰认为大部分质量问题是管理层的错误而并非工作层的技巧问题。总体来说，他认为管理层导致的缺陷占所有质量问题的80%还要多。这种观点与戴明的观点是一致的。《管理突破》及《质量计划与分析》两本书是朱兰的经典之作。由朱兰主编的《质量控制手册》被称为当今世界质量控制科学的名著，为奠定全面质量管理的理论基础和基本方法做出了卓越的贡献。

朱兰晚年发表了他的巅峰力作——《质量计划与分析》"朱兰三部曲"。"朱兰三部曲"被称作"一种普遍适用的质量管理方法"，它是朱兰管理理论的核心。"朱兰三部曲"包括质量策划、质量控制和质量改进三个主要的过程，三个过程是相互联系的，每个过程定义了关键的步骤，见表2-2。

第2章 管理理念与风格

表2-2 "朱兰三部曲"的关键步骤

质量策划	质量控制	质量改进
• 设定质量目标 • 识别顾客是谁 • 确定顾客需求 • 开发应对顾客需要的产品特征 • 开发对应的生产过程 • 建立过程控制措施,将计划转入运营部门	• 确定控制对象 • 测量实际绩效 • 将绩效与目标对比 • 对差异采取措施 • 持续测量保持绩效	• 提出改进的必要性 • 做好改进的基础工作 • 确定改进项目 • 建立项目小组 • 为小组提供资源、培训和激励,以诊断原因、制定纠正措施 • 建立控制措施以巩固成果

资料来源:约瑟夫·M.朱兰,约瑟夫·A.德费欧,《朱兰质量手册》(第六版)。

"朱兰三部曲"的三个关键过程的目的是:

1. 质量策划

为实现质量目标,而进行准备的过程。

2. 质量控制

在实际运营中,确保质量活动达到质量目标的过程。

3. 质量改进

通过突破来实现前所未有的绩效的过程。

2.3 克劳士比管理理念

世界著名的质量管理专家克劳士比(Crosbyism)被誉为"伟大的管理思想家"和"零缺陷之父"。克劳士比管理哲学的基本框架:以顾客为中心、以结果为导向,通过过程的再造与优化,更快、更佳、更经济地第一次就符合要求,从而创建生命系统强壮的、预防为主的可靠的组织。

克劳士比的重要贡献是在20世纪60年代初提出"零缺陷"的思想,并在美国推行零缺陷运动。零缺陷的理念就是"第一次就符合要求",它的核心理论是质量管理的四项原则:

- 原则一:质量的定义就是符合要求,而不是好。
- 原则二:产生质量的系统是预防,不是检验。
- 原则三:工作标准是零缺陷。
- 原则四:用不符合要求的代价来衡量质量。

克劳士比喜欢用"管理方格"这种方法评估一个组织的管理成熟度。在《质量免费》一书中,他创造了著名的"质量管理的成熟度评估方格"——他把质量管理划分为5个阶段:"不确定期、觉醒期、启蒙期、智慧期和确定期",并用它诊断、研究和分析企业的状况，为组织发展提供指引。

克劳士比勤于思考、勤于笔耕。他写了近20本书，正式出版了13本书，而且全是畅销书；有些书被翻译成几十种文字，在全球出版发行。其中，《质量免费》一书的销量超过二百万册。正因如此，2002年6月6日，美国质量协会董事会决定，专门用克劳士比的名字命名了一个奖项：克劳士比奖（Crosby Medal），以提携和鼓励全社会的青年才俊们努力在质量管理著作的写作方面做出成就。

2.4 三位质量管理学家的管理风格

三位质量管理学家为人类现代质量管理及其发展提供了丰富、宝贵、完整的理论，对各国质量管理的建立和发展发挥了不可估量的影响。他们在质量的一般性原则上的观点是基本一致的，包括质量是管理者的主要责任、质量提高不会增加成本、文化变革、全员参与、持续改进、顾客观点等。

同时，三位管理学家的管理理论由于个人的经历背景与研究方向的差异，具有鲜明的个性特点，而管理学家们的这些个性特点也为现代质量管理的多样性提供了可能。朱兰和克劳士比代表着西方管理界的主流思潮，而戴明则被视为西方主流思潮的叛逆者。是在NBC电视台的"质量拷问"后，戴明的观点才逐渐被西方所接受，戴明的许多观点才被逐步纳入六西格玛、卓越绩效等现代前沿质量系统中。

戴明管理与西方主流管理学派的管理风格显然不同。西方主流管理主张"结果导向"管理，提倡竞争和绩效考核；而戴明学说则主张"过程导向"管理，提倡合作，反对绩效考核。如果做个区别，戴明管理是"过程导向管理"，而西方管理是"结果导向管理"。

为了便于读者了解和选择合适的管理策略，以编著者的研究和工作体会，粗浅地对三位管理学家的管理核心与风格特点做一些梳理和说明。

1. 戴明的管理风格与重点

戴明质量管理体系是质量"道、术、器"的完美结合，具有前瞻性、高明的理论指导与完整的解决问题方案。戴明管理体系由管理思想、管理策略与原则、解决问题的方法论三个部分有机组成。

（1）管理思想

戴明管理学说深刻揭示了质量的实质和规律。戴明管理思想非常丰富，涵盖了质量管理领域所涉及的所有方面，其中核心的观念有以下三条：

1) 提高质量可以降低成本，提高效率，使国家强盛、人民幸福（质量信心：连锁反应原理）。
2) 质量产生于董事长会议室，管理者必须对质量负责（质量责任与支持）。
3) 质量依赖于知识和正确的管理，包括三个重点：①过程导向管理；②以流程图所展示的团队工作方法；③统计品管方法论。

（2）管理策略与原则

为了指导组织获得高质量和卓越绩效，戴明提出管理 14 要点，这是戴明管理策略与原则的核心部分。戴明的策略是采取主动与渐进的改进方式，如应用 PDCA、基于生产流程的团队工作法与统计品管方法，戴明也提倡试验设计方法。

（3）解决问题的方法论

为了组织战略落地，戴明提出了解决问题的正确方法——统计品管。

2. 朱兰的管理风格与重点

朱兰学说提供了一套科学、系统和可操作的方法论。朱兰方法体系有清楚的实现路径（如"朱兰三部曲"）和有效的方法（根因分析、控制理论、突破模型等）。朱兰方法体系是目前西方国家质量管理普遍应用的方法，我国质量管理受其影响比较深。朱兰对质量管理的核心贡献是建立了"朱兰三部曲"。

"朱兰三部曲"是稳定、有效获得高质量的程序化策略。对于制造业企业而言，应用"朱兰三部曲"的重点与意义在于：

1）质量设计：建立管理体系，强化新产品研发能力，审慎进行过程设计。
2）质量控制：应用过程控制计划、控制图和标准作业进行科学有效的工序控制。
3）质量改进：朱兰倡导创新与项目突破的策略，六西格玛方法是朱兰质量策略的典型体现。

3. 克劳士比的管理风格与重点

克劳士比对质量的核心贡献是提出了"零缺陷"的质量管理理念。零缺陷极具号召力，但缺乏理论支持和操作性。零缺陷理论极受管理者欢迎，是因为它为管理者推卸质量责任（把质量责任推给了现场员工，这与戴明理论相悖）提供了一个合理的借口。戴明等一些权威学者对"零缺陷"提出了质疑，石川馨也排斥零缺陷运动，认为零缺陷是一种非科学的管理方法，它不是教会员工怎样更科学地去工作。谢宁则批评零缺陷运动是一场集体"秀"，没有任何实质效果。

抉择：三位管理学家的理论都是质量管理的精华，条条道路通罗马，只要组织认真地遵循基本的管理原则，必能从中受益。提个不完全恰当的建议吧：您若想快速上手并步入管理正轨，就请选择朱兰吧；您若遇见管理瓶颈而苦苦挣扎，就请选择克劳士比吧；您若想追求卓越并永续经营，就请选择戴明吧。

2.5　两个质量大国的管理实践与风格

发生在 20 世纪 50 年代的质量革命的主角是日本工业界，通过改革取得骄人的成绩。时隔 30 年，美国工商界为追赶日本质量和挽回市场被侵蚀的颓势，也发起了一场宏大的质量革命。这是当代两个质量强国的质量革命运动，虽然地域和运动的主角不同，但都因同一个人而诱发，这个关键人物就是戴明博士。

认真回顾和研究这段重要的历史，了解两个质量强国的质量管理进程、不同的风格与经验得失，对于我国质量管理理论的奠定与管理实践的应用提升有着重要启发和借鉴意义。

2.5.1　日本20世纪50年代质量革命运动

第二次世界大战结束后，日本启动战后重建计划，并寻找经济恢复的方法。从1946年开始，他们就向美国学习质量控制以及质量控制统计方法。由于缺乏指导，日本人一直未找到正确的方向和方法，收效甚微。当时，日本企业管理水平低下，产品质量非常差，因此，日本产品被西方贴上了"廉价劣质"的标签，直到遇见戴明，日本的质量管理与产品质量水平才发生了根本改变。

戴明于1950年到日本讲学，之后的每年几乎都去日本进行指导，一直延续四十余年。戴明将日本企业视作自己的学生。戴明将他的管理理念和统计品管方法尽数传授给日本的高管和工程师。戴明告诉日本人，只要按照这些原则去做，用5年的时间，就可以扭转困局。实际上日本人仅用了短短4年的时间便甩掉了"廉价、劣质"的帽子，用优质产品占领了欧美市场，实现了经济大逆转。从此，一场以质量改进为目标的质量革命在日本蔓延开来。

日本早期的企业经营者几乎都见过戴明且受教于他，并且实践戴明的品质经营理念，这奠定了日本全面质量管理的基础，从开始的全企业质量管理发展到如今的全面质量管理。如今，日本质量管理已经成为欧美国家及全世界争相学习效仿的典范，许多世界级跨国企业纷纷去日本企业吸取经验。

朱兰对这段历史给予了高度评价，他说道："20世纪50年代触发的日本质量革命，将日本推入了世界领先的地位，质量领先转而使得日本一跃成为一个经济超级大国。这在工业史上是一个从无先例的现象。"

2.5.2　美国20世纪80年代质量革命运动

20世纪80年代，日本经济崛起，日本产品如家电、小汽车等，凭借质优价廉的优势大量涌入美国市场，严重侵蚀了美国企业的市场份额，连美国人引以为傲的汽车领域也不能幸免。一个典型的例子是电子行业的龙头摩托罗拉在这样的背景下首当其冲。摩托罗拉于1974年卖掉电视机业务，又于1980年在日本竞争者面前失去了音响市场，接着，它的移动电话业务也因质量问题而走下坡路。其他行业的美国市场也受到了来自日本产品的冲击。

质量问题被认为是全球竞争取胜的关键，从而受到产业界的高度重视。美国的大部分企业都开始了广泛的质量改进运动。戴明是这场质量革命中最具影响力的人物之一。

1980年美国NBC电视台发布了一个电视节目"如果日本能，为什么我们不能？"在美国民众中引起了强烈反响。日本人用美国人发明的全面质量管理打败了美国，同时一个陌生的名字开始让美国家喻户晓，这个人就是戴明。为了摆脱困境、拯救美国经济，美国工业界发起了一场美国式的质量革命，重新开始了全面质量管理运动。美国众多著名企业如通用电气、福特汽车、休斯飞机、道尔化学等，纷纷邀请戴明帮助解决企业困境。

戴明将他的管理理念和方法教给福特汽车及其他美国企业的员工。他的理念与原则被引入美国企业，由此，美国企业实现了管理理念和体制的转型，在此基础上，戴明的统计品管方法在企业的质量改进活动中得到充分利用，并获得良好结果。在戴明的指导下，这些美国企业发生了脱胎换骨的转变，并重新找回了自信和昔日的辉煌。

"六西格玛计划"和"波多里奇国家质量奖"（卓越绩效管理）也都是在这个大背景下诞生的。需要指出的是，在这两项现代质量管理的前沿管理方式的出现之前，日本人的产品与服务质量已经达到六西格玛水平，并完成了质量管理由当年美国输出的全面质量控制到全面质量管理的蜕变，实现华丽转身，用独特丰富的管理实践诠释着当代全面质量管理的内涵，以及前沿管理理念和原则，验证着戴明管理理论的前瞻性、正确性与普遍性。

在美国这场质量革命和资源重组中，改革是艰难的。有许多企业获得成功，也有诸多著名企业，如西屋、施乐公司，虽然曾获得波德里奇奖，但由于放弃了正确的基本原则，导致它们一度陷入裁员、召回及业绩滑落的境地。过于简单地理解全面质量管理的概念以及缺乏正确的指引等诸多原因，由于许多企业草率地实施了全面质量管理及质量管理计划，遭遇惨败，导致令人失望的结果。因此，全面质量管理曾一度遭到了质疑，以及许多美国媒体的尖锐的批评。美国人甚至放弃了"TQM"缩写，将全面质量管理简称为全面质量（TQ）。

所幸美国人是善于学习的，而且美国是全球质量管理方法的发祥地。在外部市场竞争的巨大压力下，美国工业界终于找到正确的方向，开始了质量改进运动。20世纪90年代末期，大部分的美国企业重新夺回了失去的市场，产品质量和竞争力明显提高，基本可以与日本产品抗衡。

2.5.3　美日质量管理的风格与优劣启示

提倡竞争、绩效考评是西方管理学的基石。而日本几乎全盘接纳了戴明管理思想和方法论，用合作取代竞争，用员工自主管理取代绩效管理。由于对"人的问题"的不同的立场和态度，便形成了两种风格截然不同的管理形式：美式"结果导向管理"；日式"过程导向管理"。

1. 美式"结果导向管理"

美式管理可以概括为"结果导向管理"。这也是我国近30多年一直沿用的管理方式。这种西方传统的管理方式源于20世纪初的美国贝尔实验室的质量保证部,被田口玄一称作"猫捉老鼠的游戏"。1962年,田口在帮助贝尔实验室进行科学研究时说,贝尔实验室的质量保证部门其实在1907年就开始设立了,在很长的一段时间内,他们也成功创立、导入质量管理的先进方法,产生很大的实际效益。当时的质量保证部的主要工作是对美国西部电子公司的产品的质量水准进行确认,对市场发生的各种投诉进行原因分析和提供对策,以及总结现有的品质信息,定期反馈给美国西部电子公司的高层及贝尔的设计部门,并督促其进行改善。田口博士对这种亡羊补牢式的质量保证并不认同,认为这是一种猫捉老鼠的游戏。老鼠出现一个解决一个,但是之后还是不停地出现,这不是从本质上解决问题的正确方法。

美国制造的典型做法是"按照规格进行制造,再剔除不合格产品"。美军MIL-STD-105E抽样标准就是美式管理思想和生产制的代表产物,我国大多数企业至今沿袭着美国的传统质量管理方式。戴明教导日本人,质量的关键是产品的一致性。应一次性生产出合格的产品,并通过流程改善和提高来达成这个目标,以获得顾客的赞许。

戴明反对"结果导向管理"方式,他认为强调"结果导向管理"对于生产过程及业务改进都没有什么效果。不但这种管理方式对过程无所帮助,而且事后的缺陷也会给企业和顾客造成损失。

2. 日式"过程导向管理"

日式质量管理可以概括为"过程导向管理",这是戴明倡导的质量管理方法。

戴明强调质量来自于正确的管理,主张在原因上,对系统下功夫,而非事后处理。过程导向是一种主动性的、面对过程的管理。"过程导向"管理把质量管理分成两个部分:由操作者负责的过程控制与由管理者负责的过程改进。由现场操作者凭借控制图鉴别并消除变异的特殊原因,以获得稳定的过程——这是现场员工的责任(质量控制);一旦过程处于统计控制,就需要持续地改进过程(减少过程变异的普遍原因)、改进设计、改进产品——这是管理者的责任(质量改进)。

过程导向管理的重点是强调领导责任和正确的管理。一旦过程处于稳定,就必须由管理者发起改进活动,持续不断地改进过程、改进设计和改进产品,以满足和超越顾客的需求。这就是基于过程导向的持续改进的真谛。

管理者对质量改进的责任如何体现呢?管理者(特别是高层管理者)不太可能自己担负改进的具体工作,正确的管理应该是承担质量责任并担当教练的角色,给员工充分授权,保持良好的沟通并给予必要的帮助,正确的激励也是必不可少的。企业的中层管理者的领导作用尤其重要。

3. 日式质量管理与美式质量管理的比较

日式质量管理是奉行戴明管理哲学的管理,基本特征是"过程导向"管理;美式质量管理是奉行西方主流管理思想的管理,基本特征是"结果导向"管理。现将两种不同的管理方式进行比较,见表2-3。

表2-3 日式质量管理与美式质量管理比较

项　目	日式质量管理	美式质量管理
管理风格（类型）	过程导向	结果导向
管理特征	提倡合作,强调领导作用	提倡竞争,强调个人作用
	重视人的作用	重视制度、流程和标准
	强调管理层质量责任,全员参与质量管理	质量活动与责任由非经营的员工承担
	注重遵循基本质量原则的、正确与优异的管理	注重管理模式、方法和工具的作用
	预防及源流管理	事后的问题解决
	注重实干	注重理论
解决问题的方式	注重过程,主动的、事前的、持续的、常态化的改进	注重结果,被动的、事后的、间歇性的、有需求时的改进
解决问题的主体	现场员工 + 工程师	少数人,专家
对"人的问题"的态度	重视 领导型:授权与激励	不重视 监督型:命令加绩效考核
员工教育培训	非常重视,培训普遍,投入多	不重视,培训很少,个人承担
质量理念与策略	追求一致性	追求符合性
实现高质量的主要工具	控制图 + QCC + 田口容差设计（也称为田口方法）	六西格玛 + 试验设计（DOE）
产品研发设计	设计流程 + 日本独特的先进理念 高素质的工程师 涵盖顾客在内的部门间团队合作 重视可靠性试验和上市前的验证	科学严谨复杂的设计流程 高素质的工程师 缺乏团队精神 可靠性工作较差
制造机制与产品特性分布	严格工序控制和持续改进,从开始就生产出合格的、高质量的产品 特性分布:正态分布	先全部将产品制造出来,然后剔除不合格产品 特性分布:均匀分布
标准作业程序（Standard Operation Procedure,SOP）	细致、全面、更新快	重要工序、规范性

(续)

项　　目		日式质量管理	美式质量管理
过程数据		较少，注重不合格品数据	齐全、规范
戴明14项原则采纳程度		几乎全部采纳	少部分采纳
戴明奖与波多里奇奖		过程导向：3个大类 不考核经营结果 简洁实效，重点突出：重视领导作用，明确6条最基本的管理要求	结果导向：7个大类 经营结果占450分 理论复杂臃肿，缺乏重点，难以理解，缺乏实效性
结果/绩效	产品质量，不良率	3~20ppm①	5%~9%①
	新产品开发周期（以汽车为例）	较短，3~5年② 普遍采取批量前严苛验证试验	较长，7年② 新品上市返回率高达30%
	制造成本	较低	较高
	交付周期	较短	较长
	专门检验人员的比例	1%~3%③	10%~15%③

① 詹姆斯·R. 埃文斯，威廉·M. 林赛《质量管理与质量控制》。
② 马林，《日本的质量经营》。
③ 据中国商业部访美考察团的新闻报道。

美国许多跨国企业也都在竞相学习日本的质量管理经验。1992年，摩托罗拉公司收集了大量数据，并做了一个调查报告，他承认美国的质量管理与日本的存在明显差距。该调查报告从人员参与、经营者态度、方针管理、对检验依赖度、预防试验、协作关系、纠正措施、质量态度意识、设计和价值分析（VA）及材料利用率等12个维度进行了比较，结果表明所有项目日本明显做得好，美国落于下风。

4. 得到的启示

1）美式质量管理和日式质量管理是当今世界两种完全不同思想风格的质量管理模式——美式质量管理是重视制度与流程的"结果导向"模式，日式质量管理是重视人和持续改进的"过程导向"模式。

2）日式质量管理方法应用合理、简单、高效，由数据可知，从现场管理、产品质量、开发周期、专职检验人员比例及生产效率等看，日式质量管理均明显优于美式质量管理。

3）美国的质量管理重理论与日本的质量管理重实干，形成优劣势互补。质量管理需要理论；同时，质量不是靠嘴巴说出来的，日本人正是坚持了那些基本的理念并付出行动，因此获得成功。

4）日本并未使用复杂、高尖端的管理工具，而只坚持使用戴明博士传授的质量管理方法，就取得了明显高于美国的质量，并达到几个 ppm（即六西格玛）水平。

5）我国不可以完全照搬美式质量管理，同样不可以完全照搬日式质量管理，而应吸取美国质量管理理论指导的长处，避免其理论形式化、复杂化的短处；且应充分借鉴日本质量管理理念及富有成效的管理实践，创新符合我国国情的质量管理理论以及合理有效的、灵活多样的运作模式和管理方法。

2.5.4 戴明经典案例：福特汽车公司的脱胎换骨与再造

在日本产品横扫全球，而美国企业界的影响力日益下降的时期，美国人对此非常困惑，他们非常希望找出问题所在。1980 年，NBC 电视台以《日本能，为什么我们不能?》为题播出戴明的专题片后，美国人的热情似乎被戴明点燃了，商业咨询邀请函纷纷而来，包括如通用电气、休斯飞机、道尔化学、福特汽车等诸多美国著名企业。由此，掀起了一场美国的质量革命。

此时，福特汽车公司正陷入由于两次石油危机及日本产品冲击美国市场而带来的巨大的经济困境之中。虽然福特汽车公司高层意识到危机，于 1978 年—1979 年连续采取了如"将质量作为经营的第一要务"及颁发供应商质量规格手册等诸多改革措施，但是这一连串动作本身并不足以使该公司生产出更优的产品，也无法阻止利润持续滑落。就在美国产业界注意到戴明的那一年，福特汽车公司亏损了 16 亿美元。

福特汽车公司的管理层终于认识到，需要马上得到戴明的帮助。戴明并没有因为福特公司的求助而放弃了他设定的先决条件：他只愿意和管理层有决心改善质量的企业携手，除非受到福特总裁的邀请，否则不会前往福特公司。几经辗转，福特总裁彼得森及其他福特公司的高层主管终于在 1981 年春天见到戴明。此后，戴明被聘为福特总部的首席顾问，开启了为期 5 年的管理咨询。在此期间，总裁彼得森与戴明相处极为融洽，这为今后福特的转型奠定了良好的基础。

在福特公司的相关人员参观戴明辅导过的美国纳西华公司并组团访日后，戴明对福特副总裁巴特说，他很愿意为福特公司效劳。他的想法是，先带动几家大公司，借助其实力与供应商规模，在美国企业界掀起一场革命，彻底改变整个企业界的面貌，如果能在福特公司创造奇迹，那么在别的任何地方，也可以办到。理由有两个：一是，福特公司的创办人在半个多世纪前首创生产流水线，开启了第二次工业革命的先河；二是，福特代表着典型的美式质量管理作风——"根据规格制造，再剔除不合格产品"，这种做法代价不菲，而且与日本产品质量有着明显的差距。

由于戴明的想法与汽车工业既有的运作方式之间存在着极大的差异，因此福特公司的管理层对此仍感到困惑，改革的阻力可见一斑。负责推行的总装部总经理斯科拉得后来说："坦白说，我当时对戴明这套理论及其运作方式不是十分了解，但后来的事实让我非常信服。"

自从戴明来到福特后，福特公司完成好几项颇具戏剧性的改善任务。5年内，售后维修的次数降低了45%；而新车主反映"车子有问题"的案例，减少了50%。同一时期，福特在美国汽车市场的占有率上升为19.2%，创5年来最高纪录，财务税前盈余也达到43亿美元的空前数额。福特公司的营运费用自1979年以来，节省了45亿美元以上。换句话说，与5年前相比，福特每日开支平均减少了1200万美元。自此，福特汽车重新回到世界排名前10的行列。

这5年，福特汽车到底发生了什么呢？

戴明与总裁彼得森见面之后，开始每个月抽出几天时间在福特公司进行调研，除了为高层主管举办集中研讨会外，还参观各个作业现场，会见按酬计薪的工人、工程师、监工，并根据他的14要点，提出各项改革建议。

戴明进入福特实施的第一件事情，就是在总部"改革指导委员会"下设置专门的统计职位（及办公室），负责对福特公司的改革提供支持，并直接对副总裁报告。同时，从全公司1000多名具有统计背景的员工中，筛选出100名优秀者，作为公司各层级的统计专职人员。这些专职的统计人员为今后福特的质量改进和恢复竞争活力提供了技术支持。

紧接着，就是开展统计方法的培训。首先对大量公司中高管理骨干进行统计方法培训，以便理解和接受戴明管理哲学与统计品管方法。统计品管知识对于理解流程、识别变异对流程的影响，以及指导流程改进是必需的。为使福特摆脱经济困境，戴明指导福特改革的第一个步骤就是进行统计品管培训，为公司开展实质性的质量改进培养了专门人才。这为福特公司最终取得成功奠定了基础。如此一来，"统计品管"（或统计过程控制）成了最流行的词汇。

参加一日速成班的总裁彼得森，对统计方法推崇备至。每当彼得森到处巡视，询问统计品管执行情况时，指导委员会办公室的电话就会接连不断。指委会主任薛肯巴开玩笑说："虽然戴明要我去除恐惧，但只要总裁问一声，我还是紧张得不得了！"

影响最大的一项变革还不是引入"统计品管"一事，最令人称道的是福特开始了一场由上而下、由最高层全力推动的改革。这一点正如戴明所说的，是绝对必要，而且是改革成功不可或缺的重要因素。

戴明的"14要点"成为福特高层主管重新审视福特经营哲学的依据。他们在正式采用新理念（戴明第二要点）之前，整整花了三年时间研究。最后，"使命""价值"与"原则"等，由亨利·福特二世在1984年11月的一次演讲中宣布实施。至此，福特公司正式确立了质量经营的六条管理原则：质量第一；一切以顾客为焦点；持续不断地改善；全员参与是我们的生活方式；视营销商和供应商为伙伴；坚守正直原则，绝不妥协。

戴明教导日本人，质量的关键是产品的一致性，并通过持续的流程改善来达成，戴明将这个理念和方法也教给福特人。福特公司巴达维亚工厂把一部分传动装置的生产合同转包给日本的马自达公司加工，马自达制造和福特制造的差别就看得特别清楚了。他们发现，顾客对装有日制传动装置的车子反响比较热烈。福特公司工程师便开展调查，各取马自达制造和福特制造的传动装置进行各项比对。虽然所有的产品都符合图样，但马自达的每个产品间的变异较小。因为每当日本工人无法测量钻孔的内径时，就会对量具进行修理改善。原因其实很简单，日制产品的质量就是一致性较好。日制产品的分布曲线在规格限度内的变动范围仅占27%，而美制产品的变动范围占70%。日制传动装置不仅噪声小，而且售后维修成本只有美制产品的五分之一。

随后，福特的质量改进开始持续进行。福特公司之前抱着家丑不可外扬的心态，戴明出任首席顾问之后，福特公司特别制作了一部培训影片，让人看出他们的态度已有改变。

福特将戴明理念引入新产品的开发设计中，获得了极大的成功。在传统的汽车设计方式，需要的是整个有序的流程图，但 Taurus 和 Sable 开发项目却以圆形呈现过程，这非常符合戴明的各项原则，尤其是"第9点：打破部门障碍。"该公司研发主管维拉第说："在 Taurus 生产专项中，我们试图将所有部门整合在一起，同步而持续地进行整套过程，让制造人员和设计、工程、销售及采购、法律、服务与销售人员随时保持良好的合作协调状态。福特的这套做法也得到了经销商和供应商的认可，供应商直接参与到福特的新产品设计过程中，双方的技术专家有很好的合作。虽然每一家汽车企业都很注意质量，但一家供应商代表说："福特所做的不只是邀请供应商参与而已，福特不仅要质量，他们要得更多、更严格。"

创新的研发机制和流程不仅增强了新产品的设计能力、缩短了开发周期，还有另一个非常重要的改变，并在供应商员工中引起热烈的反响，那就是在第一批批量生产的新款车出厂前九个月，及时选择潜在买主试用该车型，进行售前评估展示。如此，在新车问世前便有机会做改良。原型车也会送到供应商那里让他们的员工先睹为快。研发主管维拉蒂说："过去，供应商只负责制造自己的部分零件，用仪器测量对比一下，合格就直接交运了。他们的作业人员从未看过产品安装在车上的模样，他们只看到模塑组件、发动机或车门而已，他们从未看过自己努力的成果。现在，情况全都变了。"有位在田纳西州负责车窗制造的女士看过原型车后，在自己做的机器上贴了一张标示，指出必须修整的部位。当原型车来到供应商史密斯公司时，员工纷纷放下手中的工作前来检视。有个供应商则由200多名工人联合签署了一张海报，表明追求质量的决心，并感谢福特公司所推行的"出厂前先过目"计划。

在福特公司,各个部门争相应用戴明的管理理念并转化为行动。他们通过建立不同的专项课题团队,解决诸如减少变异和缺陷、提升业务效率、提高反应时间的微观问题,也涉及如何提高销售量进而提高盈利的宏观问题。

在戴明的推动下,福特公司重新审视了本公司原来的评估绩效的方法,并认识到传统绩效评估给企业和员工带来的伤害,废除了原先的10个等级评估制度,采纳了戴明的方法:新制度只分为3级,在控制范围外较差的一边、在控制范围内,以及在控制范围之外较好的一边。数据及理论显示,只有不到11%的员工会落在规格范围以外。

戴明加入后,福特公司还发生了以下重要变革:
1) 为质量而临时停产。这在福特的生产史上闻所未闻。在每年夏季停产2周,改变了过去在休假期间找临时工的做法。这样就杜绝了工人滥竽充数、品质得不到保证的风险。
2) 视供应商为伙伴。检验人员开始与供应商合作,共同改善质量。
3) 改1年期为3年期的营运预算。这大大提高了工作效率。

在戴明的耐心引导下,管理者终于扭转了过去主观的作风,代之以领导,管理者与现场员工的合作意愿空前高涨。

戴明在辅导福特的一个出口供应中心——温莎机构的第一天,先用一个小时会见了该机构的32名高层主管,强调问题的85%出在管理层。接下来的一天,戴明和温莎机构的200名现场员工见面。开始没有人敢肯定和温莎的员工见面有什么效果,但结果并非如此。来自统计指导办公室的阿提尼安后来说:"就算你让他们解开领带,脱下白衬衫,换上工作服,听到的还是一样。"多年的愤怒与挫折开始发泄出来。员工抱怨他们没有什么理由把工作做好,因为你做得再好,也没有人注意你。

戴明来访后不到一年,温莎机构有了很大改善。通过改革,温莎机构开始摆脱困境,步入上升轨道,改革也得到了员工的普遍认同。正如福特员工所感慨:"我们要彻底奉行戴明的方法……这对我们有好处,对公司也有好处。"

福特公司改革的情形令该公司员工和戴明非常满意。副总裁巴肯把在改革中总结出的福特的六条指导原则称为"戴明金言",并把戴明称为"不只是顾问的超级顾问""还是我们的导师、催化剂、良心,偶尔也是马鞍下的芒刺,逼使我们正襟危坐"。总裁彼得森则称自己为"戴明门徒",并补充道:"我们福特全体上下都决心信守他的作业原则,特别是持续改进和全员参与的原则。"

第 3 章 中国式全面质量管理创新

3.1 中国质量管理学初探

3.1.1 理由：范式不可复制，走自己的路

我国的质量管理启蒙与建立来自于苏联的管理模式。20 世纪 60 年代初，我国就基本形成了一套先进、系统的管理社会主义企业的制度和方法，重要标志是"鞍钢宪法"。鞍钢宪法的核心内容是"两参、一改、三结合"，即"干部参加劳动，工人参加管理，改革不合理的规章制度，企业领导干部、技术人员与工人在生产实践和技术革命中相结合"。美国麻省理工学院教授罗伯特·托马斯对此高度评价，他认为鞍钢宪法是"全面质量管理"和"团队合作"理论的精髓。包含丰田管理方式的日本的全面质量管理及丰田管理方式，深深受到"团队精神、充分发挥劳动者个人主观能动性、创造性"的鞍钢宪法精神的影响。

20 世纪 80 年代初，我国引入全面质量管理，在我国政府和中国质量协会的强有力的领导和组织下，我国在全面质量管理方面取得了重大发展，极大地推动了我国质量管理水平的提升。在随后的 30 年，我国相继引进了诸多先进的质量管理方法，一定程度推动着企业的管理改革。由于某些原因，在相当长的一段时期内，我国的全面质量管理实践并未获得明显的成果和发展，我国质量管理水平与国外先进水平之间还存在着明显的差距。如今，企业的性质与所面对的环境发生了巨大变化，我国完全照搬外国的管理理论的路肯定行不通。我们需要重新审视企业面临的新环境、新任务，并认真总结经验，探讨和构建属于我国的、符合我国国情的、能帮助我国企业获得持续成功的质量管理理论、策略与方法。

美国与日本的质量管理的实践为我们提供了丰富的理论指导与实践借鉴，虽然有太多的成功范式，但如果生搬硬套肯定不行。戴明告诫我们：标杆不可以复制，范式也不可以复制。最后的结论：吸取世界先进的管理经验与教训，走自己的路。

3.1.2 构想中国式全面质量管理（CTQM）

1. 以戴明学说为指导思想和理论基础

构建一个有效、有活力的和可持续的管理系统，必须有一套经得起检验的管理理论作为支撑。之所以选择戴明的管理思想作为中国式全面质量管理（CTQM）的理论和实践的指导思想和理论基础，理由主要有以下四个：

1）**理念超前，具有持续的指导价值**。戴明学说科学严谨，智慧超群，他的理念合乎自然规律和社会经济规律。
2）**唯一激发并指导日本质量管理革命与美国质量管理革命成功的导师**。世界两个质量强国的质量实践的经验非常值得我国工业界学习和借鉴。
3）**质量理念、质量策略与质量方法的完美结合**。戴明超群深邃的管理思想不容置疑；戴明14要点作为现代质量管理的基本原则和策略也是学界的普遍共识；统计品管是戴明关于解决问题和质量改进的核心工具。戴明学说体系从质量管理的战略构思，到实现方式（策略）直至战略落地（解决问题），三者是紧密相呼应的，始终贯通的。
4）**合乎我国的文化与管理实情**。戴明学说言简意赅大道至简。戴明博士虽为美国人，但他的思想风格不同于西方主流思想，却与东方文化融合，并被日本所接纳。戴明具备西方人理论严谨特质与日本人务实亲临特质相融合的管理风格，正是我国质量管理所需要的。

2. 构建中国式质量管理的切入点

ISO 9000代表着现代质量管理的一般先进水平，体现了西方的管理理念和风格，ISO管理已经在我国运用了30多年，为企业所熟悉。从ISO 9000切入，构建属于我国自己的全面质量管理理论和实践，应当是一个方便、稳妥和明智的选择。

以ISO 9000为基本框架，确立适合我国国情的、有前瞻性的管理原则，甄别和筛选具有世界领先性的管理要素，吸收美国质量管理中理论的优势成分，以日本质量管理的最佳实践作为我国企业管理实践的基本参照，以《卓越绩效评价准则》（GB/T 19580—2012）为引领，形成具有中国特色的与具有前瞻性的中国式全面质量管理体系。

通过履行ISO 9000体系标准和程序，就熟悉了西方的质量管理，并极大地弥补了我国企业管理理论和程序的短板，如果再把日本的优秀实践吸收到企业的运作中，将会产生非常好的效果。

3. CTQM = 日本实践5分 + 美国理论2分 + 中国智慧3分 > 10分

使用一个简单的公式，来描述一个新的管理系统是如何吸收、融合美日先进管理及中国智慧养分，并形成创新型的具有中国特色的全面质量管理的。这样表达虽然不是很严谨，但它毕竟能以最简洁、明了的方式表达作者的基本构想。

日本实践占 5 分：日本质量管理多年的最佳实践和优秀的方法经过改良，基本可以为我所用，日本理论的短板能从美国理论和中国智慧得到弥补。学习借鉴日本的经验包括：质量经营（1 分）+ 最佳实践（2 分）+ 工具方法（2 分）。

美国理论占 2 分：1 分为理论优势的借鉴，1 分为最新方法的应用。美国开创的质量管理理论仍是现代质量管理的基础，美国的质量创新也是值得借鉴的，如六西格玛管理以及波多里奇质量奖都代表着世界领先水平。

中国智慧占 3 分：1 分为用中国智慧待人，1 分为做理论创新，1 分为实践创新。全面质量管理说到底还是人的管理，若人的素质不提高、积极性和主动性发挥不了，则一切管理都是空谈。而且，中国人与日本人及美国人都有很大的差别，所以，1 分是用中国智慧待人的，1 分是做理论创新的，1 分是实践创新的。如果没有中国质量管理的理论创新，中国式全面质量管理不能长远，如果没有实践的创新，也不会产生最大的效果。

我国古代不乏经商与管理的智慧，值得我们挖掘。现代诸多中国企业成功的宝贵经验更值得我们学习、梳理、提升和推广。华为大质量管理模式、海尔 OEC 精细化管理模式、格力 T9 完美质量管理模式、福耀四品一体双驱动管理模式等，都是我国企业实践全面质量管理的精华，其中中国制造的典范——华为公司的经验，尤其是它在不同发展阶段的经历、调整、抉择与坚持、决心和管理智慧，值得挖掘、整理和发扬。

3.2 CTQM 的指导思想与原则

3.2.1 指导思想

CTQM 的指导思想为：适应组织环境变化，以国家质量战略以及市场和顾客需求为导向，以戴明质量管理思想为指导原则，以自身发展为主，博采众长，吸收消化世界先进优秀质量管理理念、管理技术及最佳实践成果，以中华文化做底蕴，尊重人性，敬畏自然，遵循自然规律、经济规律和质量管理原则，形成具有中国特色的全面质量管理理论与进行具有活力的管理实践，调动一切积极因素，为顾客提供价值，照顾相关方的关切，实现组织综合效益最大化。

3.2.2 CTQM 的定义

中国式全面质量管理是由组织管理层领导的、具有中国特色的，以质量为先，提高质量和效率、降低成本，提升转运速度等综合绩效指标的质量管理方法。该系统涉及全过程和所有职能部门，以全员参与为基础，发挥人的主观能动性，采取一系列系统活动，旨在向顾客提供满意的产品和服务，并使本组织所有成员及社会获益，达成组织经营目标并获得长期成功。

3.2.3 CTQM 的基本原则

1. 领导的核心作用

高层管理的远见卓识和卓越领导力是组织运作的关键力量，是组织获得成功的第一要素。管理者必须对质量负责，不仅对质量活动提供资源支持，还要亲自参与管理推动改革，领导全体员工实现企业目标和持续改进。

2. 以顾客为中心

这是由企业所处的市场经济环境所决定的。顾客是质量的评判者，以顾客驱动的系统才能具有活力。满足顾客的需求是企业存在的理由，企业利润是满足顾客需求的结果。组织须充分识别顾客当前和未来的需求和期望，并通过有效的系统活动提高顾客的满意度和忠诚度。以顾客为中心的观念和原则必须深入人心，贯彻到生产经营活动的全过程中。

3. 质量第一，综合提高

质量是企业经营战略的优先事项，牢固树立质量第一的意识，将质量作为全体员工的基本职责和工作标准。在提高质量的系统活动中，同时促进和提高效率、降低成本、缩短运转周期，实现以质量优先的综合质量管理。

4. 全员参与和团队合作

员工是质量和绩效的创造者，只有他们才真正了解生产过程和产品。卓越的企业会注重全体员工的聪明才智，人人都对质量负责才会获得可预期的结果。组织要对员工进行充分授权、激励和培训。打破部门藩篱，进行跨部门团队合作，以实现组织整体目标。

5. 过程导向与结果导向相结合

过程导向管理是质量管理的基本策略和正确方法。注重过程导向，把重心放在事前和过程而非结果。在原因上和系统下功夫，实行源流管理与预防，才是提高质量最有效的方法。同时，应关注过程结果及运营绩效数据，进行质量改进，并提升运营绩效的作用。以过程导向为主，以结果导向为辅，并实现二者有机结合与运用，就能得到最大的效用。

6. 持续改进

持续改进是企业实现高质量和经营目标的根本途径和主题，决定企业的生存与发展。为满足顾客的需求，必须持续不间断地改进产品和过程。真正的改进取决于学习，即通过实践和结果之间的不断反馈，来理解变革为什么能够成功，并梳理新的目标和方法。

7. 系统管理

识别、理解和管理作为体系的相互关联的过程及相关人员，实行系统管理，有助于实现组织整体目标的效率和提高有效性。

8. 基于事实的管理，善用统计品管方法

统计品管是解决问题的正确、有效的方法。充分利用统计方法收集、分析数据，并正确解释数据，帮助人们对客观事实做出正确的判断和正确的决策。

9. 合作共赢

与顾客、供应商及员工建立合作伙伴关系，实现共同发展。尤其实现管理层（股东）与员工的合作，是时代大趋势的使然，是企业生存与发展的根本保障。

10. 灵活性与创新

要想在国际市场上取胜，就需要企业有快速反应能力和创新能力。灵活性意味着更短的周期（快速交付产品、新产品快速上市），对市场个性化需求更柔性地做出反应，以及根据市场环境的变化对企业的组织结构和流程做出响应。要做到这些，企业就要简化和改进流程。灵活性对于大型企业尤为重要。

创新是公司发展的引擎，技术创新与经营创新是企业保持永续经营的源泉。

3.3 CTQM 的基本策略与特点

中国式全面质量管理（CTQM）结合我国制造业的基本情况与整体发展需求，积极吸取美国与日本质量管理的精华，实现管理创新，努力探寻中国式质量管理的一般规律与运行方式。CTQM 的基本策略和特点可以用三句话来概括，这就是"一个方向、两种路径、三步实施"策略。期望每个实施全面质量管理的中国企业，都能从这个方案指南中找到适合的管理方式和灵感，塑造出属于自己企业的最佳方案。

1. 一个方向

以戴明管理思想为指引，以提高质量为不变的目的，通过系统化管理与持续改进，创造企业质量、成本、效率、周期等综合绩效，以满足顾客及相关方需求，实现组织永续经营和长远成长。

2. 两种路径

组织在确定全面质量管理及经营战略目标后，可以根据自身发展和管理的需要，选择质量管理的不同风格及提高质量的不同的策略。

（1）两种发展方式与管理风格

1）**技术型企业的管理风格**。技术型企业的特征：研发费用投入强度（研发投入占营业收入的比例）>8%，研发队伍占总人数比例1/3以上。研发型企业的典型代表有：华为（研发投入占营业收入的比例为22.4%）、大疆（研发投入占营业收入的比例为15%）。

技术型企业的管理风格与策略：侧重西方路线和管理风格，以结果导向管理为主，注重新产品研发和科技创新。这种方式对管理的要求相对简单，但切不可忽视管理。

2) **管理型企业的管理风格**。管理型企业的特征：研发投入占营业收入的比例<5%，研发队伍占总人数的比例不足1/3。管理型企业的典型的代表有：日本丰田（研发投入占营业收入的比例为3.6%）和松下投入占营业收入的比例为（6.3%）（中国目前只有经营规模型）。

管理型企业的管理风格与策略：侧重日本路线和管理风格，以过程导向管理为主，在过程上下功夫，在管理上发力，持续改进。本章所有的信息为管理型企业的行动提供指南。

日本企业的研发费用投入强度（3.6%~8.8%）虽然不如欧美（先进水平为10%~20%），但日本企业的研发能力、新品上市时间与产品质量均明显优于欧美企业，根本原因在于日本企业以优异的管理弥补了研发投入的不足。这个事实与经验为中国企业的发展管理策略提供了宝贵借鉴。中国企业必须摒弃规模经营化发展的老路，通过转型，走管理型发展的正确路子。

(2) 两种质量提高的路径

1) **技术路线**：采用简单务实的方法。着力把三个关键的质量过程（"朱兰三部曲"）中该做的事情做好，而不是整天想着创新。如果想更进一步，就要在三个阶段号召工程师使用DOE。DOE培训上手快，应用简单，费用极少，见效特别显著且速度快，运行周期短（一般为1~3周）。

2) **管理路线**：采用系统复杂的方法。只需把基础性和技术性的工作做足就好，如果想继续升级，以实现企业长远发展，才需引入有针对性的先进的管理模式，如精益管理或六西格玛等。六西格玛的特征是应用机制复杂，核心团队需经过长期、复杂的培训，培训和运行费用相当高，见效慢，失败风险高，运行周期长（一般为2~6个月）。

3. 三步实施

三步实施包含三层意义：三个发展阶段、三种决定力量与三个关键过程。

(1) 三个发展阶段

质量管理应遵照循序渐进的规律，企业发展也必然经过不同阶段，企业在发展过程中随着环境的变化顺势调整行动策略才是明智之举。

(2) 三种决定力量

在企业发展的第一个阶段，起决定性作用的是**制度**的力量；进入第二个阶段，适时调整组织的结构和流程是重点，**流程**是决定性的力量；进入第三个阶段，其他关键的因素和力量的影响将让位于**文化**的力量。资源是会枯竭的，唯有文化才会生生不息。

（3）三个关键过程

"朱兰三部曲"对企业质量管理的指导意义重大。它的核心应用是，为了实现高品质，在企业实施CTQM的所有阶段，都应尽可能紧紧抓住三个关键过程不放松：①研发设计，构建足够强大的设计能力并创造优异设计质量；②工序控制，建立和实施科学严格的工序控制以创造优异的制造质量（产品）；③持续改进，持续地改进产品、过程和设计。

3.4 CTQM的基本架构与要素

3.4.1 CTQM体系屋

本书以体系屋的方式，简洁直观地展示CTQM的架构（见图3-1）。

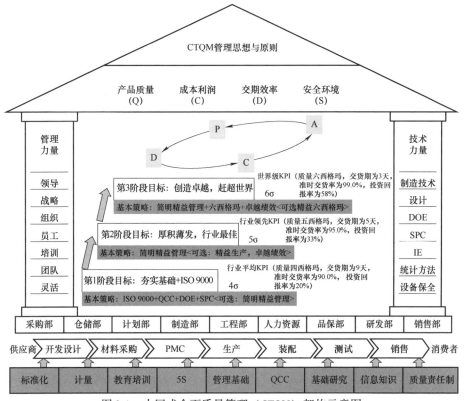

图3-1 中国式全面质量管理（CTQM）架构示意图

3.4.2 管理要素的选择

管理要素的选择与组织所处的阶段及采用的不同风格有关。CTQM各阶段管理要素的选择见表3-1。

表 3-1　CTQM 各阶段管理要素的选择

阶　　段		起步阶段	第 1 阶段	第 2 阶段	第 3 阶段
管理要素	领导		○	△	▲
	战略		○	△	▲
	组织		○	△	▲
	质量文化		○	△	▲
	员工	○	△	△	▲
	教育培训	○	△	▲	▲
	团队		○	△	▲
	灵活性		○	△	▲
过程要素	品质保证	△	▲	▲	△
	工序控制	△	▲	▲	▲
	订单执行	△	▲	▲	▲
	研发设计	创新则需要	△	▲	▲
	供应商		○	△	△
	持续改进	○	△	▲	▲
技术要素	试验设计		△	▲	▲
	制造技术		△	△	△
	管理技术		○	△	▲
	设计		○	△	▲
	设备管理	△	△	▲	▲
	生产物料控制（PMC）		△	▲	△
	工业工程（IE）		△	▲	▲
	统计方法		○	▲	▲
知识	数理化		○	△	△
	计算机		○	△	△
	信息管理		○	△	▲

注：▲表示很重要；△表示重要；○表示一般。

3.5　CTQM 应用的三个阶梯

企业推行全面质量管理，应根据自身发展规模、产品特点及管理基础的具体状况，配合企业经营发展战略的需要，采取适合本企业的运作方式。

根据我国制造业以往的管理经验，建议企业采取由低级到高级、以循序渐进的方式。这里给出了处于不同发展阶段的三种策略和管理重点的建议。组织可以从任一级阶段切入，但必须检讨是否已经达到本阶段的初始要求，如果有差距，还需要给较为薄弱的管理环节补课。每一个高级的阶段都应该涵盖低级阶段的要求。

企业在不同的发展阶段，建立本企业的管理系统与基本策略时，应考虑并侧重三种决定性力量对组织的影响。第 1 阶段应侧重制度的力量；第 2 阶段应侧重流程的力量；第 3 阶段应侧重文化的力量。

每个阶段均以 PDCA 管理循环的方式进行，具体的运作方式可以参考 ISO 9001、ISO 9004 的框架执行，也可以参照 GB/T 19580—2012 卓越绩效评价标准。

3.5.1　创业起步：开拓业务，质量保证（三西格玛）

1. 适用范围

新开业、管理基础薄弱、人力资源不足、制度不健全的企业。

2. 目标

1）培育队伍。
2）保证产品出厂质量符合顾客的要求，准时交货。
3）开发和维系企业业务。

3. 策略

1）物色制造、技术和质量骨干，构建企业运作团队。
2）建立必要的制度和规矩。
3）确保产品的质量。"质量保证＋工序控制"是企业现阶段的重要手段。抓好进料检验和出厂检验，尽力控制制造过程的质量。若顾客对产品的质量要求很高，则采取出厂全数检查。
4）瞄准创新发展方向。如果是一家创新型企业，应抓住国家"打造服务创新型中小企业主阵地"的政策机遇，在"专、精、特、新"上下功夫，找准发展方向，努力打造属于自己的品牌和发展竞争优势。

4. 管理重点

1）一专多能，赏罚分明，发掘有潜力员工。
2）进行必要的技能培训，特别是新工人上岗培训。
3）严格控制进料、制造和出货产品质量。
4）控制制造流程，保证订单及时出货。
5）伺机引入 ISO 9000。

3.5.2　第 1 阶段：构建系统，夯实基础（四西格玛）

1. 初始管理状态（管理成熟度为 52%）

企业已经建立初步的管理制度和流程，但管理还欠完善，管理成熟度低于全国平均水平，企业具有发展业务规模和提高管理水平的需求。全国不同规模、行业企业的管理成熟度见表3-2。

表3-2 全国不同规模、行业企业的管理成熟度

企业范围		管理成熟度
全国	各类型企业平均水平	55.54%
规模	大中型企业	58.18%
	小型企业	50.67%
行业	汽车制造业企业	61.87%
	电气机械及器材制造业企业	59.29%
	通用设备制造业企业	57.73%
	专用设备制造业企业	56.66%
	食品制造业企业	56.65%
	化工制造业企业	53.43%

资料来源：中国质量协会，《中国制造业企业质量管理蓝皮书》（2016年）。

2. 目标

由于企业所处不同领域，应进行行业对标，企业经营KIP应超过行业平均水平，即：

1）质量：四西格玛（6210ppm）。
2）交货期<9天。
3）准时交货率>90.0%。
4）投资回报率>20%。

3. 基本策略

（1）引入ISO 9000质量管理体系，构建和完善企业管理体系，夯实管理基础

这是任何企业初始阶段为寻求健康发展以及推行全面质量管理的最经济、最有效、最便捷的途径。这对于一家缺乏完整的管理体系的企业尤为重要。只有建立和完善企业管理体系及相关的运作程序和标准，明确人员的职责与目标，工作绩效才有实现的可能，产品质量才能得到保障，企业的生产经营活动才能有序展开并获得预期的结果。因此，借助ISO 9000质量管理体系的建立、运行和持续改进，夯实企业的管理基础，是企业在激烈的竞争环境下得以立足并获得长期发展关键的第一步。

（2）提高质量的核心技术：ISO 9001 + SPC + QCC + DOE

以ISO 9000体系为依托，建立统计过程控制（SPC）以确保制造出高质量、一致性的合格产品；以QCC小组为媒介，培养员工参与改进的热情和能力，通过

日常性持续改进，运用简单工具，解决现场90%以上的问题；剩余的较复杂的问题，交由工程师团队应用DOE方法改进产品和过程，实现管理和质量的突破和提升；对于有条件的企业，应当伺机构建和提升产品开发队伍与流程，DEO对产品开发同样具有不可思议的巨大助力。试验设计（DOE）是解决问题有效和简便的方法，它绕过了复杂的人际纠葛和复杂的流程，如六西格玛。

（3）加强工序控制，建立现场优势与制造质量优势

许多企业在初始阶段，由于技术、人员及资金的约束，无法组织起正常的研发能力，这种情况下通过优良的现场管理与制造质量的优势，可以弥补企业发展的短板，取得竞争优势。

4. 管理重点

本阶段的任务是建立系统，狠抓管理，夯实管理基础，为企业接下来的健康发展做好准备。本阶段应着重抓好以下工作：

1）确实遵循ISO 9000体系标准的要求，建立健全企业管理制度和工作标准。认真、实事求是地确立部门及各类人员的职责和工作标准，建立明晰的管理流程，使ISO体系充分发挥系统和组织制度的作用。

2）开展质量保证活动，严格工序控制。建立材料进厂、制造过程和出厂阶段的产品检验程序和标准，严格质量把关，防止不良产品流入顾客手里。工序质量控制是重中之重，必须严格控制。现场作业标准覆盖率不少于50%，重要工序作业标准覆盖率超过90%。

3）狠抓基础管理工作，夯实管理基础。鼓励质量改进，积累质量数据。

4）投入必要的资源，进行员工技能培训和质量意识的培训。

5）有需求时，引用简易精益生产管理，减少成本、缩短交期，提高顾客的满意度。

3.5.3 第2阶段：扎实推进，行业楷模（五西格玛）

1. 初始管理状态（管理成熟度为60%）

本阶段的初始管理状态应该是接近或达到第1阶段的管理水平。如果存在距离，则应进行补课。

2. 目标

由于企业处于不同的领域，应进行行业对标，企业经营KIP应达到行业领先顶级水平，即

1）质量：五西格玛（233ppm）。

2）交货期<5天。

3）准时交货率>95.0%。

4）投资回报率＞33%。

5）新产品上市时间：较行业标杆缩短20%。

3. 基本策略

（1）整合优化企业管理体系，重心是组织流程改革与优化

在完善 ISO 9001 体系的基础上，根据企业文化与组织能力的需求，可以增加和提升更多的管理要素和功能，可供选择的管理模式有：ISO 9004、日本全面质量管理等，整合成适合企业发展的管理模式。

（2）提高质量与生产力的核心技术：ISO 9004 + DOE + Clear LP

应用 ISO 9004（提升管理绩效的指南），再结合吸收日本质量管理的先进经验（因为 ISO 9000 就代表了美西方做法），通过持续改进，在行业取得运营的较大优势；借助 DOE 进一步改进过程和产品的质量水平；应用低成本的、简明精益生产管理，优化制造流程，降低生产成本，缩短交货周期。

（3）加强和提升产品研发能力

企业管理层必须立足长远，培育企业产品研发能力和企业的成长能力。产品的研发和技术创新需要高素质的人才，为使企业崭露头角并获得顾客与市场的青睐，应该加大研发投入。

4. 管理重点

（1）战略规划

建立经营战略计划，谋求企业健康长远发展。

（2）建立三个引擎

企业稳定、长远地发展依赖于人才培养、产品研发与持续改进三个引擎的支撑。

（3）流程优化

随着市场环境的变化以及企业规模的发展，企业相关领导应以具有远见的领导力，引导组织、流程与文化的变革，向着行业标杆的目标扎实推进。同时，还应抓好以下工作：

1）加强新产品研发流程，引进优秀专业人才。

2）引导企业员工积极参与改革，持续改进常态化和更加深入。

3）继续严格工序质量控制，保证制造质量。

4）加大员工教育培训力度，提高员工素质。

5）伺机引入简明精益生产（Clear LP），降低生产成本，缩短交货周期。

6）适当时，根据卓越绩效评价标准进行自查，以提升企业品牌形象。

3.5.4 第3阶段：永葆活力，创造卓越（六西格玛）

1. 初始管理状态（管理成熟度为70%）

企业的质量及经营绩效水平已经接近或超过行业先进水平。

2. 目标

争做世界级企业，经营绩效达到或接近世界级 KIP：

1）质量：六西格玛（3.4ppm）。
2）交货期为 3 天。
3）准时交货率为 99.0%。
4）投资回报率为 58%。

参照世界级企业营业和经济指标（见表3-3）进行标杆分析，使企业 KIP 应接近或达到世界级企业的水平。

表 3-3 世界级企业营业和经济指标（实施精益六西格玛获得的绩效）

营业和经济指标	获得的绩效
营业毛利	从 5.6% 上升到 13.7%
投资回报率	从 10% 上升到 33% 次
生产周期	从 14 天缩短到 3 天
准时交货	从 82% 上升到 99.5%
在制品库存周转率	从 23 次上升到 65 次
质量水平（外部质量特性）	从三西格玛上升到六西格玛

3. 基本策略

1）注重企业文化的力量与建设，增强创新能力与组织活力。
2）提高质量的核心技术："Clear LP&6Sigma + DOE + QCC"。
3）构建强大的产品研发能力，为组织长青提供动力。

4. 管理重点

为实现本阶段争做世界级企业的目标，应重点开展以下三个方面的工作：

（1）文化建设

企业间的竞争最终比拼的是文化。企业规模壮大，文化建设发挥关键的作用。此时，要继续组织流程的改革。产品与技术创新、持续改进，以及最大限度地调动员工的主动性和积极性，只有在文化建设的引导下，这些才能发挥作用。

（2）科技创新

科技创新和新产品开发，决定着企业未来的发展情况。提升企业的产品开发能力是根本事项，同时，瞄准世界前沿科技的发展动向，采用先进技术及调整采用适用的先进管理方法。

（3）供应链管理

构建与管理供应链，确立核心企业地位，降低运营总成本，提高顾客服务水平，降低库存，缩短总周期时间。同时，还应抓好以下工作：

1) 提升卓越领导力，建立顾客驱动的、具有挑战性的经营目标和战略。
2) 继续进行组织改革和流程优化，提高组织的效率和灵活性。
3) 坚持适合企业发展的、正确的管理体系和方式，并正确地实施。
4) 加大员工教育培训的投入，培育人才，建立学习型组织。
5) 加大新产品研发投入，保持研究一代、设计一代、制造一代的产品创新活力。
6) 持续改进是企业发展的原动力，实现创新与持续改进的结合，促进企业健康发展。

3.6 质量管理基础

万丈高楼平地起，一家企业若要搞好质量管理并取得长足的发展，奠定坚实的管理基础是非常必要的。而在现实中，一些企业往往愿意在大项目上花费时间与金钱，却对企业的基础管理不屑一顾，这实际上是犯了管理的大忌。管理的基础工作必须下大力气抓好、抓牢。

1. 标准化

标准化工作是质量管理的重要前提，是实现管理规范化的需要，"不以规矩，不成方圆"。企业的标准分为技术标准和管理标准。工作标准实际上是从管理标准中分离出来的，是管理标准的一部分。标准是企业各种固有技术、改进经验和管理技术的积累。

技术标准主要分为材料标准、工艺工装标准、半成品标准、产成品标准、包装标准、检验标准等。它是沿着产品形成这根线，环环控制投入各工序物料的质量，层层把关设卡，使生产过程处于受控状态的。在技术标准体系中，各个标准都是以产品标准为核心而展开的，都是为了达到产成品标准而服务的。

ISO 9000 是管理标准的最好体现，在此框架下，企业得以建立关于过程和业务的管理程序和规范。而在工作标准的范畴内，除了管理人员或辅助生产人员的工作标准外，对产品和过程直接负责的操作人员的工作标准的制定与管理尤为重要，因为这项工作的质量直接影响产品质量与企业经营绩效。更多关于作业标准的细节请参考本书第 7.3 节的内容。

企业标准化管理实质上就是对由技术标准、管理标准、工作标准这三大标准体系所构成的企业标准化系统的建立与贯彻执行。

2. "5S"活动

"5S"活动是日本企业发明的现场管理的一种方法，它由相互关联的 5 项工作组成，分别是整理、整顿、清扫、清洁、教养（简称为"5S"）。"5S"活动已被全世界所有大型企业普遍采用，并将其作为所有管理工作的基础。"5S"活动如此受到重视，是由于它能发挥如下重要作用：

- 训练员工。把从农业转入的员工训练成守纪律、懂协作、自律的职业化工人。
- 建立安全有序的生产环境和基础。
- "5S"目视化简化了现场管理的难度，为准时制生产（JIT）看板运行提供了基础。
- 为员工现场改善和消除浪费提供了一个平台。
- 彻底的"5S"活动就是JIT。

3. QC小组改善活动

QC小组改善活动是日本企业的质量管理取得成功的一个重要因素。QC改善小组是一家企业的员工自主参与质量管理的指针。从某种意义上讲，企业获得竞争上的优势，不是靠战略，也不是靠先进的管理技术，在这些方面，可能大家都能做得差不多，最后比拼的关键就是改进的速度更多和更快一点。这也是著名的精益六西格玛学家迈克尔·乔治通过调查得出的论断。

质量改进最有力的手段是文化变革，它的威力和影响胜过一切提升质量优势的其他任何因素。而具有员工自发的、体现人的价值的、日常性的改善活动的形成，有赖于卓越的领导和凝聚力，只有人性得到尊重，员工的积极性和主动性得到发挥，任何挑战性目标才能得以实现。否则，再先进的管理也是无源之水。

4. 信息数据管理

数据是可测量的客观事实。信息是提供决策的有用的数据，或者说，信息是经过分析加工的数据，即数据若不经过合理的分析、整理，则不能成为有用的信息。

质量信息是反映企业产品质量和产供销各个环节的基本数据、原始记录，以及产品使用过程中反映处理的各种资料。它是质量管理的一项重要的资源。信息是各项生产经营活动的基础和依据。质量信息为新产品开发决策、质量方针展开提供依据，是向顾客提供质量保证和进行质量体系认证的证据，是质量控制的基础和前提，质量数据和信息更是质量改进不可缺少的基础。缺乏质量信息数据的支持，企业的生产经营活动根本无法有效展开。因此，质量信息数据是全面质量管理的一项重要的基础管理工作。

5. 教育培训

全面质量管理始于教育，终于教育。员工教育培训工作至关重要，它是企业持续发展的永不枯竭的源泉。戴明将企业人才比作高于一切的资源，可见员工的素养对企业的运作是多么重要。而员工的教育培训正是我国企业管理的短板之一。只有从政策导向和扶持、行业的推广、企业的投入方面落实，才能真正培养出符合科技发展与制造业升级所需要的一大批高素质人才。

企业的员工教育培训主要包括以下内容：

（1）质量意识教育

质量意识教育的目的是培育员工的质量责任心，明确质量和质量管理的意义。质量意识的作用可以弥补控制方法的不足，并带来巨大的正面促进作用。选择什么样的质量主题，应根据企业的具体情况而定，但基本的质量意识是必须持续倡导的，如质量第一、后流程是顾客、持续改进等。

（2）岗位技能培训

岗位技能培训是员工培训最核心的任务，是关于任何特定的岗位的作业细则的培训，内容包括做什么、怎么做、使用什么工具及设备工具的维护、如何判定产品是否合格、怎么处理异常、如何沟通等。

（3）质量要求判定能力培训

之所以把这个项目单独列出，是因为它的重要性。在大量的管理实践中，由于操作员对质量标准的认定的混乱或不足所引起的产品不合格的例子比比皆是。戴明和朱兰对这个问题非常重视。

（4）其他知识教育

若要产生理想的绩效，应依赖于知识的力量，当企业规模发展壮大时，知识教育的需求就越发迫切。

3.7 如何保持成功

我们在讨论 TQM 的问题时，其实泛指实现 TQM 的各种方式，如 ISO 9000、六西格玛、卓越绩效以及精益生产等。施行这些管理模式意味着在组织设计、过程和文化方面进行巨大的变革。很多企业施行这些变革后却未能成功，研究者发现高达 70% 的变革都失败了。了解管理变革的障碍来源是获得成功的钥匙。实施 TQM 的障碍主要如下：

- 缺乏强大的领导力和动机。
- 投入质量举措中的时间不足。
- 缺乏正规的变革计划。

根据戴明理论并参考美国与日本管理的经验，企业要想获得质量成功，应注重三个关键的因素与决定力量，具体如下。

1. 质量战略：领导责任

在所有的管理要素中，领导作用是第一要素，是质量生产的第一生产力。管理最高层对质量负责，将质量作为企业经营战略的优先项，并亲自领导和推动企业的质量变革，带领全体员工实现经营战略目标。缺乏卓越领导力的管理改革必定是失败的。

2. 质量策略：坚守原则

坚守基本的管理原则才是重要的。任何的方法、工具（包括所有的自动化、零缺陷或者先进的模式）都不能取代管理。无论选择和采用什么管理模式，都必须遵循质量管理的基本原则，只有在正确原则的指导下做好基本的管理，质量管理才能达到预期的目标。否则，再先进的技术模式也不能发挥理想的效果，甚至遭遇失败。

3. 质量方法：统计品管

解决问题、改进流程和提高质量是一个复杂的过程，除了正确的领导与管理外，需要有正确、有效的工具。戴明倡导的统计品管是解决问题的正确的方法。当然，统计品管方法的应用，并不排斥其他有用的管理工具的正确应用，如DOE等。

现代质量管理思想原理浩瀚、复杂，每个管理学家的理论体系都可归纳成厚厚的几本书，组织要想全部领会掌握，不是件容易的事情，也没必要。如果您的组织坚信以上三条是最重要的，那么，请认准方向，采取行动，笃定前行，相信您的组织定能踏上管理的正确轨道，并取得成功。

愿中国制造把握时代机遇，创造辉煌。

第 2 篇

关键过程的质量管理

第 4 章 质量组织与过程管理

4.1 质量组织

传统的金字塔结构管理环境下,存在纵向职能部门经理只努力优化本部门目标而损坏组织整体目标的危险。因此,经理们必须考虑以下问题:

- 哪些产品或者活动对于顾客是重要的?
- 哪些过程产出这些产品与服务?
- 该过程的关键输入是什么?
- 哪些过程对于顾客驱动的绩效目标影响最大?
- 谁是我们的内部顾客?他们的要求是什么?

随着企业的业务规模的增长及市场环境与顾客需求的不断变化,企业应实现组织变革和流程的优化来适应这种变化,以满足市场与顾客的需求,维持企业的生存与发展。

企业的质量组织结构如何设置没有统一的标准,应该结合企业规模特点及为实现企业经营目标战略的需要,来建立适应性强且高效运转的组织。无论企业的质量组织如何设置,都必须遵循质量责任原则——质量管理活动必须由总经理亲自领导,不可委托给他人。

4.1.1 传统质量管理的组织架构与职责

传统的质量管理组织和职责比较单一,主要职责就是质量保证,即通过进料检验保证购入原材料合格,通过必要的检验控制确保主要的制造过程产品符合设计要求,最终,通过出厂检查保证不合格产品不流入顾客手中。目前传统质量管理应当如实履行 ISO 9000 的要求,在贯彻执行企业的质量方针目标的前提下,主管质量的部门至少应主导追踪质量改进的工作,包括顾客投诉以及过程出现异常的处理。传统质量组织一般如图 4-1 所示。

第 4 章 质量组织与过程管理

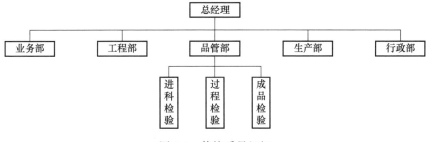

图 4-1 传统质量组织

4.1.2 现代质量管理的组织架构与职责

随着市场竞争加剧、顾客对质量的要求越来越严苛,以及企业业务规模的发展,传统的只负责质量检验或制造过程控制的小质量管理的思想和方法显然不能适应企业的发展。因此,需要对企业的质量组织和职能予以调整和改革。现代质量组织的一个重要特征就是,将质量职责只由品管部门负责转变为对质量和产品实现过程有影响的所有部门和人员共同负责。某企业的质量管理的组织架构体现了现代质量管理的要求(见图 4-2)。

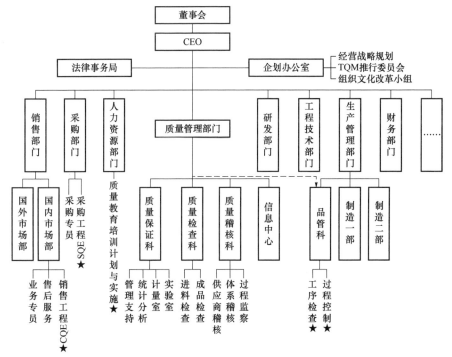

图 4-2 某企业现代质量管理的组织架构

注:图中带 ★ 表示质量责任的分担。

1. 质量管理部门的职责

1）协助制定企业级质量目标和制订质量计划。
2）配合设计开发部门制定产品质量标准。
3）制订和更新质量控制计划，包括监测站的设置、检验标准书的准备，以及检验人力分配等。
4）实施包括进料检查、过程质量检查及出厂检查在内的质量保证活动。当过程质量控制职责交由制造部门履行的情况下，应制订和实施质量监察计划。
5）新产品开发阶段的质量保证活动。
6）协助推动TQM及其他质量项目的实施。
7）协调其他部门的改进活动并提供帮助。
8）组织稽核企业质量活动的实施情况，向总经理反馈并提出建议。
9）与企业顾客和供应商建立良好的质量合作关系。
10）协助企业开展全员质量培训，并负责本部门员工的教育培训。

2. 其他部门的质量职责

质量不只是质量管理部门的事情，各有关部门应担当起应有的质量职责。相对于传统质量管理，主要增加了以下质量责任：

生产管理部门：负责制造过程的质量控制，包括工序检验和过程控制（控制图）。当发生质量问题时，首先由部门自行解决。

销售部门：应建立销售质量工程，设置销售工程师，在销售活动中，销售人员懂得产品和质量知识，才能有效识别顾客需求，并及时解决现场问题。

采购部门：建立采购工程，现代采购人员需要具备材料知识并了解本企业制造流程对材料的需求，这样才能真正保证所采购的原材料符合企业的质量要求，不给产品制造带来质量隐患。

研发部门：开发部门是从事设计产品质量的高级和复杂的脑力创造活动部门，对新产品开发设计的质量责任重大。

工程技术部门：工程部门的职责是为将产品从设计图转变为合格产品实物提供所有的技术支持，包括制造工艺和机器设备及T装夹具的提供与维护，责任重大。

人力资源部门：制订员工发展计划，制订并组织实施质量教育培训计划。

财务部门：制定不良质量成本项目的标准，收集并报告企业质量成本信息，为企业质量改进提供数据参考。

3. 质量职责分配的探讨

1）新增的质量职责应与企业发展相适应，不能操之过急，不要发生明显的职责交叉。

2）制造过程的质量控制（产品检验）责任是否交给制造部门。要慎重衡量制造部门的管理者与员工是否已经具备足够的质量意识和能力。如果没有这个基础，质量控制权还是交由质量部门管辖为宜，即便是将质量控制权交给制造部门，也要经过试点和过渡，逐步将控制职能转移。无论采用哪种方式，建议如下：①关键流程的首件检查权在质量管理部门；②质量管理部门应设立专职的过程质量监察小组与程序；③质量管理部门应对制造部门的质量人员进行业务指导和培训及考察。

3）企业级的质量职责应当由企业文件明确定义，总经理、质量副总经理及部门经理的质量职责应交代清楚，以免造成管理上的混乱。

4.1.3 日本企业的质量组织与职责

日本企业的质量组织没有固定的模式，但有一点是明确的，无论企业的规模如何，日本企业对质量绝对是高度重视的，并且各层级和部门的协调配合非常紧密，对质量责任没有明显的分割，即在部门的连接处不留责任死角，这是日本质量管理的重要特点。下面介绍一种颇具代表性的质量组织结构——一种横向管理与纵向管理结合的质量组织方式（见图4-3）。

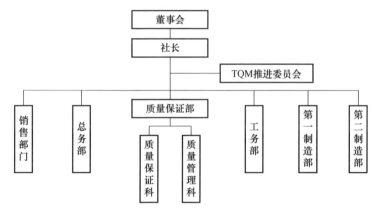

图4-3 某日本企业的横向管理与纵向管理结合的质量组织方式

无论企业的质量组织如何设置，所有日本企业的质量组织都担负着三大任务（职责），具体如下。

1. 推进全面质量管理

主要的职责活动如下：

1）质量方针管理。
2）质量教育与培训的计划与实施。
3）董事长质量诊断。

4) QC 小组质量改进活动的推进和领导。

5) 对各部门 TQM 的推进情况进行调查和推动。

6) 对供应商及有关企业的 TQM 进行推动。

7) 与企业外部有关的质量管理工作进行联系和交流。

2. 质量保证活动

1) 成为质量保证体系的中心。

2) 市场和顾客投诉的中心。

3) 新产品开发的质量保证活动,包括成本与进度要求。

4) 实施产品质量的诊断。

5) 进料、过程与出厂的质量检查(其中,相当一部分检查工作由生产人员自主担负,品质人员更多的是进行间隔式的监察)。

6) 行使产品和新产品的出厂停止权。

3. 质量管理活动

1) 向董事长和部门主管反馈质量问题,并协助解决。

2) 对各个部门的质量管理和改进活动给予帮助。

3) 对供应商、外协单位和有关企业给予帮助,旨在建立包括本企业在内的整个集团供应链的质量保证体系。

4.2 质量职能

质量职能是实现顾客满意和忠诚的全部活动的集成,而不论它发生在什么地方。

朱兰质量螺旋曲线是一条螺旋式上升的曲线,该曲线把全过程中各质量职能按照逻辑顺序串联起来,用以表征产品质量形成的整个过程及其规律性,通常简称为朱兰质量螺旋。朱兰质量螺旋曲线反映了产品质量形成的客观规律,是质量管理的理论基础,对于现代质量管理的发展具有重大意义。朱兰质量螺旋曲线如图4-4所示。

朱兰质量螺旋描述的主要内容如下:

1) 产品的质量形成过程包括市场研究、产品开发、设计、制定产品规格、工艺、采购、仪器仪表及设备装置、生产、工序控制、产品检验、测试、销售及服务等13个环节。各个环节之间相互依存,相互联系,相互促进。

2) 产品质量形成的过程是一个不断上升、不断提高的过程。为了满足不断发展的市场及顾客需求,产品质量要不断改进,不断提高。

3) 要完成产品质量形成的全过程,就必须将上述各个环节的质量管理活动落实到各个部门及有关的人员,要对产品质量进行全过程的管理。

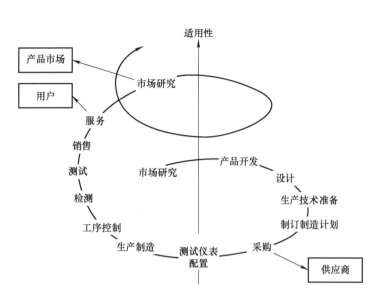

图 4-4 朱兰质量螺旋曲线

4.3 质量保证

质量保证是指在确保满足顾客要求前提下,致力于提供适当质量的产品的有计划的和系统性的活动。传统的质量保证体系主要关注一些技术方面,如设备可靠性、检验、缺陷测量、过程控制等。而顾客驱动的组织则有了根本性的转变,在产品设计、人力资源及供应商关系方面尤其明显。例如,设计活动将市场营销、工程技术和生产运营这些活动紧密地整合在了一起。在人力资源管理方面,授权给员工收集数据提供决策,承担持续改进的责任,从而将质量管理的责任从质量部门转移到制造现场。供应商在产品设计和生产制造中充当合作伙伴的角色。

质量保证在日本质量管理中是一个非常重要的概念,日本称质量管理或质量控制活动为质量保证,意味着企业的产品可让顾客放心购买,决不能将有缺陷的产品交到顾客的手里。

按照戴明环的要求,企业的质量保证活动应包含以下内容。

1. 市场调查,确定顾客的需求和期望

为了清楚市场需要什么产品、什么产品能卖得出去,必须进行市场调查和顾客研究。顾客对产品的需求和期望是今后产品开发和改进的重要信息。如果缺乏主动性和系统性,只收集到部分或表面的问题,则无法真正了解顾客的心声,严重影响企业的经营方向和绩效。

2. 新产品研发和设计

在充分进行市场调查和了解顾客需求的前提下,并在考虑企业的技术能力与销售方式的基础上，决定必须实现的质量，并明确质量规格。因为产品的替代周期逐渐缩短，所以持续不断地研究开发，适时地推出比其他企业更优异、更能满足顾客需求的产品，是企业生存不可缺少的条件。

3. 供应商开发与合作

原材料是影响产品制造质量的首要因素。如果原材料有质量问题，肯定影响产品的质量。因此，开发可靠、合乎要求的供应商就非常重要。在选择合格供应商的基础上，建立与供应商的合作关系，实现合作共赢，对企业的质量的稳定有很大的帮助。

4. 过程设计和生产准备

为了在制造过程实现设计质量，重点应掌握原材料的质量特性，确定生产过程各个阶段的生产条件。为了实现设计质量和技术规范，应首先确定生产的过程特性和操作规范。因此，质量分析是必要的。

影响质量的因素一般是材料（Material）、人力（Manpower）、机器（Machine）、方法（Method），即"4M"因素。为保证生产过程的稳定性，应事先对这些影响因素制定相关的控制标准，如原材料规格、进料检验标准、设备管理标准、制造标准以及操作标准等，都应包含在过程设计中。

5. 过程控制与改进

按照戴明的"过程导向"理论，将过程管理分为"过程控制"与"过程改进"两个部分。这个理论已经被日本企业接受，形成具有日本特色的现场管理模式，并总结出维持循环（SDCA）与改进循环（PDCA）双循环管理。对作业员进行充分培训，使其理解各种标准的内容，并依据操作标准进行正确的作业。收集作业的质量数据，填入控制图，掌握作业现状。当过程出现异常时，采取纠错行动，使过程恢复稳定，并采取防止再发的纠正措施。

在对过程进行控制的同时，通过项目团队、QC改善小组开展各种消灭不合格品、提高质量和降低成本等改善活动，不断提高顾客满意度。通过持续改进，确保本工序质量，把下一道流程作为顾客，普及"质量是制造出来的"理念。

6. 产品试验与检验

在原材料投入及中间过程、最终过程等环节，应通过各种试验和检查进行质量检验控制，防止不合格产品流入下一道工序及顾客手中，发挥检验的质量保证作用。同时，应将试验和检验的信息及时反馈给设计、制造和采购部门，以便进行事前控制与改进。

7. 产品交付与搬运

出厂的产品质量无论如何好，如果不能在顾客的手里发挥良好的功能，生产阶段的一切努力将变得毫无意义。产品在流通过程中，由于搬运、保管不当产生的劣质、损坏的情况经常发生。加强对这些常被忽视的环节的质量管理，不仅减少企业的经济损失，还会增加顾客对企业的信任和满意程度。

8. 销售与售后服务

为了实现产品的使用质量，使顾客满意，应为顾客提供现场培训、零部件和现场调试等售后服务工作，这是产品质量保证不可缺少的重要环节。把产品的使用信息和故障信息反馈给设计和制造部门，是销售服务部门的一个重要职责。

9. 质量体系诊断

根据ISO 9000的评审项目，在全企业范围内评审质量管理体系，意义重大。对质量保证的各个方面的有效性进行评审，不仅是对发现的问题采取纠正措施，防止问题再次发生，更重要的意义在于，通过这种全面、系统的评审，全面提高企业的素质水平。

4.4 质量计划

ISO 9000：2000定义：质量计划（Quality Plan）是对特定的项目、产品、过程或合同，规定由谁及何时应使用哪些程序和相关资源的文件。通常，质量计划应包括各种质量管理活动及产品质量两个方面的内容。制订质量计划的目的是明确要做什么及要达到什么水平，并对计划所规定的过程和项目的绩效进行检查评估，以便对过程进行改进。

质量计划一般包括两类，一类是产品质量计划，一类是质量管理工作计划。企业在开发新产品时，都应制订一份详细的产品质量计划，最典型的产品质量计划是美国三大汽车企业的《产品先期质量策划》（APQP）（见表4-1）。在每个年度，为实现企业的质量目标，也要制订全企业及各部门的质量工作计划，在每次质量改进活动中，也要制订实施计划，以保证目标的达成。在日本企业，所有部门经理每月都要求制订质量改进计划。

4.5 过程管理

1. 过程与职能的关系

任何使用资源将输入转化为输出的一组活动可视为**过程**（ISO 9000—2000）。从生产角度看，过程表示将输入（生产设备、材料、人员、资金、能源等）转化为输出（产品和服务）的活动和作业的集合。

然而，组织中几乎所有的主要活动都会涉及跨越传统组织边界的过程。传统职能只追求部门目标，而流程管理则追求企业整体利益和目标，强调团队合作。

表 4-1 新产品开发计划

制订部门：××××
制订日期：20×年×××月×××日

| 产品名称 | ××××× | 产品编号 | ××××× | 规格/型号 | ××××× | BJ-H006 | 顾客名称 | ××××× |

序号	工作内容/项目	负责部门	负责人员	开发进程（月）												所需建立的资料
				1	2	3	4	5	6	7	8	9	10	11	12	
1	确定新产品项目开发任务来源															市场调查报告、联络单
2	新产品项目开发之制造可行性分析															新产品制造可行性报告
3	新产品开发成本核算报价作业															产品成本核算报价表
4	新产品开发项目顾客需求确定															合同/订单评审表
5	确定新产品项目开发任务															新产品项目开发申请表
6	组建多方论证小组															多方论证小组成员及职责表
7	第一阶段：计划与确定项目	编制新产品项目 APQP															新产品项目 APQP
8		产品设计输入和评审（★）															设计评审记录表
9		确定设计目标															新产品开发设计目标
10		确定产品可靠性															
11		确定初始材料清单															产品初始材料清单
12		确定初始过程流程图															产品过程流程图
13		确定产品和过程特殊特性初始清单															产品初始过程特性
14		编制产品保证计划															产品和过程特性
15		管理者支持（★）															

资料来源：《产品先期质量策划》。

例如，完成订单的过程就包括顾客订购、销售代表将订购信息输入企业的计算机系统、财务部门进行信用审核、技术部门进行质量审核、生产部门进行产能平衡分析、PMC 人员制订物料需求计划及作业计划、制造部门进行生产、仓储部门进行包装和出货、财务部门发出送货单、现场服务工程师进行安装与服务。过程将所有的活动联系了起来，有助于提高员工对组织系统的全面认识，而不是只看到一个局部。因为，许多改善组织绩效的机会都蕴藏在组织的边界上，即组织结构图中方块之间的区域（见图 4-5）。

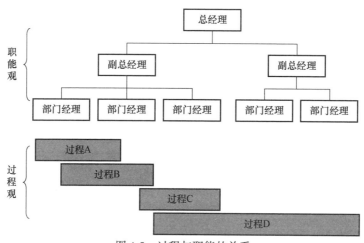

图 4-5　过程与职能的关系

资料来源：詹姆斯·R. 埃文斯，威廉·M. 林赛，《质量管理与质量控制》（第 7 版）。

2. 组织三大核心流程

流程分为核心流程与支持流程。核心流程也称为价值创造过程，是指对于企业运转以及获取竞争优势最为重要的过程。它驱动着产品和服务的价值创造，对顾客满意及组织的战略目标至关重要。核心流程通常包括产品研发流程、订单执行流程、持续改进流程及其他相关过程。支持流程是指对组织的价值创造过程提供支持的过程，如人力资源、培训、数据分析等过程。

我们应关注组织的三大核心流程，它们的运作效率对满足顾客需求和实现企业经营目标将产生深远影响，具体如下。

（1）产品研发流程

为适应市场环境，现代的产品研发不仅是设计人员的职责，还是组成研发团队共同开展的工作。除了设计部门外，产品研发流程还包括销售、制造、供应和质检等，必要时还需邀请顾客和供应商代表。

（2）订单执行流程

订单执行流程涉及诸多部门的活动，如订单接收与审核、制订采购与生产计划、采购、验收、制造、测试、包装、交付及售后服务等。订单执行流程的主要目标是满足质量要求、按时交货和控制运行成本。

(3) 持续改进流程

企业不应只在顾客抱怨时或问题出现时发起持续改进流程，而应主动进行，并将之作为企业员工的工作方式。

订单执行流程旨在实现企业的当前价值；产品研发流程旨在实现企业的未来价值；持续改进流程旨在提升企业的当前及长远价值（提高企业的产品服务质量及管理运营效益）。

3. 过程管理的原则

过程管理由三个方面组成，即过程设计、过程控制和过程改进。过程设计始于识别过程和对过程的文件化。它的应用正如 ISO 9000 的过程策划及本书第 7 章制造过程设计所阐述。过程控制是通过建立标准和测量使过程维持在预期目标的措施。过程改进是通过改变或调整过程使过程变异减少，从而提高过程的质量水平。

为了有效地应用过程方法，过程必须是可重复的和可测量的。可重复意味着过程会随着时间的推移再次发生。测量使得人们可以把握质量特性和绩效特性，从而揭示过程绩效的变化模式。通过测量获得有关满足顾客要求和业务绩效的充分数据，以用于对过程的评估和控制，以及通过学习来不断改进过程。

过程管理有助于避免缺陷和差错，消灭浪费和冗余，从而通过更短的运转周期、更大的灵活性和更快的市场响应，实现更好的质量和业务绩效的改进。

有效的过程管理一般基于以下几点：

1) 以顾客要求驱动过程的质量改进。
2) 质量就是预防和持续改进。
3) 纠正措施要着眼于消除引起问题的根本原因而非症状。
4) 过程简化减少了出错和返工的概率。
5) 过程改进源自专业而结构化地应用质量管理原则。

4. 过程管理的主要内容

有效的过程管理主要包含以下内容：

1) 识别价值创造过程和支持过程，并使之文件化，切实精心地管理这些过程。例如，许多企业以 ISO 9000 为基础来定义和文件化关键过程，具有很好的操作性。
2) 明确关键过程的目标、职责及资源分配。
3) 从设计过程开始就把握顾客的对产品和服务的需求和期望。同时，充分考虑产品设计要求与制造和服务过程的要求、供应商的能力、法律与环境问题等因素之间的关系。

4）保证产品和服务的质量。

5）明确对供应商的绩效要求，并与关键供应商建立合作关系。

6）对关键过程的质量和绩效进行测量和控制，运用系统的方法来识别过程质量输出和绩效的显著差异，找出问题的根源，采取纠正措施，并验证结果。领先的企业建立了追踪质量和运营绩效的测量指标，以此为基础来对过程进行控制并使之持续满足规定和标准。

7）持续地改进过程以获得更好的质量、更短的生产周期、更低的成本和更好的运行绩效。领先的企业利用系统的方法来分析数据并识别改进的机会。其中，日本式的渐进性持续改进与欧美式的突破改进，为人们提供了两个不同风格的方式。

8）采用诸如对标分析、流程再造或六西格玛设计（DFSS）之类的方法进行创新，以获得新的竞争优势。

第 5 章

质量检验

5.1 质量控制计划

品质部担负着质量监测和控制的基本职责。在实施这些质量保障功能之前，必须对相关的问题和项目做出详尽的安排。完整的质量控制计划至少应包括以下内容。

- 质量目标制定与展开。
- 编制检验流程图。
- 质量缺陷严重性分级。
- 检验站及控制点的设置。
- 确定质量控制方式。
- 制作检验规范和作业标准书。
- 检验人员配备、培训及资格认证。
- 测量试验装置的准备及验证。

1. 质量目标制订与展开

质量目标展开是整个质量检验控制的主线，质量目标是在满足顾客需求、行业对比及能力分析的基础上制定的。这些指标包括：

- 安全要求。
- 性能、可维修性。
- 产品不良率、缺陷水平、返工率或废品降低率等。

2. 编制检验流程图

检验流程图是表明从原材料投入、制造加工直至成品出厂所需的检验活动安排的图表。它是检验人员实施检验活动的重要依据，检验流程图与检验作业标准书构成完整的检验技术文件。

产品检验流程图的基础和前提是工艺（过程）流程图，因为检验站或点是依附及融入生产流程中的。根据企业自身的特点，检验流程图可以单独编制，也可以借助生产流程图或 QC 工程图来完成。可以参考某电子厂产品检验流程图与控制标准，如图 5-1 所示。

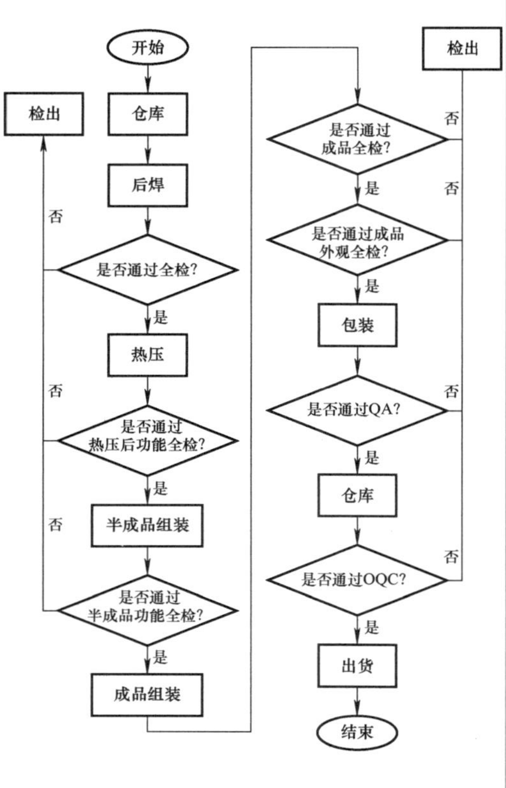

第5章 质量检验

流程图	控制点	控制项目	执行人	控制方法	工具/仪器	控制标准	检验记录
	外购电子组件(COB)来料抽检	COB功能 COB外观	来料检验员	功能测试 外观检查	测试夹具 稳压电源	作业标准 焊锡标准	来料检验报告
	COB投产前全检	COB功能	过程巡检员	功能测试	测试夹具	作业标准	QC检验报告
	后焊COB全检	后焊COB功能 后焊COB外观	过程巡检员	功能测试 外观检查	测试夹具	作业标准 焊锡标准	QC检验报告
	热压后全检	显示性能 静态电流	过程巡检员	功能测试	测试仪器	作业标准	QC检验报告
	半成品功能全检	半成品功能(按键及显示)	过程巡检员	功能测试	目视	作业标准	QC检验报告
	成品全检	成品功能(发音及显示)	过程巡检员	功能测试	目视	作业标准	QC检验报告
	成品外观检查	成品外观	成品检验员	外观检查	目视	包装外观检验规范 成品外观检验规范	QA检验报告
	品质保证抽检(QA)	成品包装 成品外观 成品功能	成品检验员	功能测试	目视	包装外观检验规范 成品功能测试规范	QA检验报告
	出货检查(OQC)	成品品质状态 包装方式	检验员	外观检查	目视	包装检验规范	出货检验报告

重要提示:

图5-1 某电子厂产品检验流程图与控制标准

注:图中矩形"□"代表操作工序,菱形"◇"代表检验或测试。

3. 质量缺陷严重性分级

质量分级是质量控制的重要手段和工具。质量缺陷严重性可以从质量特性与质量缺陷两个方面进行评估，并划分为不同的等级。质量缺陷严重性分级用于规格制定、质量计划、产品检验、供应商关系管理及产品审计等，以便合理分配资源，最大限度地满足质量要求。

质量缺陷严重性分级类型表示如下所示。

1) 按质量特性分类，一般分为关键（涉及安全）、重要（功能方面）及一般（如外观等）三类。
2) 按质量缺陷分类，一般分为致命缺陷、重要缺陷和轻微缺陷三类。

美国标准协会（ANSI）关于缺陷分类、定义及赋值有以下推荐。

- **致命缺陷**：涉及"安全"的 AQL 赋值（CR：0.40~0.65），指人员使用、维护或依赖该产品时产生危险及不安全的缺陷。
- **重要缺陷**：涉及"功能"的 AQL 赋值（MAJ：1.0），指导致原定目标的失败或使产品单元可用性显著减少的缺陷。
- **轻微缺陷**：涉及"非功能"的 AQL 赋值（MIN：1.5~2.5），指不大可能显著减少产品原定目标可用性的缺陷。

4. 检验站及控制点的设置

检验站的设置必须满足生产作业过程及质量控制的要求，检验站位置的确定应考虑下列因素。

- 进货检验，防止缺陷物料进入生产系统。
- 站点需要设在关键的工序和节点。
- 在可能掩盖缺陷之前，例如油漆前，进行抛光检验。
- 可能增加维修费用的操作之前，例如组装前进行电路板检验和测试。
- 可能出现高缺陷率的操作之后的检验。
- 转序或出货前的检验。
- 检验站的设置原则应考虑质量总成本最小化。

5. 确定质量控制方式

质量控制的方式有以下两层含义：

1) 质量确认的职责交由谁做［自主检验（自检）、专职检验（专检）或采取控制图方式］？
2) 是采用全数检查，还是抽样检查？若是抽检，抽样的标准是什么？

6. 准备并制作检验规范与作业标准书

（1）适用的检验标准

依据企业的生产流程和产品形态的不同，应充分识别所需的技术标准和检验标准，制定适宜的检验规范和作业标准，以确保所需的检验标准是适合的、充分的。一般所需的标准项目（不止于此）如下：

- 产品检验规范（或检验标准书）。
- 产品图样、技术规格。
- 生产指令说明。
- 顾客订单、采购订单。
- 实物样板（如产品样板、图片）。
- 色板（如国际通用的标准色卡）。
- 抽样标准［如计数抽样检验程序第1部分：按接收质量限（AQL）检索的逐批检验抽样计划（GB/T 2828.1—2012）］。

（2）检验标准书的要素构成

一份有效的检验标准书必须规定以下内容。

1) **检验项目**，即产品特性和检查内容，包括以下内容。
   - 外观：脏污、破损、变形、色泽……（外观一般情况下依靠目测，而且外观质量是较难把握的，因此必须对此项要求做出明确、清晰的定义，并对检验人员进行充分的培训）。
   - 尺寸：需要对关键或主要尺寸进行规定和标识。
   - 产品功能：产品在使用中体现的特征，如风力、转速。
   - 产品性能：如阻燃性、绝缘阻抗、安全耐压、寿命。
   - 包装：说明书、配件、落地试验等。
2) **检验方式**，采取全检还是抽检，如果是抽检，要明确抽检的标准是什么。
3) **检验方法**，使用什么工具、仪器或试验。
4) **判定准则**，经过检查后，如何判定该项目是否合格。单件的接收准则是公差，批的接收准则是抽样方案(n,c)。n代表抽查数，c代表接收数。

某公司的成品检验规范式样见表5-1。

表5-1 某公司的成品检验规范式样

三阶文件		排气扇成品检验规范	文件编号	
			页次	
生效日期			版本	A/0
适用型号：		规格：230-240V/50-60Hz		
抽样标准：MIL-STD-105E		常用检验Ⅱ级		
检验项目：包装及包材资料检查、外观检查、结构检查、功能测试、安全检查				
检验水准：Ⅱ级，AQL（A致命缺陷：CR 0；B重要缺陷：MAJ 1.0；C轻微缺陷：MIN 4.0）				

(续)

项目	检查内容	检验方法	缺陷判定 CR	缺陷判定 MAJ	缺陷判定 MIN	备注
包装	一、彩盒/吸塑/横头卡/外箱/依据生产指令/BOM 表	目视				视以下情况判定
	包装内容与包装盒不符	目视		B		
	二、条码、日期标、安全标等贴纸/依据商品订购单	目视/测量				视以下情况判定
	计算机条码、日期标等贴纸/防水胶条内容错误或遗漏	目视		B		
	三、说明书保修卡及其他印刷品附件/依据商品订购单	目视				视以下情况判定
	1. 印刷错误	目视		B		
	2. 缺件短装,欠说明书,保修卡等	目视		B		
外观	1. 胶件表面明显缩水、杂色、色差、锐边、变形	目视		B		
	2. 丝印附着力测试不通过	目视/3M 胶		B		每批抽检 5 台
	3. 五金件表面电镀不良、表面氧化生锈	目视		B		
	4. 五金件表面电镀不良、表面氧化生锈	目视		B		
结构	1. 五金件表面电镀不良、表面氧化生锈	目视		B		
	2. 电镀位置不符,导致绝缘不通过	目视	A			
性能测试	1. 转速低于或高于要求的 ±10%	转速器测试		B		按顾客要求
	2. 整机在运转时有明显噪声	耳听/测试		B		按顾客样品要求
	3. 额定电压的 80% 不能启动	调压器测试		B		
	4. 在额定电压下电流、功率超过标准的 ±10%	功率机测量		B		见功率基准表
	5. 电机温升超过 75℃	温度计万用表		B		额定电压的 1.06 倍
	6. 电机轴串低于 0.2mm 高于 0.5mm	专用治具测量		B		
	7. 风叶装配后转动不平衡,抖动 ≥0.2mm	目视、手感		B		
	8. 运行测试	2~4h		B		
安全试验	1. 耐压测试 1500V/0.5mA/2s	耐压仪	A			
	2. 加强绝缘耐压测试 3750V/2mA/5s	耐压仪	A			

7. 检验人员配备、培训及资格认证

（1）检验人员应具备的知识和能力要求

- 有较强的责任心。

- 一定水平的文化程度（根据产品的复杂程度确定）。
- 有两年以上同类产品生产或检验经验，熟悉产品并了解制造流程。
- 具备基本的产品检验知识和使用设备的能力。
- 熟悉产品检验规范，了解标准及其来源。
- 有一定的沟通能力。

（2）技能培训与资格认定

所有产品检验人员在上岗之前必须经过培训，并经鉴定合格方可上岗。新员工初次上岗必须有老员工带领。

（3）检验人员配备比例

检验人员占生产工人的比例的确定，应参考生产的类型、技术的难易程度及顾客的要求等因素综合考量，并遵循质量总成本最小的原则。一般制造业专职人员比例为3%~13%。日本企业强调自主检验，故专职检验比例较小，一般为1%~3%；欧美企业的专职检验比例则高达10%~15%。

8. 测量试验装置的准备及验证

测量试验装置的准备包括如下内容：
- 所需的装备类型、精度等级及数量。
- 设备的使用方法及接受标准。
- 专用检具（如通止规）的设计与制作。
- 仪器的校正周期。
- 测量系统分析（MSA）。

5.2　检验的基本概念与要求

1. 检验的基本概念

为了确保所生产或交付的产品符合要求，在质量控制中有一项重要的活动和手段，就是检验。虽然建立了科学严谨的质量体系和预防措施，但不能保证产品全部合格，在有些环节实施检验措施是必需的，而有些核心顾客要求在产品完工交付时必须实行100%检验。所以，即便在现代先进的管理系统背景下，检验作为一种质量控制与保证的手段，也是不能被忽略或被完全取代的。

（1）检验的定义

检验是指由具备资格的专业人员依照检验程序和标准对产品进行观察、测量或试验，并将检查结果与检验标准进行比较，以判定该产品是否合格的过程。

检验与测试是质量控制的基本操作活动。检验是检查产品是否符合设计标准，而测试是在生产操作过程中观察和确认产品在合理的时间段内其功能是否正常。

交验的产品可能是"单件"，也可能是"批"。单件的接受标准是产品规格，而批的接受标准是 AQL 或特定接收准则（如巡检标准：n, c）。

(2) 检验四要素

1) **人员**：检验活动的主体，必须是具备资格的专业人员。

2) **产品**：检验的对象，在制造业环境下，指实体。

3) **检验手段**：包括检验工具、仪器、目测等。

4) **检验标准**：这是检验的关键要素，但往往被忽视。

要实现产品检验活动并使之有效，四个要素缺一不可。其中，检验标准是关键因素，应当予以清晰识别，并做书面的、具体的、可操作的规定；检查手段的提供必须适用和充分，检具和仪器的精度必须满足要求，并定期校验；检查人员必须经过专业的培训，并认定资格。

(3) 检验的三项职能

1) **把关**：剔除不合格的产品，放行合格的产品。这是检验的核心及首要的功能。

2) **报告**：将产品检验的结果报告给质量主管部门，包括：例行报告（如检验记录、返工返修记录、质量报表等）、异常报告（如品质异常报告、纠正预防措施处理单、退货报告等）。

3) **反馈**：将产品不合格信息及时反馈给产品制造部门和相关人员。及时反馈不良质量信息非常必要，以使错误和不良得到及时纠正，而这往往被忽视。

只有如实履行以上三项职责，才是称职合格的质检人员。

2. 质量检验制度和原则

(1) 三检制度

- **自检**：作业员对自己制造的产品（包括流入的产品）进行自主检查。
- **互检**：作业员相互进行的产品检查，一般由班组长来执行。
- **专检**：由专职检验人员执行的检查。

三种检验方式必须结合应用，至于其运用的比重和重视程度，则视企业的管理基础和员工的质量意识等情况来决定。

(2) 品管"三不原则"

- 不接收不合格的产品。
- 不制造不合格的产品。
- 不流出不合格的产品。

(3) 产品标识与追溯性

产品经检查后应及时按照规定的要求做出检查记录，必要时在产品上做出标记。有的企业采用"产品流程卡"跟踪制造全过程，也有采用"产品质量跟踪卡"。有些企业将产品质量跟踪卡与产品一同交付顾客，以供顾客对产品质量进行反馈。

(4) 不合格品控制

对生产中发现的不合格品实行严格管理，要进行标识和隔离，并采取返工、返修等纠正措施，返工后的产品需重新检查确认。

5.3 产品检验的实施

1. 三阶段检验

（1）进料检验

进料检验包括采购物料和委外加工产品的检验。它的目的是防止缺陷物料进入生产系统，保证所购进的物料符合质量要求，避免给制造带来隐患和麻烦。进料检验可选用以下三种方式。

1) **抽样检验**。一般情况下几乎所有企业均采用此方法，这也是欧美企业惯用的方式。美国军方采用 MIL-STD-105E 标准，我国一般采用 GB/T 2828 系列标准。

2) **质量验证**。当购入的是钢材或者油漆、硫酸等化工原料，本企业缺乏有效检验条件的情况下，可采取质量验证的方式进行验收。具体操作是：首先选择合格的供应商；其次，在每次来料验收时，查验出厂检验报告、合格证、出厂日期和有效储存期，检查外观和包装，验明规格与数量。

3) **戴明"全检或全不检"法则**。在供应商采用统计过程控制的情况下，可采用"全检或全不检"规则，即：

- $p < (k_1/k_2)$ 时，不检验。
- $p > (k_1/k_2)$ 时，全数检验。

其中，p 为交验批的平均不合格品率；k_1 为检验一个进料产品的成本；k_2 为当一个进料产品品质不良时的处理成本。

（2）过程检验

过程检验包括首件检验、中间检验和完工检验，以确保制造的产品符合要求。

（3）最终检验

最终检验包括产成品入库检验和出厂检验。它的目的是保证交付给顾客的产品符合质量要求。在实际运作中，有两种做法，一是产品全部完成（包括包装）后，只进行一次检验，称作成品检验；二是进行两次检验，即在入库前做一次检验，即完工检验（FQC），在出货前又做一次检验，即出货检验（OQC）。成品检验一般都采取标准抽样检验的方法，在我国使用 GB/T 2828 系列标准。当顾客有特殊要求时，可能会采取全数检验的方法。

2. 制造过程的质量检验

（1）首件检验

1) 目的：保证首次下线正式生产的产品符合要求，避免批量不良。

2) 数量：一件至若干件。
3) 时机：
- 批量正式生产前。
- 工艺条件变更或材料变更时。
- 工模夹具经过修理后。

4) 操作：
- 由指定人员批准确认（一般由品检组长确认，避免由制造部门批准）。
- 必须形成首检记录，样板要标识并签名（若需要）。
- 样板要挂在生产线显著位置，供品管和作业员参照使用。

(2) 工序巡检（IPQC）

工序巡检是建立在制造流程不间断前提下的质量控制，它的目的是保证过程质量稳定，并适时提供不良预警。企业应该对巡检的方法和标准做出明确定义。一套完整的巡检标准必须包含：检验频率（f）、抽样数（n）和判定基准（接收数，用 c 表示）三项要求。很多企业往往忽视了判定基准的要求，检验人员只根据检验频率和抽样数进行检验，对检验结果如何处理，却无所适从。

流程的产品检验非常重要，工序巡检（IPQC）正确的做法如下所示。

1) 制订合适的抽样方案（n,c）。抽样数 n 和接收数 c 构成一组抽样方案（n,c）。

工序巡检一般采取小样本（如抽查 5 个等），而判定基准应当是 $c=0$（c 表示不良数，若 $c=0$，则接收；若 $c>0$，则拒收）。在 $c=0$ 前提下，抽样数 n 越大，则对质量要求越高。$c=0$ 存在生产方风险（α），即对生产方是一个比较严格的方案，对接收方则是很好的保护。

下面推荐几组不同质量等级的抽样方案，可供企业选用，见表5-2。

表5-2 工序巡检抽样方案

抽样方案		对应的质量水平	
抽样数 n	接收数 c	AQL	合格率
2	0	6.5	93.50%
3	0	4.0	96.00%
5	0	2.5	97.50%
8	0	1.5	98.50%
13	0	1.0	99.00%
20	0	0.65	99.35%

注：本表依据 GB/T 2828 系列标准改编。

2）需要制定不合格产品的处置准则。以下准则可供参考。

当抽样样本中出现 1 个或 1 个以上不合格品时，表明本批次质量不合格，应做如下处理：

- 对于重要产品，所检查周期内的产品全部返工，或隔离（如 2h 抽查一次，这 2h 内生产的产品属于不合格产品）。
- 对于一般产品，把情况反馈给生产线，要求查找原因并及时纠正。

（3）尾件检验

尾件检验是指使用模具的高速连续加工工序（如冲床）中，在完成批量后，对最后的一件或几件产品进行的检验。一般尾件需随模具一起入库。

3. 检验的两种方式

（1）100% 检验

100% 检验也称为全数检验（全检），是指对生产或送检的一批产品进行逐件的全数检验，把合格品与不合格品区分开来。全检运用的场合包括：

- 检验费用较低廉或质量要求很严。
- 关键的或不稳定工序。
- 控制失败后的补救措施。

（2）抽样检验

抽样检验是指从生产批或送检产品批中抽取部分产品（样本），只对样本进行检验，并依据样本的检验结果对送检产品批做出是否合格的判断过程。抽样检验可以分为以下两种。

- 百分比抽样：按一定比例从批中抽取样本。该方法简单容易操作。
- 标准抽样：分为计数型抽样和计量型抽样两种，常用的标准如 GB/T 2828.1—2012（计数型）。

4. 质检职位分工

- IQC，即来料检验，可采取抽检或全检。
- **线上** QC，它是生产流程中的一个工序，是指由线上检验人员对本工序的交工产品进行全检，大多是对比较重要的特性进行测试。
- IPQC，即工序巡检，目的是控制过程的稳定性，及早发现问题并及时纠正。采取抽检，需要确定检验频率和抽样量，接收准则一般为 $c=0$。
- FQC，即完工检验，在产品包装前执行，一般对特定的关键的项目实施抽检或全检。
- OQC，即出货检验，一般采取标准抽检，如 GB/T 2828.1—2012。
- QA，即品质保证，实验室以及品质稽核都属于品质保证的范畴。通常情况下，许多企业将成品检验称作 QA，它一般被赋予首件确认、成品检验和过程品质稽核的职能。

5. 产品检验的步骤

1) 明确检验任务，如：检查什么产品？引用什么标准？如何检查？
2) 收集检验标准，深入、完整地了解标准。
3) 准备并验证检验工具，准备检验记录表格。
4) 确认检验的方式：是全检还是抽检？若为抽检，则需注意以下两点：
- 确认产品批的组成方式。
- 按随机或分层或系统原则抽取产品样本。
5) 实施产品检查。
6) 判定产品是否合格。
- 全检：针对**单个**产品逐一进行判断，并进行隔离。
- 抽检：根据样本的结果，对**产品批**做出判断。即便产品批合格，也应将不合格品剔除并补齐合格品。
7) 填写检验记录或报告。

5.4 抽样检验与抽样方案

5.4.1 基本概念与术语

1. 什么是抽样检验

抽样检验就是利用所抽取的样本（部分产品）的检验结果，对整批产品或过程进行的判断是否合格的检验过程。针对批产品进行的检验称作抽样检验。

抽样检验主要有计数型抽样方案和计量型抽样方案。

- 计数型抽样方案：得样本中发现的不合格数与判定基准比较，判定产品批是否合格的过程。
- 计量型抽样方案：对样本数据计算统计量，并与判定基准比较，以判定产品批是否合格的过程。

目前国际贸易中通用的抽样检验标准是美军标准 MIL-STD-105E，常为政府采购合同所采用，我国的企业也普遍使用该标准。MIL-STD-105E 与 GB/T 2828.1 和 ISO 标准 ISO 2859.1—1999 是等效标准，都属于计数调整型抽样检验标准。本书引用的标准是国标 GB/T 2828.1—2012。

2. 常用的抽样方法

抽取样本的方法是否科学合理，直接影响到对批质量判断的可信性。有抽样就存在偏差，为了防止和减小抽样偏差，有 4 种抽样方法可供选择。

（1）随机抽样

随机抽样按照随机原则，使总体中的每一个体都有同等的机会被抽到。适合较小规模的总体。可使用乱数表。

（2）分层抽样

分层抽样是将总体按某一标志进行分类（分组），分别从各类型组中按一定比例随机抽取一部分调查单位共同组成样本。分层抽样的优点是样本的代表性比较好，抽样误差较小；缺点是抽样手续较为烦琐。

（3）系统抽样

系统抽样也称为等距抽样或机械抽样。它是指依据一定的时间间隔取得数据样本，如每小时或每生产 50 件抽样一次。这种抽样方法适用于流程生产，也是形成控制图数据的抽样方法。

（4）集群抽样

集群抽样将总体按一定的标志分成若干群，然后以群为单位，随机抽取若干个群，并由这些群中的所有个体组成样本。这些群可以是工厂、部门、班组或工序。此方法的优点是实施方便；缺点是分布不均匀，代表性差，抽样误差大。

3. 抽样标准适用范围

抽样标准适用于：

- 连续批产品。
- 进厂原材料、外购件、出厂产品、工序在制品等。
- 一定条件下的孤立批。

4. 基本术语及符号

1) 检验批：一个检验批应该由制造条件基本相同、一定时间内生产出来的同种单位产品构成。
2) 批量：交验的产品批，用 N 表示。
3) 抽样数：为实施检验而抽取的样品数量，用 n 表示。
4) 样本中的不合格数，用 d 表示。
5) 批质量用 p 表示（产品批不合格率 $p = D/N$，样本不合格率 $p = d/n$）。
6) 可接收质量水平：为抽样目的，在一个批中，被认为可接受的不合格个体的最大比例或百分数，用 AQL 表示。AQL 是抽样标准中关键的质量指标，应当事先在采购合约或者工厂技术文件中规定。
7) 检验水平：反映批量与样本量的对应关系，用 IL 表示。IL 分为两类共 7 个标准。

一般检验水平：Ⅰ，Ⅱ，Ⅲ（3 个）；

特殊检验水平：S-1，S-2，S-3，S-4（4 个）。

检验水平应事先进行规定。特殊检验水平是小规模抽样，常用在破坏性试验的场合。如果没有文件规定，检验水平则默认使用Ⅱ级。

8) 判定标准：由接收数（Ac）和拒收数（Re）组成。因为 Re = Ac + 1，所以判定基准只使用接收数（Ac）即可，简记为 c。

9) 抽样方案：一组特定的抽样容量与接收准则的组合，简记为（n,c）。

5.4.2 抽样检验实施程序

1. 规定产品质量要求

在产品技术标准或订货合同中，必须明确规定产品的技术性能、技术指标、外观以及质量判定标准。同时，应根据技术规格及合同要求制定检验标准。检验项目一般包括以下方面。

- 产品性能，如可靠性等。
- 产品功能，如产品使用性体现以及尺寸等。
- 外观。
- 包装要求。

2. 缺陷分类

下面是美国标准协会（ANSI）缺陷分类及定义。

- 关键缺陷：指在个人使用、维护或依赖该产品时产生危险及不安全的缺陷。
- 主要缺陷：指导致原定目标失败或使产品单元可用性显著降低的缺陷。
- 次要缺陷：指不大可能显著降低产品原定目标可用性的缺陷。

3. 确定 AQL

AQL 是抽样方案重要的质量指标，代表了使用方对交付批的质量要求。所以，AQL 是抽样方案的核心指标。确定 AQL 的方法如下：

1) 由使用方（顾客）提出，经生产方与使用方协商一致并在订货合同中予以明确。
2) 生产方质量部门根据顾客以往的接收标准制定相应的指标。
3) 生产方质量部门根据本企业可达到的质量水平制定。
4) 如果进行了缺陷分类，需要为每类缺陷赋予 AQL 值。

美国标准协会关于 AQL 的推荐值如下所示。

- 致命缺陷（CR）：0.40 ~ 0.65。
- 重要缺陷（MAJ）：1.0。
- 轻微缺陷（MIN）：1.5 ~ 2.5。

4. 规定检验水平

标准提供了两类检验水平：一般检验水平与特殊检验水平。一般检验水平有三级：Ⅰ、Ⅱ、Ⅲ；特殊检验水平有四级：S-1、S-2、S-3、S-4。检验水平 S-1、S-2、S-3、S-4、Ⅰ、Ⅱ、Ⅲ的样本量按级别由低到高逐渐增大。检验水平的使用规则如下：
- 通常使用Ⅱ级（无特别要求时从Ⅱ级开始）。
- 当判别力要求较低时，使用Ⅰ级；当判别力要求高时，则使用Ⅲ级。
- 特殊检验水平适用于抽样困难或检验成本较高的场合，如破坏性试验等。

5. 检验抽样方案（AQL 抽样表）

本书仅介绍"一次正常抽样方案"，为了方便查表，现将 GB/T 2828.1—2012 的表 1 "样本大小字码"和表 2A "单次正常抽样方案"合并，见表 5-3。建议在实际的检验活动中，一般采用"单次正常抽样方案"，检验水平默认Ⅱ级。这样查表就很方便，这也是国内企业和欧美企业的通用做法。如果有特殊要求则依从顾客规定。

查表应用的步骤是：

1) 根据批量 N、检验水平 IL 查表 5-3（样本量字码），查找目标样本字母（例如，对于一般检验水平Ⅱ，N 为 2~5 时，对应目标样本字母"A"）。
2) 根据第一步得到的字母与顾客要求的 AQL 值，查表 5-3（单次正常抽样方案），在"样本大小字母"行与"AQL"列相交的单元格，就是判定基准（Ac 或 Re），目标字母右侧有相应的样本数。至此，得到本次检验所需的"抽样方案"（n, c）。

具体应用请参见下面的例子。

【例 5-1】 某厂对购入产品批实行验收抽样，交验批量 $N = 1000$，AQL = 1.0（%），IL = Ⅱ级。

求单次正常抽样方案（n, c）。

求解步骤：

1) 依据批量 N 和检查水平查表 5-3 中的表 1，找到 $N = 1000$ 的行与 IL 为Ⅱ级所在列的交汇处，可读出样本大小字码为"J"。
2) 查表 5-3 中的表 2A，在第 1 列中找到"J"，$n = 80$，并由"J"所在行与 AQL = 1.0 所在列相交单元格读出接收数与拒收数组合：（Ac = 2，Re = 3）。
3) 所求抽样方案：$n = 80$，$c = 2$（Re = 3），即抽取样本 80 个，接收数为 2。

6. 实施检验和决定

依据查表得到的抽样方案（本例中 $n = 80$，$c = 2$），抽取样本，检验产品，做出判定。

判定准则：
- 若样本中的不合格品数 $d \leq \text{Ac}$，则接收。
- 若样本中的不合格品数 $d > \text{Ac}$（或 $d \geq \text{Re}$），则拒收。

表5-3 MIL-STD-105E抽样表

表1 样本大小字码

批量 N	特殊检验水平				一般检验水平		
	S-1	S-2	S-3	S-4	Ⅰ	Ⅱ	Ⅲ
2~8	A	A	A	A	A	A	B
9~15	A	A	A	A	A	B	C
16~25	A	A	B	B	B	C	D
26~50	A	B	B	C	C	D	E
51~90	B	B	C	C	C	E	F
91~150	B	B	C	D	D	F	G
151~280	B	C	D	E	E	G	H
281~500	B	C	D	E	F	H	J
501~1200	C	C	E	F	G	J	K
1201~3200	C	D	E	G	H	K	L
3201~10000	C	D	F	G	J	L	M
10001~35000	C	D	F	H	K	M	N
35001~150000	D	E	G	J	L	N	P
150001~500000	D	E	G	J	M	P	Q
≥500001	D	E	H	K	N	Q	R

表2A 单次正常抽样方案

合格质量水平 AQL

样本大小字母	样本数 n	0.025 Ac Re	0.040 Ac Re	0.065 Ac Re	0.10 Ac Re	0.15 Ac Re	0.25 Ac Re	0.40 Ac Re	0.65 Ac Re	1.0 Ac Re	1.5 Ac Re	2.5 Ac Re	4.0 Ac Re	6.5 Ac Re
A	2	→	→	→	→	→	→	→	→	→	→	→	→	0 1
B	3	→	→	→	→	→	→	→	→	→	→	→	0 1	⇩
C	5	→	→	→	→	→	→	→	→	→	→	0 1	⇩	1 2
D	8	→	→	→	→	→	→	→	→	0 1	⇩	1 2	2 3
E	13	→	→	→	→	→	→	→	0 1	⇩	1 2	2 3	3 4
F	20	→	→	→	→	→	→	0 1	⇩	1 2	2 3	3 4	5 6
G	32	→	→	→	→	→	0 1	⇩	1 2	2 3	3 4	5 6	7 8
H	50	→	→	→	→	0 1	⇩	1 2	2 3	3 4	5 6	7 8	10 11
J	80	→	→	→	0 1	⇩	1 2	2 3	3 4	5 6	7 8	10 11	14 15
K	125	→	→	0 1	⇩	1 2	2 3	3 4	5 6	7 8	10 11	14 15	21 22
L	200	→	0 1	⇩	1 2	2 3	3 4	5 6	7 8	10 11	14 15	21 22	←
M	315	0 1	⇩	1 2	2 3	3 4	5 6	7 8	10 11	14 15	21 22	←	
N	500	⇩	1 2	2 3	3 4	5 6	7 8	10 11	14 15	21 22	←		
P	800	1 2	2 3	3 4	5 6	7 8	10 11	14 15	21 22	↑			
Q	1250	2 3	3 4	5 6	7 8	10 11	14 15	21 22	←				
R	2000	3 4	5 6	7 8	10 11	14 15	21 22	←					

5.4.3 关于抽样的几个问题

1. 查表遇到箭头时如何处理

当查 AQL 抽样表遇到箭头时，在该行处没有判定基准，只有顺着箭头的方向（向上或向下）找到合适的接收数。注意：原先使用的初始的样本大小 n 就需要废弃了，正确的样本大小 n 应该处在箭头所指的行。

正确的操作有以下两项原则。

1）同行原则：一组抽样方案 "n 和 c（或 Ac Re）" 必须处在同一行。

2）当查到的接收数 c 小于或等于批量 N 时，则实行全数检验。

具体做法是：若查表遇到箭头，Ac、Re 指标肯定会上移或者下移，先随箭头找到所指的单元格，得到判定基准 Ac，再由此单元格同行向左得到新的样本量 n（这才是正确的）。注意，原先初始样本量 n 应废弃不用（见图 5-2）。

字母	批量	合格质量水平AQL					
		……	0.40	0.65	1.0	1.5	2.5
	……		⇓	⇓	0 1	⇑	
F	20			0 1	⇑	⇓	
G	32	（出发）	0 1	⇑	⇓	1 2	
H	50		⇑	⇓	1 2	2 3	
J	80		⇓	1 2	2 3	3 4	

图 5-2 查表遇到箭头的处理路线示意图

【例 5-2】 这里给出一组检测的数据，判断你的做法是否正确：

数据：$N = 250$，IL 为 Ⅱ 级（查表 5-3 找到 G），$AQL = 1.0$。

■正确答案：$n = 50$，$Ac = 1$。

□错误答案：$n = 32$，$Ac = 1$。

2. 抽样检验中的两类风险

- 将合格批判为不合格批称为生产方风险 α（$\alpha = 0.05$）。
- 将不合格批判为合格批称为使用方风险 β（$\beta = 0.10$）。

3. 抽样特性曲线（OC 曲线）

批接收概率 $L(p)$ 随批不合格率 p 变化的曲线称为 OC 曲线（见图 5-3）。OC 曲线是评价任何类型抽样方案特性和风险的重要工具。质量主管应了解 OC 曲线所展示的信息含义。

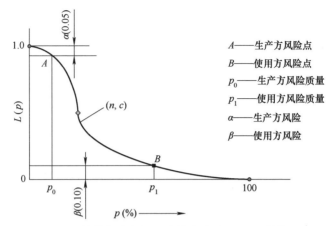

图5-3 接收概率与批不合格率的关系（OC曲线）

资料来源：唐纳德·W. 本堡，等，《注册质量工程师手册》。

4. OC曲线分析：批量、样本数、接收数对抽样的影响

1）**A 情形**。当 N 和 c 不变时，样本数 n 变化的影响——**影响显著**。当 c 固定时，样本数大对使用方有利，样本数小对生产方有利（见图5-4）。

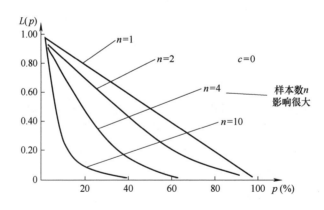

图5-4 N 和 c 不变，样本数 n 变化的影响

2）**B 情形**。n 不变，接收数 c 变化的影响——**有影响**。$c=0$ 对生产方不利，批不合格率下降时，接收概率随之快速降低（见图5-5）。

3）**C 情形**。n 和 c 不变，批量 N 变化的影响——很小，可以忽略不计（见图5-6）。

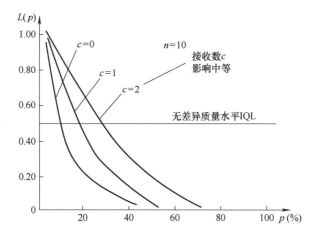

图 5-5　样本数 n 不变，接收数 c 变化的影响

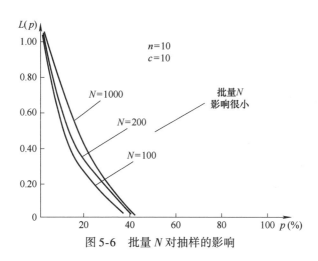

图 5-6　批量 N 对抽样的影响

资料来源：唐纳德·W. 本堡，等，《注册质量工程师手册》。

5.5　检验的性质与发展趋势

1. 检验精度与工作标准

检验的精度取决于：①检验计划的完整性；②仪器的偏差和准确度；③人为误差的水平。有研究数据表明，单调的人工检验不能保证 100% 有效，只能检验到 80%~90% 的缺陷并漏掉剩余的。为评估产品检验结果的可信度和有效性，给产品检测人员设置了两个工作标准，即错检率和漏检率。

错检是指将合格判定为不合格，漏检是指将不合格判定为合格。计算公式如下：

$$错检率 = 错检数/检查总数 \times 100\%$$
$$漏检率 = 漏检数/检查总数 \times 100\%$$

2. 自动化检验

自动化检验应用很广，可以用来替代人工检验、降低检验成本、减少判断错误等。随着缺陷等级达到百万分率的级别，许多行业选择自动化检验和测试。自动化检验的一个显著特征就是应用"机器视觉"检验，即使用电子眼来检验并操作一系列生产过程。有了机器视觉检验，基本可以检测出所有缺陷。

对自动化机器测试设备的关键要求是精密测量，即在可接受的变异范围内，对同一单位产品的重复测量应该产生相同的测试结果。同时，应采取措施保持其精确性，进行定期校准。自动化检验也为数据的采集、储存和分析带来了极大的便利。

3. 特殊情况下的质量控制策略

戴明博士给出两种特殊情况下的质量控制方法，具体如下：

1）如果发生错误或漏失的后果非常严重，为防止发生，只能采取两种方法，一是100%检验，二是采取统计管制，尽量将产品变异控制到最小。

2）当100万个零件（ppm）或10亿个零件中很少有或根本没有不合格品时，无论对最终成品做多少检验，都很难得到必要的信息。唯一可能的办法就是使用控制图。例如，每天取100个观察值（每天取25次，每次连续取4个样品）得到 $X-R$ 控制图（均值极差图）。控制图会告诉人们生产过程一直没有改变，或已出了差错；或是暂停生产产品，直到找到问题发生的原因为止。一旦找到问题发生原因，就可以合理决策，究竟是把全部产品废弃，还是放行一部分。

5.6 质量报表与数据分析

5.6.1 工厂常用质量指标

1. 产品合格率

产品合格率用式（5-1）计算：

$$产品合格率 = 合格品数/检验总数 \times 100\% \tag{5-1}$$

2. 不合格品率

不合格品率用式（5-2）计算：

$$不合格品率 = 不合格品数/检验总数 \times 100\% \tag{5-2}$$

3. 返工率

返工率也称为返修率，用式（5-3）计算：

$$返工率 = 返工品数/生产总数 \times 100\% \tag{5-3}$$

4. 废品率

废品率用式（5-4）计算：

$$废品率 = 报废产品数/生产总数 \times 100\% \tag{5-4}$$

5. 优等品率

优等品率用式（5-5）计算：

$$优等品率 = 优等品数量/生产总数 \times 100\% \tag{5-5}$$

6. 不良成本

不良成本也称为劣质成本，用式（5-6）计算：

$$不良成本 = 不良处理材料成本 + 人工工时 \times 工时单价 \tag{5-6}$$

7. 直通率（首次合格率，YRT）

直通率也称为首次合格率，用 YRT 表示，用式（5-7）计算：

$$直通率 = 未返工合格品数/生产总数 \times 100\% \tag{5-7}$$

或

$$YRT = YFT_1 YFT_2 \cdots YFT_i \cdots YFT_n \quad (i = 1, 2, \cdots, n)$$

式中 YFT_i 是第 i 道工序的一次合格率。

8. 最终合格率（YF）

最终合格率用 YF 表示，用式（5-8）计算：

$$YF = 最后工序产出合格品数量 / 投入总数量 \tag{5-8}$$

9. 顾客验货一次通过率

顾客验货一次通过率用式（5-9）计算：

$$顾客验货一次通过率 = （一次通过合格批数/交付产品总批数）\times 100\% \tag{5-9}$$

5.6.2 质量报表的设计与汇总

质量记录与报表的基本要求是：项目完整、真实准确、责任签名、报送及时。

质量报表是各种质量记录的汇总，汇集和分析质量报表的目的是向有关部门和领导者展示企业总体质量状况、发展趋势以及改进的建议。为达成此目的，必须科学地设计质量记录的格式和内容，并严格执行原始质量数据的收集工作。产品检验记录至少应包含：产品名称、部门或工序、生产数量、送检数量、不合格数量及原因等内容。

质量报表需要设置的数目应根据企业质量目标管理所需要的数据来综合考量。一般来讲，一个质量目标就需要设定一个报表来收集对应的质量数据，其中，最重要的统计报表是来料检验、工序检验数据、成品检验及返工（返修）的统计报表。几种重要的报表格式可参见表5-4～表5-6。

表5-4 供应商来料质量月统计分析

年　　月

序　号	供应商名称	物料类别	送检批（批）	合格批（批）	合格率（％）	不良描述
	供应商甲	电子元件	12	11		断脚、包装
		IC	2	2		
		小计：	14	13		
	供应商乙					

图形分析与建议：

表5-5 过程质量状况统计分析

年　　月

产品系列	产品编号	流程名称	生产数	检查数	不合格个数（个）	不合格品率（％）	不良描述与统计
SHG-046	HR01	上带	12000	480	7	0.015	破损5个、脱落2个
	HR02	贴标签	25000	720	16	0.022	模糊12个、折角4个
	……						
	小计						
DEYT-G6	C05						

表5-6　成品检验统计分析

年　　月

机　种	产品编号	生产数	检查数	不合格个数（个）	不合格品率（%）	不良描述及统计				
			小计：							

机　种	送检批	合格批	首次合格率	备　注

图形分析：

结论与建议：

为了便于质量数据信息的汇总和分析，应该设置日报、周报和月报，这对信息繁多而又有波动性的过程检验信息显得更为重要。

日报：根据当日检验记录，依产品类别汇总检验数、不合格数与不合格品率，最好有缺陷分类及数量。

周报：根据日报进行汇总，进行简单的分析，如实际质量与目标对比的柱状图、本周内质量数据的趋势图（推移图）。

月报：根据周报进行汇总，进行系统完整的分析。

5.6.3　数据分析

数据经过合理的整理和分析才能成为有用的信息。质量报表的分析是遵循一定顺序的，当然，为了特定的目的也可以进行独立的重点分析。质量分析主要分为总体分析与变动分析两种方法。下面就根据某公司质量月报表收集和汇总的数据进行简单介绍。

1. 总体分析

总体分析也称平均数分析、完成率分析或水平对比分析。总体分析的目的是通过呈现图像化数据，使企业领导和有关方了解企业总体的质量状况和水平。具体做法是，总结企业主要质量指标的实际数据，并与目标值进行比较。一般通过柱状图表达比较清晰和易于理解。某公司质量目标达标情况统计分析，使用柱状图，信息一目了然（见图5-7）。质量总体分析实际上是平均数分析，所有的指标结果都是日、周、月累计平均的结果。

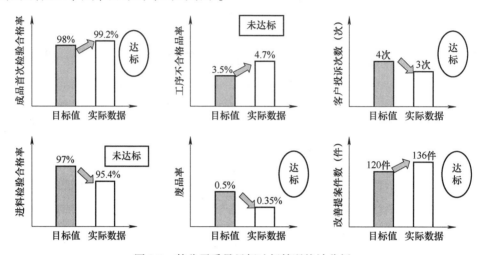

图5-7 某公司质量目标达标情况统计分析

2. 变动分析

变动分析具有以下两个目的。

1）通过数据图形观察，以了解过去的一段时间内的产品质量或者质量管理过程是否稳定，换句话说，是否某些日（或周）表现出现异常，以便调查其原因并进行改进。

2）为质量改进提供正确的决策指引。如果存在异常，则先在操作层面找原因；如果不存在异常，要么什么都不做，要么在系统上找原因并采取改进行动（如果对结果不满意的话）。

变动分析主要以未达标的项目为对象。此步骤的目的是通过分析了解过程（数据）随时间变化的情况，借以判断该管理过程是否存在异常或发生管理混乱的情况。区别未达标项目背后的特殊原因与普通原因，以便做出正确的管理决策。

变动分析有三种典型的方法可以应用。

（1）趋势图（运行图）分析

趋势图可以分析12个月、当月25天或30天、当季12周的数据。趋势图有3条判异准则。
- 连续6点上升/下降——趋势（表明过程发生上升或下降的趋势）。
- 9点在中心线一侧——偏移（表明过程位置发生偏移）。
- 连续14点上下交替——振荡（显示锯齿状模式，主要由于分层原因）。

趋势图分析的原则是：先解决变异的特殊原因，再解决一般原因。在解决特殊原因之前，可能还需收集一些数据或利用已有的数据，以查明发生异常时间段内，过程发生了什么情况。

图5-8是A、B两种产品制程质量不合格的变动分析。从图中可以看出，两种产品的趋势图均未发现异常情况，表明制程质量不合格并未随着时间的变化而发生明显的改变，但可以看出产品A的质量优于B。

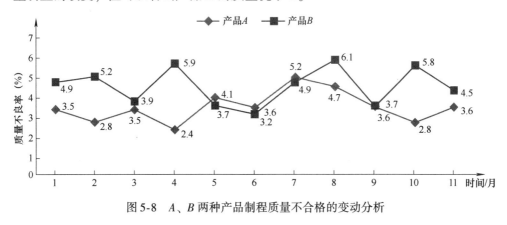

图5-8 A、B两种产品制程质量不合格的变动分析

趋势图的3条判异准则是正确做出数据分析判断的基础。违背此3条准则而做出的任何关于质量问题、过程异常的结论都是荒谬的。很可惜的是，在管理的实践中，这样的低级错误比比皆是。

(2) 列联表卡方检验

当数据点较少，使用趋势图无法对问题做出合理的判定时，可以使用列联表方法。列联表卡方检验适用于计数型数据的变异分析。

一般企业常用柱状图（或折线图）分析每月四周的变动，虽然可以看出每周的变化，但是无法判断该变动是否显著（如是否某周出现管理异常的状况），这样的分析对质量改进和决策并没有什么帮助。对于这种只表明四周合格与不合格的数据，应该应用列联表卡方检验。具体的应用请参见本书第12章中的统计方法。

(3) 帕累托分析

质量部门做数据分析的一个重要目的是向管理层提出改进的建议。除了上面提到的两个工具外，还有一个重要的工具，就是帕累托分析。通过帕累托分析识别改进的优先项目，聚焦于顾客关注的及有待改进的关键产品和流程。只有将改进的方向引向流程,改进才有用武之地。

制作帕累托图可能需要经过好几次不同项目的分层,最后才能显现出关键的少数。一般的分层方法可以参考如下顺序:产品类(分层)—流程(分层)—产品缺陷项目(分层)。经过这样的分析,把问题引向关键的产品(不合格品率较高且顾客关注的)与缺陷原因,最后追溯到发生不良的流程,这样便于改进(见图5-9)。

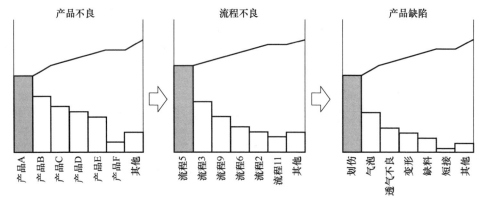

图5-9 产品不良帕累托分析

3. 问题症结与改进建议

前面介绍的总体分析及变动分析是质量统计报表分析的基本方向,当然,在分析的过程中发现有价值的信息或者怀疑,根据分析者的经验可以增加特别分析,或者采取便于发掘问题和改善机会的其他统计方法。

一般来讲,如果能正确地进行前面的总体分析与变动分析,那么,管理者就可以明了本计划期的产品质量的总体状况,对管理的状况进行了评估,对质量问题的原因有了基本的把握,也有一个或若干个有价值的改进项目浮出水面。如此一来,明晰、有意义的建议自然形成。这样的一份分析报告是企业领导乐于看到的。

此外,为了便于记录和收集不合格品的重要信息,很多公司利用以往的质量信息设计了"产品缺陷项目及原因一览表",见表5-7。这个方法对于积累知识经验与质量改进非常有好处。另一个积累产品不良原因和改进的重要信息的文件是"品质异常处理报告",见表5-8。

表5-7 产品缺陷项目及原因一览表

产品型号	类别代号	缺陷项目	可能的原因	处理指南	备注
SHG-046	A01	变形	热压温度过高 堆积过高	确认工艺值并调整 限定产品堆积高度	
	B01	划痕	操作不当	改进方法	
	……				

(续)

产品型号	类别代号	缺陷项目	可能的原因	处理指南	备注
GH-J012	C05	气泡	压力温度失调	进行试验获得适宜的参数	
	……				

表 5-8　品质异常处理报告

来源：□过程　　□顾客投诉　　□其他　　　　　　　　编号：

问题描述（什么、症状、比例程度）：

　　　　　　　　　　　问题提出人：　　　　　发出日期：　　　　审核：

★对于以上问题：请于　年　月　日前回复。

原因分析：

　　　　　　　　　　　　　　　　　　部门责任人：　　　　　日期：

应急处理：

　　　　　　　　　　　批准：　　　　　制定：　　　　　日期：

防止再发措施：

　　　　　　　　　　　审核：　　　　　部门责任人：　　　　　日期：

结果确认：

　　　　　　　　　　　　　　　　　　最后确认：　　　　　日期：

第 6 章

产品设计质量管理

6.1 设计的意义与目标

由于市场环境的变化,企业面临着难以置信的压力,它们必须在不断降低成本的同时提高质量,还要满足不断提高的环境和法律要求,要用更短的产品生命周期满足不断变化的顾客需求并保持竞争力。实现这些目标的能力很大程度上依赖于产品设计。

1. 质量和成本是设计出来的

在设计阶段预防所发生的成本远远低于在下游发生的成本。若在生产前(设计阶段)发现一项缺陷的纠正成本是 1 元;当该缺陷到了生产线才发现,则纠正成本是 10 元;假若该缺陷到了消费者手里才被发现,则纠正成本是 1000 元,这种现象称为"1:10:1000"成本法则,它说明了设计的重要性(见图 6-1)。

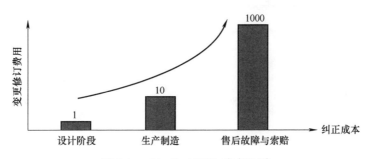

图 6-1 "1:10:1000"成本法则

产品设计会显著影响生产的成本和效率,也影响着输出的质量。通用电气的研究人员发现,生产成本的 75% 由设计决定;劳斯莱斯的设计成本占产品总成本的 80%。

对于制造业来讲,产品设计的目标主要包括以下几项:

1) 设计出满足市场及顾客需求的、优质的产品特征。
2) 充分考虑产品的可制造性。
3) 提高性价比,降低成本。

4）采取先进管理方法（如 DOE、QFD 等），提高设计效能并缩短开发周期。

设计一项产品或过程，确实是一项极为复杂的作业。这一作业输出的通常是一整批图样及文件规格等，用以指导一项产品如何制成。大致来说，各项图样文件规格具有三个基本要素：①系统结构；②系统中全部项目参数的名目值；③其中每一个参数的容差或其允许变异。"产品设计或过程设计的最优化"的主要意义就是决定以下内容：

- 最佳系统结构。
- 最佳的参数值。
- 最佳的容差。

对于每个产品特性值，设计者必须确定：①要求的均值（目标值）；②规格界限（容差范围）。规格界限尤为重要，它影响产品的基本功能需求、产品的制造差异和经济效果等。

2. 产品设计会在很多方面影响可制造性，也会影响质量

例如，某些零件由于其特性很难重复加工；设置了不必要的过小的公差；采用了过多的零件，增加了装配的工作量及出错的机会等。设计不良可能会在生产、组装、测试、运输及使用过程中表现为差错、低产量、损坏以及功能缺失等问题。采用过多的零件的设计方案增加了零件的误用、漏装以及测试失效的概率。

3. 简化设计通常能够降低成本并改进质量

通过减少零件，材料成本将减少，库存量下降，供应商数量减少，生产周期缩短。IBM 采用了简化设计策略后，打印机零件数量降到原先的 65%，改进的组装方式使得组装时间缩短了 90%，成本也得到大幅降低。

产品设计与工程技术的重要职能是制定产品和生产过程的技术规范，以满足顾客的需求。**设计不足**的产品因不能满足顾客需求而会导致在市场上失败。**过度设计**的产品可能找不到有利可图的市场。良好的设计有助于预防制造缺陷和服务差错，同时减少对于非增值的检验活动的依赖。在美国的诸多行业中都充斥着这种非增值的检验，相反，日本企业中的非增值检验活动占比非常少。

4. 产品设计还应考虑环境因素

关于环境因素主要应考虑可回收利用、可拆卸等要求。

为适应市场"高质量、低成本、短周期"的苛刻要求，一种新兴的设计研发理念和技术应运而生，这就是——**面向制造的设计**（DFM）。美国学者 D. Daetz 总结了一些重要的设计指南，有助于改进可制造性，从而提高质量并降低成本，见表 6-1。

表 6-1　面向制造的设计指南

设 计 要 点	作　　用
使零件数最少 ● 减少零件和装配图 ● 合并相似的零件 ● 减少重复的装配 ● 减少失效的零件数量	便于控制 避免差错 降低装配差错率 提高可靠性
减少零件种类 ● 减少相似零件的变异	降低装配差错率
稳健设计/田口容差设计 ● 减少对于零件变异的敏感性	提高一次性通过率，降低性能随时间的劣化程度
取消调整 ● 避免装配调整差错 ● 取消失效率高的可调整部件	提高一次性通过率 降低失效率
尽量易于装配并能够防误用 ● 零件不会被误装 ● 当零件缺少时能一眼看出 ● 无须用力装配	减少装配时间，防止误用
应用可重复并易于理解的过程 ● 零件质量易于控制 ● 装配质量易于控制	提高产能 提高装配频率
选择能够经受过程作业的零件 ● 减少零件损伤 ● 减少零件降级使用	提高质量 提高可靠性
设计要便于有效测试 ● 避免误判	准确判断质量，减少不必要的返工
零件布局合理 ● 减少搬运和装配对零件的损伤	
消除和减少设计变更 ● 减少变更差错和版本	降低装配差错率

资料来源：D. Daetz, "The Effect of Product Design on Product Duality and Product Cost", Quality Progress 20, no. 6（June 1987），63~67.

面向制造的设计及并行工程在美国与日本都得到广泛应用。日本的产品研发效能和水平更胜一筹。控制及减少设计变更数目，是设计人员应该考虑的重要问题。在这方面,日本企业比美国企业做得好,某美国学者收集了这方面的数据并绘制成图(见图6-2)进行比较。

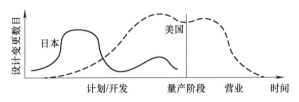

图6-2 美国与日本设计变更控制的水平比较

6.2 构建科学的产品研发流程

一个优秀的设计方案必须使设计出来的产品,在性能、安全性、可靠性、可制造性、成本、使用与维修、环境等方面,充分满足顾客及法规的要求。这需要设计部门具有相当高的能力和水平,不仅需要完善的技术标准,具备专业知识和经验丰富的工程技术人员,更重要的是,必须建立一套先进科学的产品研发设计流程。典型的产品研发设计流程包括六个阶段:提出创意—概念开发—产品/过程设计—量产—市场导入—市场评价。

科学的流程可以保证设计的可靠性,提高设计质量的水平,缩短设计周期。例如,华为公司引用了世界先进的产品研发流程——产品集成开发框架(IPD)及美国卡内基梅隆大学软件研究所开发的软件过程成熟度模型(CMM),这套流程帮助华为建立了强大的研发能力,支撑着该公司全球化的业务拓展,可谓功不可没。当然,好马配好鞍,不同的公司类型应选择并构建适合自身需要的开发流程。IATF 16949 汽车质量认证标准推荐了一套很好的研发流程,即先期产品质量计划(Advance Product Quality Plan,APQP),这是由美国福特、通用和克莱斯勒三大汽车公司联合开发的新产品开发流程。这三家企业要求它们的零件供应商强制执行这套流程。

先期产品质量计划分为 5 个阶段:第一阶段,计划和确定项目;第二阶段,产品设计和开发;第三阶段,过程设计和开发;第四阶段,产品和过程确认;第五阶段,反馈、评定和纠正措施(见图6-3)。在研发设计的每一个阶段都规定详尽的活动项目、输入和输出,主要由跨部门的多功能小组来执行这些任务。与研发相关的部门诸如设计、工程、制造、采购及设备部门均参与其中,管理者支持是一个亮点。

这套适应高风险和复杂工业产品的汽车研发设计流程足够满足一般性产品的设计要求。任何企业只要将 APQP 流程稍做简化和调整,完全可以开发出本企业的新产品设计流程。

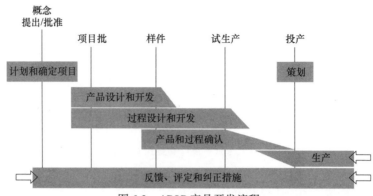

图 6-3 APQP 产品开发流程

资料来源:《产品先期质量策划》。

6.3 积极充分的设计评审

在产品研发设计过程中,有三项重要活动:设计评审、设计验证和设计确认,其中设计评审是最为重要的工作。ISO 9000 对设计评审做出了一般性规定:在适宜的阶段,应依据所策划的安排对设计和开发进行系统的评审,以便达到以下两点:

- 评价设计和开发的结果满足要求的能力。
- 识别任何问题并提出必要的措施。

设计评审的目的是激发思维、发现问题、产生新想法和解决问题,以帮助设计者在问题发生前就能预见到。设计评审发生在设计的不同阶段。**预先评审**在市场营销、工程、制造和采购部门之间建立了早期的沟通,为产品设计活动提供了良好的合作,关注与顾客要求和产品的最终质量相关的产品设计的战略性问题。在设计初步完成后进行**中间评审**,目的是更详细地审查设计,识别可能的问题,并提出改进建议。在产品投产之前进行**最终评审**,主要研究材料清单、图样和其他细节性的设计信息,目的是防止在投产后发生高成本的更改。

设计评审的目标如下:

- 定义顾客的期望并超越期望,而不是仅是满足期望。
- 持续思考如何更好地设计和制造产品,而不是仅是解决问题。
- 使期望的特性和结果最优。
- 充分考虑产品的制造性。
- 在不影响功能质量的前提下使总成本最小、开发周期缩短。

众所周知,日本企业的新产品研发设计水平居世界前列,其中一个重要原因是日本企业对设计评审高度重视和严格控制,超出了其他国家正常的控制程序,

第6章 产品设计质量管理

从程序到方法都有独到之处。下面介绍一家著名日本企业的设计评审是如何做的，以供我国制造型企业参考借鉴。

1. 设计评审的时间与内容

企业究竟要进行多少次评审，在设计的什么阶段进行评审，没有具体的标准，应根据产品的复杂程度和要求来确定。有的企业产品要求高、设计过程复杂，就选择评审6~7次，甚至更多，有的企业的产品简单，选择评审3次。无论怎样，设计输入、样品试制以及试生产这三个关键阶段必须评审。某日本公司设计评审的时间和内容见表6-2。这家日本公司采用5次评审，分别在立项构思、试制和生产准备阶段进行。

表6-2　某日本公司设计评审的时间和内容

阶段	立项构思阶段	试制阶段		生产准备阶段	
评审内容	设计输入构思评审（1DR）	试制工序评审（2DR）	工序评审（3DR）	生产准备评审（4DR）	生产前综合评审（5DR）
评审目的	评审产品构思图与目标要求是否一致	评审试制图样是否与**工序计划**一致	为了最后确定工序，评审生产图样是否与**工序计划**一致	确认并评价产品质量的达成情况，以及生产准备的进展情况	确认并评价质量保证体系、经济性、生产体制，综合评价后，宣布生产开始
评审项目	1. 设计构思与顾客要求一致 2. 竞争对手产品的分析 3. 评审组装的难易程度 4. 新工艺和新技术开发计划 5. 构思图成本计划 6. 法规的符合性	1. 详细的设计样式 2. 质量计划（质量确认计划、FMEA、基准类、工序能力） 3. 生产性 4. 设备评审 5. 试制成本	1. 质量确认和安装确认的结果 2. 工装夹具、设备计划 3. 工序设定 4. 成本计划汇总 5. 外协件的管理	1. 设计变更 2. 实际使用计划（交主机厂装配使用） 3. 质量确认和安装确认结果 4. 工装夹具、设备的制作进度 5. 周转箱设定 6. 材料和外协件采购计划	1. 生产体制综合确认 2. 经济效益分析 3. 质量确认、安装确认 4. 不合格项目的对策情况 5. 协作件的监察结果 6. 特殊管理事项：初期流动管理、重要设计变更管理

资料来源：马林，《日本的质量经营》。

从表6-2中可以看出，该企业产品的设计评审科学严谨，反映出日本质量管理的特色与优势，其中最具特色的包括：事先确定的生产基准（工序计划）、生产前的反复评审、标杆对比、生产性（零件的加工性、组装的难易度）的反复确认，细致到周转箱的安排。这些做法和经验特别值得我国企业借鉴。

2. 设计评审的组织机构与职责

为确保设计评审的有效性，企业会针对每一个项目成立专门的评审委员会，在委员会下设立事务局，负责具体的日常评审工作。这些机构及人员有清楚的资格与职责要求，分工明确。评审员是各领域的专家，如产品专家、工艺专家、制造专家等，主要为设计、生产技术、制造、采购、质量、财务、设备、销售及服务部门的负责人，他们都有丰富的知识和经验，可以胜任评审工作。每次评审，他们必须参加，不得随意缺席。

3. 设计评审的实施与处置

企业的设计评审分为事前准备、当日评审和事后处置三个阶段。在评审前10天向评审员提交评审资料，使评审员对项目有充分的了解，同时送达有关部门做准备。正式评审的当日，不是由设计部门人员主动介绍情况，而是由事先了解情况的评审员逐项提出问题，由相关的人员逐一回答问题，评审员进行评价打分。评审结束一周内，由评审委员会将评审结果汇总，编制"新产品目标综合评估表"，见表6-3，提交给设计部门，表中有设计中的改进主题分类和评价项目，供有关部门改进。

表6-3 新产品目标综合评估表

改进主题分类	评价项目	目标值	定量评价	评价判定					备注
				1DR	2DR	3DR	4DR	5DR	
设计质量	基本性能								
	可靠性								
	安全性								
	生产性								
	维修性								
	环境影响								
	竞争对手比较优势								
	标准								
	将来动向								
制造质量	新技术、新工艺								
	过程能力								
	工序设备可靠性								
	材料、部件								
成本	目标利润率								
	设计目标成本实现率								
	制造目标成本实现率								
	外购件目标成本实现率								

(续)

改进主题分类	评价项目	目标值	定量评价	评价判定					备注
				1DR	2DR	3DR	4DR	5DR	
产量	全体展开计划								
	自动化率								
	周转器具、包装								
交货期	生产能力								
	进入生产线率								
	生产周期								

资料来源：马林，《日本的质量经营》。

6.4 善用先进的管理工具

企业优化研发过程，提高产品开发质量与效率，迅速推出新产品，是在激烈的市场竞争中取胜的关键。几乎每个行业都关注并缩短产品开发周期。汽车制造商过去开发一款新车往往需要 4~6 年，现在大部分厂商力求将其缩短至 2 年。丰田汽车的目标水平是低于 18 个月，遥遥领先于欧美国家的汽车企业。

由于市场变化太快，企业应该利用高科技手段来改进产品开发过程。例如，计算机辅助设计（CAD）、计算机辅助生产（CAM）、柔性生产系统（FMS）等自动化技术将设计和生产过程连接起来，缩短了运转周期，同时减小了出现人员差错的概率，提高了质量和效率。采用这些自动化技术是丰田公司的一个重要法宝。

除了上述这些自动化技术，采用先进的质量工具，对提高产品设计的能力和水平也帮助极大。常用的质量工具包括：质量功能展开（QFD）、失效模式及后果分析（FMEA）、价值分析（VA）、防错设计、试验设计（DOE）等。一个高素质的设计人员必须学习和掌握这项先进管理技术。其中，试验设计对开发设计的影响和贡献最大。

6.5 抛弃经验，开始田口容差设计

公差（容差）分析是指在满足产品功能、性能、外观和可装配性等要求的前提下，合理地定义和分配零件和产品的公差，优化产品设计，从而以最小的成本和最高的质量制造产品。在实际的公差应用中，大多工程师采用的是经验法和极差法。这两种方法的弊端是不科学、不经济、不合理，常常出现公差过松或过紧的情况。若公差过松，则无法满足产品功能要求；若公差过紧，则增加产品制造难度并造成浪费。采用基于统计方法的公差设计是必要的。下面介绍一种基于

"质量损失函数"原理的公差分析方法——田口容差设计。

1. 基本理念
- 容差(公差)是从经济角度考虑允许质量特性值的波动范围。
- 容差设计在完成系统设计和由参数设计确定了可控因素的最佳水平组合后进行。
- 容差设计通过研究容差范围与质量成本之间的关系,对质量和成本进行综合平衡。
- 参数的容差减少可以提高功能质量,但会增加制造成本。

2. 容差设计目标

确定各参数的最合理的容差,使总损失(质量成本之和)达到最小——在保证功能要求的前提下,使容差尽量地大。望目是指希望输出数据接近设计目标;望大是指数据越大越好;望小是指数据越小越好。

3. 质量损失函数

望目指标质量损失函数:
$$L(y) = k(y-m)^2 \qquad (6\text{-}1)$$

式中　$L(y)$——质量损失函数;
　　　y——输出数据;
　　　m——设计中心;
　　　k——常数。

常数 k 与 y 无关,与功能界限及丧失功能的损失有关,与容差及不合格损失有关。根据不同的应用场合使用适宜的常数 k,以获得有效低成本的质量决策。

在望目情形下,测量值与质量损失的关系可用望目型质量损失函数示意图表示,如图6-4所示。由该图可知,当测量值与目标值重合时,质量损失为零,当二者发生偏离时,产生质量损失,偏离度越大,质量损失越大。式(6-1)也反映出这种性质。

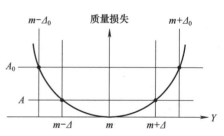

图6-4　望目型质量损失函数示意图

注:Δ——设计容差(制造公差);
　　Δ_0——功能容差(功能界限),下同。

望小指标质量损失函数:
$$L(y) = ky^2 \qquad (6\text{-}2)$$

在望小情形下,测量值与质量损失的关系可用望小型质量损失函数示意图表示,如图6-5所示。由该图可知,当测量值变大时,质量损失也跟着增大;当测量值变小时,质量损失跟着变小。式(6-2)也反映出这种性质。

望大指标质量损失函数:
$$L(y) = k\frac{1}{y^2} \qquad (6\text{-}3)$$

在望大情形下,测量值与质量损失的关系可用望大型质量损失函数示意图表示,如图 6-6 所示。由该图可知,当测量值变大时,质量损失减小;当测量值变小时,质量损失增大。式(6-3)也反映出这种性质。

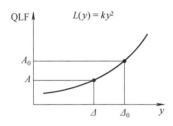

图 6-5 望小型质量损失函数示意图

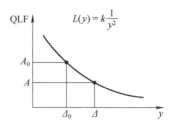

图 6-6 望大型质量损失函数示意图

4. 安全系数

安全系数:
$$\Phi = \sqrt{A_0/A} \tag{6-4}$$

式中 Φ——安全系数,对于较高安全性产品,Φ 一般取 4~5;

A_0——丧失功能时的客户损失;

A——产品不合格时的工厂损失。

望目指标的容差:
$$\Delta = \Delta_0/\Phi \tag{6-5}$$

望小指标的容差:
$$\Delta = \Delta_0/\Phi \tag{6-6}$$

望大指标的容差:
$$\Delta = \Phi\Delta_0 \tag{6-7}$$

式中 Δ——设计容差(也称制造公差,若产品超出此界限,则产品不合格);

Δ_0——功能容差(也称功能界限,若产品超出功能界限,则产品将丧失功能并给顾客造成损失,功能容差值可由设计试验获得)。

5. 应用示例

(1)望目情形(望小和望目使用相同公式)

【**例 6-1**】某电视机电源电路输出电压目标值:$m = 120V$,功能容差为目标值的 25%,即 $\Delta_0 = 120V \times 25\% = 30V$,丧失功能后的顾客平均损失为 $A_0 = 600$ 元,工厂内部不合格成本 $A = 25$ 元。

试求:产品设计容差 Δ。

解:已知 $m = 120V$,$\Delta_0 = 30V$,$A_0 = 600$ 元,$A = 25$ 元,则有:

$$\Phi = \sqrt{A_0/A} = \sqrt{600/25} = 4.9$$

设计容差:$\Delta = \Delta_0/\Phi = 30V/4.9 = 6V$

【**分析结果**】产品规格

$$m \pm \Delta = (120 \pm 6)V = (114V, 126V)$$

(2)望大情形

【**例 6-2**】用硬聚氯乙烯型材加工塑料门窗。当材料的拉伸强度低于 35MPa

时，门窗就会断裂。此时造成的功能损失 $A_0=500$ 元，工厂内部报废处理损失 $A=120$ 元。

试求：硬聚氯乙烯型材的安全系数 Φ 和容差 Δ。

解：已知 $A_0=500$，$A=120$，$\Delta_0=35$。

$$\Phi = \sqrt{A_0/A} = \sqrt{500/120} = 2.04$$

$$\Delta = \Phi\Delta_0 = 2.04 \times 35 \text{MPa} = 71.4 \text{MPa}$$

【分析结果】：

硬聚氯乙烯型材的拉伸强度下限为 71.4MPa（规格：拉伸强度 ≥71.4MPa）。

第 7 章

制造过程设计

7.1 用精益原则改造设计现有流程

一个有效的制造系统应保证满足顾客的需求和期望。因此，在过程设计阶段，不仅要考虑质量要求，还要考虑生产运行的经济效率，即同时考虑质量、成本、安全，以及为可能采取的精益生产管理做出适当的配合。

过程设计应遵循动作经济原则，并充分考量以下因素：
1）依据年产能计划，确定厂房功能面积，生产功能单元应考虑合理的物料运行路线。
2）根据生产流程方向及产品流量的历史数据，合理规划平面内的功能区域（如加工区、储料区、测试/返工区等）的位置及面积大小，平面内所有的区域皆应明确其特定的用途并予以标识。
3）物料、工具尽可能靠近生产线，便于拿取。
4）运输距离尽可能短，避免物流路线往返与交叉。
5）生产装配线不是越长越好，而是应当合理考虑，尽可能短。
6）通道清晰、通畅、安全，有足够的宽度，便于人员和物料的输送。
7）标识系统设计合理可靠，状态清晰、明确、便于沟通。
8）安全、照明、通风等环境措施配套完善。
9）平面布置上留有最大限度的适应性和弹性，便于信息交流。

7.2 过程设计的目标与内容

7.2.1 过程设计的目标

为保证生产过程能生产满足设计质量要求的产品，应确定产品生产所需的实现方式、生产技术条件、过程管理标准及操作标准，包括以下内容：
- 确定生产产品所需的过程（工序）、设备、工装夹具、人力。
- 确定需要检测的质量特性和过程特性，以及对这些特性的控制方法。

7.2.2 过程设计的主要项目

1. 确认产品和过程的关键特性

开发小组应在了解顾客的期望的基础上识别初始产品和过程的特性,并建立特性清单。

2. 过程流程图

戴明博士告诉我们,不了解流程,就无从管理。

过程流程图示意性地展示了现有的或构想新的过程流程,它可用来分析制造、装配过程中的机器、材料、方法和人力变化的原因。它用来强调过程变化产生的影响。过程流程图有助于分析总的过程而不是过程中的单个步骤。当进行 FMEA 和制定设计控制标准时,流程图有助于开发小组将注意力集中在过程上。某电子产品生产过程流程图如图 7-1 所示。

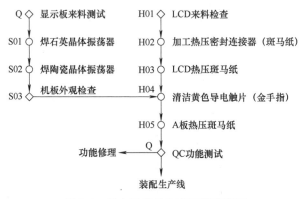

图 7-1 某电子产品生产过程流程图

3. 特性矩阵表

特性矩阵表是用来显示过程特性与制造工序之间关系的分析方法,为制定过程控制标准提供信息(见表 7-1)。

表 7-1 特性矩阵表

流程	质量特性			过程特性		
	名称	范围	方法	名称	范围	方法
	空内铜厚	8μm		电流		
	板铜厚度	12μm		时间		
				温度		
				铜离子含量		C_{pk}

资料来源:《产品先期质量策划》。

4. 车间平面布置图

为了保证车间生产作业的合理顺畅运转,并确定检测点的可接受性、控制图的位置,应依据动作经济原则,制定并评审车间平面布置图。所有的材料流程都要与流程图和过程控制标准相协调。

5. 失效模式及后果分析(FMEA)

FMEA 应在开始生产之前、产品质量策划过程中进行,它是对新的或修改的过程的一种规范化的评审与分析,为新的或修改的产品项目预防、解决或监控潜在的过程问题提供指导。FMEA 是制定过程控制标准的有力支持性文件。FMEA 是一种动态文件,当发现新的失效模式时,需要对它进行评审和更新。

6. 测量系统分析(MSA)

开发小组应保证制订一个进行所需的测量系统分析的计划。这个计划至少应包括保证量具精度、准确度、重复性、再现性和与备用量具的相关性的功能。

7. 初始过程能力研究

小组应保证制订一个初始过程能力研究计划。在过程控制计划中被标识的特性将作为初始过程能力研究计划的基础,以确认目标过程是否满足要求。

8. 进行试验设计,优化确定最佳生产条件

针对关键质量特性制订旨在优化过程参数的试验计划(DOE),这是一件非常有价值的工作。

9. 材料规范评审

除了图样和性能规范外,对于涉及物理特性、性能、环境、搬运和贮存要求的特殊特性应评审材料规范,这些特性也应包含在过程控制标准中。

10. 试产阶段的评审与控制

制订一份试产控制计划,目的是为遏制试生产运行过程中的潜在不符合项目。针对试产过程,可能要做到以下几点:
- 增加检验次数。
- 增加生产过程中的检验点和最终检验点。
- 统计评价。
- 增加审核。

11. 制定过程控制标准和作业标准

以上所有的设计活动都是为了以下目的:制定过程控制标准和作业标准。过

程控制标准描述所需过程的展开及对工序的管理和控制；作业标准是对过程的操作者（工位）如何正确完成工作、实现其工作目的的操作指引。

7.3 两个重要输出：过程控制标准与作业标准

过程设计的所有过程和项目，最终都归结为两个重要的文件——过程控制标准（过程控制计划）和作业标准（作业指导书）。前者是对整个过程和工序的控制要求，后者则是对单个工位及操作者的控制要求。

7.3.1 过程控制标准

过程控制标准一般以"过程控制计划"的形式呈现，日本企业称之为"QC工程图"（或过程管理图）。过程控制标准对控制零件和过程的体系进行书面描述，包括从投料直至产品出厂所经历的流程、这些流程的目的、产品特性和过程特性、检查时间和频次、控制方式、人员责任，以及应急反应措施等要求。

1. 理解什么是过程控制标准

- 过程控制标准的目的是满足顾客要求制造出优质产品，它是用来最大限度地减少过程和产品变异的简要的书面描述。
- 过程控制标准针对所有流程工序，但不能替代详细的作业标准中的信息。
- 过程控制标准提供了用来控制产品特性与过程特性的测量和控制方法。
- 过程控制标准作为一份动态文件，反映当前使用的控制方法和测量系统。它随着测量系统和控制方法的评价和改进而被修订。

2. 制定过程控制标准的信息输入

为了达到过程控制和改进的有效性，应对过程有基本的了解。为了达到此目的，应建立一个多方论证的小组，利用所有可用的信息来制定控制标准，这些信息包括：

- 过程流程图。
- 失效模式及后果分析。
- 产品与过程特性清单。
- 从以往相似产品得到的经验。
- 小组对过程的了解。
- 设计评审。
- 优化结果（QFD、DOE）。

3. 实施过程控制标准的收益

（1）质量方面

应用过程控制标准方法能减少浪费，并能提高在设计、制造和装配中产品的质量。这一结构性方法为产品和过程提供了一套完整的评价体系。过程控制标准识别过程特性并帮助识别导致产品特性变异（输出变量）以及过程特性的变异源（输入变量）。

(2) 顾客满意程度

过程控制标准聚焦于将资源用于对于顾客最重要特性有关的过程和产品。将资源正确地分配在这些重要项目上，有助于在不影响质量的情况下降低成本。

(3) 交流方面

作为一个动态文件，过程控制标准明确并传达了产品/过程特性、控制方法和特性测量中的变化。这有助于对目标过程进行有效管理并做出适时调整和改进。

4. 过程控制标准样式及说明

过程控制标准（计划）的格式见表7-2。这是汽车质量体系认证企业常用的格式。以下就一些重要的项目进行说明。

(1) 产品特性
- 产品特性为在图样或其他主要工程信息中所描述的部件、零件总成的特点或性能。
- 核心小组应从所有来源中识别组成重要产品特性的关键质量特性，所有的关键质量特性都应列在过程控制标准中。此外，制造者可将在正常操作中进行过程常规控制的其他产品特性都列入。

(2) 过程特性
- 过程特性是与被识别产品特性具有因果关系的过程变量。开发小组应识别和控制其过程特性的变异以最大限度地减少产品变异。
- 对于每一个产品特性，可能有一个或更多的过程特性。在某些过程中，一个过程特性可能影响数个产品的特性。

(3) 特性分级

这些特性标识为"关键""主要的""安全的""重要的"。企业可以根据顾客或本企业的要求进行分类，以便对过程进行分类控制，突出重点。

(4) 控制方法
- 控制方法是指对工序怎样进行控制的简要描述。控制方法取决于所存在的过程类型，可以使用控制图、折线图、检测、防错和抽样计划等来对操作进行控制。
- 控制方法的描述应明确和简要，如果使用复杂的控制程序，计划中将引用程序文件的名称或编号。
- 如果出现过程或过程能力的重大变化，就应对控制方法进行评价。

(5) 反应计划

反应计划规定了为避免生产不合格产品或操作失控所需要的纠正措施。

零件编号：
零件名称：

编号：
编制日期： 年 月 日

表 7-2 过程控制标准（计划）的格式

流程编号	流程名称	机器工装夹具	特性分级	管理项目 过程特性	质量基准	频率	样本容量	测量仪器	责任人	控制方法	反应计划
1	进料检查			规格数量	计量值/重量	每批	AQL/全数	目视/称	IQC	IQC标准	
2	配方	电子秤		配方比例	颜色	每批		电子秤	作业员班长	配方表核对	
3	搅拌	搅拌器		速率、时间	外观	每批		样板规	作业员	生产记录	
4	成型	成型机		压力、时间	尺寸、外观	每小时	5件	千分尺	IPQC	QC巡检报告表	
5	烧结	反应釜		温度、压力、时间	压强≥12MPa	2小时	3件	压力计	QA	$\bar{X}-R$控制图	
6	组装	组装台		台面清洁有序	位置的正确性	2小时	8件	目测	IPQC	QC巡检报告表	
7	包装	组装台		台面清洁有序	包装清单	2小时	3件	目测	IPQC	QC巡检报告表	
8	最终检验				成品检验规范标准	每批	AQL	千分尺 压力计		成品检验报告	

（资料来自《产品先期质量策划》）。

日本企业的过程控制标准一般称作"QC工程图",也称"过程管理图",非常具有指导意义。某日资企业的过程控制标准格式见表7-3。

表7-3 某日资企业的过程控制标准格式

产品型号:SHJ-R03　　　　　　　　　　　　　　　　　编制日期:　年　月　日

过程管理标准:○加工,—搬运,▽停顿,◇检查				审核:			日期:	年　月　日
流程图	工程名	管理项目	质量基准	管理方式				应急处置
				时间频率	人员	测量器具	方式	
(略)	购入材料							
(略)	进料检验	质量	分析值	每批进货	IQC	分析仪	抽样	
			重量			秤	全数	
(略)	称重	误差	重量	每次出库	保管员	秤	全数折线图	
(略)	混合	混合比	黏度	1次/h	作业员	黏度计	抽样折线图	
(略)	溶解	混合比	比重	1次/h	作业员	比重计	抽样折线图	
(略)	混炼	时间		1次/h	作业员	秒表	检查表	
(略)	检查重量	重量	重量	1次/h	班长	自动秤	$\bar{X}-R$控制图	
…	……							

资料来源:[日]铁健司,《质量管理统计方法》。

7.3.2　作业标准

作业标准(Standard Operating Procedures,SOP),国内企业一般称之为"作业指导书"。它是使每个对过程和产品质量直接负责的操作者能够正确执行工作步骤并实现工作目的所订立的操作指南。作业标准化就是将工程师所规定的技术上和工程上的条件,转换成作业员所需要的作业标准。

开发小组应确保向**所有**对过程操作负有直接责任的操作人员提供足够详细的可理解的作业标准。用作标准操作程序的作业标准应予以公布。作业标准应包括诸如机器的速度、进给量、循环时间等设定的参数,这些说明应使操作人员和管理人员易于得到和理解。

作业标准的制定依据以下资料:
- 失效模式及后果分析(FMEA)。
- 过程控制标准(QC工程图)。
- 工程图样、性能规范、材料规范。

- 过程参数（特性矩阵表）。
- 搬运要求。
- 生产者对过程和产品的经验和知识。

对作业标准的有效控制应符合以下要求：

1) 所提供的方法可靠、有效，且操作简便。
2) 内容完整，至少应包括工作目的、工作步骤、材料、工具、质量判定基准及问题异常的处置等内容。
3) 便于理解和沟通，尽量采用图示化方法，避免烦琐的文字和理论。
4) 重要的工位处必须能获得特定产品相对应的作业标准，简单的工序可以使用典型作业标准。例如，包装流程就可以采用通用的包装作业标准和包装清单。
5) 文件的发布和修改应得到有效控制。

日本企业在标准化方面的工作起步较早，它们对标准作业的理解和应用非常值得学习和借鉴，它们的 SOP 的形式和内容多样化，其中多用途的作业标准比较有特色。多用途作业标准描述了切换、基本作业、自主检查、设备点检、治具夹具的维护及安全要求等（见图 7-2）。国内很多企业的作业标准的策划与应用也非常好（见表 7-4）。

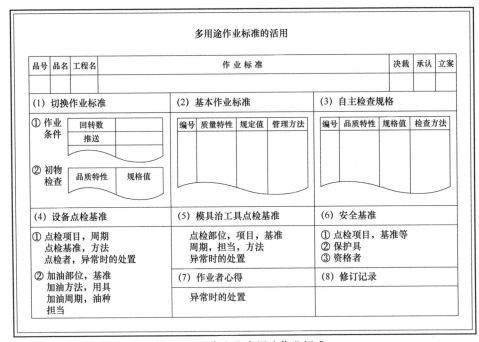

图 7-2　日本企业多用途作业标准

资料来源：中国精益生产学院。

表 7-4 作业标准示意

作业标准							
产品型号	工序名	作业站名	流水编号	文件版本	版次	页数	
LN700	清洗金手指	A01	PIE-016	A	0	16/44	
操作程序			工作简图				

操作程序:

1. 用无尘布蘸取适量抹机水
2. 横向清洗 PCB 板 A 板金手指位
3. 用毛刷清洗 PCB 板 A 板金手指位
4. 如上方法,清洗 B 板金手指位
5. 检查金手指位上应无灰尘、锡点、松香等脏污
6. 检查 A 板上 LCD 上应无划痕、黑点等外观不良
7. 将良品整齐摆放于机板架上

横向擦拭金手指　　上下刷洗金手指

PCB板A板清洗图示

横向擦拭金手指　　上下刷洗金手指

PCB板B板清洗图示

注意事项:
1. 操作者须戴静电带
2. 金手指上应无脏污
3. 清洗金手指时注意清洗方向,不能将铜箔刮起

主料清单	主料编号	用量	辅料清单	辅料规格	用量
PCB 板 A 板	822-008	1	抹机水	XD-12B	
PCB 板 B 板	822-026	1			

工具仪器:毛刷、无尘布

标准工时	人员配置	标准产量	制定	审核	批准	制定日期
15s	1	240				

第 8 章

制造过程控制

8.1 过程控制的目标与要求

现代生产过程所追求的广义目标是通过较低的成本、较短（或规定）的交期制造出高质量的产品。过程控制的狭义目标是减少和消除过程的变异（波动），将过程维持在预期的和稳定的状态，以确保制造出符合设计质量要求的产品。稳定状态的过程控制是本章将讨论的主要内容。

制造过程的任务是生产出符合设计质量的产品。制造过程控制的目标是减少过程的波动。制造出合格产品是目的，过程（工序）控制是手段。

1. 现场质量控制的五项原则

1）质量目标及要求清晰可见，人人通晓。
2）操作规范和标准明确订立，严格履行。
3）过程要素——人、机器、材料、方法、测量"5M"得到有效控制，匹配运行。
4）过程监测与反馈透明、快捷，便于决策。
5）控制一旦失效立即得到纠正，反应灵敏。

2. 过程控制的前提和基础

为实现过程控制的目标和任务，必须建立和维持两个重要的管理基础：过程控制标准和作业标准。如果失去了这两个重要的管理基础或者这两个管理基础不充分，制造过程的效率和质量就无法得到保障。

过程控制标准一般以"过程控制计划"（或 QC 工程图）的方式体现，它是对产品零件和形成过程的所有工序进行管理的书面文件。这份文件的使用者包括管理人员、工程技术人员和品管巡检人员等。应确保所有的工序按照计划的规定得到有效的控制。这种管理方式与传统的无计划的管理方法截然不同。

作业标准也称作业指导书，是在过程控制计划的基础上，对每一个作业点（作业员）制定的工作标准，主要包括如何操作与如何检查质量两方面重要内容，保证每个加工点满足质量要求。应用作业标准最大的好处是减少单个工序的差异，特别是手工作业的差异,保持工序质量的一致性。

过程控制标准与作业标准的内容和要求在本书第 7 章有详细的介绍和说明。

3. 过程控制的特点和难点

为实现制造过程的质量目标,必须建立和保持过程稳定有序进行的条件,即使计划和控制得当,但由于生产过程的复杂性与多变性,难免存在或发生一些不可预料的问题,导致问题的因素正是管理人员应当关注和妥当处理的重点,包括:

- 生产工序多且复杂。
- 一个流程产生缺陷会影响到其他流程,如果发现和处理不及时,便会产生整体风险。
- 随着生产计划的变化及产品品种的增加,控制因素数量激增。
- 处理质量或设备故障问题不允许流程长时间的停顿,问题必须迅速得到解决。
- 生产在很多情况下是手工操作,因此质量变异较大。
- 由于中途插进紧急订单,加班赶工,打乱了生产进程并大大增加产生不良的风险。
- 工程变更频繁所带来的问题和困扰等。

4. 构建过程立体质量控制体系

制造产品、创造质量不能只是制造部门的职责,生产现场与后方支持应紧密配合方能达成目的。为适应复杂多变的制造环境并实现制造过程管理的任务目标,企业需要构建起人际面的"点、线、面"管理与技术面的"防、控、保"管理相结合的立体质量控制体系。

(1) 侧重人际面的管理

1) **点**:每个作业点严格按照作业标准书进行操作,确保本工序完结时质量符合要求。

2) **线**:建立并执行过程控制计划(QC 工程图),实现所有的工序都得到有效控制和有序衔接。

3) **面**:所有部门和人员都对制造产品、创造质量负责。制造人员全神贯注制造质量,职能部门则应转变管理作风,为现场提供积极服务与支持。这些支持包括改善生产计划排程、当工程及设备人员遇到异常时进行快速支持等,帮助现场解决问题。

(2) 侧重技术面的管理

1) **防**(预防):采用建立管理标准、培训、防错装置、设备保养、适时合理的生产排程等措施。

2) **控**(控制):有计划地应用控制图、点检表、自主检验、专业检验和巡回检验等适当的控制方法。

3）保（保证）：对自主检查实施质量监察，如为确保顾客要求可能采取的关键流程或出厂全数检验等措施。

制造过程"点、线、面"与"防、控、保"立体质量控制体系要素见表8-1。

表8-1 制造过程"点、线、面"与"防、控、保"立体质量控制体系要素

人际面的管理	技术面的管理		
	预 防	控 制	保 证
点	SOP、培训	自主检验+专职监察，专业检验	班长互检+指导，主管支持
线	QC工程图、FMEA、防错	控制图、点检表、过程审核	物料保证、设备保全
面	职责、目标管理	进度控制、"5S"目视化	计划排程、技术服务支持

8.2 过程控制的可用方式

过程控制有多种方法可供使用，企业应根据不同工序的特点及管理目的灵活、有效地组合应用。

1. 质量检验

检验就是通过检查将合格与不合格的产品区分开来。检验是一种基本的质量控制手段，无论在何种情况下，检验都是不能被完全取代的方法，关键是如何减少对检验的依赖。在制造过程中如何对产品进行检验控制，在何处进行，采取何种方式，都应当事先进行周密策划，不但要形成工作标准，还应将策划的结果在"过程控制计划"中定义，以供管理人员与质检人员使用。无论职责如何划分，操作人员的自主检查责任不可免除，即生产人员必须对质量负责，而且班组长须承担起互检的责任，班组长应随时对工人的操作进行抽查。

检验控制有两种策略：一种是自主检验为主+专职监察（日本企业的做法）；另一种是专业检验为主，自主检验为辅（我国大多数企业的做法）。究竟采取哪种策略，应视企业的管理基础以及具体的情况谋划而后定。

2. 控制图应用

戴明指出，唯一正确的生产方法是使用控制图。控制图是过程质量控制的最佳选择。运用统计原理，使用控制图，对关键的过程实施测量和监控，确保过程处于稳定受控状态，以获得产品的高质量和一致性。使用控制图来控制工序质量，收集、测量的数据少，检验成本低，不仅有很好的预警效果，还能获取更多有用的信息以供使用。在能够使用控制图的场合可以完全取代检验程序。

控制图往往应用于以下场合：
- 顾客关注的重要质量特性（CTQ）的流程。
- 复杂或者经常发生质量问题的流程。
- 高质量水平（如3.4ppm，即6Sigma）条件下的流程。

戴明指出，随着不合格品率的降低，人们越来越难找出这样小概率的缺陷。检验毕竟不能找出所有的瑕疵来，即使目测或者机器检验都很难。我们没有理由可以相信，一家宣称其不合格品有1/10000件的制造厂会确实比另一家1/5000件的厂商质量更好。

当 p 为1/5000时，如果过程在统计控制下，人们可能要检验8万个零件，才能找出16件不合格品。根据此数字可知，过程的 p 值估计为1/5000，标准差为16的平方根（即4）。即便这样的检测也并不能对该过程做出合理的评价。

当100万个零件或10亿个零件中很少有不合格品或根本没有时，无论人们对最终成品做多少检验，都较难得到必要的信息。唯一可能的办法就是使用控制图。如每天取100个观察值（每天取25次，每次连续取4个样品）得到 $\overline{X} - R$ 控制图：控制图会告诉我们生产过程一直没有改变；或已出了差错；或是该暂停一连串的产品生产，直到找到问题原因为止。一旦找到问题原因，就可以合理决策，究竟是把全部产品废弃或是放行一部分。由此可看出 $\overline{X} - R$ 控制图的巨大威力。

3. 工序点检与确认

对于一些重要工序，过程特性较多且容易变化。例如，烤箱炉温需要定时地进行检查。许多企业采取"工序点检表"的方式，在开工前，对重要工序的输入要素（如：作业标准是否准备好、人员是否经过培训、材料规格是否正确、机器仪器是否正常等）进行检查和确认。

4. 目视化管理

目视化是一种简单高效的管理方法。在精益生产环境下，目视化是必需的管理手段。目视化的前提是首先建立起机器、物料或作业方式的标准，什么是"正常""异常"，以及数量库存的标准。目视化在引导和优化生产秩序的同时，提升了质量保证的空间。

5. 过程审核

过程审核是指通过对过程中的控制条件的策划及落实状态进行检查，目的是验证影响生产过程的因素及其控制方法是否满足工序能力的要求，以便及时发现问题，并采取有效的纠正措施，确保过程质量处于稳定受控状态。

过程审核的主要内容主要考虑以下三个方面：

1) 过程设计是否充分？有无过程控制标准和作业标准？重要工序是否有 SOP（作业指导书）？

2）过程控制标准与作业标准是否得到有效执行？

3）关键过程的能力如何？是否发生较大的质量失误？是否需要改进？

过程审核的频率建议每半年进行一次，至少一年进行一次。这项工作可结合内审一起进行。

8.3 现场"5M"管理

8.3.1 质量波动的根源

为什么要进行"5M"管理，这涉及过程波动（变异）的根源追溯问题。

造成产品质量或过程的变异的因素有人员（Men）、机器（Machine）、材料（Material）、方法（Method）、测量（Measurement）、环境（Environment），简称"5M1E"。分析过程要素"人、机、料、法、环"对过程输出及产品质量的影响，可用品质不良因果分析图来展示（见图8-1）。

如果生产要素得到有效控制，过程的波动就会减少，并获得期望的过程能力和产品质量。"5M1E"管理的重点要求如下：

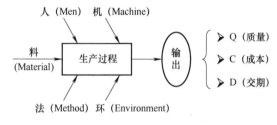

图 8-1　品质不良因果分析图

- 人员：能力充足、作业熟练，人为失误的因素已得到识别及控制。
- 机器：运行稳定、无故障、加工能力与精度足够。
- 材料：材料符合规格，避免误用不合格材料。
- 方法：适当的、充分的作业方法，标准化。
- 测量：仪器的测量精度、稳定性及校验均满足要求。
- 环境：对产品、加工的影响充分得到识别并予以控制。

8.3.2 物料管理

1. 物料管理的目标

1）材料规格符合要求。

2）及时送达。

3）不合格品得到控制。

2. 物料保管

1）遵循"先进先出"原则。

2）材料去向要清楚。

3) 当日不合格品当日清理，做好记录、标识和隔离。
4) 改善材料保管和作业环境，防止散失和损毁。

3. 物料标识

现场物料要标识：物料品种（料号）、数量、生产日期、批次、质量状态（合格、不良、待检）、库存上限。代用品和不合格品要确认。

4. 物料搬运

搬运工作非常重要，搬运方式要讲究。产品搬运往往是被工厂管理忽视的环节，一般情况下搬运工的文化程度较低或年龄偏大。殊不知，工厂物流也是影响产品质量和生产效率的关键之一，必须引起足够的重视。要做好搬运工作应考虑下述因素和原则：
- 首先必须明确物料的方向，如到哪里取料，送到哪里去。
- 要运用合适的方式和工具。
- 注意不要混料和弄错批次。
- 防止产品倾倒或损坏。
- 运输路线尽量最短。
- 避免往返交叉运输。

8.3.3 人员管理

1. 现场人员管理的目标

设法使员工的注意力转移到工作中来，让他或协助他完成工作任务。

最重要的管理者是班组长，因为现场主管的能力素养直接或间接影响着制造现场的生产效率及产品质量的实现。作业员及管理者的态度、知识水平、工作技能的提升，对于提高生产力与保证质量意义重大。

2. 班组长开展人员管理的基本要求

班组长应当具备和提升以下管理技能：
- 工作指派：这是最基本的工作法则。发出指令的内容和目标应清楚、简洁。
- 工作教导：学会教导员工做事的基本方法。
- 学会沟通：沟通是保持工作信息畅通、情感连接与完成任务的重要纽带。
- 学会授权：将一些非核心的工作托付给属下去做，充分发挥团队的作用。
- 适当激励：鼓励士气非常重要。

3. 工作教导

新员工需要耐心指导，工作教导一般分为四个步骤。

第一步：准备。消除新人的紧张情绪。

第二步：解说和示范。将工作内容、要点、周围环境逐一说明，待对方大致有印象后，实际操作一遍做示范。

第三步：让新员工做，并在一旁注意观察。

第四步：确认以下内容：
- 作业是否满足作业标准的要求。
- 能否一个人独立工作。
- 有无其他偏离各种规定的行为。
- 若确认无误则结束，若发现问题则回到第二步。

8.3.4 设备管理

1. 设备管理的目标

设备管理的目标是提供可用的机器并且可稼动。核心绩效指标是设备综合效率（OEE）。

2. 设备点检与保养

（1）设备保养

对于生产人员来讲，设备管理的核心任务就是要做好机器设备的维护保养工作。设备保养应在每班工作结束后由操作者执行，设备保养主要包含以下三项工作：

1）**清扫**：对设备表面和工作面进行清扫，清除污渍，保持设备清洁。

2）**检查**：在清扫过程中实施一般性检查，通过检查发现松动或其他异常。

3）**润滑**：按照规定的要求对润滑部位进行加油。

做好设备保养须遵循以下要求：
- 要制定明确的保养标准。
- 进行设备标识管理：状态、润滑点等。
- 明确责任人，按时保养，及时记录。
- 对操作人员进行必要的培训与技术指导。

（2）日常点检

作业周期在一个月以内（一般为每周一次）的点检为日常点检。日常点检的目的是及时发现设备异常，防患于未然，保证设备正常运转。日常点检由操作者和设备维护人员共同承担。日常点检的对象是在用的主要生产设备，根据规定的标准，以感官为主借助便携式仪器，对设备的关键部位进行技术状态检查，了解设备在运行中的声音、运行、振动、温度、压力等是否正常，并对设备进行必要的清扫、润滑、维护和调整，检查结果须记入日常点检卡。

日常点检的作业内容比较简单，作业时间也较短，一般可在设备运行中进行，所以对生产影响不大。

（3）定期点检

作业周期在一个月以上的点检为定期点检。定期点检的主要目的是找出设备的缺陷和隐患，定期掌握设备的劣化状态，为进行精度调整和安排计划修理提供依据，使设备保持规定的性能。定期点检由专业设备维修人员执行，根据点检卡的要求，凭借感官和专用检测工具，定期对设备的技术状态进行全面检查和测定。除包括日常点检的工作内容外，检查作业主要是测定设备的劣化程度、精度和功能参数，查明设备异常的原因，记录下次检修时应消除的缺陷。

设备定期点检的对象主要是重点生产设备，定期点检的工作内容比较复杂，作业时间也较长，一般需要停机进行。所以必须与生产计划协调编制点检计划。

3. OEE 管理

（1）何谓 OEE

设备综合效率（Overall Equipment Effectiveness，OEE）是全员生产管理实施过程中，衡量设备关联损失的一个关键指标。一个看似良好运作的生产车间，如果缺乏客观且全面的评估手段，实际上可能不是以最好的状态在运行，设备和人员的水平存在很大的改善空间，这无形中为企业带来了巨大的损失。为了解决这一问题，国际制造业提出了设备综合效率的概念。

设备综合效率（OEE）的组成包含三大指标：时间稼动率（可用率），性能稼动率（表现指数），合格率（质量指数）。

设备综合效率（OEE）计算公式如下：

$$OEE = 时间稼动率 \times 性能稼动率 \times 合格率 \qquad (8-1)$$

有关 OEE 的计算指标构成的信息列示如下：

1）有效性参数。

① 总有效时间 A，单位为 min。

② 计划停机时间 B，包括早会、保养、工休等时间，单位为 min。

③ 运行时间（负荷时间）C，单位为 min。

$$C = A - B$$

④ 停机时间 D，包含故障、转换、小的停滞时间，单位为 min。

⑤ 稼动时间（净开动时间）E，单位为 min。

$$E = C - D$$

⑥ 时间稼动率（开动率）F。

$$F = E/C \times 100\%$$

2）性能参数。

① 生产数量 G，单位为件。

$$G = 合格品 + 次品的总数$$

> ② 理论工序时间（理论节拍）H，单位为 min/件。
> ③ 性能稼动率（性能开动率）I。
> $$I = (G \times H)/E \times 100\%$$
> 3) 质量参数。
> ① 拒收数 J，单位为件。
> ② 合格率 K。
> $$K = (G - J)/G \times 100\%$$
> 4) 设备综合效率 OEE。
> $$OEE = F \times I \times K$$

【例 8-1】 某工厂实施 8h 作业制，其中中午休息 1h，上班时间包括早会、检查、清扫等合计 20min，上、下午期间各休息 15min。有一台设备，因应市场需要，每天加班 30min，该设备理论工序时间为 0.8min/件，在正常稼动时间内应生产 575 件，但实际仅生产出 418 件，实际测得的节拍为 1.1min/件，当天更换刀具及故障停机时间为 70min。不合格率维持在 2%。试求该设备的设备综合效率 OEE。

解： 从案例数据可知

总有效作业时间 $A = (480 + 30)\,\text{min} = 510\text{min}$　　计划停机时间 $B = 50\text{min}$

运行时间 $C = (510 - 50)\,\text{min} = 460\text{min}$　　停机时间 $D = 70\text{min}$

稼动时间 $E = C - D = (460 - 70)\,\text{min} = 390\text{min}$　　生产量 $G = 418$ 件

理论工序时间 H：0.8min/件　　合格率 $K = 1 - 2\% = 98\%$

时间稼动率 $F = $ 稼动时间/运行时间 $= 390\text{min}/460\text{min} \times 100\% = 84.8\%$

性能稼动率 $I = $（生产产量 × 理论工序时间）/稼动时间 × 100%
　　　　　　 $= (418\,\text{件} \times 0.8\text{min/件})/390\text{min} \times 100\%$
　　　　　　 $= 85.7\%$

OEE = 时间稼动率 × 性能稼动率 × 合格率 = 84.8% × 85.7% × 98% = 71.2%

(2) OEE 统计

1) 连续线的统计方式：

- 用前述公式计算日 OEE。
- 将日各项数据按周、月分别累加，再按公式算出周、月的 OEE。

2) 线上有多台差异性大的设备：

- 各自计算单机的 OEE。
- 单机个别管理或取一台代表性设备为代表。

(3) 提高 OEE 的途径

1) 提高设备稼动率。

- 设备短暂停工零化。
- 减小设备开动损失。

- 减小换模调整损失。
- 设备故障零化。

2）提高性能稼动率。
- 临时停止、速度损失显现化活动。
- 性能提升改善活动。

3）提高合格率，开展质量改善与返修率递减活动。

8.3.5 作业方法管理

正确一致的作业方法是确保制造质量的前提和基础。将"如何做"的标准事先做出规定就是最好的预防。产品制造的两个核心标准是过程控制标准与作业标准，这是确保制造质量不可缺少的要素。现场管理人员应该经常检查和提问：员工是否有标准可循？是否正确理解和执行了标准？现有的工作标准和工作方法是否需要改进？在必要时，给予员工适宜的指导和帮助。

在管理实践中，使用"工程确认表"是一个常用的好方法，通过对生产输入要素的检查和确认，以保证制造过程得到很好的执行。该表的项目包括以下内容：
- 人员：是否培训上岗、服装鞋帽护目镜、准备状态。
- 机器：机器是否预热、保养状况如何、有无必要的工具和治具。
- 仪器：校验、归零检查。
- 材料：材料是否准备好、规格是否正确、物料摆放如何。
- 作业方法：有无作业标准、操作者是否了解、是否正确执行。

8.3.6 现场环境管理

现场环境是实现生产的基本条件，主要包括工作场所的温度、湿度、照明、噪声、以及工作场地的大小、布置与秩序状态等情况。环境管理可以通过制定标准并结合检查来实现，但最有效的方法应该实行"5S"与目视化管理。

"5S"最大的优势是对制造空间进行合理的规划，对现场所有物品进行合理的管理，以建立起有效、安全的生产秩序，并借助目视化管理手段，使得现场管理变得透明和简单。

目视化管理是指以实物、图例、表单及绩效记录等形式，使生产现场的所有资源要素（人、机、料、信息），都清楚地展示在人们的面前，以便管理及作业人员能够清楚地了解有关影响质量、成本及交期（QCD）的要素，能清楚地观察判断流程和现场的状况。

做好目视化的前提就是要建立标准，包括确定物料的摆放方式和数量界限，以及制定"正常"或"异常"的判定标准。目视化的目的就是使人们能够清楚地区分"正常"或者"异常"。正常是指符合标准，而异常是指不符合标准。若没有标准，就根本谈不上目视化。

目视化标准的因素应包括以下几点：
- 区域平面图及其说明。
- 标识和实物的一致性（如地上方格、墙上标示牌）。
- 物料库存的上限和下限。
- 颜色运用的说明与沟通。
- 作业标准的使用规则挂在作业员能看到的地方。
- 生产线别及机器运行状态的识别。
- 绩效指标和信息展现的规则。

8.4 关键工序质量控制

关键工序是指对整个制造过程有重要影响的少数的关键工序，符合80∶20原则，对关键工序的管理是过程质量控制的重点。

8.4.1 关键工序的特征

过程设计人员应通过流程分析识别出关键工序，在过程控制计划中予以标识，并在其后的正式生产中得到更新。关键工序应具备以下特征（一项或多项）：
- 生成顾客关注的质量特性。
- 技术有难度、操作复杂。
- 调整后的流程或新流程。
- 质量不稳定、常发生问题。

8.4.2 关键工序的控制方法

关键工序必须在过程控制计划中得以识别并定义。关键流程的所有者应该了解该工序的控制方法和准则，并切实、正确地执行。现场监管人员应加强对关键工序的检查与指导。关键流程不应当成为生产负荷的瓶颈，当关键流程出现问题时，应给予迅速和有效的支持。

应当在充分研究的前提下采取合适与有效的控制方法。对关键工序的质量控制可选用以下的方式：

1) 控制图。以 $\bar{X}-R$ 图为主，在质量问题多发场合也可使用不合格率控制图（P 控制图）或缺陷数控制图（c 控制图或 c 图）等。

2) 点检表。对工序的某项关键特性（如温度）进行持续的检查，或在生产前对一组重要的特性进行检查和确认。

3) 高频率、高标准的巡回检验，如一般工序采取［每2小时，$n=5$］抽样标准，而关键工序则应增加检查频率或加大抽样量以提高质量要求，可采取[每2小时或1小时，$n=8$（或$n=13$，$n=20$）]的抽样。请参考本书第5章的相关内容。

无论采用何种控制方式，都不能免除自主检验和首件检验。在关键工序上更要教育和督导操作者加强自主检验的自觉性和有效性。

8.5 工程变更控制

生产活动中经常发生材料变更、工艺变更，甚至设计变更，在许多工厂会出现"两张皮"的情况——工程部门修改了工艺，制造部门却不知道，结果造成大量返工和浪费。为了保证工程变更符合质量的要求并减少对生产进度的影响，企业应着重加强对变更的管理，并遵循以下原则事项：

1）确认变更的必要性和正确性，并尽力减少变更次数。
2）及时发出"工程变更通知书"，完整、清晰地陈述相关要求。
3）保持良好沟通，工程、制造与物料部门及时跟进并做出调整。
4）变更后的生产必须采取首件检验程序。
5）遵循"先进先出"原则，库存废弃品处理符合要求。
6）对旧图样、旧工具进行回收处理。
7）重新制作标签，对物料进行标识。
8）如果属于永久更改，还要及时更新过程控制计划与作业标准。

8.6 现场服务支持系统

产品的制造是一个复杂的过程和系统工程，产品的制造和产品质量的实现不能简单地归结为制造部门的职责，应该作为众多相关部门和人员共同努力的结果。现代质量管理的理念和实践告诉我们，要实现有效的质量管理目标，必须摒弃职能指挥现场的传统思维，并转变到职能服务于现场的正确轨道上来。

现场服务支持系统的目标是：保证生产顺畅不中断，问题能及时得到解决。为达到这个目的，各个职能部门应提供如下支持。

1. 生产计划排程的有效性与合理性

生产计划的水平与合理性对生产的运作效率和质量的影响极大。质量低劣往往来源于计划和排程方面的不充分而导致的时间压力。粗糙及多变的计划安排将严重影响效率和质量，而周密、合理的计划将有助于效率和质量的提升。因此，企业应当重视计划工作，并投入资源培训有专业素质的生产计划人员，提高生产计划编制的有效性与合理性。

从理论上讲，生产在计划驱动下实施是最有效率的。因此，在合理有效制订计划的基础上，应杜绝计划更改的随意性，减少计划的更改次数，严格控制中途插单的做法。

2. 原材料的及时跟催、送达与配送

"军马未动，粮草先行"供料部门应首先依据计划及时跟催供应商准时交货，及时将生产所需原材料送达到指定部门（或做好备料并通知生产线取料）或预定的位置。对于生产线物料配送的方式和频率等，应事前做好策划与沟通。

3. 生产技术设备的及时有效支持

生产过程错综复杂多变，技术问题或设备故障可能随时发生，在制造部门发出信号时，技术及设备维护人员应当及时赶到现场，并尽快解决问题。

4. 质量部门的快速解决和反馈

质量检验是一个重要的步骤，但不是必要的步骤，检验并不能为生产带来增值。企业必须正确理解和处理好检验与生产的关系，即解决好"产品必须合格"与"生产必须连续"的关系。所有的产品检验活动必须预先策划安排妥当，须尽可能地在生产过程不停顿的状态下进行。若发生异常或产品不合格的情况，检验人员应及时向制造系统和有关人员做出反馈，并快速地解决问题。对于必须停线的情形，检验人员不应武断地做出决定，而应按照规定的程序执行，以防止出现生产流程混乱的情况。

5. 业务部门的有效沟通和反馈

订单的有效执行有赖于供、产、销各部门的协调与沟通。销售部门往往可以反映顾客的要求，但这并不代表某些销售人员可以直接指挥生产。生产系统有自身的运作规则，必须按照计划执行，不应受到计划外因素的干扰。如果遇到重要的顾客的特殊要求，应与计划部门负责人进行沟通，生产计划的调整必须在规定的范围和程序下执行。

8.7 工序控制的三级水平与应用策略

企业应当根据自身管理水平、资源状况和发展的需要来选择合适的控制方式，以获得最佳的结果。同时，企业应该通过管理升级和质量改进，提高企业的过程控制水平。本书作者根据经验给出了工序控制的三级水平与对策指南以供参考，见表8-2。

表8-2 工序控制的三级水平与对策指南

控制水平	控制手段	适应背景
初级 3西格玛 （68000ppm）	简易QC工程图，IQC、IPQC、OQC、有限的自检，关键工序实行SOP	管理基础较差，制造部门质量意识较弱

（续）

控 制 水 平	控 制 手 段	适 应 背 景
中级 4.5 西格玛 （1200ppm）	完善的过程控制计划，SOP 覆盖率在 75% 以上，合理的工序分类控制、控制图、专职检验 + 自主检验（根据自主性各有侧重）、QCC 改进	管理基础较好，制造部门有一定的自主管理意识
高级 6 西格玛 （3.4ppm）	周密的过程控制计划，SOP 覆盖率在 95% 以上，自主检验为主 + 质量监察、控制图、防错技术、自动检验、QCC 改进	有精细化管理基础，企业有较强的自主管理及改善能力

第 9 章

顾客关系管理

9.1 顾客驱动：实现客户价值链

以顾客驱动，实现顾客价值是企业经营的重要目标。对于销售部门来讲，落实这个目标的主要职能活动是积极开展客户关系管理。

客户关系管理前，需要充分了解顾客的需要，包括当前的和未来的需要，并与瞬息万变的市场要求保持同步。必须采取有效的策略，倾听并了解顾客的需要，测量顾客的满意度并与竞争对手的顾客满意度进行对照，建立起与顾客之间的密切的联系，实现顾客满意与自身价值。

顾客价值链由波特提出。顾客价值链是从顾客角度对顾客消费过程的描述，顾客获取价值的过程通过交易活动和关联活动清晰地反映在顾客价值链上。作为顾客价值链的消费者也有自己的价值链，即买方价值链。一个企业可以通过采取提高买方效益或者降低买方成本的方式创造买方需要的价值。

9.2 销售部门质量职责和质量活动

销售部门的质量职责是了解和确定顾客的期望和需求，主要的质量工作包括以下几点：

1. 倾听顾客之声

要采取多种方式如访谈、市场调查等，倾听顾客之声，进行顾客需求分析。在允许情况下，与产品研发部门参与顾客需求的研发活动。

2. 进行订单评审及确定顾客需求

与计划、制造等部门一起做好订单审查，确认客户需求，以保证订单正确和及时交付。

3. 包装、运输、仓储的产品保护与确保可追溯性

即便是合格的产品，也可能在交付运输的途中遭遇损坏。包装、运输、仓储这些物流活动的质量管理，如产品保护及确保可追溯性对于顾客与企业的持续改进有着非常重要的意义。

4. 市场开发与研究

调查了解市场新产品动态、企业的产品市场份额及对手的情况，为产品研发和经营决策提供有用的信息。

5. 售后现场服务与客诉处理

及时进行售后的现场服务，遇有客户投诉时，要及时处理。

6. 与相关方保持有效沟通

在实现顾客需求的价值链中（包括设计、制造、物流和销售等），销售部门是一个连接内外部各相关方的枢纽，保持与各方的有效沟通是非常重要的因素，要做的工作如下：

1) 售前：识别、收集、沟通和确认顾客的需求。
2) 售中：按照企业规定的程序起草销售合同，确保签单的成功率；与内部提供产品的相关部门保持沟通，确保订单及时、有效地执行。
3) 售后：通过消费者研究，把消费者的反应回馈到产品设计里。这样，经营者才能预计消费者需求的变化，并做出正确的决策。

9.3 售后及投诉的处理

在销售界流传着这样一条守则："顾客永远没有错，错的只有我们自己"。这条守则成为当今众多企业实践"顾客第一"原则的基础。这些理念对于处于售后服务一线的员工非常重要。

1. 识别和确认售后服务的项目

应根据企业的产品性质和经营方针确定相应的售后服务的内容和标准，包括：
- 安装服务。
- 指导和培训。
- 收集顾客对产品使用和改进的建议。
- 顾客投诉处理。
- 满意度调查等。

2. 明确责任、流程、团队协作以及时效

服务项目确定之后，需要制定相应的工作程序和考核标准，以确保这些服务得到落实。这些工作标准包括：
- 责任：具体事项及负责人。
- 流程：工作步骤、方法、材料和完工标准等。
- 团队合作：有些复杂的工作可能需要若干部门协作。
- 时效：售后服务很注重时效性，包括回复时间、到场时间及完成时间。

3. 顾客投诉的处理

根据美国管理学会的估计，一般的企业每年会流失高达 35% 的顾客。这些流

失中约有2/3是由于劣质的服务造成的。顾客投诉影响到产品和服务的可销性。美国消费事务所委托的研究项目的成果归纳如下：

- 对产品和服务不满的顾客中，有近70%的顾客不会投诉（因此，应对事实的投诉采取及时与积极的回应）。
- 在投诉的顾客中，有40%以上的人对供应商的应对措施表示不满。

该研究收集了大量的数据，并绘制了一张柱状图（见图9-1），可以观察到投诉处理效果与顾客再次购买意愿之间的联系。

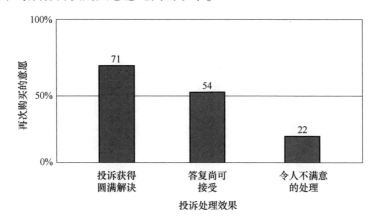

图9-1　消费忠诚度与投诉解决的关系

资料来源：Planning for Quality, 2nd ed, Juran Institute, 1990。

从图9-1中我们可以得到一些启示，接到投诉后及时给予合乎情理的答复；采取行动，迅速给予圆满解决，远比令人不满意的处理的效果好得多。可以看出，为顾客提供令人满意的服务，能给企业带来巨大收益。

4. 外部故障的纠正处理

外部故障往往直接影响顾客，通常对其采取纠正的费用也是昂贵的。外部故障成本可能来自以下几点：

- 延误期的赔付。
- 处理投诉。
- 修理或更换损失的货品。
- 为使用问题而提供的现场服务。
- 补偿顾客损失。
- 选择更昂贵的运输方式。

及时而有效地处理产品故障是重要的，纠正外部故障的努力应考虑两个重要的方向：

1）重拾顾客信心。
2）消除或减少外部故障对顾客的影响，以避免顾客丢失生意。

第10章 材料与供应商管理

10.1 供应商、材料与生产线

供应商和材料是生产线的一部分。材料是生产系统的重要输入,材料质量的好坏直接影响完工产品的质量性能,也会影响过程操作的有效性。由于材料不合格产生的损失往往比买合格材料的成本还要高。有大量数据证明,在众多产品缺陷的投诉中,由于材料缺陷原因所占的比例往往高于30%。同时,供应商供货的及时性也给生产系统带来巨大影响,尤其是实施准时制生产体系的企业,对供应商的管理的重要性更是不言而喻的。此外,供应商也是企业持续改进流程与绩效所不可或缺的角色。

10.2 采购部门的质量职责

采购部门的质量职责是为满足企业生产过程与产品开发的需求提供原材料保证,主要的质量工作有如下几点。

1. 选择和开发合格的供应商

开发具有合作精神与发展潜力的供应商很重要。通过收集供应商的相关信息,对其经营资质、产品质量、质量保证能力、服务能力、价格等方面进行调查与综合评估,选择合格的供应商。评估和选择供应商大致可以采取以下的方法和程序:
1) 收集供应商的信息并进行书面评估。对于重要的材料或有必要时,须进行现场调查审核,将调查结果进行汇总。
2) 对调查结果和收集资料进行合格供应商资格评定。
3) 将合格的供应商列入"合格供应商清单",经领导批准后,予以实施。
4) 与供应商签订质量保证协议(或将质量保证内容纳入采购合同),明确控制内容和质量验收标准,确定双方的责任和义务等。
5) 对供应商定期(一年一次)评鉴,当供应商绩效和能力绩效满足要求时,可续签合同;当供应商不能满足要求时,应及时给予反馈和指导,或取消其供货资格。

2. 日常管理

（1）采购信息与沟通

除了完整清晰地描述订购材料的规格、数量、交付时间信息外，应清楚陈述主要材料的质量要求，包含材质、规格、包装及验收标准等。必要时，应陈述生产流程的特殊要求；当发生材料的工程变更时，应及时进行沟通。

（2）采购、跟催和配送

做好采购、跟催和配送工作，保证材料及时和正确地投入生产线。

（3）进料控制与验收

按照采购合同及质量验收标准，对进货进数量与质量要求进行检查验收。若发现进料不合格，则应根据本企业的质量管理程序进行处理。

（4）定期进行第二方审核

对重要供应商的质量保证能力进行评审，其中，对主要材料和零部件所涉及的过程，对供应商提出过程控制要求：①建立控制图；②能力指数 C_{pk} 根据不同情况为 $1.00 \sim 1.33$ 不等；③当 $C_{pk} < 1.0$ 时，要求出厂产品实行全检。

（5）供货表现评价与反馈

使用方主要的职责之一是向供应商及时提供其产品质量和服务的反馈。一般需要每个季度或月终，向供应商反馈其质量与供货时间等绩效的信息，促使供应商持续保持可接受的产品（材料）质量与服务。

3. 开展合作

协助指导供应商开展持续改进，使之提高质量、降低生产成本；邀请供应商参与共同开发新产品；向供应商学习，因为供应商才是产品（材料）的内行和专家。

10.3　进料质量控制："全检或全不检"

戴明对进料质量控制采取如下策略：

- 一种物料只选定一个供应商。
- 材料验收采用"全检或全不检"规则。

"全检或全不检"是一种使进料检验平均总成本最小化的有效方法，具体应用是根据不同的情况采取两种截然不同的处理方法：

状况1：若 $p < (k_1/k_2)$，则完全不检。

状况2：若 $p > (k_1/k_2)$，则全数检验。

式中　p——进料检验批的平均不合格率；

k_1——检验一个零件的成本；

k_2——返工、返修、测试的成本。

采用这种策略必须有个前提,那就是:供应商资格评价合格且实施统计过程控制(SPC)。

10.4 长远布局:供应链管理

面对竞争日益激烈的市场,企业需要不断调整经营管理策略,将视野从企业内部扩展至企业外部。具有前瞻性的企业应当与相关方(供应商、分销商等)开展合作,把本企业的生产经营活动纳入到整个供应链中,实现优势互补和共赢的目标。

供应链管理(Supply Chain Management,SCM)是指在满足一定的顾客服务水平条件下,为了整个供应链系统成本达到最小,而把供应商、制造商、仓库、储存、配送中心和渠道商等有效地组织到一起,来进行制造、储存、分装、转运、销售的管理方法。

在供应链环境下,质量管理与单一企业管理截然不同,因此质量管理的目标、策略和方法都应随着管理环境对象的改变而调整。供应链环境下的质量管理具有以下特点:

- TQM 扩展到整个供应链上。
- 集成客户(不同所有制性质、不同角色)。
- 跨企业的协同与合作。
- 质量过程网络的系统化管理。
- 面向质量价值的业务过程重构。
- 供应链中的企业之间在战略与文化方面存在较大的差异。

供应链质量管理方式转变应抓住以下两个重点。

1. 制订供应链质量计划

根据整个供应链的构成、发展的变化与需求,动态地制订出相应的质量计划,对某特定时期内的质量目标、原则、控制重点、沟通机制及质量改进等做出详细安排。

2. 适应新的沟通方式并加强沟通

在供应链环境下,满足订单时变得追求简化而快捷,质量部门应适应这种变化。同时,供应链由于具有范围大、环节多的特点,运转中出现问题的沟通也给人们提出了极大的挑战。

第 3 篇

质量工具

第11章

质量改进理念与策略

11.1 为什么需要改进

让我们先来看几组数据：

- 据美国《财富》杂志报道，在美国，大约62%的企业寿命不超过5年，中小企业平均寿命不到7年，一般的跨国公司平均寿命为10~12年，世界500强企业平均寿命为40~42年；1977年时标准普尔500强企业，只有74家企业还存在；美国高新科技公司有5年以上寿命的只有10%。
- 我国中关村每年有20%~30%的初创企业倒闭；美国硅谷为70%（引自：2005年05月30日，北京日报）。
- 我国民营企业平均寿命为3.7年，中小企业的平均寿命只有2.5年，集团企业的平均寿命为7~8年（引自：2012年《中国中小企业人力资源管理白皮书》）。

如果给上述企业找到失败的原因，可能有几百种，诸如技术的、管理的、资金的或者其他的原因，但有一条是共同的原因，那就是：这些组织的改善意识不足、改善的步伐滞后了，被其他改进效果更好的组织淘汰了。著名精益六西格玛专家迈克尔·L.乔治说，组织间的优势的差异，就看这个组织的改进是否比别的组织多一点。持续的改进对于提升组织的竞争力是至关重要的。

质量改进的实质性问题是：质量是由顾客和市场决定的。朱兰说，为了创造忠诚的顾客，组织必须提供正确的产品特征及降低不合格率，戴明说持续改进过程、产品与设计。同时，朱兰认为质量突破不仅是个新的责任，而且是对传统管理的剧烈震荡，是对组织义化的变革。

11.2 美国企业与日本企业的质量策略

1. 索尼案例：美国工厂与日本工厂所揭示的两种截然不同的生产机制

1979年《朝日新闻》曾报道一条消息：美国人喜欢购买索尼日本工厂生产的彩电，而不愿意购买美国本土生产的索尼彩电。他们比较了日本工厂和美国工厂的产品质量和成本。日本工厂生产的合格率为 99.7%，而美国工厂生产的合格率为 100%。然而，美国工厂的每单位损失成本是 0.89 美元，高于日本工厂。这究竟是为什么呢？有一家美国咨询公司对此进行抽样调查，发现两个工厂生产的产品的质量特性（色彩浓度）概率密度分布不同，并绘制出了一张质量特性分布图（见图 11-1）。

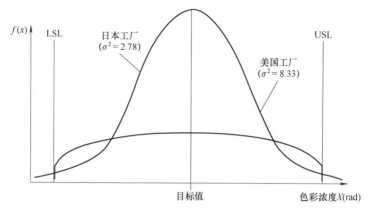

图 11-1 索尼日本工厂与美国工厂彩电质量特性分布

从质量特性分布图观察，日本工厂的产品质量特性呈正态分布，有很好的一致性，色浓度围绕目标值集中，而美国工厂的呈均匀分布，质量特性很少集中于目标值。日本工厂的产品质量明显优于美国工厂。虽然从表面看，美国工厂的合格率高于日本工厂，实际上，美国工厂制造的产品合格率高是全数检验及人工事后调整的结果，在出厂前剔除了不合格品，生产成本也必然高于日本工厂。

正态分布是一种自然现象，是预设和管理的过程的自然输出的结果；而均匀分布不会在自然界发生，是人为干涉后的结果。产品特性的正态分布与均匀分布恰好形象地体现了美国企业与日本企业两种截然不同的管理理念。

这个案例凸显的是两种完全不同的管理风格。美国奉行的是"结果导向"的管理理念，而日本奉行的是"过程导向"的管理理念；美国企业关心的是符合规格，日本企业则追求产品的一致性；美国企业典型的生产机制（做法）是：先制造出所有的产品，再剔除不合格的产品，而日本企业典型的生产机制是：通过制程控制和改进（SDCA 和 PDCA 双循环）一次性生产出符合要求的产品。

2. 两种截然不同的质量改进路径与策略

获得竞争优势的秘诀是必须创造出超过竞争者对手的"改进速度"。实现这个目标，有两种不同风格的策略供组织选择和应用。

1) 朱兰策略：基于结果导向的项目改进。朱兰的改进法是通过逐个项目，有针对性地解决问题，以团队合作的方式进行，实现质量突破。典型的案例是六西格玛管理。

2）戴明策略：基于过程导向的持续改进。典型的案例是日本企业的普遍的质量管理。

11.3 戴明质量改进理念与策略

1. 过程导向管理——戴明管理改进模型

戴明的管理理念与方法的集中概括就是"过程导向"管理，这与西方传统的"结果导向"管理有着根本的区别。为了方便展示戴明过程导向管理的工作思路，建立起一个模型，称作戴明管理改进模型，如图11-2所示。戴明的"过程导向"管理的核心，是将管理分成"质量控制"和"质量改进"两个既有区别又有联系的过程。质量管理要关注两个不同性质的过程以及承担相应的责任。其中，质量控制是员工的责任，质量改进是管理者的责任。

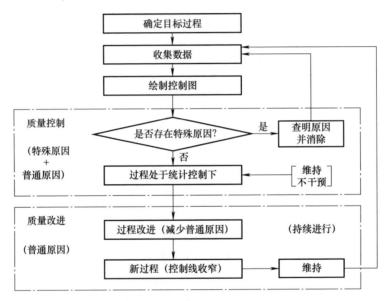

图 11-2 戴明管理改进模型

在这个管理模型中，一切改进或评估，都以收集数据及认定事实作为出发点，并且将解决问题分成若干必要的步骤：

第一步，在评估或者改进任何过程之前，先不要做出主观判断，首要的工作是收集一组关于该过程（按过程运行的时间顺序）的数据。

第二步，绘制关于该过程的控制图（系统图），此控制图反映该目标过程当下的真实状态。除了应用控制图，也可以使用更简单的运行图（趋势图）或折线图。

第三步，判断该目标过程的性质。有两种情况：①过程存在特殊原因变异（表明过程异常），这时由操作者履行控制（查明且消除特殊原因）职责；②过程没有特殊原因而只有普通原因（表明过程受控）。只有在获得稳定的过程前提下，方能进入改进阶段。这是朱兰与戴明一致认定的基础。一旦过程处在稳定状况下，质量改进的工作就开始了——不断地改进过程、改进设计、改进产品，这是管理者的责任。

在这一模型中，"普通原因"是影响系统长期稳定的因素；"特殊原因"则是引起系统短期紊乱的因素。首先，应由操作者应用控制图识别并消除变异的特殊原因。当所有的"特殊原因"都被消除之后，所管理的过程就有了可以界定的性质。该过程被称为"稳定的过程"，或称统计控制。在统计控制下，员工对所产生的产品缺陷无能为力（不应对此承担责任），如果系统的变异大于要求，则说明过程仍然有待改进。此时，便要着手对过程进行系统的改进，以降低"共同原因"的影响，减少变异。这些系统措施包括购买更精密的仪器，改变生产顺序和方法，进一步提高工人的水准，改善作业环境，要求供应商缩小材料差异等。改进的先决条件是该生产过程处于"稳定"（或受控），否则无法确定是否有改进的必要。

"管理控制模型"是戴明工具箱中最重要的工具之一，它广泛应用于质量管理的各个领域。例如，关键过程的质量控制与改进、评估供货商绩效、制定容差、进行存货管理、成本预测、评估员工绩效及培训效果，以及判断生产力等。管理控制模型可以用来评估和管理所有的过程，不仅可用应工业制造，还可应用于商业服务、医院及政府部门。

日本企业忠实地履行了戴明管理思想，戴明倡导的"过程导向管理"在日本企业得到普遍应用。该管理思想在制造现场的运用效果更加明显。例如，SDCA 和 PDCA 双循环管理、制程质量管理体系图等诸多的日式管理方法，都充分展示了戴明过程导向管理的思想（参见第 18.5 节介绍的内容）。

2. 质量改进的顶层顺序

在质量管理的总体思路上，戴明提出提高质量的优先顺序。他明确地告诉管理者，质量改进应遵循以下原则与顺序，否则，质量改进效果将大打折扣：

1) 创造永恒不变的改进质量的宗旨（质量战略，14 条原则中的第 1 要点）。
2) 领导责任与优异的管理（质量始于管理者的意图，任何管理工具都不能替代管理）。
3) 正确的方法（即遵循"过程导向管理"，使用统计品管方法）。
4) 正确的持续改进（改进要在全企业内实施，品管圈是提高质量和生产率的最后一步，而不是第一步。第一步是优秀的管理，当优秀管理深入人心时，品管圈自然会紧随其后）。

3. 质量改进的四种方式

为指导改进的具体运作，戴明列出了改进的四种方式（注意，由易到难的改进顺序是比较合理的）：

1）改进现有流程（由 3σ 提升至 5σ）。
2）改进现有产品或服务（5σ 墙）。
3）流程创新（由 3σ 提升至 6σ）。
4）产品或服务的设计创新（由 3σ 提升至 6σ）。

上述四种方式简洁清晰揭示了质量改进的实质、正确方向与方法，没有必要把理论和方法弄得那么复杂。质量处在低水平时的改进比较容易，可以使用简单的工具，改进的幅度也较大；质量越高改进越难，例如 5σ 就是改进墙，这时可能需应用更复杂的方法及更长的过程。现场员工和 QCC 能够直接参与现有过程的改进，正如石川馨所言，应用简单的 QC 七种工具可以解决现场 95% 的问题，能够将百分之几的不合格率降低到千分之几（4σ）以内；如果想再做进一步的提高，应该由工程师团队利用试验设计或者田口方法来解决。即便是高端的质量突破，也应首先选用技术途径（如 DOE），最后才考虑采用更复杂的方法及更冗长的流程，如 6Sigma。正如朱兰所言，解决一般性质量问题可以利用现有的数据（比如 QCC 手法），若想达到质量的突破（达到 $5\sigma \sim 6\sigma$），则必须创造新数据并使用试验设计（DOE）方法。充分利用 DOE 技术，是朱兰和戴明都一致倡导的。

4. 过程改进的可用方法

过程改进意味着改变系统，可能做来简单，也可能复杂冗长。只要在系统上稍做改变（改善），就能消除不合格品产生的机会。同时，改进可能并不如想象的那么简单，改进往往需要适当的统计设计，同时对两个或更多的因素进行试验。

对于过程改进的可用方法，戴明指出：
- 更均匀的材料。
- 前后一致的操作。
- 更好的机器设定、更好的设备维护。
- 工作环境的改善，如增加照明、降低噪声等。
- 也可能改变生产过程、制造顺序或从基本的重大改变。

5. 质量提高的实质：改变均值（$\bar{X}$）和减少变异（σ）

戴明一再叮嘱：在不断改进的过程中，关键是追求质量一致性，即减少质量特性变异。产品差异将损害产品的可靠性和稳定性（一致性），代表生产损失，以及材料、燃料、机器和人工的浪费。

戴明进一步指出：应该努力使任何生产的变异尽可能缩小，但那只是第一步，下一个重要的步骤是使过程的中心位置调整到目标值上。

改变平均数有时可能非常简单。但是，改进后需要收集数据进行验证（一般通过控制图来验证）：①均值的改善效果；②变异是否会增大。减少标准差即减少特性的变异，则通常比改变平均数困难。每一个问题都和别的不同，没有通则可循。这就是工程师的工作了。

朱兰学院给出了质量改进的方法，见表11-1。

表11-1 质量改进的方法

改 变 均 值	减 小 变 异
在过程设备上调整设置值	研究工作方法和设备因素，包括识别影响产品结果的过程变量
改变选择的产品设计参数，使得设计对制造条件更具有鲁棒性	改变选择的产品设计参数，使得设计对制造条件更具有鲁棒性
识别影响产品结果的过程变量，设定过程变量的最优值，设置这些过程值	识别和减少因人工输入引起变异的原因，系统变异相对于人工可控输入的产生的变异是两个不同的概念，应分别给以实用性的指导
应用过程自动控制来连续测量、分析和调整过程变量	与内部或外部的供应商通过一个改进项目，以减少过程输入的变异性
	运用自动过程控制来连续测量、分析和调整变异的过程变量

资料来源：约瑟夫·A. 德费欧，弗兰克·M. 格里纳，《朱兰质量管理与分析》。

6. 两种情况下的唯一正确的方法

1）使产品符合严格的要求，而且正确唯一的办法是：在最初生产阶段使该产品在所要求的公差范围内（通过DOE改进使得变异最小）。

2）指导产品正确生产的唯一方法是了解制程和测试，并用统计技术控制生产过程的重要阶段（通过控制图保证产出一致）。

能够做到以上两条，当然就能够用较低成本高效率地制造出顾客满意的高质量产品。

工程师的一项重要职责是查找并排除导致产品差异的特殊原因和共同原因，需要使用控制图帮助查明**特殊原因**，然后运用工程知识排除该原因；可能还需要试验设计知识，帮助发现**共同原因**且减少变异。应该正确区分特殊原因和共同原因，混淆这两种原因将导致管理不善、增大产品差异、导致经营亏损。

7. 戴明控制图应用

控制图是戴明统计品管方法的核心工具。作为世界最具权威的质量管理学家，戴明认为控制图数据的可信度远远超过枚举数据（如假设检验、方差分析等）。戴明借鉴了休哈特控制图的精髓，大大拓展了控制图的应用功能与范围，主要体现在以下三个方面：

功能一：授权工人管理自己的工作和流程。管理者将控制交给现场，工人定时收集少量的数据，依据两条平行的界限管理流程，若发现异常，便采取行动，若无异常，则不处理。如此，便能获稳定的流程及质量一致的产品。根据控制图数据还可以分析过程能力和计算 C_{pk}，但这种功能已不是戴明所倡导的了。

功能二：评估过程的性质和趋势。对于任何流程或事物，戴明从不主观、盲目地下结论，而是先收集数据（按发生的时间顺序）并制成图表，有时使用控制图，有时也会使用简单的折线图。有了这份图表后，过程变异的两类原因得以识别，过程的性质状态及管理者与操作者的责任也就清楚了。

功能三：管理和改进过程的指针。当有控制图作为分析的基础，管理者才能对质量管理与改进做出正确的决策。

8. 工程师必须了解的统计方法

1）应该根据统计原则使反馈机制自动进行调整，使尺寸保持在规定范围内。休哈特控制图提供的标准必须植入反馈机制，否则反馈机制将过度更正或更正不足，并导致过度差异。产品可能符合规格，但过度差异，即使在规格范围内，也可能付出高昂代价。除非用统计语言（操作定义）表达，否则规格没有意义。显然，除了用统计标准并对测试结果进行解释之外，规格没有意义。工程中使用的其他测试也是一样。工程师在设置规格时，必须遵循统计原则。

2）现在常有几百个制造商安装相同配件，规格要求多、生产问题大。在规格和测试中采用统计原则能满足规格要求。

3）随着自动机械的引入，统计质量控制比以往任何时候都更加必要。现在，延迟的代价高昂，因为机器是无论在运转生产还是闲置，机械成本都是固定的。在生产的某个阶段停滞，意味着其后的各个阶段都停滞。因此，从一个阶段到另一个阶段的公差必须比过去任何时候都精确，以避免生产成本过高。

4）工程师应知道，非测试方法须显示随机性。如果呈现出一种确定的趋势，应该舍弃该方法。但是，非随机性并不总是可见的。因此，工程师需要测试随机性。休哈特控制图提供一种可能的测试方法，运行图提供另一种方法。

5）机体、升降机构和许多其他产品的工程难题要求小公差，以降低负荷，并提供可靠性。仅使用大的安全系数是不够的，应根据统计原则进行测试。

6）需要考虑复杂仪器的可靠性问题，可靠性只能以统计标准和统计测试定义。仅说明某东西很可靠或可靠性适中是不够的，因为这不能满足现代工业的需要，可靠性只能用统计标准和统计测试定义。

11.4 朱兰质量改进理念与策略

控制是指通过测量并采取措施将过程绩效恢复到先前可接受的水平。

改进是指对过程特有性质进行改变，创造突破并上升到一个新的、更好的、具有更少浪费和不良质量成本的绩效水平。

第 11 章 质量改进理念与策略

1. 问题分类与改进的两种形式

（1）质量问题的分类

朱兰将过程不良（浪费）分为慢性不良与偶发不良，也称长期问题与偶发性问题（见图 11-3）。

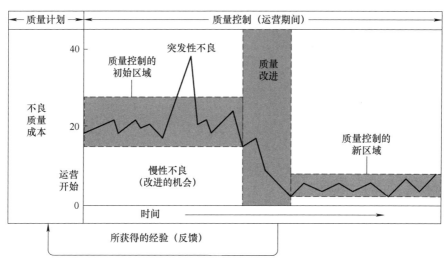

图 11-3 慢性不良与偶发不良

资料来源：约瑟夫·M. 朱兰，约瑟夫·A. 德费欧，《朱兰质量手册》。

1) **偶发性问题**（间断性问题，偶发不良）：指不经常出现、日常偶发性问题。

一个突发性事件使缺陷水平上升到 40% 的峰值。负责控制的人员要亲临现场，采取措施恢复原状。解决这类问题的方法是：PDCA 或根因分析法。

根原因分析（RCCA）的四个基本步骤分别是：识别问题（R），诊断原因（C），纠正原因（C），巩固成果（A）。具体的做法就是人们所熟悉的、常用的"防止再发生"的质量改进程序。

全部"问题解决"活动的核心是充分理解问题的原因，找到一个可接受的解决方案。能否找到问题的"原因"，是决定一个问题解决方法成功或失败的最重要因素。所有类型的问题解决都有赖于有效的原因分析，以降低与改变过程相关的风险和阻力。

2) **长期性问题**（慢性质量问题，慢性不良）：指由固定原因引起的、大的、长期的、涉及多职能的问题。

因为有隐性的或周期行动不合格，造成需要返工或重做，这类不合格率约为 20%。这是因为过程就是这样设计的，只有通过改进来消除。解决这类问题的方法是：改进流程（定义、测量、分析、改进、控制）（DMAIC）和朱兰突破模式。

朱兰关于质量问题分类的观点与戴明的变异的普通原因和特殊原因的概念基本是一致的。所不同的是，朱兰对偶发问题与慢性问题如何识别并没有提出明确的量化方法；而戴明不仅对如何区分识别两类变异原因的识别有明确的定量方法（控制图），还明确地提出解决这两类不同问题的步骤和策略，即"过程导向管理"。

（2）改进的两种方式

朱兰认为质量改进的诊断过程是非常复杂和有深度的。朱兰将质量改进的问题分为极度简单的"精简"与极端复杂的"试验"两种。

精简：将简单的问题交由一般人员担任，主要是利用现有的资料解决问题。

试验：将复杂的问题交由专业人员担任，需要通过高级的统计方法（例如试验设计）创造新数据来解决问题。

朱兰的理论对六西格玛管理有着深刻的影响。由朱兰的理论学说和观点，我们可以很清晰地看到，质量水平的大幅提高（突破）的核心技术还得依靠试验，即高级的统计方法——DOE。这与戴明的观点基本一致。

2. 突破历程

朱兰所提出的"突破历程"，综合了他的基本学说。以下是此历程的七个环节：

（1）突破的证据

管理层必须证明突破的急切性，然后创造环境使这个突破能实现。必须收集数据说明问题的严重性，而最具说服力的资料是质量成本，把预期的效果用货币形式与投资回报率的方式来展示。

（2）确定项目

在众多的问题中，利用帕累托法分析，找出关键的少数，再集中力量优先处理。所有的突破都是通过一个个项目实现的。

（3）组织突破

成立两个机构去领导和推动变革。一个为"推导委员会"，另一个为"诊断小组"。推导委员会由来自不同部门的高层人员组成，负责制订变革计划，指出问题原因所在，授权试点改革，协助克服工作阻力，及贯彻执行解决方法。诊断小组则由质量管理专业人员及部门经理组成，负责寻根问底、分析问题。

（4）诊断历程

诊断者需要具备收集数据和统计分析技能，还需要使用其他问题解决工具。诊断小组研究问题的表征、提出假设，以及通过试验来找出问题的真正原因。还有一个重要任务是决定当不合格产品出现时，究竟是操作人员的责任，还是管理人员的责任，以便采取不同性质的行动。

（5）变革的动员

变革中的关键任务是使生产人员明了变革对他们的重要性。必须让他们参与决策及制定变革的内容。所有需变革的部门必须通力合作。

（6）实施变革

在不同的解决方案中选择一个使总成本最小的选项（类似戴明的观点），执行改善措施，克服变革的阻力。在推行过程中，必须建立监督系统，定期反映进度及有关的突发情况。

（7）保留成果

最后一步包括建立新的标准和程序、培训员工和建立控制机制，以确保突破不会随着时间而消亡。

11.5 质量度量的三种方式与换算

迄今为止，我们接触了质量度量的三种方式，即比例、能力指数与西格玛。下面介绍这些度量方式的意义及其换算。

11.5.1 质量度量方式及其意义

1. 比例

比例指标属于计数型测量。比例指标包括传统的不合格品率（p）、百万分率（ppm），以及百万机会缺陷数（Defects per Million Opportunities，DPMO）等。这类指标的特点是将检出不合格品数（或缺陷数）与总体进行比较，其结果比较直观，符合人们的认知习惯。

2. 能力指数

能力指数属于计量型测量。过程能力指数主要包括 C_p 和 C_{pk}。能力指数的价值在于，该过程将在未来的一段时期内能够维持这个质量水平。这点很重要，它对顾客有很大的吸引力。

3. 西格玛

采用西格玛（倍数）来度量质量是六西格玛管理的特殊标志。西格玛主要是通过计算百万机会缺陷数而推算得出的。使用西格玛指标最大的好处是可以在不同产品之间、不同流程之间，甚至在不同的领域之间进行质量水平对比。

11.5.2 质量度量尺度换算

西格玛水平使用短期能力（Z_{ST}，即无漂移的过程能力，也称潜在过程能力）来定义，而团队所涉及的是质量工程的实际数据，由这些数据查表（标准正态分布表）得到的 Z 值，属于长期能力（Z_{LT}，即漂移 1.5σ 的过程能力，也称真实过程能力）。请记住如下重要的公式：

短期能力（Z_{ST}，用以定义过程西格玛）= 长期能力（Z_{LT}）+ 1.5σ

因此,(过程)西格玛只能通过"比例指标"或者"能力指数"两种途径推算求得。

1. 计数型测量:由 DPMO 或 ppm 推算西格玛

步骤1:由不合格率数据,查"标准正态表",可得到对应的长期能力值 Z_{LT}。

步骤2:由公式

$$Z_{ST} = Z_{LT} + 1.5\sigma \tag{11-1}$$

求得过程西格玛(即短期能力 Z_{ST})。

【例11-1】当百万分率为158700时,查标准正态表可知,$Z_{LT} = 1.0$,则该过程西格玛为

$$Z_{ST} = Z_{LT} + 1.5\sigma = 1.0\sigma + 1.5\sigma = 2.5\sigma。$$

关于短期能力(Z_{ST})与长期能力(Z_{LT})的概念,请参考本书第18.2节六西格玛的相关内容。

2. 计量型测量:由 C_{pk} 推算(过程)西格玛

基本换算公式:

$$西格玛 = (3C_{pk} + 1.5)\sigma \tag{11-2}$$

【例11-2】当 C_{pk} = 0.67 时,则过程西格玛为 $(3 \times 0.67 + 1.5)\sigma = 3.51\sigma$。

11.6 实践出真知

质量管理是一件复杂的事情,质量改进更是一项复杂而又艰巨的工作和学问,其中牵涉的因素太多,这需要改进团队的成员不断学习,更重要的是多参加改进活动和实践。在精益生产中,成功的关键因子就是勤奋、培训和持之以恒的实践。在质量改进中,这也是成功的因子。

- 了解和揭示质量改进原理和方法是成功的必要条件,但不是充分条件。
- 阅读本书可以先行一步,但只是一个开端。
- 尽管同训练有素的专家在一起工作是学习的捷径,但是,对于质量改进来说,只有通过实践、实践、再实践,才能真正理解质量管理和质量改进的真谛。

一位收益颇多的日本企业高管说,多去实践。许多企业在改进方面有非常好的做法,改进可以成为一种工作的一部分,这样的探索过程,不仅改变了企业的绩效,还使得工作更具有挑战性和趣味性。当管理阶层与员工在一起时,彼此会持续不断地交换意见,确认问题和达成目标,然后发展更好的标准,改进是永无止境的。

第12章 简明统计学知识

12.1 统计的基本问题

统计学是解决问题的关键。统计不仅是工具,还是一种态度,更是直面问题、解决问题的管理哲学。统计知识对质量管理工作至关重要,它是识别与处理各种过程及其内在变异的关键。

企业所有人员,包括总经理、部门经理、技术人员、生产工人、行政人员都应具备一定的统计知识。企业不论大小都需要掌握数据分析的统计知识,以帮助更好地决策。一般来说,管理者需要了解与分清变异的两种原因及其相应的责任,并担负起质量改进的领导责任;操作者必须学会使用控制图,担负起维护并使之稳定的责任;工程师则必须学习并掌握更多、更复杂的统计学方法,以便完成复杂的改进任务,并为基层员工提供统计咨询。

12.1.1 统计思考

只是了解一些数据的表层意义并不够,我们必须理解统计学在管理决策中所扮演的重要角色。管理者需要用统计方法进行思考,即统计思考(Statistical Thinking)。统计思考是基于以下原则的学习和行动哲学:

1) 所有的工作发生在相互联系的过程组成的系统中。
2) 变异存在于所有的过程中。
3) 了解和减少变异是成功的关键。

对过程的了解为我们确定变异的影响和采取适当的管理行动提供了途径。把工作看作过程,就可以运用统计工具建立一致的、可预测的过程群,以便研究和提升它们。变异无处不在。但由于经理们在进行商业决策前大多对变异的性质不了解,因此经常被一些由共同和特殊原因引起的变异搅得头昏脑涨。

12.1.2 统计:收集、组织、分析、解释、呈现数据

统计学是一门涉及收集、组织、分析、解释、呈现数据的科学。

从现场收集到的原始数据并不能提供质量控制和质量改进所必需的信息,还

必须对数据加以组织、分析和解释。统计学为从数据中获取有意义的信息提供了有效的途径，从而使得管理人员和员工真正能够控制和改进过程。

12.1.3 统计学三个关键要素：过程、变异、数据

必须首先了解关于过程、变异和数据的概念，以及三者之间的关联，这是了解统计学和解决问题的关键。

管理的重要任务之一是管理过程和改进过程。几乎所有的改进活动都是基于**过程**（process）的，离开了过程，改进就成了无水之鱼。管理过程必须了解**变异**理论。为什么过程不能保持一致性（波动）？变异有什么性质？什么样的变异能接受，什么样的变异不能接受？变异如何影响过程？所有这些问题都必须依赖**数据**这个工具予以量化或者图示化（图形能够提供更多有用的信息）。通过收集数据，把数据整理成图表，如控制图（趋势图是控制图的简便应用）。这样，便可以通过图形进行观察，过程的波动（变异）情形及其性质就清楚了，这为接下来的问题解决和改进提供了决策的基础。

过程是团队管理和改进的对象及平台。变异是所有过程衍生的现象（变量），它能揭示过程的性质和规律，是团队必须了解和处理的问题。数据是源自过程的客观事实及变异的表现形态。通过分析我们知道：过程、变异和数据是紧密相关的概念。理解了这些基本原理，团队再去学习和运用统计方法解决问题时，概念和方向就清楚了。

12.2 变异的知识

变异的观点是戴明理论体系的核心部分。理解变异，了解并区分变异的两种原因的性质，是管理决策和改进过程的关键。

1. 什么是变异

变异（variation）无处不在。我国学者常称变异为波动。

变异是应用于产品、服务和过程中的不可避免的差异的一种术语。任何过程都不可能生产出两种完全相同的产品，这就是变异。例如：

- 制造领域：轴的直径在加工时由于机器、刀具、材料、操作人员及环境等原因造成潜在变异而尺寸不同等。
- 服务领域：处理一张发票的时间随着人们所处项目的阶段、所用的设备、票据本身的准确性以及所遵守的规程不同而不同等。

2. 变异的普通原因和特殊原因

产生变异的原因有两种，即普通原因和特殊原因。这是休哈特和戴明对解决问题关于原因分类的独特方法和准则，是戴明统计品管理论的基础。

(1) 普通原因（Common Cause）

普通原因也称系统固有原因、随机原因，是指系统（过程）本身所固有的、始终作用于过程的变异的原因。当系统设计一旦完成（一定的机器、材料、人员、程序等），系统的运行状态和性质就已基本确定了下来。这种状态是作为系统一部分的操作者所无法改变的。

表现举例：
- 机器的正常间隙或振动。
- 刀具的正常磨损。
- 材料成分的细微变化。
- 操作间的微小差异等。

(2) 特殊原因（Special Cause）

变异的特殊原因也称可查明原因、偶然原因、异常，是间断性的，由特定的工人、特定的机器或特定的事件等系统外的原因造成的，一旦这些事件发生，系统的稳定性被破坏并发生剧烈改变。

表现举例：
- 机器故障。
- 定位夹具松动、刀具严重磨损。
- 突然更换供应商或材料。
- 员工违规操作失误等。

3. 统计控制状态

当过程仅存在变异的普通原因而没有特殊原因时，称为**统计控制状态**，该过程称为**受控过程**或**稳定过程**。

当过程存在特殊原因（普通原因始终存在于任何过程中）时，称为**非统计控制状态**，该过程称为**非受控过程**或**异常过程**。

判别过程的统计控制性质，即识别和区分变异的普通原因和特殊原因，只能借助控制图来完成。当控制图没有点出界且数据点呈随机分布时，表明该过程受控；当控制图有点出界或数据点呈非随机分布（存在链时）时，表明该过程异常。

我们也可以通过一个简图来观察和了解特殊原因和普通原因对过程造成的影响（见图12-1）。图12-1中的每一条曲线（一般的时候是正态的，有时却是非正态的）代表着一次抽样。当过程中只存在普通原因时，过程输出稳定，每条曲线（抽样）的形态（位置和分散度）是一致的，表明过程处于统计控制状态（即图12-1的右下部分）；当过程存在特殊原因时，过程输出不稳定，每条曲线（抽样）的形态（位置和分散度）是不一致的，表明过程处于非统计控制状态（即图12-1的左上部分）。

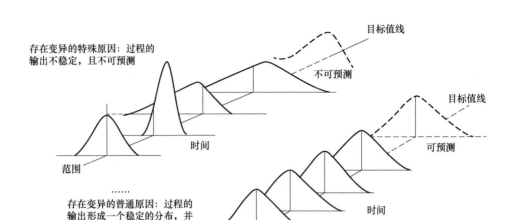

图 12-1　变异：特殊原因和普通原因

资料来源：《统计过程控制》（美国三大汽车工具书）。

12.3　如何收集数据

12.3.1　总体、样本与抽样

1. 抽样的关键定义

- **总体**：人们研究事物的全部个体，一般称过程为总体。
- **样本**：每次抽样选出做测量的连续个体的集合。
- **抽样**：从母体或流程中抽取要测量项目（样本）的行动。
- **抽样频率**：每日或每周做抽样的次数（或者两次抽样的时间间隔）。

应该注意以下几点：

1) 一般情况下，团队无法得到总体数据。在质量工程中实际接触和使用的数据基本属于样本数据。样本与总体的关系可以通过正态分布图来解释（见图 12-2）。
2) 样本数据是用来分析计算统计量以及绘制图表的，如控制图、直方图等。
3) 样本数据并不一定代表总体（过程），两者有以下关系：

- 样本平均值可用于估计总体：$\bar{X} \approx \mu$。
- 估计总体标准差：$\sigma = \bar{R}/d_2$（$\bar{X} - R$ 控制图数据），$\bar{R}$ 为各样本极差的平均值，d_2 为中心线系数。

2. 样本统计量

一般情况下，我们获得的都属于样本信息，却很难获得整个总体的全部信息。

为了理解一个过程或某一质量特征的统计特性,最经济的做法是抽取一个随机样本,并对它进行分析,从而对过程(总体)有所了解。

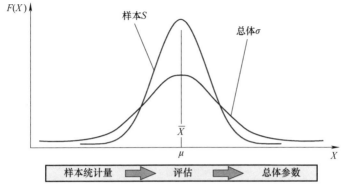

图 12-2 样本与总体的关系

以下是几个常用的统计量:

样本均值:样本均值用 $\bar{X}$ 表示,n 为样本数量,x_i 为样本值,其公式为

$$\bar{X} = \frac{1}{n}\sum X_i$$

样本方差:样本方差用 S^2 表示,其公式为

$$S^2 = \frac{1}{n-1}\sum(X_i - \bar{X})^2$$

样本标准差:样本标准差用 S 表示,其公式为

$$S = \sqrt{S^2} = \sqrt{\frac{\sum(X_i - \bar{X})^2}{n-1}}$$

3. 集中趋势测量与散度测量

过程有两个重要的特性:集中趋势(中心位置)与离散度。中心位置的度量指标有:$\bar{X}$ 和中位数。离散度的度量指标有:范围(极差 R)、方差和标准差。

方差反映数据 X 取值的离散程度;标准差可理解为"每个数据点到平均数的平均距离"。大家比较熟悉标准差,而方差却具备独有的优势:可以将各部分方差直接相加,而标准差则不能简单相加。这个原理在进行变异分析时非常有用。

12.3.2 数据的类别与数据收集

质量管理与改进是基于数据的方法。它能够帮助团队精简问题并开始寻找问题根源。若没有事实和测量,则团队会迷失在主观的想法中,什么都做不成。无论是一个简单的顾客投诉、8D 分析,还是复杂的六西格玛项目,数据收集总是最关键和具有挑战性的工作。就像烹调，如果采购的材料不符合要求，那么再好的厨师也做不出像样的菜肴。收集数据要比材料采购复杂得多，收集数据的人员必须接受专业的培训，而且要经过反复实践，才能成为一名合格的人才。

1. 什么是数据

1) 数据是可测量的客观事实。
2) 数据来自于流程（输出/结果），数据与过程密不可分。
3) 数据（过程）有两个重要的特性：平均数与标准差。掌握了这两个参数，就基本掌握了过程的基本特性。
4) 数据是团队（Team）运作的资粮。若不了解数据，则根本无法解决问题。

2. 数据管理的目标准则

1) **真实**：数据必须是真实客观的，不是人为编制的。
2) **准确**：数据必须准确可信。收集数据前须通过测量系统分析，数据记录与核对必须无误。
3) **可用**：数据必须是可用的，能够满足研究目的，并能满足后续分析的需要。数据的有用性是最为核心的准则。这影响可用性最关键的因素，是对分层的正确应用。

3. 数据的来源

收集数据有以下两种来源：
1) 新数据（主要的方法，到现场采集）。
2) 历史数据（辅助的方法，来自于业务统计或检验记录）。

4. 数据的分类：计数型数据与计量型数据

正确识别、区分和应用不同数据类型非常重要，这涉及如何正确地收集数据和分析数据，直接影响到数据分析与问题解决的成效。两类不同的数据的收集规模和方法是不同的，它们可能会应用到不同的图形工具。计数型数据与计量型数据所反映出的信息也是不尽相同的。了解这些原理，可为团队正确、灵活地应用数据提供了指南。

（1）计数型数据

当数据只能取有限个数值点，且用 0，1，2，3，…等非零整数来表示时，这类数据称为计数型数据（也称离散数据）。计数型数据包括不合格品数、缺陷数、机器台数、完成订单数等。实际上，不合格率这样的数据也属于离散数据。

（2）计量型数据

当数据可以在一个区间或几个区间范围内连续取值时，这些数据称为计量型数据（也称连续数据）。计量型数据包括长度、重量、时间、纯度、强度、pH值等。

5. 收集数据的步骤

步骤1：明确目的。应从两个方面考虑：一是"要解决什么问题"，如降低客户投诉的比例，或调查过程的不合格率；二是"将使用什么图形工具"，如直方图、控制图或其他——这涉及收集数据的类型、规模及其方法。

步骤2：确定要测量什么。如测量产品缺陷、成本费用或产品的尺寸。

步骤3：确认数据来源。如采集新数据、利用历史数据，或是两种兼用。

步骤4：准备数据收集计划与数据表格。

步骤5：确定抽样方法（包括分层），实施测量。

6. 数据收集计划

一个完整有效的数据收集计划应包含以下内容：
- 测量对象。
- 数据类型。
- 在哪里测量。
- 测量频率。
- 使用的抽样方法。
- 合适的数据规模。
- 测量开始及结束时间。
- 明确分层因素。
- 是否需要考虑时间顺序因素（建议：所有的抽样都采取顺序原则是一个万全之策，这样既可以绘制静态图形，也可以绘制动态图形）。

下面请参考某公司流程改善团队的数据收集计划，见表12-1。

表12-1 某公司流程改善团队的数据收集计划

1. 目的	
2. 测量对象	
测量单位： 数据类型： LSL： USL：	
3. 缺陷的定义：	
测量方法/计算公式：	
4. 使用的分析工具：□帕累托图 □直方图 □走势图 □控制图 □其他	
5. 数据来源	□历史数据 □现场采集 □两者均需要

(续)

6. 班次情况	□白班 □中班 □夜班	次/白班	次/中班	次/夜班
7. 采集地点：	采样人：		审核人：	
8. 抽样方法	频率：		样本大小：	
9. 数据规模	样本数目：		数据总数：	
10. 分层项目	□生产线 □材料 □员工 □其他（　　　）			
11. 收集期间	开始时间：		结束时间：	
12. 其他要求				

注：1. 详细记录抽取每个样本的时间（尽可能保持样本形成的时间次序）。
2. 记录调查期间的特别事项，如变换材料、参数等（重视对员工的询问）。

7. 收集数据的工具与数据规模

（1）收集数据的工具
- 数据收集计划。
- 分层法。
- 数据记录表。

（2）图形工具与数据规模

一般来说，收集数据都是为绘制某些图形分析工具服务的。不同的图形对数据的类型和数量规模有一定的要求，图形工具与数据规模参考见表12-2。

表12-2　图形工具与数据规模参考

工　具	数据类型	数据规模	说　　明
控制图	计数型、计量型	=4~5（计量图），25组	数据收集必须遵循合理子组原则
趋势图	计数型、计量型	≥30	可以借用控制图准则来判断过程是否异常
帕累托图	离散或连续	≥80	
鱼刺图	离散	≥50，多多益善	
直方图	连续数据	≥100	
散点图	连续数据	≥30 对	

12.3.3　数据收集的分层问题

分层是指根据收集和分析数据的目的并依据数据的属性，将数据进行分类、汇集，以便于发现问题的真相和线索，保证收集到有用的数据的一种重要的统计原则和方法。

1. 分层因素（项目）

1）人员：新员工或老员工、部门、顾客类型等。
2）对象：缺陷类型、抱怨类型、材料、延迟理由等。
3）时间：日/周/月/季、上午/下午、时间顺序（动态数据所必须）。
4）地点：生产线、部门、地区、城市等。
5）材料：材料、配方、供应商相关材料。
6）方法：甲/乙工艺、A/B测试方法等。

2. 收集数据前如何把握分层

1）先要确认分层因素，这很重要。根据所研究的问题和目的进行仔细考量。
2）在测量中，最好按时间顺序记录数据，作控制图和趋势图数据都需要时间序列。具有时间顺序的数据适合作任何图形。
3）追问问题的原因。在准备收集数据之初就要开始追问问题的原因，要不断地问问题，以便找到合适的分层因素。
4）如何才能有效分层？答案是：一半靠经验，一半靠猜测。
5）收集数据比分析数据更加复杂和困难。要多实践，积累经验。

12.4 高级统计知识

前面介绍的统计知识是企业所有管理人员都需要了解的基本知识。本节介绍的高级统计知识主要是工程师和黑带需要了解的内容。其实，对于质量改进的实际应用来说，没有必要对所涉及的高级统计知识进行深入研究，只需对基本原理与作用做一般性了解就足够了，复杂的推理过程和计算都可以交给计算机软件处理。如此一来，只要懂得统计工具的目的和操作顺序，就能比较容易地解决问题。多学习、多实践、多思考，就能逐步成为一名称职的统计人员。

12.4.1 概率与分布：变量和过程分析的基础工具

1. 概率

概率是一个集合函数 P，样本空间 S 中的每个事件 A 都被赋予一个实数，记为 $P(A)$，称为事件 A 的概率。一个特定事件发生的概率是一个 0~1 的数值。

概率的性质：

1）对于每个事件 A，有 $P(A) \geq 0$；
2）$P(S) = 1$。

【例 12-1】 如果一批 100 个零件中有 4 个次品，可以说随机抽到一个次品的概率是 0.04 或 4%。

2. 随机变量

做一个试验，抛一枚质地均匀的硬币，落地时向上的一面有两种可能的结果：正面或反面。为了将试验结果数量化，引入随机变量 X，令 $(X\omega_0)$ = 正面，$(X\omega_1)$ = 反面。X 取 0 还是取 1 是随机的，故称 X 为**随机变量**。质量工程管理接触的所有数据都属于随机变量的性质。

随机变量的性质如下：
- 预先无法知道试验结果。
- 但每一个不同的试验结果都有确定的概率。

随机变量可以分为两类：离散随机变量和连续随机变量，与之相对应的是计数型数据和计量型数据。

（1）离散随机变量

如果随机变量 X 只取有限个可能的值：$x_1, x_2, x_3, \cdots$，且 $P(X=x_i) = P_i (i=1,2,3,\cdots)$，则称 X 为离散随机变量。

称 $P(X=x_i) = P_i$ 为离散随机变量 X 的**分布率**，记为 $f(x)$。

离散随机变量 X 的**分布函数**记为 $F(x)$，表达式为

$$F(x) = P(X \leqslant x)$$

（2）连续随机变量

连续随机变量的**分布函数**表达式为

$$F(x) = \int_{-\infty}^{x} f(x) \mathrm{d}x$$

式中　$f(x)$——连续随机变量的**概率密度函数**。

概率密度函数有如下性质：

1）概率密度函数不为零，且不为负，即 $f(x) > 0$。

2）概率密度函数曲线与实数 x 轴所围成的面积为 1（见图 12-3）。

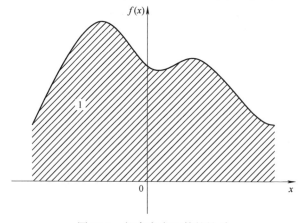

图 12-3　概率密度函数的性质

3) 连续随机变量取子集 A 中数值的概率，可以由概率密度函数在子集 A 上求积分得到。

3. 概率分布

统计品管的核心观点是任何可度量的现象都服从统计分布。采用概率分布这个工具，对数据及过程的了解就会变得容易了。

(1) 概率分布的概念
- **统计定义**：从随机变量总体获取的大量数据的集合。
- **简单理解**：一组相关数据的图形表达（见图12-4）。
- 通过某个特定的分布（图形），可以很容易观察到该分布数据的集中位置、分散程度（最小值到最大值）及分布的形状。这样就可用"位置、离散度、形状"这些术语来描述和说明过程数据和分布的性质（见图12-4）。

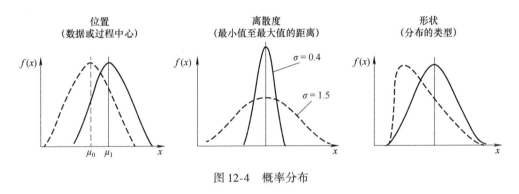

图 12-4　概率分布

(2) 分布的特征
- **位置**：过程或数据的中心。通常用平均数 $\bar{X}$、中位数 $\tilde{X}$ 来度量。
- **离散度**：过程或数据的离散程度。通常通过样本标准差 S 和极差 R 进行度量。
- **形状**：分布的对称性、峰度。通常用分布的名称来概括，如正态分布、二项分布、泊松分布等。

(3) 分布的作用
1) 分布是描述过程和随机变量（数据）的统计语言和工具。
2) 分布可以提供大量信息。分布的三个特性"位置、离散度、形状"是理解数据及其产生数据的过程的特性的关键。
3) 分布展示概率与所研究数据之间的关系。假设过程处于统计控制状态，那么，利用适用的分布，就可以计算和回答下列问题：
- x 发生的概率是多少？
- 小于 x 的概率是多少？

- 大于 x 的概率是多少?
- 数据在 x_a 和 x_b 之间的概率是多少?

4. 质量工程中常用分布

(1) 离散型分布

1) **二项分布**。二项分布是指每个元素中只有两种状态,通常是好和坏(合格和不合格)这种情况下应用。P 控制图和不合格数管制图(nP 图)服从于二项分布。

符号标记: n = 样本量, x = 次品数, P = 总体中的次品率。二项分布的计算公式为

$$P(x) = \frac{n!}{x!(n-x)!} P^x (1-P)^{n-x}$$

2) **泊松分布**。当观察是连续进行的,如时间和空间,我们就会得到一个离散试验的有穷数列。例如,观察在一匹布里有多少瑕疵。缺陷数控制图(c 控制图)和单位缺陷数控制图(u 控制图)服从于泊松分布。

如果每个观察单元中发生次数的均值为 λ(λ 是指产品所包含的平均不合格数),那么在该单元中观察的 x 发生的概率为

$$P(x) = \lambda^x e^{-\lambda} / x!$$

【例 12-2】一条导弹的流水线,过去的历史数据显示每枚导弹平均有三个次要的不合格项,下一枚导弹没有不合格品的概率是多少?

在这个例子中, $\lambda = 3$, $x = 0$,将这些数字代入公式,有

$$P(0) = 30e^3/0! = 1 \times 0.05/1 = 0.05 = 5\%$$

(2) 连续型分布

1) **正态分布**。正态分布是质量工程中最常见和运用最广泛的连续分布。一般情况下,连续性数据基本服从于正态分布。有些过程的非正态分布数据,也可以通过对数据进行变换或使用平均值来得到正态分布(它的原理请参考中心极限定理的相关介绍)。

正态分布的概率密度函数为

$$f(x) = \frac{1}{\sigma\sqrt{2\pi}} e^{-(x-\mu)^2/2\sigma^2}$$

令 $\mu = 0$, $\sigma = 1$,即得到**标准正态分布**的概率密度函数:

$$f(x) = \frac{1}{\sqrt{2\pi}} e^{-x^2/2}$$

正态分布的性质如下:

- 正态分布曲线以 μ 为对称轴,中间高,两头低,呈钟形曲线,左右对称,并延伸到无穷。正态分布覆盖了从负无穷到正无穷的区域。

- 均值（μ）与标准差（σ）是正态分布（过程）的两个重要参数。μ 决定了正态分布的位置，σ 决定着正态分布的离散程度。若 μ 增大，则正态曲线右移（见图 12-5a）；若 σ 增大，则数据值越分散（见图 12-5b）。
- 不论取值为何，产品质量特性值（数据）落在 $[\mu-3\sigma, \mu+3\sigma]$ 范围内的概率为 99.73%。于是，数据落在 $[\mu-3\sigma, \mu+3\sigma]$ 范围外的概率为 0.27%（见图 12-6）。这个原理也是构建控制图界限的基础，将正态分布图右旋 90°再上、下翻转，即构成了控制图的上、下两条界限（见图 12-7）。

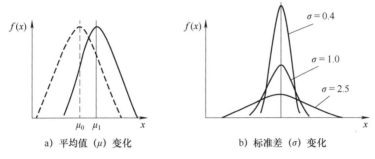

a) 平均值（μ）变化　　b) 标准差（σ）变化

图 12-5　正态分布两个关键特性的变化

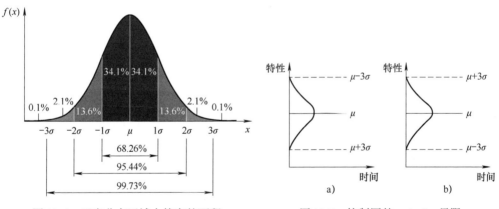

图 12-6　正态分布区域内特定的面积　　图 12-7　控制图的 +/−3σ 界限

2) **指数分布**。指数分布常用于可靠性分析。在测量材料缺陷出现次数和系统失效次数的研究中经常会用到指数分布。

指数分布的概率密度函数为

$$f(x) = \frac{1}{\mu} e^{-x/\mu} (x \geq 0)$$

指数分布的概率密度函数曲线如图 12-8 所示。

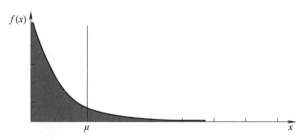

图 12-8　指数分布的概率密度函数曲线

3) χ^2**分布**。质量特性的样本方差服从卡方分布，记为 χ^2。χ^2 分布的自由度，$df = n-1$。χ^2 分布的概率密度函数公式为

$$f(x^2) = \frac{e^{-\chi^2/2}\chi^{2(v-2)/2}}{2^{v/2}\left(\frac{v-2}{2}\right)!}$$

χ^2 统计量的公式为

$$\chi^2 = \frac{(n-1)S^2}{\sigma^2}$$

下面给出了 $v=4$ 的 χ^2 分布的概率密度函数曲线，如图 12-9 所示。

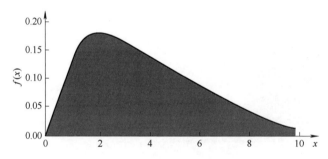

图 12-9　χ^2 分布的概率密度函数曲线

4) **t 分布**。t 统计量常用于均值、回归系数等统计量的假设检验。t 统计量的公式为

$$t = \frac{\overline{X} - \mu}{S/\sqrt{n}}$$

式中　$S/\sqrt{n}$ ——样本均值的标准差。

随着样本量 n 的增加，t 分布的形状逐渐接近标准正态分布（见图 12-10）。

5) **F 分布**。F 分布用于两个不同的正态分布总体的样本的分析和处理，是方差分析的基础。

假设来自正态分布总体的两个随机样本，第一个样本的方差是 S_1^2，第二个样

本的方差是 S_2^2。不要求这两个样本的样本量必须相同。统计量 F 的表达式为

$$F = \frac{S_1^2}{S_2^2}$$

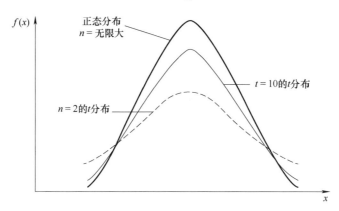

图 12-10　t 分布的形状

分子的自由度为 $n_1 - 1$，分母的自由度为 $n_2 - 1$。F 分布曲线如图 12-11 所示。

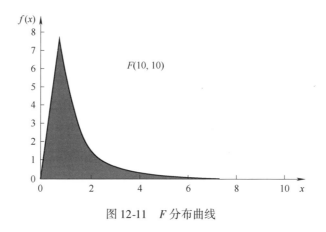

图 12-11　F 分布曲线

6) **中心极限定理**。

定义：不论总体分布形状如何，随着样本容量的无限增加，从总体抽得的样本均值的分布趋于正态分布。

公式　样本均值标准差与总体标准差有如下关系：

样本均值标准差 = 总体标准差/样本大小平方根

样本均值标准差公式如下：

$$S_{\bar{x}} = \frac{S}{\sqrt{n}}$$

应用：
- 中心极限定理是休哈特控制图的基础。
- 采用正态分布，可以来评价包括非正态分布的任何过程，使得分析变得简单。
- 正态数据的转换方法包括平均数、倒数、对数等。

12.4.2 假设检验：以95%的可信度，在探索与决策之间架起一座桥梁

1. 假设检验原理

（1）假设检验及其作用

假设检验是用来判断样本与样本、样本与总体的差异是由抽样误差引起的还是本质差别造成的统计推断方法。由于人们一般只能获取有限的数据（样本），如果仅凭这些样本数据还不能正确推断总体的情况，而假设检验是一种常见的可靠的统计推断技术或者叫作统计程序。

利用头脑风暴可以提出许多可能的原因，那么它们是否确实是影响关键质量特性的真正原因呢？例如：
- 目前的工艺是否符合质量要求？
- 是否因为采用了某厂的材料，使质量变差了？
- 两组产品的不合格率之间是否存在明显差别？

这就需要用数据进行统计检验，假设检验便是一种统计分析工具。

（2）假设检验的两种错误
- 第一类错误：实际上正确的假设被拒绝的概率，记为 α。
- 第二类错误：实际上错误的假设被接受的概率，记为 β。

（3）关于检验和实验的统计概念

1) **显著性水平**：接受第一类错误的概率，用 α 表示。α 设定值一般取 0.01，0.05，0.10，系统的默认值一般取 0.05。

2) **置信度**：推出结论的可信度，置信度 = $1-\alpha$。

3) **P 值**：当原假设（记为 H_0）被拒绝，P 值就是犯错的概率。统计软件使用 P 值来做出拒绝或接受零假设的判断。这样做省去了大量的计算推导，使数据分析和决策变得非常方便。

请记住下面这个非常实惠有用的判定准则：

如果 $P \geqslant \alpha$ (0.05)，则接受 H_0；如果 $P < \alpha$ (0.05)，则拒绝 H_0。

$P \geqslant 0.05$ 或 $P < 0.05$，在特定的环境下有其特定的意义，例如在方差分析中，因子 A 的 $P < 0.05$，则表明因子 A 是主要因子，否则是次要因子。P 的应用场合与解释，见表 12-3。

表 12-3 P 值的应用场合与解释

检验项目	P 值状态	意义与说明
正态性检验	$P \geq 0.05$	数据具有正态性
平均数/标准差检验	$P \geq 0.05$	平均数（标准差）之间没有差异
	$P < 0.05$	平均数（标准差）之间存在差异
列联表卡方检验（计数值检验）	$P \geq 0.05$	组间质量无差别
	$P < 0.05$	组间质量有差别
是否主次因子的方差分析	$P < 0.05$	该因子是主要因子
	$P \geq 0.05$	该因子是次要因子
主效应检验	$P < 0.05$	回归模型总效果有效
弯曲检验	$P \geq 0.05$	无弯曲（全因子设计模型要求线性）
	$P < 0.05$	弯曲［表明试验已进入"最优区域"，可以用响应曲面法（RSM）进行试验］
失拟检验	$P \geq 0.05$	无失拟（试验设计必需条件）

4）**功效**：当零假设为假时拒绝它的概率，也称作不犯第二类错误的概率，记为 $1-\beta$。功效是影响到试验的可信度及样本大小选择的评价指标。

（4）假设检验的步骤

1）提出假设：

原假设　　　　$H_0: \mu = \mu_0$

备择假设　　　$H_1: \mu \neq \mu_0$（双侧检验）

或　　　　　　$\mu > \mu_0$（右单侧检验）

或　　　　　　$\mu < \mu_0$（左单侧检验）

2）确定 α 值（默认值为 0.05）。

3）确定临界值。

4）计算检验统计量。

5）根据问题和结果做出判断，接受或者拒绝原假设。

2. 平均值 t 检验

用于正态分布的总体均值的检验，且总体方差 σ 未知。

- 检验统计量：

$$t = \frac{\overline{X} - \mu}{S/\sqrt{n}}$$

- 临界值：

$$t_{\alpha/2}(n-1) \quad (\text{如果是单侧检验，则取 } t_\alpha)$$

【例 12-3】用户反映某零件的一个指标近来不稳定。产品规范要求为 5.0。由于近期更换了原料，那么指标不稳定是否是更换了原料而引起的？

从生产线上随即抽得9个零件,测得数据为

4.9　5.1　4.6　5　5.1　4.7　4.4　4.7　4.6

通过分析计算得知,样本均值$\bar{X} = 4.789$,标准差$S = 0.247$。

解题步骤:

1) 提出假设。$H_0: \mu = 5.0$(新材料满足要求),$H_1: \mu \neq 5.0$(新材料不满足要求)。

2) 确定α值。$\alpha = 0.05$。

3) 确定临界区域:[-2.306, +2.306](拒绝区域)。因为自由度$df = 9 - 1 = 8$,查t分布表$t_{0.025}$列与第8行(自由度)的交叉处是2.306,另一临界值则是-2.306。

4) 计算检验统计量t:

$$t = \frac{\bar{X} - \mu}{S/\sqrt{n}} = (4.789 - 5.0) \times \frac{\sqrt{9}}{0.247} = -2.56$$

5) 做出判断结论:由于-2.56落在拒绝域内,H_0假设被拒绝。所以认为,近期质量指标不稳定,是更换了原材料引起的。

3. 标准差χ^2检验(总体标准差与定值比较)

【例12-4】冲压过程中,定位尺寸标准差$\sigma_0 = 0.0032$。为了提高效率,工程师降低了随机存储器的周期时间。要确定这个措施是否会增加定位尺寸的标准差,选取样本$n = 25$,测量了定位尺寸,并算出该样本的标准差为$S = 0.0037$,设$\alpha = 0.05$。

解:1) $H_0: \sigma = 0.0032$　　$H_1: \sigma > 0.0032$(这是右单边检验)

2) $\alpha = 0.05$。

3) 临界值为$\chi^2_{0.05} = 36.415$

(自由度为24,查χ^2表,在$\chi^2_{0.05}$对应列与第24行处,有36.415)。

4) 检验统计量$\chi^2 = \dfrac{(n-1)S^2}{\sigma_0^2}$

$= 24 \times (0.0037)^2/0.0032^2 = 32.09$

5) 结论:由于32.09不在拒绝域内($\chi^2 = 32.09 < 36.415$),故不拒绝H_0。在0.05显著性水平上,数据表明工艺改进后的总体标准差没有增加。

4. 列联表卡方检验

卡方检验是卡方分布为基础的一种检验方法,主要用于分类变量,根据样本数据推断总体的分布与期望分布是否有显著差异,或推断两个分类变量是否相关或相互独立。

列联表是指两个或者多个分类变量各水平组合频数分布表。在工程质量中,

第 12 章 简明统计学知识

很多情况下工程师需要比较项目分布在多个类别中的比例。这些类别可能包括：操作人员、方法、材料或任何其他感兴趣的组（如月、周等）。针对每一组，需要选择一个样本进行评价，并将其归于一个类别中（合格品/不合格品，或者缺陷 A/缺陷 B/缺陷 C/缺陷 D 等）。结果用一张表来表示，其中 R 行代表感兴趣的组，而 K 列代表这些类别。

（1）$R \times K$ 列联表

【例 12-5】某公司统计 9 月份四周的产品质量情况得出观察值（O）（见表 12-4），表中的合格品与不合格品数（阴影部分）就是一个 4×2 的列联表。

表 12-4　统计四周合格品与不合格品原始数据　　　　　（单位：件）

周　别	合格品数	不合格品数	合　　计	（不合格率）
第一周	1210	40	1250	(3.20%)
第二周	1922	78	2000	(3.90%)
第三周	3353	147	3500	(4.20%)
第四周	1930	70	2000	(3.50%)
合计	8415	335	8750	(3.83%)

分析这张表，回答这样的问题："根据不良项目在类别中的比例，这四周（组）之间的质量存在明显差异吗？"卡方检验可用于这个目的。

对表 12-4 进行处理：计算每个单元格（质量类型）的期望值（E）：

$$E = 行合计 \times 列合计 / 总计$$

例如第一周合格品的期望值 $= 1250 \times 8415 / 8750 = 1202$（第 1 行第 1 列），以此类推，得到所有期望值数据，见表 12-5。

表 12-5　期望值数据　　　　　　　　（单位：件）

周　别	合格品数	不合格品数	周　别	合格品数	不合格品数
第一周	1202	48	第三周	3380	134
第二周	1923	77	第四周	1923	77

对表 12-5 的 8 个方格分别计算 $(O-E)^2/E$，得表 12-6。

例如，第一周合格品的 $(O-E)^2/E = (1210-1202)^2/1202 = 0.05$。

表 12-6　每个方格计算 $(O-E)^2/E$

周　别	合格品数	不合格品数	周　别	合格品数	不合格品数
第一周	0.05	1.33	第三周	0.22	1.26
第二周	0.01	0.01	第四周	0.03	0.64

经过上面的数据处理和计算，就可以进行卡方分析了。步骤如下：

1) H_0：两个特征（行与列）在统计上相互独立；H_1：两个特征在统计上不相互独立（周间的不合格率分布差异显著）。

2) 确定显著性水平：一般取 $\alpha = 0.05$。

3) 确定临界值 $\chi^2_{0.05}$：

$$\text{自由度 } v = (\text{行数} - 1) \times (\text{列数} - 1) = (4 - 1) \times (2 - 1) = 3$$

查 χ^2 分布表，在第 3 行与 0.05 列的相交处查出临界值为 **7.815**，拒绝域是 7.815 右边的区域。

4) 计算检验 χ^2 统计量：卡方检验的统计量是卡方值，它是每个格子实际频数（观察值 O）与理论频数（期望值 E）差值平方与理论频数之比的累计和。本例的卡方值为表 12-6 中 8 个方格数据的总和：

$$\chi^2 = \sum \frac{(O-E)^2}{E} = 3.55$$

5) 判断结论：由于检验统计量 3.55 < 临界值 7.815（不在拒绝区域内），故不拒绝 H_0 假设。在 0.05 显著性水平上，数据表明每周的质量水平没有发生显著的改变。

(2) 2×2 列联表

【例 12-6】质量分析中经常遇到两组不合格率的比较，如两个月或者两条生产线的数据比较的检验。下面分析 A、B 两台设备的不合格率有什么显著的差异？原始数据如下

	合格品数（件）	不合格品数（件）	小计（件）	不合格率
设备A	242	38	280	13%
设备B	140	10	150	7%
合计（件）	382	46	430	

242	38		a	b
140	10		c	d

表格中有意义的数据是 242、38 与 140、10，可记为 a、b、c、d，分别代表四个格子的频数，则有如下简便的卡方值：

$$\chi^2 = (ad - bc)^2 \times T / [(a+b)(c+d)(a+c)(b+d)]$$

式中 T——总数，$T = a + b + c + d$。

$$\text{自由度} = (\text{行数} - 1) \times (\text{列数} - 1) = (2 - 1) \times (2 - 1) = 1。$$

本例中 $\chi^2 = (242 \times 10 - 38 \times 140)^2 \times 430 / [(242 + 38) \times (140 + 10) \times (242 + 140) \times (38 + 10)] = 4.90$

结论：$\chi^2 = 4.90 > 3.841$（卡方临界值，参见附录 D 卡方分布表），故拒绝 H_0 假设，表明两台设备的质量水平有明显的差别。

从卡方分布表中摘出一部分数据（显著水平 $\alpha = 0.05$ 的卡方临界值），见表 12-7。

表 12-7　显著水平 $\alpha = 0.05$ 的卡方临界值

自由度	1	2	3	4	5	6	7	8	9
$\chi^2_{0.05}$	3.841	5.991	7.815	9.488	11.070	12.592	14.067	15.507	16.919

12.4.3　方差分析：全面揭示变异原因及其影响，并区分主次

1. 什么是方差分析

- 方差分析是假设检验的扩展，它适用于多于两个总体的均值的检验。
- 方差分析是对影响指标的所有变量的全面、深层次、最有说服力的分析。
- 方差分析与试验有关。方差分析的机理是，通过将总误差区分为试验误差和组间误差，检测试验组（均值）的显著性，也就是识别和检测试验中各种因素对指标的影响，包括主效应和交互作用，将主要因子和次要因子区分开来。
- 方差分析是试验设计的重要分析方法，因为计算分析过程复杂，通常使用统计软件完成。本节只简单介绍方差分析的过程，具体内容可以参考 Minitab 和试验设计的相关内容。

2. 单因素方差分析

方差分析（ANOVA）分为单因素分析和多因素分析，多因子分析常用于试验设计的数据分析。

以下介绍一个简单的单因子研究，解释同一种产品（特性）由不同生产者提供，以确认哪家生产提供者的产品质量最优。下面介绍单因素方差分析方法。

（1）问题

【例 12-7】某公司生产中使用的一种零件由甲、乙、丙三家工厂提供，零件的强度对产品质量产生影响。为了了解不同工厂的零件强度有无明显差异，分别从各工厂随机抽取 4 个零件测定其强度，数据见表 12-8。试问三家工厂的零件强度是否相同？

表 12-8　三家工厂的同种零件强度　　　　　　（单位：MPa）

零件强度		
A1（甲工厂）	A2（乙工厂）	A3（丙工厂）
115	103	73
116	107	89
98	118	85
83	116	97

（2）方差分析的几个术语及相关统计量
- **因子**：工厂是要考察的因素，称为因子，用字母 A 表示（如果是多因子，就记为 A，B，C，…）。
- **水平**：现有三个不同工厂，称该因子的 3 个水平，用 $A_1/A_2/A_3$ 表示。
- **指标**：也称响应变量。这里比较的指标是零件强度，用 y 表示。
- **统计量 F**

$$F = \frac{M_{S_A}}{M_{S_e}} = \frac{S_A/f_A}{S_e/f_e}$$

- **偏差平方和**：观察值与平均数差的平方之和，用 S 来表示，它是衡量数据对于平均值的分散程度的指标。试验条件（如因子 A）记为 S_A，试验误差记为 S_e。
- **总误差**：记为 S_T。总误差为条件误差与试验误差之和，记为

$$S_T = S_A + S_B + \cdots + S_n$$

- **均方和**：偏差平方和与自由度（记为 f）之比，记为 $M = S/f$。

（3）方差分析的步骤

步骤 1：建立假设：

　　　　H_0：$\mu_1 = \mu_2 = \mu_3$（质量一致），H_1：μ_1，μ_2，μ_3 不全相等。

步骤 2：列出计算表进行相关计算。

步骤 3：将中间计算过程结果（略）列成方差分析表，见表 12-9。

步骤 4：计算检验统计量：$F = 4.92$（计算过程略）。

步骤 5：确定临界值 $F_{1-\alpha}(f_A, f_e)$（查 F 分布表获得）

　　　　取 $\alpha = 0.05$，分子的自由度为 2，分母的自由度为 9。我们查找 $F_{0.95}$ 表的第 2 列第 9 行处，得知临界值为 $F_{0.05}(2,9) = 4.26$（查表结果）。

步骤 6：得出结论：由于检验统计量的值 4.92 大于临界值 4.26，故拒绝 H_0，表明不同工厂生产的零件强度有明显的差异，是影响产品质量的重要因素。

表 12-9 方差分析表

方差来源	平方和	自由度	均方	F 比
组间（因子 A）	$S_A = 1304$	$r - 1 = 2$	$M_{S_A} = 652$	$\dfrac{M_{S_A}}{M_{S_e}} = 4.92$
组内误差	$S_e = 1192$	$n - r = 9$	$M_{S_e} = 132$	
总 误 差	$S_T = 2496$	$n - 1 = 11$	—

12.4.4 回归分析：建立 $y = f(x_i)$ 数学模型，并予以优化

1. 概念理解

回归分析是研究变量间关系的一种统计方法，寻找关键质量特性 y 与原因变量 x 间的定量关系，掌握内在规律，有利于项目改进。

当只研究一个自变量时，称为一元回归分析；当研究两个或两个以上自变量时，称为多元回归分析，DOE 的数据分析就属于多元回归分析。根据表达式是否为线性的，回归分析线性回归分析和非线性回归分析。线性回归图形呈一条直线，而非线性回归输出图形一般呈一条曲线。

回归分析与方差分析是试验设计（DOE）中最重要的分析方法。本章只做一般性介绍。

2. 一元线性回归

（1）一元线性方程的表达式

一元线性方程的表达式如下：

$$y = b + ax$$

通过独立收集的 n 组数据 (x_i, y_i)（$i = 1, 2, \cdots, n$）去估计回归参数常数 b 和系数 a：

$$a = \frac{\Sigma xy - \dfrac{1}{n}\Sigma x \Sigma y}{\Sigma x^2 - \dfrac{1}{n}(\Sigma x)^2}$$

$$b = \bar{y} - a\bar{x}$$

计算回归方程系数的过程较为复杂费时，可以利用 Minitab 统计软件非常方便地求证一元回归方程。让我们考察下面的例子。

（2）应用实例

由专业知识知道，合金的强度 $y(\times 10^7 \text{Pa})$ 与合金的碳含量（%）有关。在冶炼过程中收集到 10 组碳含量和合金强度的关系数据，见表 12-10。

表 12-10 碳含量和合金强度的关系

样　本　号	1	2	3	4	5	6	7	8	9	10
碳含量（%）	0.03	0.04	0.05	0.07	0.09	0.10	0.12	0.15	0.17	0.20
强度（$\times 10^7$ Pa）	40.5	39.5	41.0	41.5	43.0	42.0	45.0	47.5	53.0	56.0

回归方程的中间数据计算比较复杂，过程从略，通过 Minitab 生成如下数据和图形：

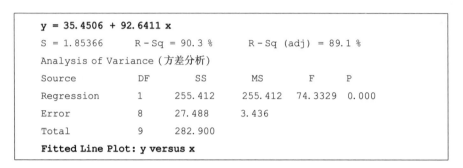

拟合线图：y 与 x

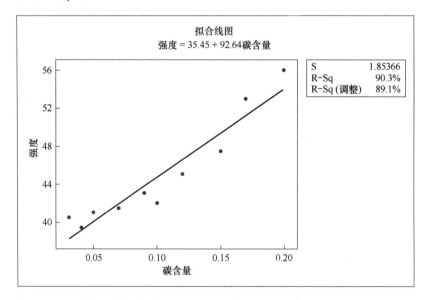

从数据显示，合金强度与碳含量的一元回归方程是

$$y = 35.4506 + 92.6411x$$

（3）利用回归方程进行预测

当求得了回归方程 $y = b_0 + b_1 x$，并且经检验确认方程是显著的，就可以将回归方程用来做预测。如果 $=x_0$，那么，y 的预测值为

$$y_0 = b_0 + b_1 x_0$$

3. 多元线性回归与曲面回归分析

多元回归分析是指分析因变量和自变量之间关系，回归分析的基本思想是虽然自变量和因变量之间没有严格的、确定的函数关系，但可以设法找出最能代表它们之间关系的数学表达形式。曲线回归是指对于非线性关系的变量进行回归分析的方法。

回归分析（多元线性回归与曲面回归）与方差分析是试验设计进行数据分析的重要基础，它的原理、用途以及操作方法在本书第 15 章试验设计中有详细介绍。

12.5 Minitab 统计应用

12.5.1 统计其实很简单——Minitab 三部曲

1. 人人可以成为统计专家

在质量管理和改进中经常会用到统计方法，但统计学复杂的原理与烦琐的计算和推导往往困扰着团队成员，甚至使人畏难而止步。其实，借助统计软件就能轻松地解决这个问题。Minitab 统计软件功能强大，几乎可以完成所有的统计分析任务，它是世界 500 强企业黑带常用的工具。有了 Minitab 的帮助，使用者只需了解所运用统计方法的一般原理和目的。例如，方差分析就是检验影响指标 y 的各种因素的显著性，哪些因子是主要的、哪些因子次要的。到底哪些因子是主要的，只要看该因子的 P 值就能判断。如此一来，统计学中最高级和最复杂的问题的方差分析就这样给轻易地解决了。这为人们省去了大量的计算、查表和推导，也避免了人为的错算和失误。

用统计软件解决问题，只需记住以下 Minitab 三部曲：

1）**确认问题，选对工具**。应确认要做什么，使用什么工具，以及数据是否准备好。
2）**按图文提示进行操作**。本书提供了图形化的解决方案。按照图文提示进行操作，就可以轻松地实现数据分析目标。首先，要输入数据（有时候要先输入数据，有时候在弹出的对话框中输入信息），然后找到菜单路径，接着，弹出设置对话框；按照提示进行设置，检查无误后单击"确定"按钮，操作完成后，系统就自动会产生信息输出（信息有两类：程序数据和图形）。
3）**解释数据，做出决策**。分析数据的最后步骤，是对系统输出的数据进行解释：这些输出信息的含义、评价的依据、P 值的含义、如何做出正确的决策（请参考本节案例与 DOE 数据分析的判定准则）。

2. P 值判定法则

P 值法判定法是假设检验的另一种方法和程序。P 值的统计意义是当原假设为真时,比所得到的样本观察结果更极端的结果出现的概率。如果 P 值很小,说明原假设发生的概率很小,而如果出现了,根据小概率原理,就有理由拒绝原假设。P 值越小,表明结果越显著。P 值在实际的统计分析中的应用规则如下:

$$\begin{array}{l} 若 P \geqslant 0.05,则不能拒绝原假设 H_0 \\ 若 P < 0.05,则拒绝原假设 H_0 \end{array}$$

P 值的计算公式分为以下三种情况:
(1) 双侧检验($H_1: \mu = \mu_0, \mu \neq \mu_0$)
$$P = 2[1 - \Phi(Z_0)]$$
(2) 右侧检验($H_1: \mu = \mu_0, \mu > \mu_0$)
$$P = 1 - \Phi(Z_0)$$
(3) 左侧检验($H_1: \mu = \mu_0, \mu < \mu_0$)
$$P = \Phi(Z_0)$$

式中　$\Phi(Z_0)$——标准正态分布的累积分布函数在 Z_0 处的取值。

我们前面所学习的或者已经熟悉的假设检验方法为统计量检验,该方法主要是通过手工计算样本统计量和构建拒绝域来实现其目的,这种操作过程较为复杂且容易出错。而 P 值检验法只要根据 P 值的大小,就可以直观地做出判断。P 值的公式比较简单,但运算非常复杂,但有了计算机(统计软件)的帮助,P 值假设检验法就变得非常简单。

P 值法广泛应用于假设检验和方差分析的数据分析中。P 值的应用场合与解释见表 12-3。

3. Minitab 界面与操作

1)现介绍 Minitab 15 版本的界面及其使用的方法。打开软件,出现如下界面,窗口上方有文件、编辑、数据等共 10 个菜单项,主要应用的功能菜单有三个:计算、统计和图形。该软件有三个窗口:数据输入窗口、项目窗口和图形窗口,有三个快捷键可以分别打开它们(见图 12-12)。软件分析的结果(输出信息)分别展示在项目窗口和图形窗口。

2)Minitab 数据输入有特定的要求,即每一列的数据性质必须相同,如日期/时间型、文本型、数值型信息应分别放置在不同的列(见图 12-13)。样本数据可以放在不同的列,也可以将所有样本数据放在同一列并以样本号做出区分(由于数据输入的方式不同,在弹出的对话框应做相应的设置)(见图 12-14)。

第 12 章 简明统计学知识

图 12-12 Minitab 操作窗口

序号	C1-D 日期	C2-T 采样人	C3 样本号	C4 强度/Pa	C5
1	10/07/2022	周强	1	68.3	
2	10/07/2022	周强	2	58.9	
3	10/07/2022	周强	3	64.6	
4	10/10/2022	周强	4	72.5	
5	10/11/2022	周强	5	82.0	
6	10/12/2022	周强	6	66.8	

(列标注：时间型、文本型、数值型、列代码)

图 12-13 Minitab 数据窗口与数据的输入方式

组	C1	C2	C3	C4	C5	C6
1	154	174	164	166	162	
2	166	170	162	166	164	
3	168	166	160	162	160	
4	168	170	164	164	166	
5	153	165	162	165	167	
6	166	158	162	172	168	
7	167	169	157	175	165	
8	158	160	162	164	166	
9	156	162	164	152	164	

C2 样本组	C3 杂质含量
1	2.6580
1	5.6064
1	5.8340
1	1.6730
1	2.8310
2	6.5270
2	5.8956
2	5.2377
2	2.9015
2	3.2714
3	4.5340

a) 方法1：同一样本数据跨列放置　　b) 方法2：不同样本数据放在同一列

图 12-14 样本数据的两种输入方法

12.5.2 基本统计与分布

1. 基本统计量与正态检验

人们有时需要对一组数据进行基本的分析，以了解其平均值和方差、正态性、有无异常数据点，以及均值的置信区间等信息。首先输入要研究的数据，按操作路径：统计→基本统计量→图形化汇总，弹出如图12-15所示的对话框。在变量框输入数据所在列号（或双击选中的目标），单击"确定"按钮，便生成输出信息（见图12-16）。

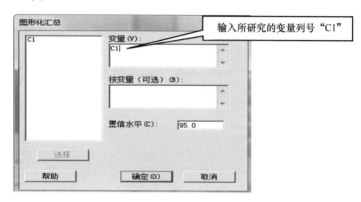

图12-15　数据分析需要设置的对话框

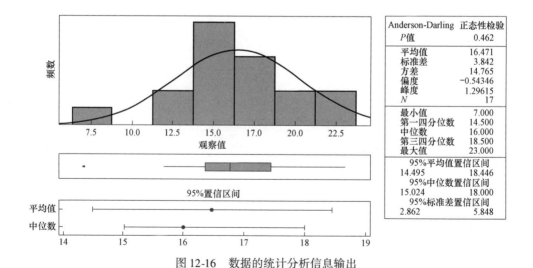

图12-16　数据的统计分析信息输出

解释数据（包括图形）：所有基本的统计指标都呈现出来。其中，正态检验P值为0.462≥0.05，表明数据呈正态性，从箱形图可以看到一个异常值（带*的点），小组应当调查这个远离均值的异常数据产生的原因。

正态性检验　路径：统计→基本统计量→正态性检验。生成图形信息，若数据点都集中在直线的附近（即 $P \geq 0.05$），则表明该数据具有正态性（见图 12-17）。

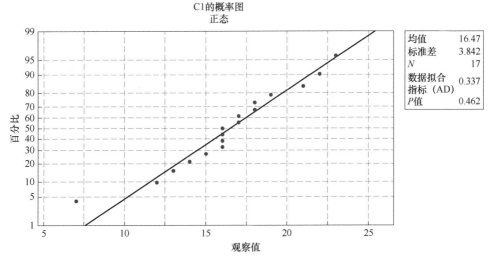

图 12-17　数据的正态性检验

2. 二项分布在 AQL 抽样中的应用

【例 12-8】 抽样方案为 AQL = 1.0%，$n = 125$　Ac = 3（拒收数 Re = 4）（生产方风险 $\alpha = 0.05$）。

操作路径：图形→概率分布图→二项分布，直接单击"确定"按钮，在弹出的第二个对话框中，分布选"二项"，试验数输入"125"，成功事件概率输入"0.01"，单击"确认"按钮，生成图形（见图 12-18）。

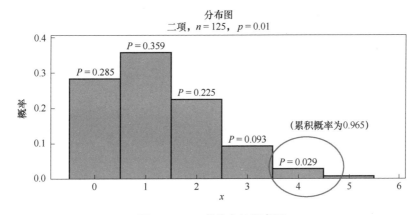

图 12-18　二项分布的概率图

解释：因为出现 4 个不合格品的概率为 0.029 < 0.05，是一个小概率事件，所

以被拒绝。此方案可接受的不合格数分别为 0，1，2，3，累计接收概率为 96.5%。AQL 方案由此而来。

3. 泊松分布应用

【例12-9】一条流水线，过去的历史数据显示平均每月故障次数有 3 次，下一个月机器发生 0 故障的概率是多少（即 $\lambda = 3$，$x = 0$）？

操作路径：图形→概率分布图→二项分布，单击"确定"按钮，在弹出的第二个对话框中，分布选"Poisson"，均值填入"3"，单击"确定"按钮，便生成输出图形（见图 12-19），出现 x 的概率清晰可见，其中发生 0 故障的概率是 5%（发生 1 次故障的概率是 15%……）。

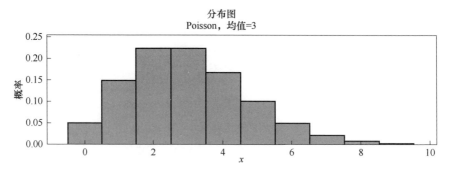

图 12-19　当均值 = 3 时的泊松分布图

4. 西格玛与 ppm（或合格率 $1-p$）换算

这其实是一个查用"正态分布表"的问题，并借助 Minitab 统计软件，实现质量指标 ppm（百万分率，或合格品率 $1-p$，等）与过程西格玛指标的换算。

Minitab 系统中 x 代表 Z（即正态表中的 Z 值，相当于过程能力指数 $Z_{\min}$），正态表中 Z 一侧的面积是合格率（$1-p$）而非不合格率（p）。由于过程西格玛使用短期能力（Z_{ST}）来定义，而正态表中的数据（Z 及 $1-p$）及质量管理中使用的实际数据则代表长期能力（Z_{LT}）。二者的关系如下：

$$\text{短期能力}(Z_{ST}) = \text{长期能力}(Z_{LT}) + 1.5 = Z + 1.5$$

使用 Minitab 西格玛与（$1-p$）换算步骤及准则。

1) 将 ppm（或其他质量数据）转换为合格率（$1-p$）。
2) 使用西格玛换算合格率（$1-p$）：
　　数据输入系统前先进行处理：x = 西格玛 -1.5。
3) 使用合格率（$1-p$）换算西格玛：
　　将系统输出数据进行调整：西格玛 $= x + 1.5$（x 为系统输出）。

【例12-10】问题①已知西格玛为 4.5，求 $1-p$？
问题②已知 $1-p = 0.99$，求西格玛水平。

操作路径：计算→概率分布→正态，弹出对话框，对问题①，选择累积概率，在"输入常量"框输入"3"（见图12-20a）；对问题②，选择逆累积概率，在"输入常量"框输入"0.99"（见图12-20b）。

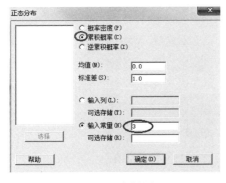
a) 已知Z，求合格率

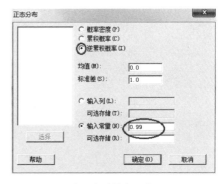
b) 已知合格率，求Z

图 12-20　西格玛换算两种情况下的设置

单击"确定"按钮即生成输出信息数据，如下所示：

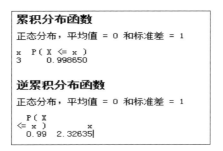

答案：由系统输出的数据可知：

① 当西格玛为4.5时，则 $Z = 4.5 - 1.5 = 3$，合格率 $(1 - p)$ 为0.99865。

② 当 $p = 0.01$ 时，则合格率 $= 0.99$，$Z = 2.326$，故有西格玛 $= 2.326 + 1.5 = 3.826$。

12.5.3　图形分析

通过图形分析，将过程/数据的分布形态及动态趋势进行展示，让人一目了然，并获得丰富而有用的信息。

1. 散点图

为了解成对数据的相关性，使用散点图比较方便。先输入数据，操作路径：图形→散点图，单击"确定"按钮，得到一组含碳量（x）与硬度（y）的散点图，如图12-21所示。

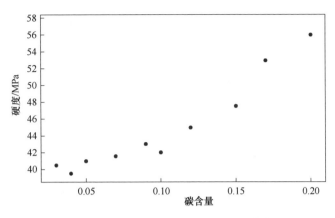

图 12-21 含碳量（x）与硬度（y）的散点图

2. 点图

为了比较 A、B、C 三家公司生产的产品质量特性分布状况，可使用点图分析。输入数据，将 A、B、C 三家公司的 CTQ 数据放置在同一列，并用组号 A 公司、B 公司和 C 公司予以识别。操作路径：图形→点图，选择"含组图形"命令，分析结果（见图 12-22）。

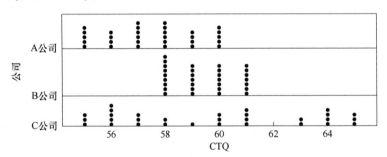

图 12-22 三家公司 CTQ 的点图比较

从图中信息可知，A 公司的数据散布相对 B、C 公司来说，稍微接近下限（靠左），B 公司的数据散布最小且接近中心位置，C 公司的数据散布最大。

3. 箱线图

箱线图的作用：可以迅速看到一组数据的分布，观察变化，洞悉发生变化的原因，还能轻易地对多组数据进行对比。

仍然使用上述散点图的数据，操作路径：图形→箱线图，选择"含组图形"命令，分析结果（见图 12-23）。箱线图数据信息与上述点图数据信息是一致的，可能对信息的展示更有价值。

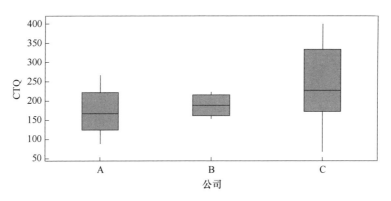

图 12-23　三家公司 CTQ 的箱线图比较

4. 运行图（趋势图）

运行图也称作趋势图，其实就是折线图加上一条中位线（或平均线）。分析运行图的目的是对过程数据进行变异分析。输入数据（假设放在 C1 列）。

操作路径：统计→质量工具→运行图，在对话框的"单列"框中输入数据的列号（C1），在样本大小中输入"1"。单击"确定"按钮，输出信息（见图 12-24）。

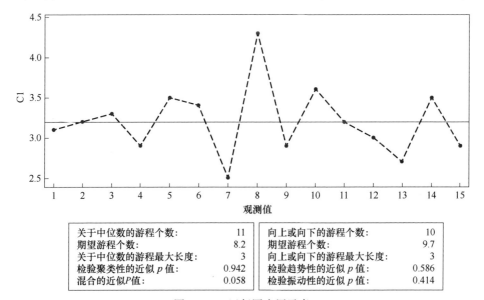

图 12-24　运行图应用示意

运行图的应用策略：应先查明并解决特殊原因，然后解决普通原因。在实际的应用中，只需要观察并应用以下三条主要的判异准则：

1）连续 6 点上升/下降。

2）9 点在中心线一侧。

3）连续14点上下交替振荡。

系统中4个模式的检验 P 值若小于0.05，也视为异常。本例数据中未发现异常。

5. 多变量图

Minitab 为多达4个因子绘制多变异图。多变异图是一种以图形形式表示的方差分析的简便方法，可以作为方差分析的一种"直观"替代。这些图还可以用于数据分析的初级阶段以查看数据。该图显示每个因子在每个因子水平上的均值。

【例12-11】评估3种金属（用10，20，30表示）在压强下烧结时间的效应，3个烧结时间分别（100，150，200min），各测量3个样品，共计得到27个数据。

输入数据：将烧结时间、金属类型和强度列入C1、C2、C3列（见图12-25a）。

操作路径：统计→质量工具→多变异图，在对话框输入列号，单击"确定"按钮，图形分析输出如图12-25b所示。

↓	C1 烧结时间	C2 金属类型	C3 强度
1	100	10	22
2	100	10	21
3	100	10	20
4	100	20	22
5	100	20	19
6	100	20	20
7	100	30	19
8	100	30	18
9	100	30	21
10	150	10	22
11	150	10	20
12	150	10	19
13	150	20	24
14	150	20	25
15	150	20	22
16	150	30	20
17	150	30	19
18	150	30	22
19	200	10	18
20	200	10	18
21	200	10	16
22	200	20	21
23	200	20	23
24	200	20	20
25	200	30	20
26	200	30	22
27	200	30	24

a）数据输入

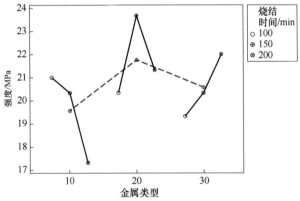

b）强度对于烧结时间-金属类型的多变异图图形分析输出

图 12-25　多变量图

分析：图形显示金属种类与烧结时间有交互作用。第一类金属获得最大强度的烧结时间为100min，第二类金属为150min，第三种为200min。

12.5.4　假设检验

1. 单样本均值 t 检验

若总体方差已知，则使用 Z 检验。但一般情况下，总体方差未知，故常使用 t 检验。

【例12-12】使用例12-3的数据，操作路径：统计→基本统计量→1t 单样本，在对话框输入数据列号，点选进行假设检验并输入"5"。点击确定，即输出如下信息：

```
单样本 t: 1T
mu = 5 与 ≠ 5 的检验

                                  平均值
变量   n   平均值   标准差   标准误   95% 置信区间         t      P
1T    9   4.7889   0.2472   0.0824   (4.5989, 4.9789)   -2.56   0.034
```

结论：由于 $P = 0.034 < 0.05$，H_0 假设被拒绝，所以认为，近期质量指标不稳定是由于更换了原材料。这与手工计算的结果是一致的。

2. 双样本均值 t 检验

【例12-13】两家供应商提供同种材料，其质量特性（厚度）数据如下，材料质量是否一致？

供应商1：21，23，20，20，27，18，22，19，36，25。
供应商2：20，20，21，18，24，17，22，18，37，20。

操作路径：统计→基本统计量→2t 双样本，在对话框输入数据列号，勾选"假定等方差"选项，单击"确定"按钮，输出如下信息：

```
双样本 t 检验和置信区间：供应商1，供应商2

供应商1 与 供应商2 的双样本 t

                        平均值
        n   平均值   标准差   标准误
供应商1  10   23.10   5.30    1.7
供应商2  10   21.70   5.76    1.8

差值 = mu (供应商1) - mu (供应商2)
差值估计：1.40                         自由度 = 18
差值的 95% 置信区间：(-3.80, 6.60)
差值 = 0 (与 ≠) 的 t 检验：t = 0.57  P = 0.579
两者都使用合并标准差 = 5.5327
```

结论：由于 $P = 0.579 \geqslant 0.05$，不能拒绝 H_0 假设，所以认为，两家供应商的产品质量没有明显的差异。

3. 单样本比例检验

【例12-14】数据：$n = 100$，$x = 7$（不合格品），质量要求是 6%，请问这组数据是否偏离了目标？

假设：$H_0: p = 0.06$ $H_1: p > 0.06$

操作路径：统计→基本统计量→1P 单比率，在对话框输入事件"7"，试验数为"100"和检验比例为 0.06，在备择中选择"大于"选项，单击"确定"按钮，

输出如下信息:

结论: 由于 $P=0.394 \geqslant 0.05$, 不能拒绝 H_0 假设, 所以认为该组数据的质量并没有偏离目标。

4. 两样本比例检验

【例 12-15】数据: $n_1=100$, $x_1=7$; $n_2=50$, $x_2=4$。假设: H_0: p1−p2=0, H_1: p1−p2≠0

操作路径: 统计→基本统计量→2P 双比率, 在对话框输入两组事件(不合格品数)和试验数(检查总数)(见图 12-26)。

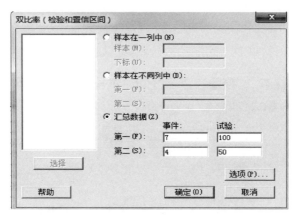

图 12-26 双样本比例检验的数据设置

单击"确定"按钮, 输出如下信息:

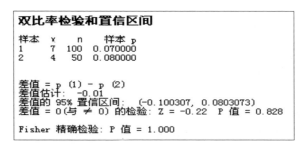

结论: 由于 $P=0.828 \geqslant 0.05$, 不拒绝 H_0。两组数据的比例不存在显著差异。

5. 标准差卡方检验（总体标准差与定值比较，验证工艺改进后的效果）

【**例 12-16**】使用例 12-4 工艺改进的数据，要求标准差 $\sigma_0 = 0.0032$，样本 $n = 25$，$S = 0.0037$，

$$H_0 : \sigma = 0.0032, H_1 : \sigma > 0.0032$$

操作路径：统计→基本统计量→单方差，在弹出的对话框输入有关数据，单击"选项"命令按钮并选择"大于"选项（见图 12-27）。

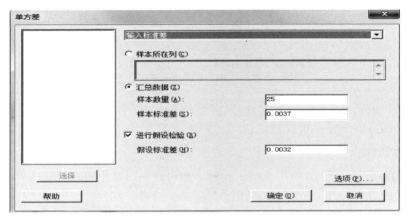

图 12-27　单方差检验的对话框设置

单击"确定"按钮后，输出如下信息：

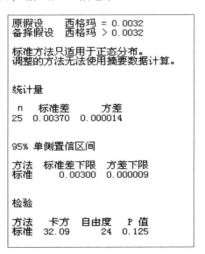

结论：由于 $P = 0.125 \geqslant 0.05$，不拒绝 H_0。在 0.05 显著性水平上，数据表明工艺改进后的总体标准差并没有增加。

6. 两总体标准差 F 检验

【**例 12-17**】从稳定生产过程中抽出 $n = 25$ 的样本，设备 A 的方差是 100；设

备 B 的方差是 49，$n=10$。设备 A 的制造商声称上述结果只是一个统计意外。请判断该情况。

操作路径：统计→基本统计量→双方差，选择"汇总数据"命令，输入两组样本数据，单击"确定"按钮，输出如下信息：

```
等方差检验
95% 标准差 Bonferroni 置信区间
样本    n    下限      标准差    上限
 1     25   7.54820    10      14.6374
 2     10   4.57888     7      14.0956

F 检验（正态分布）
检验统计量 = 2.04, P 值 = 0.266
```

结论：由于 $P=0.266 \geqslant 0.05$，不拒绝 H_0。在 0.05 显著性水平上，数据表明两台设备的方差不存在明显差异。

7. 卡方拟合优度检验（工作效率的差异性）

【例 12-18】观察 10 位工人的工作效率是否存在明显差异。在软件中输入绩效数据：120，100，97，102，86，110，100，96，101，88。

操作路径：统计→表格→卡方拟合优度检验，输入数据列号，单击"确定"按钮，输出信息如下：

```
类别   观测   检验比率   期望   对卡方的贡献
 1     120    0.1       100    4.00
 2     100    0.1       100    0.00
 3      97    0.1       100    0.09
 4     102    0.1       100    0.04
 5      86    0.1       100    1.96
 6     110    0.1       100    1.00
 7     100    0.1       100    0.00
 8      96    0.1       100    0.16
 9     101    0.1       100    0.01
10      88    0.1       100    1.44

  n     自由度   卡方    P 值
1000      9     8.7    0.465
```

结论：由于 $P=0.465 \geqslant 0.05$，不拒绝 H_0。数据表明工人的工作效率不存在明显差异。

8. 列联表卡方检验

【例 12-19】使用例 12-5 数据，分析人员对上月的质量状况进行了分析，了解过去四周的质量是否存在明显波动，以便做出适当的决策（不合格率分别为 3.2%，3.9%，4.2%，3.5%）。

首先，将合格数与不合格数输入到 Minitab：

C1	C2	C3
行号：周	列号：合格-不合格	频数
1	1	1210
1	2	40
2	1	1922
2	2	78
3	1	3353
3	2	147
4	1	1930
4	2	70

操作路径：统计→表格→交叉分组表和卡方，在对话框输入 C1，C2，C3，单击"卡方"按钮后勾选"卡方分析"命令（见图 12-28）。

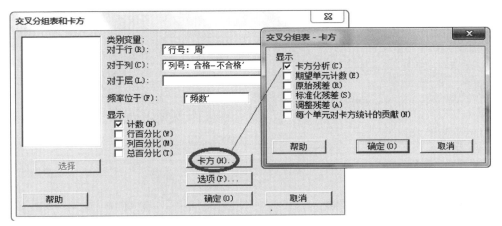

图 12-28 列联表卡方检验对话框设置

单击"确定"按钮，输出信息如下：

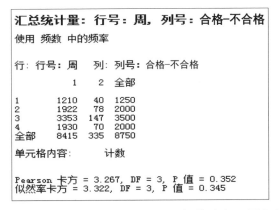

结论：由于 $P = 0.352 \geq 0.05$，不拒绝 H_0。表明过去四周之间的质量波动不存在明显差异。

12.5.5 方差分析

方差分析是假设检验方法的扩展，它用于检验两个或多个总体的均值的一致性。

原假设　　　　H_0：$\mu_1 = \mu_2 = \mu_3$
备择假设　　　H_1：$\mu_1 \neq \mu_2 \neq \mu_3$

方差分析与试验有关。它的机理是将总误差区分为随机误差和组间误差，从而检测试验组（均值）的显著性。

1. 单因子方差分析

【例 12-20】 使用例 12-7 数据：某公司生产中使用的一种零件由甲、乙、丙三家工厂提供，零件的强度对产品质量是否有影响。

操作路径：统计→方差分析→单因素，输入数据，设置对话框，单击"确定"按钮，得到如下输出单因子方差分析输出结果如图 12-29 所示。

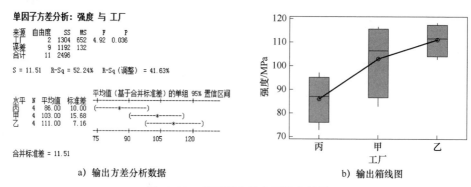

a）输出方差分析数据　　　　b）输出箱线图

图 12-29　单因子方差分析输出结果

分析：工厂（试验组）$P = 0.036 < 0.05$，故拒绝 H_0。数据表明各个工厂提供的产品质量存在明显的差异，这从均值的置信区间以及箱线图也可以清晰得到识别。其中，C 工厂提供的零件质量最好，且分散度也最小。

2. 多因子方差分析

【例 12-21】 磁鼓电机是彩色录像机的关键部件，国外同类产品力矩指标规定大于 210g·cm。为提高电机的输出力矩，需要进行试验。团队识别并确定三个可控因子及其水平，见表 12-11。

表 12-11　可控因子及其水平

水平	因子		
	充磁量 A	位角度 B	线圈匝数 C
1	900	10	70
2	1100	11	80
3	1300	12	90

(1)制订试验计划并安排试验

操作路径:统计→DOE→田口→创建设计,小组准备利用正交表 **L9(3×3)**,做9次试验,试验结果如下:

	C1 A充磁量	C2 B定位角度	C3 C线圈匝数	C4 输出扭力y
1	1	1	1	160
2	1	2	2	215
3	1	3	3	180
4	2	1	2	168
5	2	2	3	236
6	2	3	1	190
7	3	1	3	157
8	3	2	1	205
9	3	3	2	140

(2)建立方差分析

操作路径:统计→方差分析→一般多元方差分析,在"响应"栏输入扭力,在"模型"栏输入 A,B,C 的值。若需要主效应图和交互作用图,则需在三级菜单中选取即可。试验结果的方差分析如下:

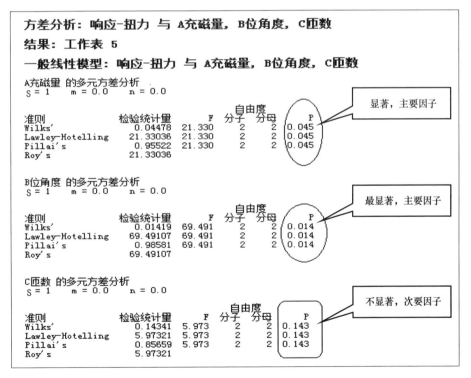

主效应与交互作用示意图如图 12-30 所示。

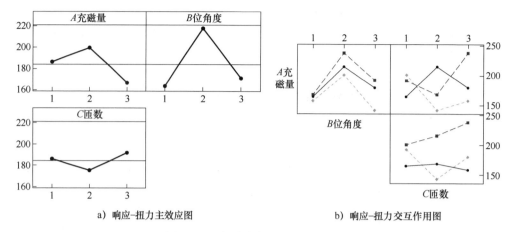

a) 响应-扭力主效应图   b) 响应-扭力交互作用图

图 12-30　主效应与交互作用示意图

（3）解释与决策

从方差分析中得到的重要信息是：A，B，C 单个因子的 P 值分别为 0.045，0.014，0.143，数据表明，A 与 B 是主要因子，而 C 则是次要因子。这从实验的主效应图也能看出。从交互作用图可以看出，A 与 C 交互作用明显（有交叉），A 与 B、B 与 C 交互作用不明显。从主效应图，可以确定最佳的工艺条件组合是：A_2，B_2，C_1（因子 C 是次要的，故采用最省的材料）。

12.5.6　MSA 双性分析（R&R）

【例 12-22】有两个分析员（A、B）对随机抽取的 5 个零件进行测量，每个零件测量 3 次，分别得到 30 个原始数据，见表 12-12。将这些数据输入 Minitab。

表 12-12　双性分析原始数据

零件	分析员 A			分析员 B		
	A_1	A_2	A_3	B_1	B_2	B_3
1	217	216	216	216	219	220
2	220	216	218	216	216	220
3	217	216	216	216	215	216
4	214	212	212	216	212	212
5	216	219	220	220	220	220

路径：统计→质量工具→量具研究→量具研究（交叉），对话框操作：①分别输入部件、操作员和数据的列号；②分析方法选择"$\bar{X}$"和"R"；③选项：将变异值的默认值"6"改为"5.15"（95% 置信度）；④单击"确定"按钮。生成量具双性（R&R）分析图形，如图 12-31 所示。

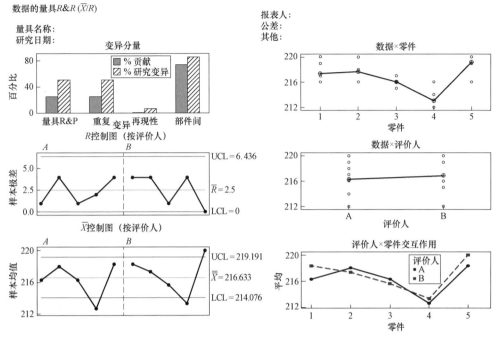

图12-31 量具双性（R&R）分析图形

解释图形：R控制图用来评价重复性（要求数据点受控，否则分析失去意义）；$\bar{X}$控制图用来评价分辨率（要求：有数据点出界，否则分辨率不够）。从图形信息可知，重复性与分辨率均符合要求。

系统生成如下数据分析信息：

量具R&R研究 - $\bar{X}/R$法				
来源	方差分量	方差分量贡献率		
合计量具R&R	2.15286	25.83		
重复性	2.11263	25.34		
再现性	0.04024	0.48		
部件间	6.18298	74.17		
合计变异	8.33584	100.00		
来源	标准差（SD）	研究变异（5.15 × SD）	%研究变异（%SV）	
合计量具R&R	1.46726	7.5564	**50.82**	
重复性	1.45349	7.4855	50.34	
再现性	0.20059	1.0330	6.95	
部件间	2.48656	12.8058	86.12	
合计变异	2.88719	14.8690	100.00	
可区分的类别数 = 2				

结论：在95%置信度（5.15×SD）下的"合计量具 $R\&R$"为50.82%，已经超出30%的接收上限。因此，该测量系统不可接受。

12.5.7 试验的功效与样本

在设计实验中会涉及功效与样本的选择问题。功效是当确实存在显著差值（效应）时能够认定的可能性。检验的**功效**就是当 H_0 为假时正确地将其否定的概率，用 $1-\beta$ 表示。

1. 试验成本与效果的关系

若功效不够，则须增加样本；若功效足够，则可停止试验。

样本大小 n 与变量 α、β、δ、σ 的关系表达式如下：

$$n = \frac{2(Z_{\alpha/2} + Z_\beta)^2}{\dfrac{\delta}{\sigma}}$$

式中　n——样本大小；

　　　α——显著性水平；

$1-\beta$——统计功效，也称检出率；

　　　δ——差值或效应大小（乃指均值之差）；

　　　σ——试验数据（样本）标准差。

2. 影响功效的因素

- α：当 α 增大时，β 减小，功效增大。
- σ：当 σ 增大时，功效增大。
- 差值：当效应增大时，功效增大。
- n：当样本数量增大时，功效增大。

3. 功效的应用原则

检测所关注的差值时，使用高功效；检测没有意义的差值时，使用低功效。

例如，假设要评估一种更耐高温的新型塑料。如果新型塑料将产品的平均熔点提高20℃或更多，则这项支出就值得考虑。检验更多的样本可以增大检测出此类差异的机会，但是检验过多的样本会增加时间和费用，还可能检测到不重要的差异。

4. 应用举例

【例12-23】用例12-3单样本 t 检验，用了9个样本，标准差 = 0.247，均值之差 = 0.21。

操作路径：统计→功效和样本数量→单样本 t，在对话框进行设置（见图12-32）。

第 12 章 简明统计学知识

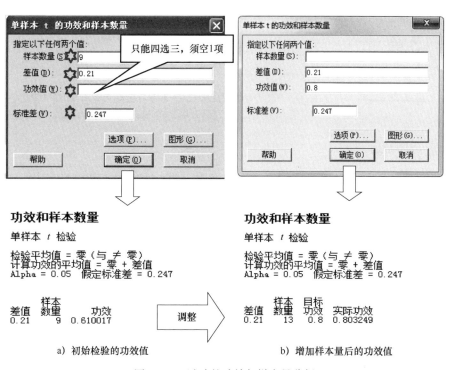

图 12-32 试验的功效与样本量分析

分析与解释：在例 12-3 的单因子 t 检验中，使用了 9 个样本，经查其统计功效只有 61%（功效显得不足）。为了使得试验功效达到 80%，则样本量应从 9 个增加到 13 个。

第13章 常用质量管理工具

日本著名质量学家石川馨编写的经典著作《质量管理入门》（1972年）被世界公认为第一本专门讲授质量改进的培训用书。这本书主要介绍了七种质量工具的应用，成为日本现场员工进行质量管理的基本方法。

现代质量管理的工具往往被集成到结构化的质量设计、控制与改进方法中加以应用。每种方法（如六西格玛、精益生产等）都是利用一些工具来完成每一个步骤和流程的。这些质量工具被应用到质量设计、质量控制和质量改进的不同目标领域时，它们的目的与运行是各不相同的，组织必须有所了解。

- **改进工具**。往往需要应用改进工具对推测（假设）进行验证并找到问题的根本原因。
- **设计工具**。往往需要应用设计工具收集观点和技术说明，进而确定开发可靠的新产品或服务的方法。
- **统计工具**。往往需要使用统计工具（如控制图）来区别分波动的普通原因和特殊原因，从而降低风险并进行调节。

13.1 亨利法则：如何使用工具

1. 工具的重要性——亨利法则

许多出发点很好的团队总是出现问题（如质量循环、质量改进），就是由于没有使用正确的工具。按照亨利法则，团队的主要特性是以指数的形式增长的。如果忽视和误解了主要特性，那么这种忽视和误解也是呈指数形式增长。即使公司有好的领导和主动执行任务的员工，若没有好的工具，也只会使人感到困惑、混乱和失去信心。

要弄清两个关联的问题：使用正确的工具与正确地使用工具。前者关乎目的与选择，后者关乎学习与应用，两者缺一不可。

2. 解决问题的几个概念

1) **问题**。问题是指事物出现不正常并需要解决方案时所表现出来的证据，如绩效缺陷等。丰田汽车公司将问题定义为"现实状态与期望（或理想状态之间的差距"。
2）**数据**。没有数据，人们仅能对问题进行猜测，使解决问题受阻并带来风险。
3）**工具**。人们往往面临大量的数据，但信息和事实却很少。工具可以帮助人们组织和理解这些数据。
4）**图表**。图表是数量型数据的图形化表示，它将大量的信息汇总在一个小区域内，简明而清楚地表达复杂的形势。
5）**结构**。问题解决需要有一种符合逻辑的和结构化的方法。

3. 正确使用工具的原则

（1）明确目的

这是解决问题的首要问题。解决问题是目的，应用工具是手段，绝对不可以颠倒。石川馨经常会提醒团队不可犯目的与手段颠倒的错误。在选用某种工具之前，必须提醒自己要做什么。只有工作的目的性清楚了，才可能选用适合的工具。在解决问题的不同场合，有诸多工具可供选用，见图13-1。

选定主题 ⇨	调查现状 ⇨	分析原因 ⇨	验证要因 ⇨	改善对策 ⇨	确认效果 ⇨	标准固化 ⇨	跟进控制
・组建团队 ・定义问题 ・确定主题 ・工作计划	・采样计划 ・制定表格 ・收集数据	・头脑风暴 ・0-1评价 ・整理数据	・收集数据 （必要时） ・验证要因 ・得出结论	・制定对策 ・局部试验 ・全面实施	・收集数据 ・确认改善效果	・标准化 ・总结表彰	・制订控制计划 ・跟踪控制
☐工具 ・客户之声 ・帕累托图 ・横道图	☐工具 ・调查表 ・分层法 ・趋势图/直方图 ・控制图	☐工具 ・因果图 ・头脑风暴 ・"5W1H" ・流程图	☐工具 ・散点图 ・分层帕累托图 ・分层直方图 ・DOE	☐工具 ・头脑风暴 ・因果矩阵 ・FMEA ・DOE	☐工具 ・柱状图 ・帕累托图 ・雷达图	☐工具 ・标准作业 ・管理看板	☐工具 ・控制计划 ・"5S"纪律 ・控制图

图13-1 解决问题的工具

（2）学会提出问题

适时地"问问题"是解决问题的重要方法。问对问题，就能获得正确的数据。关键的问题不是如何收集数据，而是如何收集到有用的数据和信息。为达成这样的目的，团队成员需获得良好的培训，并反复实践。

（3）选择合适的工具

正确地使用工具，就要了解该工具的机理和使用该工具可达到何种效果，并做出正确的选择。达成某种目的的工具可能有多种，有高级复杂的，也有初级简单的。了解哪种工具方法比较适合自己的能力及所面对的问题最为重要。一家企业在选用质量管理模式时，要慎之又慎，因为只有适合自己的才是最好的。不追求时尚却都能获得高质量，丰田汽车公司的成功经验就是最好的证明。

（4）避繁就简

石川馨有句名言："能用简单的方法解决问题，就不要用复杂的方法，使用简单的 QC 七种工具可以解决现场中 95% 的质量问题。"不要只注重复杂、高级的方法和工具，只要能达到目的，使用简单的方法也可以。即便在六西格玛改进中，头脑风暴和帕累托图这样的简单工具仍然是改进团队最核心的工具。改进团队，尤其是初学者，应该从简单的做起。

（5）打组合拳

在解决问题的过程中，想达成某个目的，可以尝试不同的方法和工具，这样做便于发掘问题的真相，找到解决问题的办法。有的时候，操作的过程会重复进行，即便在六西格玛改进流程中，由于分析缺少证据可能回头又去收集数据。尝试不同的角度和不同的方法，是改善团队应有的策略。

（6）循序渐进，多实践

解决问题是人类最高级、复杂的社会活动，无论谁都不可能一夜成为行家。唯一的出路就是：不断地学习和实践。参与团队的活动多了，积累的经验就多，只有经历过多次质量改进实践（包括失败），才能真正能成为合格的解决问题的专家。

13.2 活用 QC 七种工具

1. 检查表

检查表是根据分层原则收集数据和呈现数据的工具。根据数据的类型和研究的需要，所设计的检查表的格式也是多样的。

（1）目的

应用检查表的核心目的就是收集到有用的、有价值的数据。

（2）检查表种类

1) **缺陷检查表**。下面提供了一个关于设备分层因素的缺陷检查表（含分层），见表 13-1。

表 13-1 缺陷检查表（含分层）

缺陷项目	设备 A		设备 B		合计
	计数符号	小计	计数符号	小计	
表面划伤	正正正正丿	21	正正正正正丿丿丿	28	49
裂纹	///	3	正丿丿	7	10
翘曲	////	4	正 正	10	14
漏件	正正正///	18	正丿丿丿丿	9	27
功能不良	/	1	///	3	4
其他	//	2	////	4	6
合计		49		61	110

2) **过程频数检查表**。过程频数检查表是指从过程中收集 100 个或以上的计量型数据，从极小值到极大值进行分组计数的数据表，它为制作直方图提供输入数据，见表 13-2。

表 13-2 过程频数检查表

分组范围	组中值	频数	数量
① 52.45~53.25	52.85	*	1
② 53.25~54.05	53.65	******	6
③ 54.05~54.85	54.45	************	12
④ 54.85~55.65	55.25	****************	16
⑤ 55.65~56.45	56.05	**********************	22
⑥ 56.45~57.25	56.85	*********************	21
⑦ 57.25~58.05	57.65	*************	13
⑧ 58.05~58.85	58.45	*******	7
⑨ 58.85~59.65	59.25	**	2
组距 0.8	$\overline{X}_{\text{bar}} = 56.05$		

3) **位置检查表**。位置检查表是指调查收集缺陷位置的图形或者表格。位置检查表示例见表 13-3。

表 13-3 位置检查表（车门表面油漆缺陷检查表）

区域部位	缺陷		图 例
	刮 伤	凹 陷	
A_1 区	×××	×××××	（照片图片，略）
A_2 区	×	××	
B 区			
C 区	××××	×××××××	

2. 分层

分层就是分类，是根据研究目的将数据按照某种特征分成各种类别。

（1）目的

分层是剥离真相的技术，是收集和整理数据时所必须遵循的一种基本思想和方法。分层法应用于两个阶段：收集数据与分析数据。

（2）分层的标志

分层的特性标志见表 13-4。

表 13-4　分层的特性标志

分层标志（项目）	表 现 事 例
1. 时间	上午/下午、开始作业/结束作业、白天/夜晚、小时、日、周、月、季
2. 作业员	作业员、男/女、年龄、岗龄、班次、新人/熟练工
3. 机台、生产线	机器设备、型号、新旧程度、生产线、夹具
4. 材料、供应商	厂家、供货商、产地、入厂批次、制造批次、零件批次、化学成分、在库期限
5. 作业方法	加工方法、作业方法、生产线的节拍、作业条件（温度、压力、速度、工具）、气温、湿度、天气
6. 测定方法	测定器、测定人、测定方法、抽样、检查地点、检查方法
7. 其他	不良原因、缺陷类别、新产品/老产品等

(3) 分层的应用

分层对于收集数据非常重要，必须在着手收集数据之前就把分层因素考虑好，否则会导致收集的数据对分析问题没有帮助。分层的技巧是：大致猜想引起问题的原因是什么，然后选择至多 2~3 个分层项目就可以了，不要贪多。

3. 帕累托图

帕累托图也称排列图，是对一个质量问题的相关影响因素以矩形降序排列的图形工具，以识别和聚焦"关键的少数"项目。这就是著名的 80∶20 法则，解决 20% 的主要问题，就等于解决了全部问题的 80%。

在制造现场通常会存在不良、故障、不满意等各种问题点，如果分别按项目进行分类，可以发现很多场合下，大多数问题集中在 2~3 个项目中。

(1) 目的

识别和呈现重要的事项，作为质量改进的优先项目。把时间和资源集中于这些优先项目，以达到事半功倍之效果。

(2) 制作

制作帕累托图的步骤如下：

1) 确定问题，选择合理分层。

2) 收集并统计数据。

3) 制作直方图数据表。项目数据按降序排列，计算项目比例及累计百分比，将尾部不足 5% 的项目合并为"其他"。

4) 准备图框和刻度。底线按项目数进行等分；先作右纵轴比例尺坐标（0%~100%）；再作左纵轴频数坐标（频数为数量或金额），注意将总数（整体）对齐右纵轴的 100%。

5) 作图。按各项目数量（比例）确定矩形高度，根据累计比例画出一条曲线。决定关键少数的区域：60%~80% 均可视为关键的少数，如果第一项就占50%，它无疑是最关键的因素（谢宁称其为"红 X"）。
6) 完善表格。填写数据收集日期、记录人和目的等。

(3) 应用

1) **研究主题与分层**。帕累托图研究的主题广泛涉及品质、产能、库存、销售订单等，主题可选的分层项目如下几项。

- 产品不合格的缺陷类别（数量或金额），这是优选项目，因为对缺陷原因追踪容易发现真因。
- 不合格原因（生产线别、人员别、产品别、部件别、流程别等），流程别是很好的选择，它可追踪到问题发生的地方。
- 不合格（劣质）成本（在不合格数量分析无果时使用此方法是不错的选择）。
- 不合格影响的订单别（金额）等。

无论选择哪种分层，最终目的是使数据呈现"帕累托效应"。否则，意味着当前的分析失利，可能需要另外寻找分层因素。

2) **改善效果确认**。改善的最佳策略是针对关键的少数（"红 X"）采取行动。如果改善的项目 A 为 50%，通过一轮改进明显降低或消除，项目 A 理应靠后排列，而且整体质量也得到相应改善（见图 13-2）。

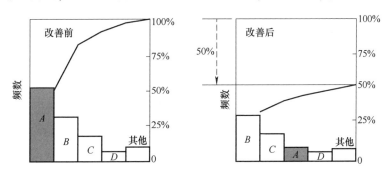

图 13-2 整体质量改进效果确认

3) **无"帕累托效应"模式的处理**。帕累托图分析的目标是寻求 80∶20 的事项以便于改进，但经常也会出现图形分布平缓的现象，称为无帕累托效应。若遇到这种情况，应采取以下策略：

- 换一种方式看数据，对数据重新分层。
- 寻找数据中的其他模式，如使用推移图、直方图等。

例：××小组开始用"不合格部件数"分层未得到帕累托效应，而后进行重新分层，并采用"不合格成本"分层，这次果然找到了突破的方向（见图 13-3）。

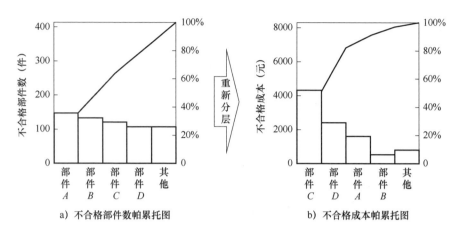

a) 不合格部件数帕累托图　　b) 不合格成本帕累托图

图 13-3　无帕累托效应的重新分层处理

4. 因果图

因果图是展示原因与结果的图形工具。因果图也称鱼刺图或石川图，由日本质量管理学家石川馨所创。它是能有效组织和展现有关问题的各种潜在原因的方法。可将头脑风暴作为激发想法的辅助工具，将团队成员的想法激发出来，并把头脑风暴的结果记录在因果图上。因果图分析的基本思考方向如图 13-4 所示。

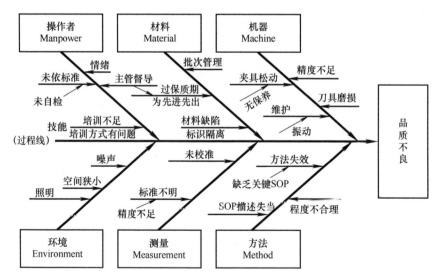

图 13-4　因果图分析的基本思考方向

（1）应用步骤

1）确定问题。问题名称必须具体，避免笼统模糊的表述。

2）准备因果图框架。将因果图的初始框架画在黑板（或白纸）的右边画上方框并标明问题，一条水平箭线（称作过程线）对准方框，在此水平箭线的上、下方画出4~6条箭线（大因）对着过程线。一般的分析方式采用"5M1E"（人、机、料、法、环测），根据研究目的也可以使用其他分析维度，如系统、流程、操作、结构等。

3）开始头脑风暴。由一位有流程经验的人担任主持人，记录大家的想法。记录尽量能呈现原因之间的主次顺序：大因（"5M1E"）—中因—小因—末因。头脑风暴应遵循以下主要原则。

- 畅所欲言，想法多多益善。数量在80个以上，甚至几百个。
- 不指责，不评论。
- 在其他议题下进一步发挥，这可能会触及真正的东西。

4）整理图表。在头脑风暴后，大家可以进行短暂的休息，由主持人整理大家的意见，最后将末端原因用笔圈出来，因为末端原因是潜在的主要原因。

5）确认主要原因。采用投票的方式，对圈出的潜在原因逐一进行表决，以提供下一步的改善行动（得票超过半数的原因即可确认为主要原因）。

(2) 注意事项

1）鱼刺图的原因（鱼头）应该是具体的，避免使用诸如"质量不合格"这样模糊的概念。问题一般来自于帕累托图筛选出来的"关键的少数"中的1项而不是多项。假如关键的少数包含3项，那就需要使用3个因果图分别进行分析。

2）原因分析包括发散和收敛，因此步骤3）是敞开想法，目的是识别出所有可能的潜在原因；步骤5）需要的是理性思考，凭借的是工程经验和逻辑。

3）潜在的原因需要进行验证才可以认定是真正的原因。原因验证的方法除了投票外，还可以采取现场确认、工程判定、简单试验及其他统计方法。

5. 直方图

直方图是对一组数据变化模式的图形化描述工具。它以静态方式（已经发生的）描述过程的位置、散度、形态和能力。

(1) 目的与作用

1）以静态方式（已经发生的）描述过程的位置、散度和形态。

2）与规格进行比较，直观了解其过程能力的情况。

3）为质量改进提供参考；评价改善效果。

(2) 直方图的形态及能力分析

直方图的几种形态与能力分析如图13-5所示。

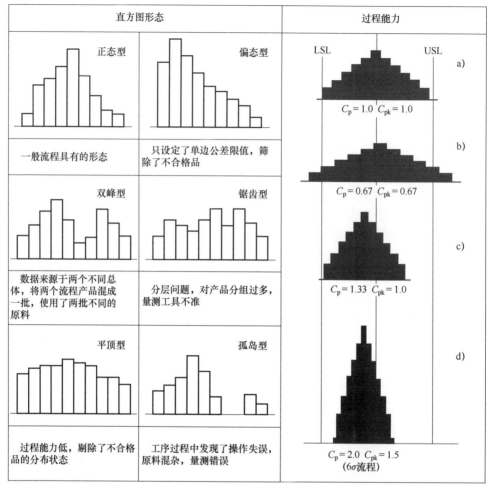

图 13-5 直方图的几种形态与能力分析

直方图的形态包括：正态型（这是大多数流程所表现的形态）、偏态型、双峰型、锯齿型、平顶型和孤岛型等，前两种形态是流程自然生成的，后面的几种形态是人为作用的结果。示意图对各种形态形成的原因做出了一般性的解释，产品不同可能会有一些差异。

能力分析，下面将直方图与规格进行比较：

- 图 13-5a：分布（变异）与规格相等，且与设计中心重合，故能力刚好够用，$C_p = C_{pk} = 1$。
- 图 13-5b：虽与设计中心重合，但变异加大，它的能力受损 30%，$C_p = C_{pk} = 0.67$。
- 图 13-5c：位置虽有偏移，但它的分布变异收窄，还是有较佳的能力表现，

第 13 章 常用质量管理工具

$C_p = 1.33$，$C_{pk} = 1$。

- 图 13-5d：位置偏移 1.5σ，它的分布（容差幅度）较图 13-5a 收窄一半（标准差 σ 减少 50%），$C_p = 2$，$C_{pk} = 1.5$。这是一个典型的六西格玛流程——世界级质量水平。

（3）直方图制作

1）收集一组目标流程的计量型数据（本例数据规模为 100），直方图原始数据表见表 13-5。

表 13-5　直方图原始数据表

55.0	53.3	57.6	54.2	56.0	56.8	55.5	55.7	53.4	57.9
56.3	58.5	53.9	56.6	56.6	59.5	57.0	53.7	55.0	57.6
58.7	56.6	57.3	56.0	54.7	56.8	58.2	55.7	54.5	54.6
56.8	58.0	56.7	56.4	55.1	54.8	55.2	57.3	55.1	55.6
58.0	56.2	55.4	54.8	56.2	55.3	55.9	58.7	56.1	57.0
54.5	53.6	54.1	54.3	53.8	54.9	55.8	54.2	54.6	55.7
52.5	54.5	55.1	55.7	56.5	56.6	55.8	55.8	56.6	55.2
55.3	56.7	55.9	55.4	57.6	57.4	55.8	56.0	56.1	56.7
56.8	56.3	56.2	57.0	57.1	57.4	57.6	55.9	56.9	58.1
59.2	58.2	56.7	56.8	57.7	58.5	57.2	56.9	57.9	56.3

2）找出最小值（52.5）与最大值（59.5）。

3）计算极差：$R = X_L - X_S = 59.5 - 52.5 = 7.0$。

4）确定直方图分组数 K。根据分组数 K 取值指南（见表 13-6），取 $K = 9$。

表 13-6　直方图分组数 K 取值指南

数据数量（个）	≤50	>50~100	>100~250	>250
分组数 K 取值	6	8	10	15

5）计算组距 h：$h = R/K = 7/9 = 0.777 = 0.8$（按测量精度 0.1 四舍五入）。

6）确定第 1 组起始值：以极小值减去测量精度的一半，即
- 第 1 组下限 = 52.5 - 0.05 = 52.45。
- 第 1 组上限 = 52.45 + 0.8 = 53.25。
- 第 2 组范围为：53.25~54.05（组间递增 0.8，其余各组类推）。

7）将每组的边界、中央值填入表格，再将全部 100 个数据分别统计分配到相应的组内，即获得过程频数检查表，见表 13-2。

8）根据过程频数分配表的数据制作直方图，见图 13-6。

（4）注意事项

1）直方图是以静态方式对流程进行的描述和分析，它只能反映流程的历史，要全面了解流程最好的方法是使用控制图。

2）没有必要利用直方图数据计算复杂的统计量。若要计算能力指数，C_p 和 C_{pk} 只能来自控制图的数据。

6. 散点图

散点图是相关分析的一种简便方式，即将一对数据 (x,y) 按照各自的变化用点描绘出坐标，以观察和确认它们之间是否存在相关性。

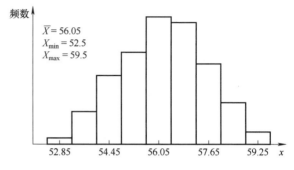

图 13-6 完成的直方图

（1）目的

1）直观展示两个变量之间的相关性以及强度。

2）验证原因：若相关，则表明是主要原因；若不相关，则表明是次要原因。

3）参数优化：确定合理的工艺参数范围。

4）进行容差设计及其优化（请参见本书 15.4 节谢宁 DOE 中关于散点图的介绍）。

（2）散点图四种形态

1）正相关：随着 x 增加 y 也增加，图像呈上升直线（见图 13-7a）。

2）负相关：随着 x 减小 y 也减小，图像呈下降直线（见图 13-7b）。

3）不相关：随着 x 增加，y 有增加也有减小，图像呈团状（见图 13-7c）。

4）曲线相关：随着 x 增加，y 开始增加，但达到某个点时，变化呈反向运动，图像呈曲线状（见图 13-7d）。

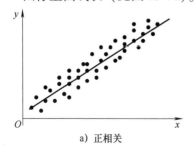
a) 正相关

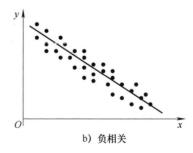
b) 负相关

图 13-7 散点图的四种形态

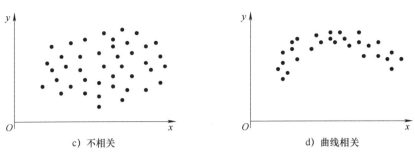

图 13-7 散点图的四种形态（续）

7. 控制图

控制图是通过确定上、下控制线，供现场操作者判断过程是否发生异常并维持稳定过程的质量控制方法。

控制图为现场的员工提供一种工具，授权他们管理自己的工作及其过程。他们可以轻松地依据两条控制线，决定是否该采取行动。这样可以以较经济的手段获得稳定的流程和一致性的产品质量。

（1）控制图原理

1）**样式结构**。控制图相当于一份生产日志，用于监督生产质量随时间的波动和发展是否正常。控制图由三条水平线组成，中线是过程平均值，上下线与中线的距离分别是 3σ 和 -3σ（标准差）。纵轴是被检测的质量特性（如轴的直径），横轴往往由样本序号组成，或同时标注时间（见图13-8a）。

2）**现场管理三条主要判异准则**。现场人员使用控制图并判别过程是否存在异常，只需要应用以下3条判异准则即可。

【准则1】一点超出控制线，表明过程失控（见图13-8b）。

分析：这是休哈特最基本的判异准则，有点出界就表明过程失控。

【准则2】连续6点递增或递减，表明过程发生**趋势**变化（见图13-8c）。

分析：表明过程随时间发生**趋势**变化。

【准则3】连续9点分布在中心线一侧，表明过程位置发生偏移（见图13-8d）。

分析：表明过程位置 μ 发生**偏移**。

3）控制图应用的策略

- 当发现异常（有特殊原因）时，应及时调查原因并采取措施将之消除。
- 当过程处于正常（只有随机原因）时，不需采取任何调整行动。

（2）$\bar{X} - R$ 控制图

$\bar{X} - R$ 控制图是一种最常用的控制图，用于监控以计量值数据为基础的且为顾客所关注的关键质量特性（CTQ）。$\bar{X} - R$ 控制图的子组大小为 4~5，子组数一般为25。

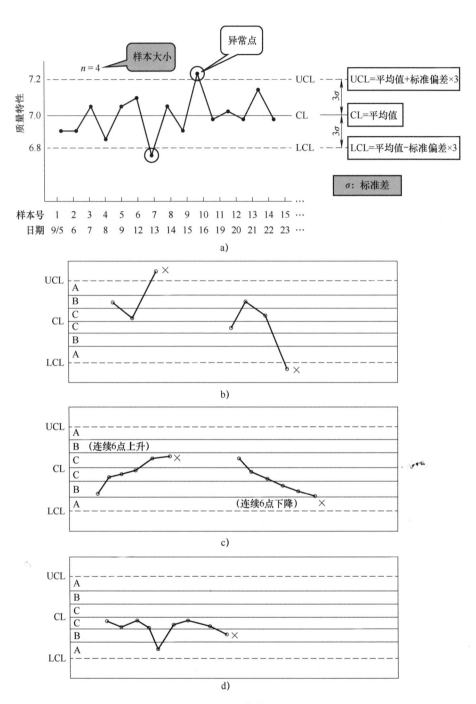

图 13-8 控制图样式

1)控制界限公式:

当 $n=5$ 时,$A_2=0.577$,$D_4=2.114$,$D_3=0$,于是有:

$\overline{X}$ 控制图:$\mathrm{UCL}_X = \overline{\overline{X}} + A_2\overline{R} = \overline{\overline{X}} + 0.577\overline{R}$

$$\mathrm{UCL}_X = \overline{\overline{X}} - A_2\overline{R} = \overline{\overline{X}} - 0.577\overline{R}$$

极差 R 图:$\mathrm{UCL}_R = D_4\overline{R} = 2.114\overline{R}$

$$\mathrm{LCL}_R = D_3\overline{R} = 0$$

2)$\overline{X} - R$ 控制图是一对图形,极差图用于监控过程变异(波动)的变化,而均值图则监控过程的位置中心的变化,见图 13-9。

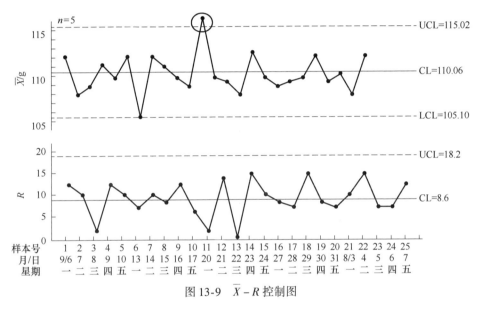

图 13-9 $\overline{X} - R$ 控制图

(3)P 控制图

当计量型数据无法获取时,或非常关注质量的不合格率时,就会使用不合格率控制图(P 控制图),它是工厂最常使用的控制图(见图 13-10)。

1)P 控制图原理 与 $\overline{X} - R$ 控制图使用固定的抽样不同,P 控制图使用大小不同的抽样(如图 13-10 使用 $n=300$、$n=400$、$n=500$ 三种样本大小)。P 控制图的取样范围也有规定:$1/p < n < 5/p$。若样本量太小,则测量精度不足;若样本量太大,则浪费。例如,当过程平均不合格率为 1% 时,抽样数至少应大于 100。

2)P 控制图的界限

$$\mathrm{UCL} = \overline{p} + 3\sqrt{\overline{p}(1-\overline{p})/n}$$

$$\mathrm{CL} = \overline{p}$$

$$\mathrm{LCL} = \overline{p} - 3\sqrt{\overline{p}(1-\overline{p})/n}$$

3) P 控制图样式如图 13-10 所示。

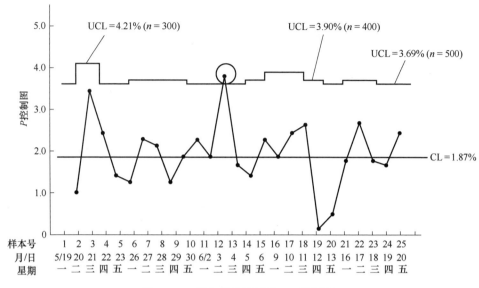

图 13-10　不合格率控制图（P 控制图）

13.3　变异分析与趋势图

变异分析也称变动分析，是对过程（具有时间顺序特性的数据）的重要分析方法。根据戴明、休哈特的改进测量和变异理论，在评估和改进某个特定的流程之前，必须首先识别流程的特性（变异的两种原因），首先消除变异的特殊原因，然后做质量改进的决策和行动。

1. 变异分析的目标

1）识别过程变异的两类原因，将特殊原因从普通原因中分离出来。

2）发现数据中变异的趋势和模式。

2. 质量分析最易犯的两种错误（α 与 β）

质量分析的核心和重点，首先是依据统计学原理对过程（数据）进行正确的判断：该过程处于正常或处于异常，然后根据以上判断提出相应的解决问题的方法，否则就会触犯统计学意义上错误。戴明告诫人们，无论犯下哪种错误，代价都是昂贵的。现实中，由于人们缺少统计学的基本常识，出现的错误比比皆是，令人惋惜。

3. 变异分析的两种方法和工具

变异分析有两个方法：一个方法是静态分析，就是对已经发生的质量结果（项目间或周期质量之间是否存在明显的差异）做出判断，使用的方法主要是卡方检验（参见本书 12.5.4 节的相关内容）；另外一种方法是动态分析，是变动分析的重点。变异动态分析的目标是对当前的流程状态及它未来的趋势进行研究和判断。分析的工具主要有两个：控制图和趋势图。控制图是变异分析的重要而强大的工具，它的应用请参考本书第14章中关于SPC的详细介绍。本节只介绍一种简便、好用的变动分析工具——趋势图。

4. 趋势图

趋势图又称运行图、推移图。它是在一般的折线图基础上形成的。它与折线图的区别有两个，一是加了一条中位线，二是确定了几条判断过程异常的准则。除了没有控制界限（无法判定点出界）外，趋势图与控制图的分析功能基本相同。

（1）目的与作用

1）确认问题、机会（趋势、模式、波动）。

2）判断流程是存在异常（特殊原因），还是保持稳定。

3）确定潜在根本原因。

4）后续改进和验证结果。

（2）数据类型及规模

1）可以为正面的（产量、销售），也可为负面的（不合格、返工、抱怨）。

2）连续数据或离散数据。

3）数据量应为20个及以上。

（3）判异准则

1）连续6点上升/下降（趋势）。

2）9点在中心线一侧（偏移）。

3）连续14点上下交替（振荡）。

（4）策略

1）首先应该处理特殊原因，然后处理一般原因。

2）如果发现走势图有异常模式，还需要额外收集关于"何时何地发生了什么"的数据，以便做出进一步的改进。

（5）应用

趋势图数据类型可以是计量型也可以是计数型。数据规模为20～50个。当然，使用12个月的质量数据（不合格率）也是不错的选择。图13-11是某公司G部门4月份（四周20天）的制程不合格率的趋势图。

解释：图中数据表明，该公司4月份各周的品质不合格率分别为：4.1%，4.5%，5.1%，3.6%，月平均不合格率为4.3%。根据趋势图的3条判异准则推断，全月没有出现质量异常的情形，该月的质量过程是稳定的。虽然各周均值有高有低，但没有足够的数据证明四周的质量存在明显差异或者第四周的质量优于其他时间（如果想进一步检验四周之间的质量是否存在明显差异，可使用卡方检验）。如果想提高该过程的质量，应该采取系统的改进措施，而不是去寻找个别的原因。

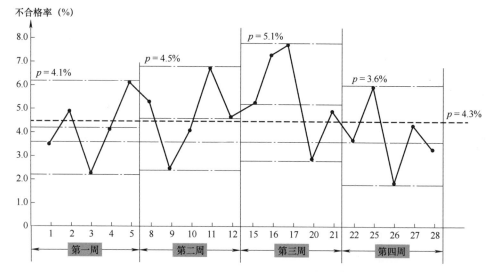

图 13-11　某公司 G 部门 4 月份制程不合格率的趋势图

13.4　原因识别与验证技术

但不是所有的原因识别都能达成解决问题的目的，只有确认引发问题的真正根源或者主要原因，才能更有针对性地解决问题。因此，原因分析分为识别潜在原因与验证根本原因两个阶段。

13.4.1　识别潜在原因

识别潜在原因应根据面对的问题和掌握的数据，适当选用以下三类不同的工具。

1）运用趋势图或控制图进行变异分析，区分特殊原因和普通原因，先解决特殊原因，然后进行质量改进（消除和减少普通原因）。
2）运用帕累托图进行快速检测，以专注"关键的少数"问题来源。
3）使用面向原因的头脑风暴工具，包括因果图、"5 个为什么"及因果矩阵（C&E）。

13.4.2　验证根本原因

一般来说，鱼刺图或关联图等是原因验证的输入。原因验证的方法有简单的，也有复杂的，作为现场改进的新手应从简单入手，逐步提升自己的能力。

验证缺陷的原因，可以通过以下三种途径。

1. 因果逻辑分析

利用常规的经验对备选的要因进行筛选，可使用 0 - 1 评价矩阵，见表 13-7。

表13-7　0-1评价矩阵

序号	潜在要因	张三	李四	王二	陈五	郑六	合计	是否主因
1	要因A	0	0	1	0	1	2	否
2	要因B	1	1	0	1	0	3	是
3	要因C	1	0	1	1	1	4	是
4	要因D	0	0	0	1	0	1	否
5	要因E	0	1	1	0	0	2	否

注：0表示否定，1表示赞同。合计超过潜在要因数总和的半数则为主要原因。

2. 统计检验

验证原因最可信的方法就是统计检验。

（1）相关分析（散点图）

判断原因和输出之间的相关程度。绘制散点图可以提供大概的印象，精确的计算可以借助线性回归。如果图像分析得出正相关、负相关或曲线相关，则可确认为主要原因，否则可判作次要原因。

（2）分层统计图

分层：验证原因的常规方法。对数据进行整理、分层，并借助图形化工具来显现数据模式，以验证问题的因果关系。主要工具有：分层帕累托图、分层趋势图和分层直方图。

1) **分层帕累托图**：经过分层处理并通过"帕累托效应"检验，辨别造成缺陷的真相。分层帕累托图如图13-12所示。

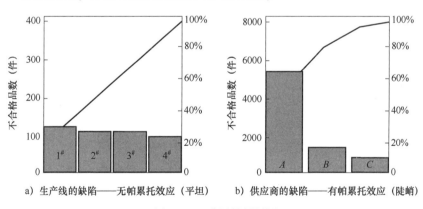

a) 生产线的缺陷——无帕累托效应（平坦）　　b) 供应商的缺陷——有帕累托效应（陡峭）

图13-12　分层帕累托图

解释：图13-12a模式表明生产线不是主要原因；图13-12b模式表明材料是引起产品不合格的主要原因。

2) **分层趋势图**：通过分层趋势图，展示不同的要素在时间动态过程中模式的差异，以揭示问题的原因所在（见图13-13）。

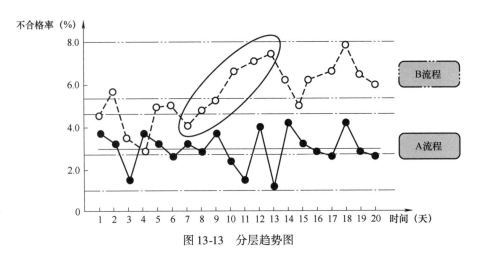

图 13-13　分层趋势图

解释：B 流程自第 7 点开始连续 6 点呈上升趋势，表明过程出现异常。团队应调查这段时间发生了什么情况，并采取对应措施。A 流程呈稳定状态且质量明显优于 B 流程。应调查两个流程输入要素（人员、材料、程序方法等）的应用与控制有何不同，以便做出改进。

3) **分层直方图**：通过分层直方图，展示不同的要素的次数分布模式和状态，借以验证问题的根本原因（见图 13-14）。

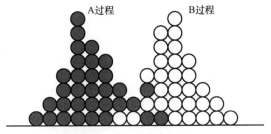

图 13-14　分层直方图

解释：数据由两个总体（过程）组成，把它与规格界限比较就能发现，A 过程的相当一部分超出了规格界限，故能判定，产品不合格是由 A 过程引起的，必须对 A 过程进行改进。

(3) 高级统计技术

应用统计原理和方法对数据进行检验，以判定数据间的因果关系。这些统计方法包括：假设检验（t 检验、卡方检验、列联表等）、方差分析与 DOE 等。这三类统计手段按分析的功能效应和深度的顺序，是依次增高的，即试验设计 DOE 是最高级完整的因果关系的检测手段，因为 DOE 几乎利用了假设检验、方差分析及回归分析的所有统计原理与方法。因此，DOE 才真正算得上是解决质量问题的有效方法。

3. 验证试验

（1）要点

使用部分数据进行现场试验，以判定所筛选的原因与效应或缺陷是否存在显著联系。先从逻辑分析开始，由简入繁，进行局部测试，最终得到试验结论。

（2）应用

1) **现场验证**。针对瞄准的潜在原因，到现场进行调查求证的方法，如对设备维护或者作业标准的适用性进行确认等。
2) **简单试验**。针对某个因子改变其水平，进行若干次反复试验的求证方法。
3) **单因子试验**。针对两个及以上的因子进行的试验，特点是每次改变一个因子。
4) **DOE**。DOE 不仅具有强大的分析优化功能，还是一种强大的原因分析和验证工具。

13.5 多变量分析

13.5.1 多变量分析概述

多变量分析（Multi Vari Analysis）是质量工具箱中最有用的图形分析工具之一。多变量分析的目的是将大量、可能的变异来源精简成为包括关键过程输入变量的一个很小的变量集合。不仅用于评估 x 如何影响 y 值，同时能反应 x 的组合如何影响 y 值输出。

在短时间内收集数据并分析，以测定流程能力、稳定性及关键输入变量（KPIV's）和关键输出变量（KPOV's），即 x 和 y 之间的关系。多变量分析应该持续到输出变量的所有范围都被观测完为止。

多变量分析可广泛应用于质量改进的原因分析，但它更侧重聚焦于：
- 研究不可控的噪声变量（Noise）。
- 噪声变量会不定期地影响过程中心（平均值）和变异（标准差）的大小，导致过程不稳定。

多变量分析具有以下用途：
1) 以统计置信度决定过程的能力。
2) 确认过程变异的可确定因素。
3) 分析影响过程的一般原因如下：
- 不同班次（Shift-to-Shift）。
- 不同运行（Run-to-Run）。
- 不同操作员（Operator-to-Operator）。
- 不同操作时间（Time-to-Time）。

4) 为改善行动提供方向和输入。

5) 提供下一步试验设计（DOE）所需的方向及输入。

13.5.2 多变量分析原理和方法

1. 过程模型与过程变量

多变量分析的目的是研究过程变量 x 是如何影响过程输出 y 的，并通过改善过程变量改善过程输出。变量与过程模型如图13-15所示。

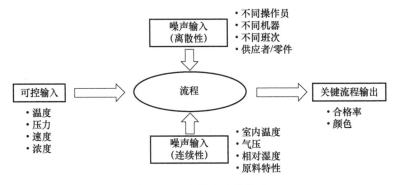

图13-15 变量与过程模型

2. 变量的分类

（1）可控变量与噪声变量

可控变量是指过程在运行时可以调整或控制的输入变量或因素，如温度、压力、转速等。

噪声变量是指过程运行时不容易控制的输入变量或因素，如环境状况、作业员、原材料批次、班次等。这些变量的取值可以是连续的，也可以是离散的。

（2）典型噪声变量分类

美国质量专家谢宁按照问题的性质和变量的来源，将变量（也称原因）分成三大类：①位置变量——地点对地点的变量；②周期性变量——批次对批次的变量；③时间性变量——时间对时间的变量。这样的分类对识别和消除噪声变量非常有用，同时可用于所有对过程输出有影响的因素（包括可控因素和噪声）的分析。谢宁变量分类法是多变量分析的基础。

1) **位置变量**。位置变量是指同一部件内的变量（左对右、顶对底、中对边；锥度、偏转、壁厚等），它包括：

- 单个部件中的变异。
- 多穴模压的变异（模腔对模腔）。
- 机器对机器的变异。

- 夹具对夹具的变异。
- 加温室内的不同位置的温度变异。
- 操作员对操作员之间的变异。
- 生产线对生产线的变异等。

2）**周期性变量**。周期性变量是指在同样的时间框架内，从一个生产过程连续抽取的部件间的变量。它包括：

- 部件组中的变异。
- 不同批次之间的变异。
- 不同批次的货品之间的变异等。

3）**时间性变量**。时间性变量是指随时间变化产生的变量，即时间对时间的变量。它包括：

- 小时对小时的变异。
- 班次间的变异。
- 月中对月末的变异。
- 星期对星期的变异等。

3. 典型噪声数据展开示例

（1）位置噪声树

位置变量的展开（位置噪声树）如图 13-16 所示。

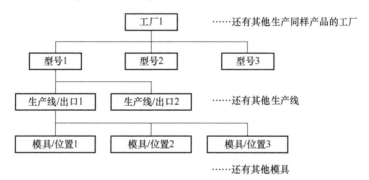

图 13-16 位置变量的展开

（2）周期噪声树

周期性变量的展开（周期噪声树）如图 13-17 所示。

（3）时间噪声树

时间性变量的展开（时间噪声树）如图 13-18 所示。

4. 数据类型及常用图形化工具

多变量分析是一个关于数据分析的广义方法论，涉及不同的数据类型和统计工具。数据类型与统计工具矩阵展示了多变量分析与相关统计工具的联系（见图 13-19）。

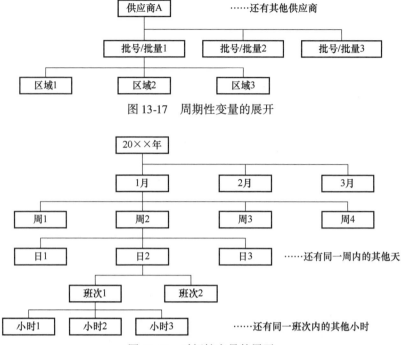

图 13-17 周期性变量的展开

图 13-18 时间性变量的展开

图 13-19 数据类型与统计工具矩阵

5. 多变量分析方法的步骤

1）明确问题和目标。

2）确认要分析的关键输入和输出变量。

3）评估每个变量的测量系统。
4）确定抽样和数据收集计划。
5）收集数据。
6）绘制图形。
7）分析和解释图形。
8）总结并对下一步进行计划。

13.5.3 多变量分析图应用

多变量分析图是一种较为广泛的统计分析方法，是一种以图形形式表示方差数据分析的方法，可以作为方差分析的一种直观的替代。多变量分析图是通过展示 2~4 个维度（因素）对指标的效应及其交互作用进行分析的图形分析工具。

使用 Minitab 能方便地得到多变量分析图。路径为统计→质量工具→多变异图。打开 Minitab 文件"25_A_多变异分析 MULTI VARI STUDY-TRUCK.MTW"。可得到关于因子：班次、喷枪和喷嘴，以及响应 y（油漆厚度的试验数据），经过简单操作，可以容易生成多变量分析图，如图 13-20 所示。

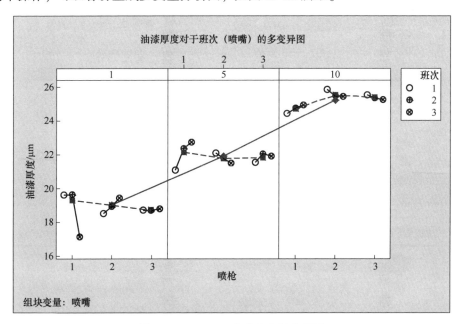

图 13-20 Minitab 生成多变量分析图

分析：从图 13-20 所示的变异图可以看出：
- 喷枪对油漆厚度的影响是比较小的。其水平 1、2、3 所显示的虚线比较平稳。
- 班次的差异影响较小。

- 喷嘴对油漆厚度的影响是比较大的。其水平 1、5、10 所显示的实线比较陡。
- 喷嘴在水平 10 可获得最佳响应，$y \approx 25$。

13.6 测量系统分析（MSA）

"用数据说话"是质量管理的格言，要取得数据必须测量，如同产品具有质量一样，测量数据也是有质量的。

1. 测量数据的质量

衡量测量数据的质量的统计特性有两类指标：偏倚（也称准确度）和方差（也称精确度）。偏倚是指数据相对基准值的位置误差；方差是指数据的分布误差（离散度）。

- 位置变异：一般用偏倚、稳定性和线性来衡量。
- 离散变异：一般用重复性和再现性来衡量。

2. 测量变异的描述

1) **准确度**：与真值或基准值"接近"的程度。
2) **精密度**：每个重复读数之间的"接近"程度。
3) **偏倚**：观测到测量值的平均值与基准值的差值，也称准确度（见图13-21）。
4) **稳定性**（也称飘移）：随时间的变化而变化的偏倚值（见图13-22）。
5) **线性**：在量具正常或预期工作量程内的偏倚变化量（见图13-23）。

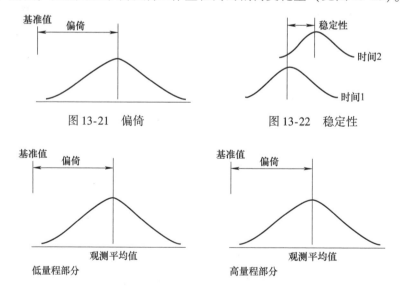

图 13-21　偏倚　　　　　图 13-22　稳定性

图 13-23　线性

6) **重复性**（也称仪器误差）：由一个评价人，使用一个测量仪器，对同一零件的某一特性进行多次测量下的变异（见图13-24）。
7) **再现性**（也称操作人误差）：由不同的评价人，使用同一个测量仪器，测量一个零件的一个特性的测量平均值的变异（见图13-25）。

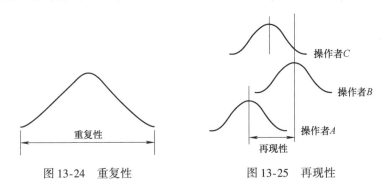

图 13-24　重复性　　　　　图 13-25　再现性

3. 测量误差接受准则

测量是质量改进活动的关键步骤，在正式收集数据之前，必须确认测量分辨率精度是否符合要求。下面是国际通用的工业标准。

$$产品变异：测量变异 = 5:1（或：GRR / TV \leqslant 20\%）$$

式中　GRR——重复性和再现性（双性）；
　　　TV——总变差。

4. 均方根定律（RMS）

测量总误差由产品变异和仪器变异两部分组成，但两个容许偏差不是算术相加，它们遵循均方根定律，由下式决定：

$$总误差 = \sqrt{产品变异^2 + 仪器变异^2}$$

由上式可知，所有测量的方差可以相加；更重要的是，在总误差构成中，误差值较大的项目决定着总误差的大小。例如，例如产品变异与仪器变异为 5:1，则仪器变异占总误差的 19.6%。

13.7　失效模式与后果分析（FMEA）

13.7.1　FMEA 的原理与要素

1. FMEA 及其由来

失效模式与后果分析（Failure Mode and Effects Analysis，FMEA）是一组系统化的活动和可靠性分析方法，它是一种以团队为基础的、用来帮助用户识别、消除或减少在产品或过程设计和服务传递中故障因素的负面影响的解决问题工具。

- **20 世纪 50 年代初**，美国将 FMEA 第一次用于战斗机操作系统的设计分析。
- **20 世纪 60 年代**，FMEA 正式用于阿波罗计划。
- **1976 年**，美国国防部颁布军用标准（MIL-STD-1629A）。
- **20 世纪 80 年代中期**，汽车工业开始应用 FMEA 确认制造过程的质量。
- **1991 年**，ISO 推荐使用 FMEA 提高产品和过程设计的质量。

目前，FMEA 已在工程实践中形成了一套科学而完整的分析方法，并且在众多的领域里得到广泛应用。

2. FMEA 的种类

由于产品故障可能与设计、制造过程、使用、承包商/供应商及服务有关，FMEA 应用于以下不同的领域。

- 系统 FMEA——SFMEA。
- 设计 FMEA——DFMEA。
- 过程 FMEA——PFMEA。
- 服务交付的 FMEA。

本节主要介绍过程 FMEA。

3. FMEA 的结构与原理

借助 FMEA 结构表，可将所有的活动清晰地分为四个部分（见表 13-8）。

表 13-8 FMEA 结构表

过程功能要求	失效模式	失效的后果	严重度 S	级别	失效的起因/机理	频度数 O	现行设计控制		探测度 D	风险顺序数 RPN	建议措施	责任和目标完成日期	措施结果				
							预防	探测					采取的措施	严重度	频度数	探测度	RPN

A：过程功能要求～严重度 S
B：级别～探测度 D
C：风险顺序数 RPN
D：建议措施～措施结果

1）确定失效方式及其影响。
2）确定失效的原因和发生概率/可测性。
3）划分优先级。
4）决定预防措施并进行评估。

4. FMEA 的流程

1）组成 FMEA 团队。
2）确定分析的开始点（时机）。

3) 收集所有支持分析的相关输入信息。
4) 确定潜在的失效模式。
5) 量化风险,划分优先顺序。
6) 为重要的风险制定措施并采取行动。
7) 进行评估,重复分析直到所有潜在失效呈现"可以接受"的风险水平。
8) 编写成果文件。

5. 风险评估

FMEA 风险由 3 个要素组成:严重度、发生频度、检测度。

1) **严重度**(S):故障发生时对工序零件、系统或顾客影响后果的严重程度。严重度的评估分为 1~10 级。
2) **发生频度**(O):某一特定的失效起因出现的可能性。频度的评估分为 1~10 级。
3) **检测度**(D):在零件或系统投产之前,检测失效起因的能力的指数。检测的评估分为 1~10 级。

FMEA 风险评估指标为风险优先序数(RPN),它由 3 个风险因素的乘积组成,即

$$RPN = 严重度(S) \times 频度(O) \times 检测度(D)$$

RPN 的取值范围是:$RPN_{min} = 1$(最好),$RPN_{max} = 1000$(最糟)。

6. FMEA 行动策略

RPN 是对设计/系统或过程风险的测量,产生的 RPN 值应当按帕累托图排列,对于较大的 RPN,必须采取修正措施减少计算得出的风险。

一般行动顺序原则:按照严重度—发生频度—检测度的顺序来降低等级。不管 RPN 如何,首先应特别关注严重性,若严重度达到 10 或 9,就必须报告项目负责人。

一旦采取修正措施,必须重新计算 RPN 值。

13.7.2 过程 FMEA(PFMEA)

1. PFMEA 的输入和要求

- 过程流程图。
- 顾客要求/产品特性/特殊特性。
- 过程特性。
- 质量信息与返工数据。
- DFMEA 记录/成果。
- 以往的 PFMEA。
- C_p、C_{pk}。

2. 失效模式及其后果

失效模式及失效后果示例见表13-9。

表13-9 失效模式及失效后果范例

失效模式	失效后果	
弯曲、脏污、粘合、安装调试不当、毛刺、接地、运转损坏、开路、断裂、短路、变形、工具磨损	对最终顾客，用产品性能来描述：噪声、粗糙、工作不正常、操作费力、不起作用、异味、不稳定、工作减弱、牵引阻力、间歇性工作、外观不良、控制减弱等	如果顾客是下道工序，则用过程性能来描述：无法紧固、无法钻孔/攻丝、无法安装、危害操作者、不配合、不匹配、损坏设备等

3. PFMEA 风险评定标准

（1）严重度（S）判别标准

严重度（S）判别标准见表13-10。

表13-10 严重度（S）判别标准

影　响	严重度判别标准	等　级
危险的，没有预兆	可能会给机器或流水线操作人员带来危险；非常高的严重度等级，潜在故障模式会影响安全操作或违反规章；故障在没有预兆的情况下出现	10
危险的，有预兆	可能会给机器或流水线操作人员带来危险；非常高的严重度等级，潜在故障模式会影响到安全操作或违反规章；故障在有预兆情况下出现	9
非常高	对生产线有非常严重的破坏作用；可能导致100%的产品报废；项目不适合操作，主要功能缺损。用户非常不满	8
高	对生产线有较小的破坏作用；可能导致部分产品分类挑选和报废；项目可操作，但水准不高，用户不满意	7
中等	对生产线有较小的破坏作用；可能导致部分产品报废（不分类挑选情况下）；项目可操作，但是不舒服、不方便；用户使用不便	6
低	对生产线有较小的破坏作用；可能导致100%的产品再加工；项目可操作，但舒适性、便利性表现欠佳；顾客有一定程度上失望	5
很低	对生产线有较小的破坏作用；可能导致产品的分类挑选并且有部分产品需要再加工；小的调整不起作用；由用户发现缺陷	4
微小	对生产线有较小的破坏作用；产品可能需要在线再加工；小的调整不起作用，并被一定数量的用户发现缺陷	3
很微小	对生产线有较小的破坏作用；产品可能需要在线再加工；小的调整不起作用，并被数量可以忽略的用户发现缺陷	2
无	没有影响	1

（2）发生频率（O）判别标准

发生频率（O）判别标准见表13-11。

表13-11 发生频率（O）判别标准

故障概率	可能故障的比例	等级
非常高，故障几乎不可避免	>1/2	10
	1/3	9
高，通常与以前相似的过程相关	1/8	8
	1/20	7
中等，通常与以前偶然的相似的过程相关	1/80	6
	1/400	5
	1/2000	4
低，单独的故障与相似的过程相关	1/15000	3
非常低，只有单独的故障与几乎相同的过程相关	1/150000	2
极少，故障不太可能发生，没有故障与几乎相同的过程相关	<1/150000	1

（3）检测度（D）判别标准

探测度（D）判别标准见表13-12。

表13-12 检测度（D）判别标准

影响	检测度的判别标准	等级
完全不确定	没有已知的控制检测故障模式	10
可能性非常小	当前只有非常小的可能性发现故障模式	9
可能性小	当前的控制有很小的可能性发现故障模式	8
很低	当前的控制有很低的可能性发现故障模式	7
低	当前的控制有低的可能性发现故障模式	6
中等	当前控制有中等的可能性发现故障模式	5
中等偏高	当前控制有中等偏高的可能性发现故障模式	4
高	当前控制有高的可能性发现故障模式	3
很高	当前控制有很高的可能性发现故障模式	2
几乎肯定	当前控制几乎肯定可以发现故障模式，对于相似的过程来说，可靠的检测控制是已知的	1

资料来源：AIAG，《潜在失效模式及影响分析》。

4. 过程FMEA实例

FMEA全部活动完成，将会形成一份完整的FMEA表格。过程FMEA应用实例见表13-13。

表 13-13 过程 FMEA 应用实例

系统	GH-10	子系统		F/X1		设计责任部门			产品名称	前门 GH/H8X-001200			核准	
车型年/项目（或产品型号）	前门 GH/H8X-001200			ST 车体过程		关键日期			PFMEA编号	GH/H8X-001200			编制	
核心小组						H03 生产部			编制部门					
									编制日期			修订日期		

项目	失效模式	潜在失效后果	严重度 S	级别	潜在失效起因/机理	频数 O	现行控制预防	现行控制检测	检测度 D	风险顺序数 RPN	建议措施	责任及目标完成日期	措施结果				
													采取的措施	严重度 S	频度 O	检测度 D	风险顺序 PRN
车门内上蜡操作：在门内表面覆盖保护蜡，以抗腐蚀	车门内表面覆盖蜡不足	降低车门寿命并导致： • 经过一段时间后油漆腐蚀导致外部不令人满意 • 影响内部门上硬件的功能	8		喷嘴伸入的距离不够	8	使用厚度计每隔一小时对覆盖率进行检测		5	520	增加喷涂厚度		增加衬板、在线检查喷口	8	2	4	64
					喷嘴堵塞：蜡黏性太大	5	用维护措施清理喷嘴		3	120	采用 DOE 措施保持黏性、温度和压力稳定		温度压力确定限已经确定，控制台显示过程得到控制，$C_{pk}=1.55$	8	2	3	48
					温度太低压力太低喷嘴因受冲击而变形	3	预防性维护		2	48	无						
					喷涂时间不足	8	操作指导随机抽样		7	448	安装喷涂计时器		计时器安装完毕，控制图显示过程得到控制，$C_{pk}=1.85$	8	1	7	56

数据来源：AIAG，《潜在失效模式及影响分析》。

13.7.3 FMEA 2019

FMEA 2019 是美国汽车行业行动小组（AIAG）与德国汽车协会（VDA）的成员及一级供应商历时 3 年合作的成果，于 2019 年 6 月发布，它为汽车行业提供了一个共同的 FMEA 基础。

FMEA 2019 在指导思想、分析的程序步骤、方法、行动准则及要素名称等方面都做出了较大的变化，主要的变化有以下两点。

1. 提出 FMEA 分析七步法

FMEA 分析七步法为：定义范围（规划与准备）、结构分析、功能分析、失效分析、风险分析和优化、结果文件化等七个步骤。

2. "行动优先级"用 AP 代替 RPN

AP 分为 H（高）、M（中）和 L（低）三个等级，改进的策略也发生了显著变化。今后不必再纠结 RPN 取值多少而采取纠正措施了。FMEA 2019 的行动规则如下。

1）H：FMEA 团队必须采取适当的措施，以降低发生频率，提高检测度；记录为什么不需要或不可能改进，或为什么使用的措施是适当的（这些规则采纳了戴明关于改进考虑成本及行动限制的观点）。

2）M：FMEA 团队应确定适当的措施，以降低发生频率和提高检测度，或者记录这些措施是适当的。

3）L：FMEA 团队可以确定降低发生频率或提高检测度的措施。

需要说明的是，上一版 FMEA 应用了近 20 年，为人们所熟悉，完全可以作为非认证需求企业和工程师可信赖的可靠性工具，但在应用时，应采用新的行动优先级（AR）策略比较合适，而对于需要进行 IATF 16949 认证的企业，必须符合 FMEA 2019 的要求，并接受相关专业的培训。

13.8 质量功能展开（QFD）

1. 质量功能展开的由来与发展

质量功能展开（Quality Function Deployment，QFD）是一种强大的策划技术。20 世纪 60 年代，QFD 由水野滋、赤尾洋二作为一项质量管理系统提出，目的是设计和生产出充分满足顾客需求的产品。其后 10 年，QFD 在日本得到迅速发展和应用，从制造业发展到建筑业、医院、软件生产、服务业。质量功能展开在美国民用工业和国防工业应用已十分普及，它不仅应用于具体产品的开发和质量改进，还被各大企业用作质量方针展开和工程管理目标的展开等。

2. QFD 的工作原理

通过应用 QFD，顾客的期望和要求被转换成相关的工作要求，这样做的目标是根据可接受成本来满足顾客需求，提高顾客满意度并缩短产品开发周期。QFD 思想与工作原理为"什么和怎样"如图 13-26 所示。通过应用 QFD，确定顾客需求，并将供应商满足顾客需求的过程通过矩阵的方式表示。

3. QFD 转化的四个阶段

QFD 是把顾客或市场的要求转化为设计要求、零部件特性、工艺要求、生产要求的多层次演绎分析方法，QFD 的展开模式关键的顾客需求出发，分为设计特性—部件特性—过程特性—操作要求四个阶段（见图 13-27）。

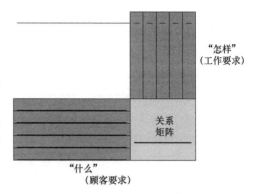

图 13-26　QFD 思想与工作原理

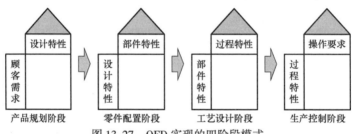

图 13-27　QFD 实现的四阶段模式

四阶段模式是美国供应商协会提倡的四阶段展开方法，它从顾客需求开始，经历四个阶段，用四个矩阵得出产品工艺和生产（质量）的控制参数。

（1）产品规划阶段

通过产品规划矩阵（质量屋），将顾客需求转化为质量特性（产品特征或工程措施），并根据顾客竞争性评估（从顾客的角度对市场上同类产品进行评估，通过市场调查得到）和技术竞争性评估（从技术的角度对市场上同类产品进行评估，通过试验或其他途径得到）结果确定各个质量特性（产品特征或过程措施）的目标值。

（2）零件配置阶段

利用前一阶段定义的质量特性（产品特征或工程措施），从多个设计方案中选择一个方案，并通过零件配置矩阵将其转化为关键的零件特征。

（3）工艺设计阶段

通过工艺设计矩阵，将关键的质量特性（产品特征）和零件特征转换为关键工艺参数。

（4）生产控制阶段

通过生产控制矩阵将关键的零件特征和工艺参数转换为具体的生产（质量）

第13章 常用质量管理工具

控制方法或标准。

根据下一道工序就是上一道工序的"顾客"的原理,四阶段模式从设计产品到生产的各个过程均需要建立质量屋(矩阵),且各阶段的质量屋内容上有内在的联系。在此模式中,上一阶段的质量屋"天花板"的主要项目将转化为下一阶段质量屋的"左墙",上一步的输出就是下一步的输入,构成瀑布式分解过程。QFD 要将顾客的需求逐层分解,直至可以量化度量。同时采用矩阵的形式,将顾客需求逐步展开、分层地转换为质量特性、零件特征、工艺特征和生产(质量)控制方法。

4. QFD 应用:质量屋

在稳健设计的方法体系中,质量功能展开技术占有举足轻重的地位,它是开展稳健设计的先导步骤,可以确定产品研制的关键环节、关键的零部件和关键工艺,从而为稳定性优化设计的具体实施指出了方向,确定了对象。它使产品的全部研制活动与满足顾客的需求紧密联系,从而增强了产品的市场竞争能力,保证产品开发一次成功。

QFD 被广泛地应用于航天、机械制造、服务等领域,并通过质量屋的形式实现。质量屋应用如图 13-28 所示。服务领域应用 QFD 改善提升服务质量也是一个不错的选择。

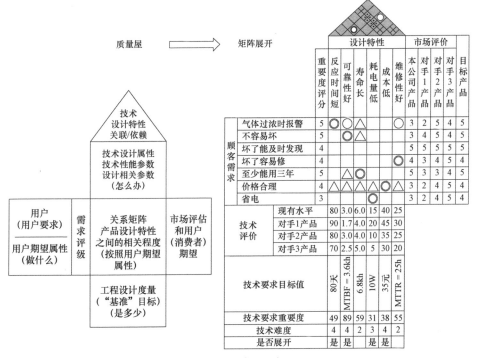

图 13-28 质量屋应用

第14章

统计过程控制（SPC）

14.1 企业为什么需要统计过程控制

管理技术对提高产品和服务质量发挥着越来越大的影响。这种观点已经成为企业经营者及质量工作者的共识。一个组织无论规模大小，都会以不同的形式应用质量管理方法和工具。组织可以不使用其他高级的质量工具，但绝对不可以不使用统计过程控制（SPC）。因为，只要组织有质量改进和提升组织绩效的需求，SPC 和控制图是永远绕不开的主题和方法。

为什么这么讲呢？下面的事实与理由将帮助我们加深对 SPC 的了解。

1. 历经百年检验的质量工具

1924 年，美国贝尔实验室的休哈特首创过程控制理论和控制图。这是人类首次将统计学理论应用于管理领域。第一张控制图诞生于美国芝加哥西方电气公司霍桑工厂。这是一个具有历史标志意义的事件，意味着人类质量管理进入现代质量管理时代。

二战时期，美国将 SPC 制定为战时质量标准。由此，SPC 极大地提升了美国工业产品的质量。20 世纪 50 年代，SPC 和控制图技术由戴明传授给日本人，并在日本得到有效和广泛运用。某些权威的西方学者经过研究得出结论：SPC 帮助日本实现了经济复兴并取得世人瞩目的巨大成功。

现如今，欧美国家重新燃起应用 SPC 的高潮，将 SPC 定义为现代质量管理先进的管理方法。

2. 独树一帜，不可取代

人们对质量管理工具的应用可谓层出不穷，但 SPC 和休哈特控制图是与众不同的、不可替代的、有着独特的机制和功能的统计工具，在质量控制和质量改进的活动中发挥重要的作用。

3. 理解和展示流程的有力工具，有利于质量交流

戴明指出，质量管理及改进的关键是理解流程，而控制图是描述和理解流程的最好方法。直方图、流程图等都是描述及分析过程的有用工具，但它们对理解流程的价值远不如控制图。直方图只是展示流程过去的状况，这些静态的数据几乎对改进的帮助不大。而控制图以时间动态的形式反映过程现在的状态及将来的可能发生的情况，这对当前的质量控制（发现异常并及时调整）提供信号，也为质量改进提供更多有用的信息。控制图还有一个最大的优势，就是同时对过程的两个重要特性：中心位置与离散度进行实时监控。

4. 提供质量信息沟通的规范性语言

在大量的管理实践中，质量活动的相关方往往对质量存在着较大的误解。在非常多的情况下，供应商和顾客对质量要求的理解是不一致的。不了解 SPC 的人，根本无法了解质量与过程，也无法有效讨论质量问题。操作定义是戴明质量管理的一项重要原则。组织质量管理混乱的一个重要原因是人们对质量的定义的理解存在差异。例如，什么样的质量算好，如何理解一致性和差异性等。SPC 为管理质量的基本问题如过程、变异、过程控制与过程改进等质量概念提供了操作定义，防止了质量沟通障碍，避免了混乱，提高了沟通和质量改进的效率。

5. 国际贸易对供应商的特殊要求

如果能够向顾客提供关于关键过程的控制图及过程能力指数的记录，就有较高的可信度证实所提供的产品质量在未来的一段时期内能够维持在这个水平上。为获得稳定的供货质量，顾客对 SPC 的要求远高出对 ISO 等认证的要求。某著名跨国公司的供应商评价要求中规定，SPC 和过程能力研究记录可用于涵盖全过程关键参数的统计理论支持，实时提供过程能力 C_{pk} 指标值且有规律地更新。这句话高度概括了现代 SPC 的要求，这也是当前许多制造业的工作重点之一。

6. 适应产品高质量测量和控制的需要

现代科技的发展使得质量向着更高水平发展，产品的不合格率由传统的百分之一（%）发展到百万分之一（ppm），有些领域甚至到十亿分之一（ppb），不能依靠传统的检验方式进行测量与控制。例如，对于一个 100ppm 的质量，不用说实行 100% 检验，即便是抽查，每次的抽取样品至少需要 1 万件，假如质量是 1ppm 或 10ppb，则需要的检验规模将大得惊人。在这种情况下，传统的测量控制方法不但成本高（如自动化全检），而且是不可靠的。在高质量的情形下，质量测量和控制的最佳手段是控制图。

7. 为员工自主管理及持续改进提供了平台

SPC 最大的好处是为操作者提供一个简单的工具，让员工管理自己的工作，从而获得满意的质量和产出，而不是依靠主管和质检的监督。同时，SPC 为员工提供了一个改进的平台和机制，有利于营造改进与学习的文化。

14.2　SPC 介绍

SPC 在整个质量管理活动中占据着及其重要的位置（见图 14-1）。

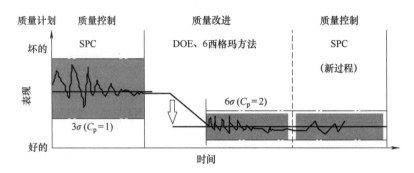

图 14-1　SPC 在质量管理活动中的位置

1. 什么是 SPC

统计过程控制（Statistical Process Control，SPC）是一种实现过程控制与持续改进的质量管理方法。SPC 将统计学知识、信息、工程学与生产操作和质量控制员联系起来，它能帮助人们了解过程、监视过程、识别问题根源、排除障碍、解决问题并做出决定。SPC 的一个重要作用是识别和解决引起缺陷的那些问题，以便诊断生产过程中的质量问题并保证产出的一致性。

2. SPC 的目标

SPC 的基本目标是区别变异的两类原因，识别和消除变异的特殊原因，实现并维持过程稳定（即过程控制）；为质量改进（即减少或消除变异）提供系统架构与基础，实现持续改进。

3. 控制图是 SPC 的工具

SPC 通过使用控制图发挥作用，只有了解控制图才能真正地了解 SPC。

控制图是对过程质量特性值进行测定、记录、评估，从而监察过程是否处于控制状态的一种图形。控制图示例如图 14-2 所示，图中有三条相互平行的水平线：中心线（CL）、上控制线（UCL）和下控制线（LCL）。控制图的纵轴为控制对象——质量特性；横轴是时间轴，可以是周、日、班次、小时等，一般以样本号表示。

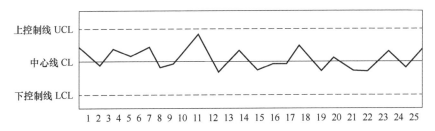

图 14-2　控制图示例

4. SPC 能做什么

1）区分过程变异的特殊原因和普通原因。这是 SPC 最基本、最关键的功能，是休哈特对现代质量管理做出的重大贡献，是戴明反复强调的第一原则，也是构成全部 SPC 及控制图理论的基础。这种与众不同的区分技术揭示了过程变异的本质，将过程管理的职责功能分成了过程控制和过程改进两个部分（步骤），并显示出与职责功能对应的责任，以及不同的解决问题的方式。这为许多企业摆脱质量管理混乱的局面、澄清并建立起一个清晰有效的质量管理机制。

2）实时监视过程，识别并消除过程变异的特殊原因，获得稳定的过程，防止不合格品的产生。控制图为现场操作者提供了一个简单有效的图表工具，帮助操作者很方便地监视和管理自己的操作流程：只要所操作的流程的质量特征在两条控制线之间变化，就完全能保证所加工的产品符合质量要求，并获得很好的一致性。

3）进行过程能力研究，评价过程能力是否满足顾客要求并提供客观证据。通过建立控制图并提供过程能力指数 C_p/C_{pk}，使顾客对企业的产品质量及过程的稳定性增加信心。因为，C_p/C_{pk} 这个统计符号就是对过程未来质量的预测。

4）为现代质量管理及定义质量的基本问题奠定了基础。休哈特发明的"3 西格玛原则"不仅是设定控制图界限的依据，也是现代质量工程定义"过程能力"的基准，过程能力（PC）定义式为 $PC = 6\delta\ (\pm 3\delta)$。

5）为组织有效进行质量管理与持续改进提供了一套科学决策的指导原则。

朱兰、戴明都强调，质量改进的课题始于达到统计过程控制，即首先使过程达到统计控制状态，质量改进才有意义并具备了改进的基础。控制图是戴明阐述质量管理与质量改进的重要方法和媒介。几乎所有的 SPC 教材都忽略了戴明所倡导的管理者与操作者的质量责任的划分及质量改进的顺序和策略的理论。遵循戴明理论而正确应用 SPC，企业就能在持续改进的道路上获得事半功倍的效果。

5. 休哈特"3σ原则"

正态分布是控制图的统计基础。休哈特根据"3σ原则"发明和设计了控制图。产品质量总体特性值的99.73%在控制界限内（$\mu \pm 3\sigma$范围）。换句话说，如果过程受控，就可达到99.73%的产品合格率。休哈特控制图总公式如下：

$$UCL = \mu + 3\sigma \qquad (14\text{-}1a)$$
$$CL = \mu \qquad (14\text{-}1b)$$
$$LCL = \mu - 3\sigma \qquad (14\text{-}1c)$$

6. 两类错误

控制图的应用属于抽样活动，存在两种错误的风险，使用者必须了解。

（1）第Ⅰ类错误：记为α

第Ⅰ类错误是指当某过程处于稳定的受控状态时，却误认为过程异常。它的表现是"过度调整"。

（2）第Ⅱ类错误：记为β

第Ⅱ类错误是指当某过程存在变异的特殊原因时，却误认为过程受控。它的表现是"调整不足（见图14-3）。

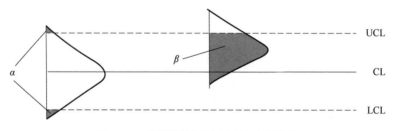

图14-3 抽样及控制图应用的两种错误

同时避免两种错误是不可能的，休哈特发明了控制图，使两种错误的损失降至最低。

7. 过程控制与过程改进

控制与改进是质量管理的两个重要概念。当质量计划（设计）完成后，质量控制和质量改进就是质量管理的两项重要工作。控制及改进与变异的不同原因类型有关，两者有着不同的目的及不同的实现机制。

（1）过程控制

"控制"意味着维持系统设置不变。"过程控制"的目标是识别并消除变异的特殊原因（若过程发生特殊原因时），通过采取局部措施将异常的过程拉回到稳定的过程（过程控制）。戴明认为，控制的责任由操作者担负，操作者的责任占15%。

（2）过程改进

"改进"意味着改变系统和原来的设置。"过程改进"的目标是消除或减少变异的普通原因,提高过程和产品的一致性,以提高过程能力。按照戴明的理论,一旦过程处于统计控制,应由工程师接手,通过采取系统的措施,进行持续的"过程改进",以满足或超过顾客的要求。改进系统的责任由管理层承担,管理责任占85%。

8. 统计控制状态与对策

当该过程只存在变异的普通原因而没有特殊原因时,称为"统计控制"或"受控",也称作稳定的过程。

当该过程存在变异的特殊原因时,称为"非统计控制"或"非受控"。

对于现场操作者来讲SPC的策略如下:
- 当过程发现存在变异的特殊原因时,应查明原因并予以排除。
- 当过程仅存在变异的普通原因时,不采取任何措施并保持过程的稳定运行。

9. 稳定过程的好处

1)生产过程可以鉴定,过程绩效(包括质量、产能及成本)是可预测的。
2)产品质量能获得很好的一致性。
3)在JIT背景下,当整个系统都在统计控制下时,才能使用看板系统。
4)管理变得轻松和简单,放心让员工去做即可。
5)为进一步的过程改进提供了决策的基础。
6)供应商在统计过程控制下,质量保证得到信任,合作关系大为简化,质量提高的同时降低了成本。

10. 分析用控制图与现场用控制图

控制图的应用划分为构建分析用控制图和使用控制图两个阶段,前者是过程工程师的职责,后者是现场操作人员的职责。

(1)分析用控制图功能

1)建立控制界限,为现场人员提供可用的控制图。
2)判断过程是否受控,评估过程能力。

(2)监控用控制图功能

1)记录过程结果,监视过程状态和趋势。
2)发现异常(特殊原因)及时采取措施。

11. 现场控制图管理流程

1)工程部门发出受控的控制图(图样或电子文件)。
2)操作者依据规定的频率及样本量抽取样本,测量并描点。
3)判断是否异常。若正常,则不予以理会;若异常,则采取行动。
4)记录重要的事项,如换模、换料、采取的纠正措施等。
5)工程师定期地对控制图进行评审。

一份受控的控制图应当确认以下内容：
- 工程名。
- 产品特性及规格（USL、LSL）。
- 控制线（UCL、LCL）。
- 子组大小及采样频率。

控制图的评审周期建议至少每年进行一次。评审的内容包括：
- 使用人员对控制图的应用是否有效。
- 过程能力达成情况。
- 控制线是否需要调整，或者控制图的使用是否需要取消等。

12. 常规控制图的种类

（1）计量型控制图
- $\bar{X} - R$ 控制图（均值－极差控制图）。
- $\bar{X} - S$ 控制图（均值－标准差控制图）。
- $X - MR$ 控制图（单值－移动极差控制图）。

（2）计数型控制图
- P 图（不合格率控制图）。
- np 图（不合格品数控制图）。
- c 图（缺陷数控制图）。
- u 图（单位缺陷数控制图）。

常规控制图的控制线计算公式见表 14-1。控制图系数见表 14-2。

表 14-1 常规控制图的控制线计算公式

控制图		控制线	计算公式
均值极差图	$\bar{X}$ 图	控制上限 UCL	$UCL = \bar{\bar{X}} + A_2 \bar{R}$
		中心线 CL	$CL = \bar{\bar{X}}$
		控制下限 LCL	$LCL = \bar{\bar{X}} - A_2 \bar{R}$
	R 图	控制上限 UCL	$UCL = D_4 \bar{R}$
		中心线 CL	$CL = \bar{R}$
		控制下限 LCL	$LCL = D_3 \bar{R}$
均值标准差图	$\bar{X}$ 图	控制上限 UCL	$UCL = \bar{\bar{X}} + A_3 \bar{S}$
		中心线 CL	$CL = \bar{\bar{X}}$
		控制下限 LCL	$LCL = \bar{\bar{X}} - A_3 \bar{S}$
	S 图	控制上限 UCL	$UCL = B_4 \bar{S}$
		中心线 CL	$CL = \bar{S}$
		控制下限 LCL	$LCL = B_3 \bar{S}$

（续）

控制图		控制线	计算公式
单值—移动极差图	I 图	控制上限 UCL	$UCL = \overline{X} + E_3\overline{MR}$
		中心线 CL	$CL = \overline{X}$
		控制下限 LCL	$LCL = \overline{X} - E_2\overline{MR}$
	MR 图	控制上限 UCL	$UCL = D_4\overline{MR}$
		中心线 CL	$CL = \overline{MR}$
		控制下限 LCL	$LCL = D_3\overline{MR}$
不合格率控制图	P 图	控制上限 UCL	$UCL = \overline{P} + 3\sqrt{\dfrac{\overline{P}(1-\overline{P})}{n}}$
		中心线 CL	$CL = \overline{P}$
		控制下限 LCL	$LCL = \overline{P} - 3\sqrt{\dfrac{\overline{P}(1-\overline{P})}{n}}$
不合格品数控制图	np 图	控制上限 UCL	$UCL = \overline{np} + 3\sqrt{\overline{np}(1-\overline{P})}$
		中心线 CL	$CL = \overline{np}$
		控制下限 LCL	$LCL = \overline{np} - 3\sqrt{\overline{np}(1-\overline{P})}$
缺陷数控制图	c 图	控制上限 UCL	$UCL = \overline{c} + 3\sqrt{\overline{c}}$
		中心线 CL	$CL = \overline{c}$
		控制下限 LCL	$LCL = \overline{c} - 3\sqrt{\overline{c}}$
缺陷率控制图	u 图	控制上限 UCL	$UCL = \overline{u} + 3\sqrt{\dfrac{\overline{u}}{n}}$
		中心线 CL	$CL = \overline{u}$
		控制下限 LCL	$LCL = \overline{u} - 3\sqrt{\dfrac{\overline{u}}{n}}$

表 14-2 控制图系数

样本量 n	A_2	d_2	D_3	D_4	A_3	C_4	B_3	B_4	E_2	中位数 A_2^*
2	1.880	1.128	—	3.267	2.659	0.798	—	3.267	2.660	1.880
3	1.023	1.693	—	2.574	1.954	0.886	—	2.568	1.772	1.187
4	0.729	2.059	—	2.282	1.628	0.921	—	2.266	1.457	0.796
5	0.577	2.326	—	2.114	1.427	0.940	—	2.089	1.290	0.691
6	0.483	2.534	—	2.004	1.287	0.952	0.030	1.970	1.184	0.548

注：本表中的系数如 A_2、d_2 等，与表 14-1 中的各种控制图公式匹配。

13. 控制图解释与判异准则

SPC 的目的是快速了解过程，并最终改进过程。所有这些都必须借助控制图来实现。控制图是过程运行业绩的记录，实际上就是过程的生产史和"晴雨表"，它会向人们提供非常有用的过程信息。SPC 团队成员必须学会正确解析控制图的技术，透过解读控制图，团队成员应当回答如下问题：
- 过程当前发生了什么？
- 这些变异可以看作一种偶然吗？
- 是否需要采取行动？
- 如果需要，该如何行动？

制定控制图判定准则的理论依据是正态分布原理。由于正态分布特性：均值 $\pm 1\sigma$ 的区间覆盖 68.26% 的观测值，均值 $\pm 2\sigma$ 区间覆盖了 95.44% 的观测值，均值 $\pm 3\sigma$ 区间内覆盖 99.73% 的观测值（见图 14-4）。

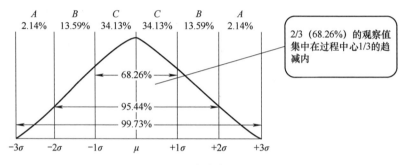

图 14-4　正态分布的百分比

SPC 的重要性在于帮助生产人员及时发现过程的偏离并做出必要的调整，美国西方电气公司的质量控制手册提出控制图的 8 条判异准则，这些标准也被收入我国国家标准 GB/T 17989.2—2020。

对于现场管理而言，主要掌握第 1~4 条标准就已经足够了。

【准则 1】**一点超出界限，表明过程失控**（见图 14-5）。

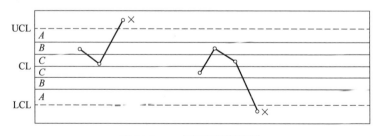

图 14-5　一点超出界限准则

分析：这是休哈特最基本的判异准则，有点出界就表明过程失控。

【准则 2】**连续 9 点分布在中心线一侧，表明过程位置 μ 发生偏移**（见图 14-6）。

分析：表明过程位置 μ 发生偏移。

【准则 3】**连续 6 点递增或递减，表明过程随时间发生趋势变化**（见图 14-7）。

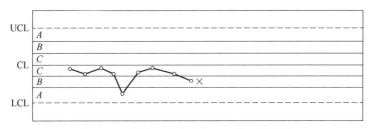

图 14-6　连续 9 点分布在中心线一侧准则

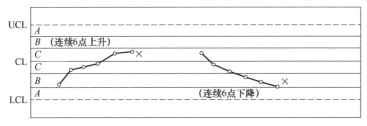

图 14-7　连续 6 点递增或递减准则

分析：表明过程随时间发生**趋势**变化。可能是位置，也可能是分布。

【**准则 4**】连续 14 点中相邻点交替上下，表明数据分层出现问题或数据被编辑（见图 14-8）。

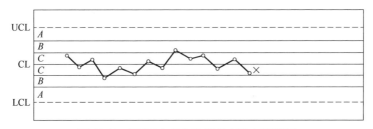

图 14-8　连续 14 点中相邻点交替上下准则

分析：1）数据分层出现问题（可能混合了两个过程的产品）。

2）数据被编辑（假数据）。

【**准则 5**】连续 3 点中由 2 点落在中心线同侧 B 区以外，表明过程参数 μ 发生变化（见图 14-9）。

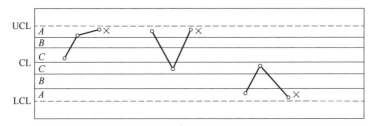

图 14-9　连续 3 点中由 2 点落在中心线同侧 B 区以外准则

分析：过程参数 μ 发生变化。

【准则 6】连续 5 点中有 4 点落在中心线同一侧的 C 区以外，表明过程参数 μ 发生变化（见图 14-10）。

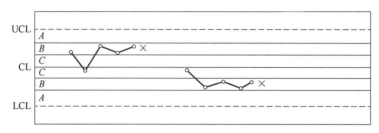

图 14-10　连续 5 点中有 4 点落在中心线同一侧的 C 区以外准则

分析：过程参数 μ 发生变化。

【准则 7】连续 15 点落在 C 区中心线上下，表明过程差异、数据分层不够或数据被编辑（见图 14-11）。

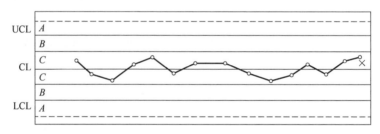

图 14-11　连续 15 点落在 C 区中心线上下准则

分析：1）过程差异（参数 σ）变小。

2）数据分层不够。

3）数据被编辑。

【准则 8】连续 8 点落在中心线两侧且无一在 C 区内，表明数据分层有问题（见图 14-12）。

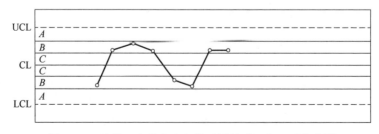

图 14-12　连续 8 点落在中心线两侧且无一在 C 区内准则

分析：数据分层有问题。

14.3 控制图的制作与应用

建立控制图的一般步骤如图 14-13 所示。

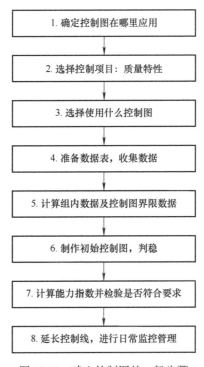

图 14-13 建立控制图的一般步骤

14.3.1 计量型控制图

1. $\bar{X} - R$ 控制图（均值－极差控制图）

（1）适用范围和特点

$\bar{X} - R$ 控制图适用范围广、灵敏度高，是用于计量型数据最常见的控制图。

$\bar{X} - R$ 控制图由 $\bar{X}$ 图和 R 图 2 个控制图组合而成。它们各自的作用如下：

- $\bar{X}$ 图监测"是否由于变异的特殊原因引起过程**中心位置**异常波动"。
- R 图监测"是否由于变异的特殊原因引起过程**离散度**增强或减弱"。

所有计量型数据如长度、重量、强度、时间、纯度等，都适用制作 $\bar{X} - R$ 控制图。

（2）样本大小限制

抽样数 n 一般取 4~5，样本大小一旦确定，便恒定不变。

（3）控制线公式

$$\bar{X} \text{图}：\text{UCL} = \bar{\bar{X}} + A_2\bar{R}$$
$$\text{CL} = \bar{\bar{X}}$$
$$\text{LCL} = \bar{\bar{X}} - A_2\bar{R}$$
$$R \text{图}：\text{UCL} = D_4\bar{R} \tag{14-2}$$
$$\text{CL} = \bar{R}$$
$$\text{LCL} = D_3\bar{R}$$

【例14-1】 某电子厂改善团队为提高产品质量，决定采用 $\bar{X} - R$ 控制图对产品装配作业中的螺丝扭力进行控制。扭力的规格要求为 150~200gf·cm。

解：按下列步骤建立控制图。

步骤1：采集预备数据。按制订的计划，取 $k=25$，$n=5$，将收集到的数据记录到预先准备的数据表，见表14-3。

步骤2：计算各组样本的平均数。第一组样本均值：
$$\bar{X}_1 = (162 + 174 + 164 + 166 + 154)\text{gf}\cdot\text{cm}/5 = 164.0\text{gf}\cdot\text{cm}，\text{其余类推}。$$

步骤3：计算各组样本的极差 R。第一组样本极差：
$$R_1 = \max(X_i) - \min(X_i) = (174 - 154)\text{gf}\cdot\text{cm} = 20\text{gf}\cdot\text{cm}，\text{其余类推}。$$

步骤4：计算样本总均值 $\bar{\bar{X}}$ 和样本平均极差 $\bar{R}$。
$$\bar{\bar{X}} = (\Sigma X)/k = (4088/25)\text{gf}\cdot\text{cm} = 163.52\text{gf}\cdot\text{cm}$$
$$\bar{R} = (\Sigma R)/k = (336.5/25)\text{gf}\cdot\text{cm} = 13.46\text{gf}\cdot\text{cm}$$

表14-3 $\bar{X} - R$ 控制图的数据与计算表　　　　（单位：gf·cm）

组号	观测值					和 (6)	均值 (7)	极差 (8)	备注 (9)
	X_{i1} (1)	X_{i2} (2)	X_{i3} (3)	X_{i4} (4)	X_{i5} (5)				
1	162	174	164	166	154	820	164.0	20	
2	164	170	162	166	166	828	165.6	8	
3	166	168	160	162	160	816	163.2	8	
4	168	170	164	164	166	832	166.4	6	
5	153	165	162	165	167	812	162.4	14	
6	164	158	162	172	168	824	164.8	14	
7	167	169	157	175	165	835	167.0	16	
8	158	160	162	164	166	810	162.0	8	
9	156	162	164	152	164	798	159.6	12	
10	174	162	162	156	174	828	165.6	18	

(续)

组号	观测值					和 (6)	均值 (7)	极差 (8)	备注 (9)
	X_{i1} (1)	X_{i2} (2)	X_{i3} (3)	X_{i4} (4)	X_{i5} (5)				
11	168	174	166	160	166	934	166.8	14	
12	148	160	162	164	170	804	160.8	22	
13	172	152	163	160	163	810	162.0	20	
14	164	166	164	170	164	828	165.6	6	
15	162	158	154	168	172	814	162.8	18	
16	158	162	156	164	152	792	158.4	12	
17	152	164	154	170	168	811	162.2	20	
18	166	166	172	164	162	830	166.0	10	
19	170	170	166	160	160	826	165.2	10	
20	168	160	162	154	160	804	160.8	14	
21	162	164	165	169	153	813	162.6	16	
22	166	160	170	172	158	826	165.2	14	
23	172	164	159	167	160	822	164.4	13	
24	174	164	166	157	162	823	164.6	17	
25	151	160	164	158	170	803	160.6	19	
Σ							4088.0	336.5	$k = 25$
均值							163.52	13.46	

步骤5：计算控制图控制界限。

1) 计算 R 图参数：当 $n = 5$ 时，查表知，$D_4 = 2.114$，$D_3 = 0$，于是有

$$\text{UCL}_R = D_4 \overline{R} = (2.114 \times 13.46)\text{gf}\cdot\text{cm} = 28.45\text{gf}\cdot\text{cm}$$

$$\text{LCL}_R = D_3 \overline{R} = 0 \text{（当 } n < 7 \text{ 时，LCL 值取 0）}$$

2) 计算 $\overline{X}$ 图参数：当 $n = 5$ 时，查表知，$A_2 = 0.577$，于是有

$$\text{UCL}_X = \overline{\overline{X}} + A_2 \overline{R} = (163.52 + 0.577 \times 13.46)\text{gf}\cdot\text{cm} = 171.28\text{gf}\cdot\text{cm}$$

$$\text{UCL}_X = \overline{\overline{X}} - A_2 \overline{R} = (163.52 - 0.577 \times 13.46)\text{gf}\cdot\text{cm} = 155.76\text{gf}\cdot\text{cm}$$

步骤6：制作初始控制图，判稳。

1) 根据步骤5确定的控制限值，绘制 $\overline{X}$ 图和 R 图，见图14-14。

2) 通过观察初始控制图（见图14-14），并未发现变异的特殊原因，表明过程受控。因此，该控制图数据可用于两种用途：①计算过程能力；②将控制线用于现场过程的监控。

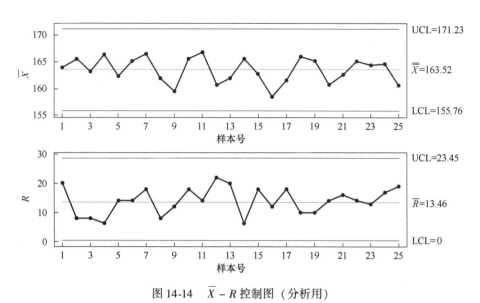

图 14-14 $\bar{X} - R$ 控制图（分析用）

步骤 7：延长初始 $\bar{X} - R$ 控制图控制线，对工序进行日常控制。

均值标准差控制图（$\bar{X} - S$ 图）以及中位数极差控制图（$\tilde{X} - R$ 图）的使用方法与 $\bar{X} - R$ 图类似，故不建议使用这两种控制图。

2. $X - MR$ 控制图（单值 – 移动极差控制图）

（1）适用范围和特点

在有些情况下，是用单值而不是用子组来进行过程控制。$X - MR$ 控制图适于以下情况：

- 测量费用很高或收集数据困难（如破坏性试验）。
- 过程任何时点的输出性质比较一致时（如化学液体的 pH 值）。

在应用 $X - MR$ 控制图时，应注意以下几点：

- 单值图在检查过程的变化时，不如 $\bar{X} - R$ 图敏感。
- 由于每组仅有一个单值，其均值和标准差都有较大的变异性。
- 如果过程不是对称的，在解释单值图时要特别小心。

（2）控制线公式

$$X \text{ 图}: UCL = \bar{X} + 2.66\bar{R}$$
$$CL = \bar{X}$$
$$LCL = \bar{X} - 2.66\bar{R}$$
$$MR \text{ 图}: UCL = 3.267\bar{R}$$
$$CL = \bar{R}$$
$$LCL = 0$$

(14-3)

第14章 统计过程控制（SPC）

【例14-2】某化工厂在生产过程中，要求某种产品物理浓度进行控制。由于该产品化验需要时间和成本，团队决定制定 X – MR 控制图。在生产稳定时测得25组化学产品浓度数据，见表14-4。

步骤1：取得预备数据，见表14-4。

表14-4 化学产品浓度数据

组号（1）	测定值（2）	MR（3）	组号（1）	测定值（2）	MR（3）
1	77.00	—	14	76.98	0.05
2	77.05	0.05	15	76.97	0.01
3	76.99	0.06	16	77.02	0.05
4	77.09	0.10	17	76.93	0.09
5	77.07	0.02	18	76.90	0.03
6	77.26	0.19	19	77.06	0.16
7	77.00	0.26	20	76.89	0.17
8	77.06	0.06	21	77.19	0.30
9	76.92	0.14	22	77.03	0.16
10	77.11	0.19	23	77.22	0.19
11	77.02	0.09	24	77.03	0.19
12	77.15	0.13	25	77.04	0.01
13	76.93	0.22			

测定值合计为1925.91，MR 合计为2.92。

步骤2：计算 X 的均值。在表14-4第（2）列的数据得到：

$$\overline{X} = 1925.91 \div 25 = 77.04$$

步骤3：计算移动极差。从第二个数据开始，有第一个移动极差：

$$MR = |77.00 - 77.05| = 0.05$$

其余见表14-4中第（3）栏，得到的移动极差数目比子组数目少一个，即有24个。

步骤4：计算平均移动极差。根据表14-4第的（3）栏的数据，得到：

$$\overline{MR} = 2.92 \div (25 - 1) = 0.12$$

步骤5：计算 X – MR 图的控制线。

MR 图：$UCL = 3.267 \times \overline{MR} = 3.267 \times 0.12 = 0.39$

$\quad\quad\quad CL = 0.12$

$\quad\quad\quad LCL = 0$

X 图：$UCL = 77.04 + 2.66 \times 0.12 = 77.36$

$$CL = 77.04$$
$$LCL = 77.04 - 2.66 \times 0.12 = 76.72$$

步骤6：作化学产品浓度 X – MR 控制图（见图14-15）。

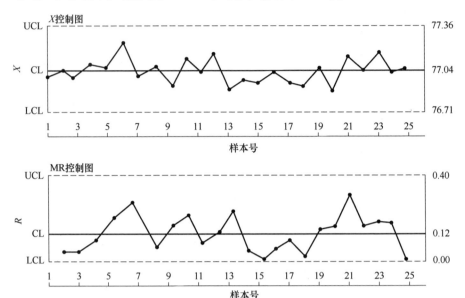

图 14-15　化学产品浓度 X – MR 控制图

14.3.2　计数型控制图

1. P 控制图（不合格率控制图）

（1）适用范围和特点

1）P 控制图适用于如下场合：

- 产品用"通过"与"不通过"量规或自动分选机来分类"合格"与"不合格"产品。
- 采用产品全检方式来统计不合格品率。

2）P 控制图样本量 n 的取值范围：$1/p < n < 5/p$。

3）样本量限制：不需要固定不变。

（2）控制限公式

$$\begin{cases} \bar{p} = \dfrac{\Sigma_{np}}{\Sigma_n} = \dfrac{\text{不合格品总数}}{\text{子组容量之和}} \\ UCL = \bar{p} + 3\sqrt{\bar{p}(1-\bar{p})/n} \\ CL = \bar{p} \\ LCL = \bar{p} - 3\sqrt{\bar{p}(1-\bar{p})/n} \end{cases} \quad (14\text{-}4)$$

【例 14-3】 某电子厂 7 月份某种产品的数据见表 14-5。根据以往记录可知，稳态下的平均不合格率 $\bar{p}=0.032$（作为参考值）。试作 P 控制图进行控制。

步骤 1：根据数据采集计划，取得数据，见表 14-5。

步骤 2：计算样本不合格率 p。第一组 $p_1=9\div 375=0.024$，其余类推。

表 14-5　某种产品数据

组号（1）	样本大小（件）（2）	不合格数 d（件）（3）	不合格率 p（4）	备 注
1	375	9	0.024	
2	375	12	0.032	
3	375	14	0.037	
4	375	10	0.027	
5	500	9	0.018	
6	500	26	0.052	
7	500	18	0.036	
8	500	14	0.028	
9	500	17	0.034	
10	250	9	0.036	
11	250	8	0.032	
12	250	12	0.048	
13	500	11	0.022	
14	500	31	0.062	
15	500	16	0.032	
16	500	10	0.020	
17	500	16	0.032	
18	500	17	0.034	
19	500	20	0.040	
20	500	15	0.030	
21	500	8	0.016	
22	250	6	0.024	
23	250	6	0.024	
24	250	8	0.032	
25	250	9	0.036	
合计	10250	331	0.0323	

步骤 3：计算 $\bar{p}$，利用表 14-5 中的数据，有

$$\bar{p}=331\div 10250=0.0323$$

步骤4：计算控制界限 UCL、LCL，将 $\bar{p} = 0.0323$ 代入式（14-4），得：

$$UCL = 0.0323 + 3\sqrt{0.0323 \times (1-0.0323)/n} = 0.0323 + 3\sqrt{0.03126/n}$$

$$LCL = 0.0323 - 3\sqrt{0.0323 \times (1-0.0323)/n} = 0.0323 - 3\sqrt{0.03126/n}$$

本例中 $n = 250$ 时，有 UCL = 0.0658，LCL = -0.0012，取值为 0。

$n = 375$ 时，有 UCL = 0.0597，LCL = 0.0049。

$n = 500$ 时，有 UCL = 0.0560，LCL = 0.0086。

步骤5：作 P 图，将不合格率（点）绘制在控制图中（见图 14-16）。

步骤6：判稳。由于第 14 个样本的点出界，所以过程失控。需要进行调查并采取纠正措施。当消除变异的特殊原因后，重新计算控制界线，进行日常控制。

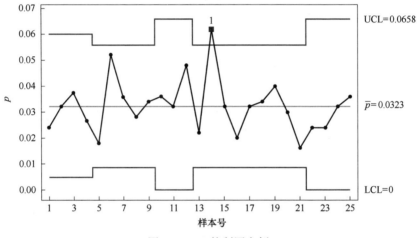

图 14-16　P 控制图实例

2. nP 图（不合格品数控制图）

（1）适用范围和优势

nP 图的用途与 P 控制图一致，且具有更大的优势。因为 nP 图的抽样数保持一致，故控制图中心线与上限均以固定的产品单位数来表示。这为管理带来了极大的便利。操作员只要将生产检查的不合格品数控制在某个固定的值即可。若控制上限为 9.87，则产品的不合格数控制在 9 或 9 以下就可以满足要求。nP 图应用于过程的转序检验非常合适，可免去检验环节。

（2）样本大小限制

样本大小一旦确定，就需保持恒定不变。

（3）控制线计算公式

$$\begin{cases} UCL = n\bar{p} + 3\sqrt{n\bar{p}(1-\bar{p})} \\ LCL = n\bar{p} - 3\sqrt{n\bar{p}(1-\bar{p})} \end{cases} \quad (14\text{-}5)$$

在计算 LCL 的结果为负值时，取值为 0。

平均不合格品数：$n\bar{p} = \dfrac{\Sigma np}{k} = \dfrac{\text{不合格品总数}}{\text{子组数目}}$

平均不合格品率：$\bar{p} = n\bar{p}/n$

【例 14-4】 建立 np 控制图的步骤与 P 控制图基本相同。团队收集了 np 控制图数据，见表 14-6，根据该数据建立 np 图（见图 14-17）。

表 14-6 np 控制图数据

组 号	样本量 n	不合格数 np	组 号	样本量 n	不合格数 np
1	60	2	14	60	3
2	60	5	15	60	6
3	60	4	16	60	3
4	60	3	17	60	6
5	60	3	18	60	4
6	60	6	19	60	4
7	60	5	20	60	4
8	60	0	21	60	6
9	60	7	22	60	4
10	60	5	23	60	2
11	60	4	24	60	3
12	60	1	25	60	7
13	60	2			

合计：不合格总数为 101，样本总数为 1500。

$$n\bar{p} = 101 \div 25 = 4.04$$

$$\bar{p} = 4.04 \div 60 = 0.0673$$

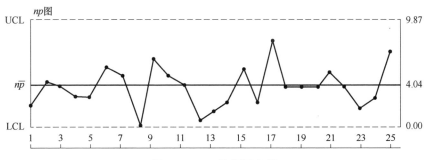

图 14-17 np 控制图实例

3. c 控制图（缺陷数控制图）

(1) 适用范围和特点

c 控制图应用于以下几种情况：

1) 不合格分布在连续的产品流上（例如，每匹纺织材料上的瑕疵、玻璃上的气泡、大卷纸张上的缺陷、印刷品的印刷错误等）。
2) 用单位平均不合格率表示的场合（例如每平方米纺织材料上的瑕疵）。
3) 在单件产品检验中发现的不合格（例如一台机器修理、每辆车或元件可能存在的不合格）。

(2) 样本量限制

样本大小一旦确定，就要保持恒等不变。

(3) 计算公式

$$\begin{cases} \bar{c} = \dfrac{\Sigma c}{k} = 缺陷总数 / 子组数目 \\ UCL = \bar{c} + 3\sqrt{c} \\ LCL = \bar{c} - 3\sqrt{c} \end{cases} \tag{14-6}$$

【例 14-5】每匹纺织材料缺陷数见表 14-7，某团队根据此建立 c 控制图（见图 14-18）。

表 14-7 c 控制图数据（每匹纺织材料缺陷数）

样 本 号	缺 陷 数	样 本 号	缺 陷 数
1	7	11	6
2	5	12	3
3	3	13	2
4	4	14	7
5	3	15	2
6	8	16	4
7	2	17	7
8	3	18	4
9	4	19	2
10	3	20	3

合计：缺陷总数为 82。

$$\bar{c} = 82 \div 20 = 4.1$$

计算控制界限：

由于平均缺陷数 $\bar{c} = \dfrac{\Sigma c}{k} = 82/20 = 4.1$,故有

$$UCL = 4.1 + 3\sqrt{4.1} = 10.17$$

$$LCL = 4.1 - 3\sqrt{4.1} = -1.97（结果为负值时，取值为 0）$$

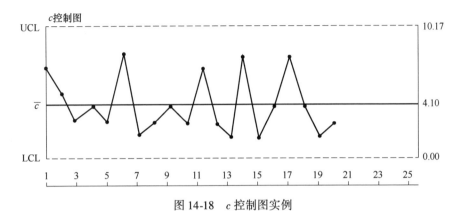

图 14-18 c 控制图实例

4. u 控制图（单位缺陷数控制图）

（1）适用范围和特点

u 控制图的用途与 c 控制图是相似的,适用于相同的数据情况。但如果每组检查的产品数不是常数,这时就必须使用 u 控制图。

（2）样本量限制

不需要恒等,子组的大小是变化的。

（3）计算公式

$$\begin{cases} \bar{u} = \dfrac{\Sigma c}{\Sigma n} \\ UCL = \bar{u} + 3\sqrt{\bar{u}/n} \\ LCL = \bar{u} - 3\sqrt{\bar{u}/n} \end{cases} \quad (14-7)$$

【例 14-6】现在以电镀线路板的缺陷数为例,建立 u 控制图。

步骤 1：收集数据。收集并确认单位数（或样本量）n 和缺陷数 c 的相关数据,见表 14-8。

步骤 2：计算每个小组的单位缺陷数 u。第一组 u 值为

$u_1 = c/n = 4 \div 1.0 = 4.0$,余者见数据表。

步骤 3：计算平均单位缺陷数 $\bar{u}$。使用表 14-8 中的数据,有：

$$\bar{u} = \Sigma c/\Sigma n = 75/25.4 = 2.95$$

表 14-8 u 控制图数据

组 号	样本大小 n	缺陷数 c	单位缺陷数 u	$\frac{1}{\sqrt{n}}$	UCL	LCL
1	1.0	4	4.0	1	8.10	0
2	1.0	5	5.0	1	8.10	0
3	1.0	3	3.0	1	8.10	0
4	1.0	3	3.0	1	8.10	0
5	1.0	5	5.0	1	8.10	0
6	1.3	2	1.5	0.877	7.07	0
7	1.3	5	3.8	0.877	7.07	0
8	1.3	3	2.3	0.877	7.07	0
9	1.3	2	1.5	0.877	7.07	0
10	1.3	1	0.8	0.877	7.07	0
11	1.3	5	3.8	0.877	7.07	0
12	1.3	2	1.5	0.877	7.07	0
13	1.3	4	3.1	0.877	7.07	0
14	1.3	2	1.5	0.877	7.07	0
15	1.2	6	5.0	0.913	7.65	0
16	1.2	4	3.3	0.913	7.65	0
17	1.2	0	0	0.913	7.65	0
18	1.7	8	4.7	0.767	6.90	0
19	1.7	3	1.8	0.767	6.90	0
20	1.7	8	4.7	0.767	6.90	0

数据来源：AIAG 统计过程控制。

$$\Sigma n = 25.4$$
$$\Sigma c = 75$$
$$\bar{u} = 75 \div 25.4 = 2.95$$

步骤 4：计算控制线。第一组控制线为

UCL $= 2.95 + 3\sqrt{2.95/1} = 8.1$（第一组 $n=1$）

LCL $= 2.95 - 3\sqrt{2.95/1} = -2.2$，取值为 0。

注意：随着 n 的变化，控制界限的数值也作相应变化。若子组有 4 种大小的口径，则需要计算 4 次控制线。各组的控制线计算结果请参见表 14-8。

步骤 5：画出控制线并标出 $\bar{u}$（见图 14-19）。

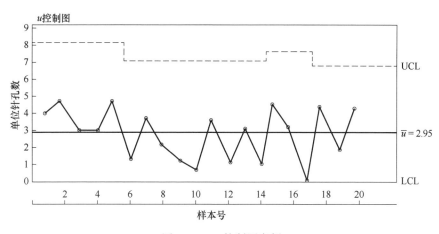

图 14-19 u 控制图实例

14.4 控制图数据收集

1. 休哈特"合理子组原则"

休哈特子组原则是构成有效的控制图的基础与灵魂。如果违背了该原则,所构建的控制图及所有的分析结论就毫无意义。休哈特子组原则包含两层意义:

1) 使得每个子组内的变异尽量小(组内差异仅由普通原因造成)。
2) 同时使得各子组彼此不同(组间差异由特殊原因造成)。

2. 样本形成的要领

1) 样本数据必须来自于相同生产条件(人、机、料、方法程序)的过程。
2) 每个子组在连续的产出中形成(连续抽取,个体之间不要中断)。
3) 每个子组之间必须保持一定的时间间隔。

3. 收据控制图数据的步骤与要求

1) 明确收集数据的目的,即数据用于什么控制图。
2) 确定控制对象,如什么特性,或哪个工序。
3) 确定样本数量规模。建立一个控制图,子组数目一般取 $k \geq 25$ 组,即使在不易获得大量数据的情况下,子组数也不得少于 20 组。
4) 确定样本量大小,并了解适用于该控制图的样本量是恒等或不恒等。$\bar{X} - R$ 图子组大小取 4~5。
5) 确定采集数据的频率。
- 初始用控制图:可以采用较短的时间间隔,如 0.5h 或 10min,甚至更短。
- 监控用控制图:可以是每小时一次或每班一次,或依据其他可行的计划。

原则是若过程不稳定，则取样频率加密；若过程稳定，则频率放宽。

6）实施数据采集程序。将采集到的所有数据填入事先准备好的数据表或控制图中。

控制图数据采集的关键要求是必须按照时间顺序采集样本，并保持数据记录的顺序。

14.5 过程能力研究

1. 过程能力研究的目的

如果已经确定一个过程已处于统计控制状态，接下来的问题是过程是否有能力满足顾客的要求？这就是过程能力研究。过程能力研究有以下目的：

- 确认当前过程能否满足顾客的要求或技术规范的要求。
- 确定初始控制图是否可以用作现场监控用途。
- 为确定技术规范的公差范围提供参考。
- 为过程改进的决策提供依据。

2. 过程能力研究的步骤

最常用的是 $\bar{X} - R$ 控制图，因此以 $\bar{X} - R$ 控制图为例。

1）确定产品的特性和规格。
2）进行测量系统分析（确保构成控制图的数据是可信的）。
3）收集 100~150 个数据，取 $n = 3 \sim 5$，作 $\bar{X} - R$ 图（初始控制图）。
4）检查控制图是否存在特殊原因，如果存在，则采取措施消除之，使过程受控。
5）计算 $\mu = \bar{\bar{X}}$，$\hat{\sigma} = \bar{R}/d_2$（或 $\hat{\sigma} = \bar{S}/c_4$，应用 $\bar{X} - S$ 控制图）。
6）计算过程能力指数 C_p、C_{pk}。
7）计算过程不合格率。

3. 过程能力的概念与量化

（1）定义

过程能力（PC）是指一个稳定过程的固有变差的总范围，即过程的分布宽度。通常，过程能力用过程的 6 倍标准差来量化，即 $PC = 6\sigma$。

标准差 σ 是衡量过程性能好坏的重要指标。对于某一特定的过程而言，标准差数值越小，表明过程能力越好。

（2）估计过程能力 σ

σ 是过程（总体）标准差，而非样本标准差。σ 来自控制图数据，必须通过统计估算而获得：

$$\hat{\sigma} = \bar{R}/d_2 \quad (\bar{X} - R \text{ 控制图}) \tag{14-8}$$

4. 过程能力指数

（1）C_p 指数

C_p 指数反映过程的潜在能力，该指数只关注变异而不考虑过程位置变化。假设过程均值与目标重合，计算公式如下：

$$C_p = \frac{\text{公差}}{\text{程度}} = \frac{\text{USL} - \text{LSL}}{6\sigma} \quad (\text{用于双边规格}) \tag{14-9}$$

式中　USL——规格上限；

LSL——规格下限。

一般来说，C_p 值越大越好，期望值应取 $C_p \geq 1.33$。若 $C_P < 1.0$，则说明该过程能力不足。

在单边规格情况下，需要计算 C_{pu} 或 C_{pl}。且有：$C_p = C_{pu}$（或 C_{pl}）$= C_{pk}$。

$$\begin{cases} C_{pu} = \dfrac{\text{USL} - \bar{X}}{3\sigma} = \dfrac{Z_u}{3} \\ C_{pl} = \dfrac{\bar{X} - \text{LSL}}{3\sigma} = \dfrac{Z_l}{3} \end{cases} \tag{14-10}$$

（2）C_{pk} 指数

C_{pk} 指数地反映过程的真实能力。该指数既关注变异，又关注过程均值与目标值的偏移情况。计算公式如下：

$$C_{pk} = \min\left(\frac{\text{USL} - \bar{X}}{3\sigma}, \frac{\bar{X} - \text{LSL}}{3\sigma}\right) \tag{14-11}$$

C_{pk} 值越大越好，期望值：$C_{pk} \geq 1.0 \sim 1.33$。

（3）Z 指数

能力指数 Z 是一个重要的指数（Z 是指过程均值与规格边界以 σ 为单位的"距离"，即所包含 σ 的倍数）。Z 指数分为 Z_u、Z_l 及 $Z_{\min}$（即 Z_l 与 Z_u 中较小者）。只有 $Z_{\min}$ 才具有实际意义，它代表着过程的真实能力。

$$\begin{cases} Z_u = (\text{USL} - \bar{X})/\sigma \\ Z_l = (\bar{X} - \text{LSL})/\sigma \\ Z_{\min} = \min[(\bar{X} - \text{LSL})/\sigma, (\text{USL} - \bar{X})/\sigma] \end{cases} \tag{14-12}$$

$Z_{\min}$ 与 C_{pk} 的功能相同，都标志着过程的真实能力，两者的关系如下：

$$Z_{\min} = 3C_{pk} \tag{14-13}$$

$Z_{\min}$ 其实就是六西格玛语境中的长期能力 Z_{LT}，即 $Z_{\min} = Z_{LT}$。

5. 过程能力评估与应对措施

能力的评定应根据顾客的要求而定。过程能力评估与措施见表 14-9。

表 14-9　过程能力等级评估与措施

等　级	过程能力		过程西格玛 （ppm）	应对措施
	C_p	C_{pk}		
特级：能力过高 （$C_p > 1.67$）	2.0	1.5	6σ (3.4)	放宽制程控制，鼓励员工自主检查，减少检验活动及频率 关键流程使用控制图并取代检验 必要时，可使用精度较差设备，以降低成本
1 级：能力充分 （$1.67 \geq C_p > 1.33$）	1.67	1.17	5σ (233)	规范化制程控制、鼓励员工自检查、简化检验 关键流程使用控制图取代检验
2 级：能力尚可 （$1.33 \geq C_p > 1.0$）	1.33	0.83	4σ (6210)	规范化制程控制、保持过程稳定及 4σ 成果 改进客户专注的流程，提升客户满意度，取得质量优势
3 级：能力不足 （$1.0 \geq C_p > 0.67$）	1.0	0.5	3σ (66800)	采取控制图、标准作业等手段，严格控制生产过程 加大关键流程的检验频次 对于重要的产品和特性实行全数检验或分级筛选 采取改进措施，提高过程能力 对关键顾客实施出厂全数检查
4 级：能力严重不足 （$0.67 > C_p$）	0.67	0.17	2σ (308770)	一般情况下，应停止生产、紧急处理并采取纠正措施 对产品进行全数检查和分级 必须全面追查原因，对过程及其工艺进行改进，包括淘汰落后设备，以提高基本过程能力

6. 过程能力分析范例

【例 14-7】假定 G 过程处于统计控制状态，应用 $\overline{X} - R$ 控制图，得到如下数据：样本量 $n = 5$，总平均值为 $\overline{\overline{X}} = 4.03$，平均极差为 $\overline{R} = 0.056$。产品规格 4.0 ± 0.10（LSL = 3.90，USL = 4.10）。根据这些信息，计算该过程能力指数 C_p、C_{pu}、C_{pl}、C_{pk} 以及过程不合格率 p。

解：首先估算过程标准差 σ。

当容量为 $n = 5$ 时，d_2 为 2.326，则有：

$$\sigma = \overline{R}/d_2 = 0.056/2.326 = 0.024$$

$$C_p = (USL - LSL)/(6\sigma) = (4.10 - 3.90)/(6 \times 0.024) = 1.39$$
$$C_{pu} = (USL - \bar{\bar{X}})/(3\sigma) = (4.1 - 4.03)/(3 \times 0.024) = 0.97$$
$$C_{pl} = (\bar{\bar{X}} - LSL)/(3\sigma) = (4.03 - 3.9)/(3 \times 0.024) = 1.81$$
$$C_{pk} = \min(C_{pu}, C_{pl}) = \min(0.97, 1.81) = 0.97$$

过程不合格率的计算

在计算过程不合格率时,要用到Z_u指数和Z_l指数。

$$Z_u = \frac{USL - \bar{X}}{\sigma} = 3C_{pu} = 3 \times 0.97 = 2.91$$

$$Z_l = \frac{\bar{X} - LSL}{\sigma} = 3C_{pl} = 3 \times 1.81 = 5.43$$

$$Z_{\min} = \min(Z_u, Z_l) = 3C_{pk}$$

Z_u、Z_l是以σ为单位度量过程中心与规格界限距离的指数,该指数值越大,所包含的西格玛σ的数量越多,则表明过程满足规格要求的能力越强。

通过查询"正态分布表",可以找到与Z_u、Z_l相对应的正态曲线面积的值P_u、P_l(超出规格界的比例),于是就有:过程不合格率$P = P_u + P_l$。通过查表,可知:

$Z_u = 2.91$时的面积值$P_u = 0.0018$(即超出规格上限的不合格率为0.18%);$Z_l = 5.42$时的面积值$P_l = 0.0000$(即超出规格下限的不合格率为0)。其实,只需根据$Z_{\min}$查表就可以求得过程的不合格率p,因为$Z_{\min}$代表着过程的真实能力。

本例,过程不合格率$p = p_u + p_l = 0.18\% + 0 = 0.18\%$

过程能力分析结果如图14-20所示。

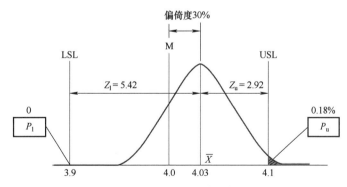

图14-20 过程能力分析结果

7. 过程绩效指数 P_p 与 P_{pk}

美国三大汽车公司(通用、福特、克莱斯勒)提出了过程绩效指数概念P_p与P_{pk}。过程绩效研究涵盖了更长的过程运行时间与所有过程变异,并使用样本标准差来计算其指数。P_p指数是假设均值与目标重合时的表现，P_{pk}指数则考虑过程位置与目标偏离时的表现（绩效）。

P_p一般表达如下：

$$P_p = \frac{USL - LSL}{6S} \tag{14-14}$$

绩效指数使用的数据是样本标准差 S，样本标准差表达式如下：

$$S = \sqrt{\frac{\Sigma(x_i - X)^2}{n-1}} \tag{14-15}$$

P_{pk}一般表达如下：

$$P_{pk} = \min\left(\frac{USL - \bar{X}}{3S}, \frac{\bar{X} - LSL}{3S}\right) \tag{14-16}$$

过程绩效研究与过程能力研究的目的、数据引用及机制有很大的不同（见表14-10）。

表14-10 过程绩效研究与过程能力研究的比较

比较项目	过程能力（C_p/C_{pk}）指数	过程绩效（P_p/P_{pk}）指数
表达的实质意义	稳定过程的能力特征，产出可预测、可重复，具有较高的可信性	只代表过去的能力表现，将来结果不可预见
数据来源	稳定过程的控制图	以往产品（检验）测量获得的数据
关键计算指标	过程（总体）标准差 $\hat{\sigma} = \bar{R}/d_2$	样本标准差 S
测量跨度（过程运行时间）	较短，一般一周至一月内	较长，一般大于一月至数月
包含变异的种类	普通原因	普通原因+特殊原因
适用的流程	只适用于经过鉴定的稳定过程	适用于所有过程

【使用 P 指数应注意的几个问题】

1) 应首选使用 C 指数（C_p/C_{pk}），只有在缺乏控制图数据或者过程非受控及顾客有特别要求时，才使用 P 指数（P_p/P_{pk}）。若使用绩效指数，须明确注明 P_p/P_{pk} 符号。

2) P 指数的采集数据须涵盖过程较长一段时期内的输出。

3) 使用统计软件从控制图（较短周期内）得到的数据并不是真正的 P 指数（P_p/P_{pk}）。

8. 属性数据能力分析

属性数据的能力分析相对比较简单。对于计数型控制图而言，它的过程平均，即 $\bar{p}$、$\overline{np}$、$\bar{c}$、$\bar{u}$ 就是该过程的能力（指数）。

对于在管理实践中所涉及的诸如"犯错数"或"失误数"这样的属性数据，只需利用原始数据表，便可以简单评估过程能力。

【例 14-8】 某保险公司 6 名保单人员共有 80 个错误（见表 14-11），即平均每人犯错 13.3 个（这是现在的绩效）。在排除原始数据中出现的异常绩效（员工 B 犯的第 3 类错误、员工 E 所犯的所有错误以及第 5 类错误（表 14-11 中的阴影单元格所涵盖的数据）之后，就可以重新计算过程能力。剔除异常数据后的 5 位保单人员的犯错数为 4，3，5，2，5，平均每人犯错量为 3.8。因此，过程能力估计应该为 3.8（而先前的估计为 13.3）。以上所陈述的事实与数据，见表 14-11。

表 14-11　保单编制犯错矩阵表

错误类型	保单编制						总　　数
	A	B	C	D	E	F	
1	0	0	1	0	2	1	4
2	1	0	0	0	1	0	2
3	0	(16)	1	0	2	0	19
4	0	0	0	0	1	0	1
5	2	1	3	1	4	2	(13)
6	0	0	0	0	3	0	3
…							
…							
29							
总数	6 [4]	20 [3]	8 [5]	3 [2]	(36)	7 [5]	80 [19]

14.6　SPC 常见的 10 个问题与澄清

1. 规格不能当作控制界限

规格不能作为控制图界限使用，控制界限必须来自过程本身的数据集合。规格是顾客或技术规格对产品的要求，不应将规格线画在图上，这样做不但无效还会产生干扰。员工使用控制图，不用担心不合格，只需切实了解和正确应用控制图即可。对于过程能力为 $C_{pk}=1$ 及样本大小为 4 的 $\bar{X}-R$ 控制图来说，控制线只有总体数据范围的 1/2，控制线离公差极限较远，只要过程不失控，即可获得期望的质量目标，将过程维持在 2700ppm。

2. 异常与不合格的区别

这是质量管理基本的、重要的概念和管理原则。不合格是指产品不符合规范（图样、检验标准）；异常是指过程的运行出现了不正常的状况，即数据（点）超出了控制界限。不合格与规格（顾客质量要求）有关；异常与过程的运行状况有关。不合格表现为产品特性超差；异常表明过程中的点出界（或出现链/非随机分布）。

3. 只画控制图不作处理

许多现场工人只画图，不采取行动，对控制图的原理和作用一无所知。工程师与工人使用控制图的目的是不同的，必须给予足够资源的培训。对于现场操作者来讲，收集数据描点后的处理动作有两个：一是判断是否异常，如果异常，就必须立即查找原因并予以纠正排除；二是记录运行的有关信息，如换班、换料、调整机器夹具、换新人、异常纠错的结果等，这些重要的生产信息对于过程改进非常重要。

4. 样本容量或抽样方法不合理

控制图的数据抽样是个很专业的问题，在工厂控制图实际应用中错误的做法比比皆是。使用控制图的重要前提是控制图数据的收集和抽样必须遵循"合理子组"原则，否则生成的控制图与能力指数就丧失了管理意义。

数据抽样的频率也有讲究。可参考的原则是过程质量稳定则间隔短，反之则长；开始使用时较短，随后加长；抽样频率不要忽长忽短。规范的做法是由工程师来规定抽样标准。

关于样本量的把握。p 控制图、u 控制图的样本量是可变的，其余的 np 控制图、c 控制图以及计量型控制图的样本大小是恒定不变的。对于 $\bar{X}-R$ 控制图来说，子组大小应控制在 4~5 是合理的，且有足够的可信度。如果样本量太大（例如 8~10），就太浪费了，而且出错的概率也大。对于多穴的模型的子组（抽取样本）的选择也需要慎重合理。

5. 所有的生产线共用一张控制图

经常有将全部生产线数据绘制成一张控制图的错误做法。例如，某企业将整个部门、不同的产品、不同的流程的质量检验报表数据，按日汇总做成一张 p 控制图，结果是：控制线呈阶梯状，因为每日的生产总数不同，这可以理解。问题是，全月 26 天数据点，有过半数的点超过控制线。由此，公司质量经理便得出结论：制造部门的质量控制出现异常。显然，这位质量经理的做法及判断有失偏颇，违背了控制图的作图原则。后经质量咨询顾问运用卡方检验，得出的结论与这位质量经理的恰好相反，该制造部门当月四周的质量不合格率并未存在明显差异。此外，利用多台机器的加工数据制作 $\bar{X}-R$ 图的例子也不在少数。建立控制图的要领是"休哈特合理子组"原则：多个流程共用一张控制图，这些流程必须是同质的，相同等级的设备、水平相当的操作者、相同的材料、相同的制造流程，并经过单个流程从验证，这若干流程的平均值（中心线）及变异分布（控制界的宽幅）基本接近。经过如此验证和确认，才可以多流程共用一张控制图。

6. 随意使用检验报表或工程数据计算 C_{pk}

过程能力指数 C_p/C_{pk} 的计算，必须来自受控的控制图数据。如果使用检验报表或工程试验的数据来计算指数，则获得指数只能叫作绩效指数 P_p/P_{pk}。C 指数（C_p/C_{pk}）表示稳定过程的能力；P 指数（P_p/P_{pk}）表示过程实际状况的能力表现（绩效），包含所有的过程变化，如特殊原因和普通原因，以及季节变化等。

7. 控制界限长期使用未得到评审和更新

随着时间的推移，由于材料、机器及程序的变化，过程能力可能发生了明显的变化。因此，必须在合理的期限内对控制图界限进行评审和更新。同时，控制图的数量不是越多越好，当过程能力非常高〔如 C_{pk} 达到 2 以上（远超顾客要）〕时，控制图的使命就结束了。

评审周期一般采取一季度至半年较为合理。

8. 控制图与质量改进

控制图是监测和评估过程状况的技术，它本身无法直接改进产品。控制图能够及时报警（发现特殊原因），但它不能告诉你到底发生了什么原因。查找和消除特殊原因是操作者的事情，这需要工程知识和流程经验的积累。因此，控制图的应用需要生产经验和知识的配合才能发挥最大效用。其他任何管理方法的应用都是如此，这是戴明反复强调的管理原理。

控制图虽然不能直接改进质量、消除不良，但控制图是质量改进最重要的基础。控制图是戴明阐述他的管理理论、建立质量改进分析模型与解决问题的重要工具（请参见本书第 11.3 节中的戴明管理改进模型）。按照戴明的观点，在评价任何流程或者打算改进流程之前，必须首先收集流程数据，并绘制成控制图，依据控制图判断过程的性质与人员的责任，最后才能做出行动决策。这就是戴明的管理风格和解决问题的统计质量管理方法。

9. 能力指数与公差设计

能力指数的计算受到规格（公差宽松）的影响。因为 C_p 指数是公差与过程分布的比值，当过程能力一定时，过松的公差便得到较高的指数，过紧的公差则得到较低的指数。而现实中的容差设计常表现不合理，工程师制定的 90% 的技术规格不是太紧就是太松，而且总是错误的。这也是戴明反对使用能力指数的原因。解决的办法有两个：一是运用田口质量损失容差设计，二是运用谢宁 DOE "散布曲线图" 来确定重要参数所需要的公差和技术规格；而对于非重要的参数，则使用松度公差。

10. 短期能力与长期能力

有些教科书将 $C_p(C_{pk})$ 与 $P_p(P_{pk})$ 分别定义为短期能力与长期能力。从收集数据的时间来看,这样分类并无不妥。但这种分类与六西格玛语境(定义)明显相悖,不利于团队质量改进的交流。六西格玛管理用短期能力 Z_{ST} 来定义流程的能力水平,即几个 σ(σ 的倍数越大则表明过程能力越好)。六西格玛系统定义:在漂移 1.5σ 假设前提下,有一个重要公式:

$$短期能力(Z_{ST}) = 长期能力(Z_{LT}) + 1.5$$

一般情况而言,人们无法得到短期能力(Z_{ST})数据,而只能通过实际测量获得的工程质量数据(例如 ppm 或 C_{pk} 等)而长期能力(Z_{LT})实际就是过程能力指数 Z_{min}(或 $3C_{pk}$)。

当过程为六西格玛水平时,则有:

$$C_p = 2, C_{pk} = 1.5$$

如是,C_p 与短期能力(Z_{ST})相对应,C_{pk} 与长期能力(Z_{LT})相对应。

请记住下面这个有用的换算公式:

$$西格玛(水平) = 3C_{pk} + 1.5$$

第15章 试验设计（DOE）

15.1 获取六西格玛质量的超级利器

人们都在追寻提高质量的秘方，但人们常被铺天盖地、时髦迷人的、复杂费时的东西蒙蔽。殊不知，有一种强大的提高效率和质量的工具被人们忽略了。这种策略已经被人们成功地应用了近100年，它就是试验设计，工程师习惯称之为DOE。区别于某种时髦、复杂、高成本而费时的管理框架，DOE是一种简单、低成本、快速、威力强大的获得高质量的利器。

1920年，英国统计学家费歇尔（Fisher）创立试验设计。1947年，印度学家劳（Rao）发明并建议使用正交表规划具有数个参数的试验计划。之后，英国统计学家乔治·博克斯（George Box）发明了响应曲面方法。以上三种方法称作DOE发展史上的三大里程碑。从此，DOE的应用步入了一个黄金时代，得到蓬勃发展，并衍生出试验设计的三大分支。试验设计首先在欧美地区尤其在美国获得普遍应用，人们称之为经典DOE；二战后，日本质量管理学家田口玄一研究开发出"田口品质工程方法"，简称田口方法；美国质量专家多利安·谢宁（Dorian Shainin）发明了一种"与部件对话"的质量工具——谢宁DOE。

当人们投入巨资并通过无数个DMAIC循环去追求6Sigma（$C_{pk}=1.5$）时候，试验设计的两位巨匠——谢宁和田口自豪地声称，应用他们的方法可以将过程能力从$C_{pk}=0.5$（3Sigma）提升到$C_{pk} \geq 2$，甚至更高，远超过6σ（$C_{pk}=1.5$）的质量水平。

15.1.1 美国人与日本人从不张扬的秘密

美国与日本的产品质量与管理被公认为世界顶级质量的代表。虽然近代发明了众多的新模式、新方法，但是，美国与日本工程师从来都未放弃对DOE的应用。

欧美、日本的工程师都会充分地、熟练地应用试验设计技术解决问题、提高设计与产品质量。从20世纪50年代至今，日本每年坚持对全国工程师培训的大规模投入，每次DOE课程办班都在20天以上，一年办班好几期，而且年年如此，从不间断。几乎每个工程师都会使用DOE技术，日本人近似疯狂的DOE培训热情，至今不减。

日本人每天宣传丰田生产方式（TPS），美国人也高调地宣传6Sigma，却鲜为张扬他们的看家技术。日本工程师一直使用田口方法，却早于美国人获得了实质性的6σ质量；而美国人对谢宁DOE更是深藏不露。日本人的可靠性试验可以使日本产品（如汽车、防护头盔等）的质量刚好保证其使用到寿命期结束。

15.1.2 DOE的本质与优势

1. 案例：田口DOE

日本质量专家田口玄一当年为美国贝尔实验室提供咨询帮助时，对几十名世界顶级的科学家发出一句石破天惊的豪言壮语："把你们最难的问题拿出来"。田口用他的田口试验方法，仅用了一个月时间就完美地解决了几十名著名科学家耗时几年都一筹莫展的科研疑难问题。

2. DOE提高质量的理论依据

朱兰指出，要实现质量突破，必须应用如试验设计之类的高级统计方法。戴明告诉我们，使产品符合严格的要求的办法是：在最初生产阶段知道该产品在所要求的公差范围内，同样需要高级统计方法DOE提升产品质量。因此，真正大幅提高质量的方法必须依赖DOE，而不是头脑风暴。

质量提高的实质是减少变异（六西格玛的核心），而不论是设计产品中的变异，还是制造过程中的变异，都受诸多因子的影响，这些因子如、材料、配方、加工温度、成型时间和压力，以及其他许多无法预知的环境因子（如噪声）等，如果缺乏科学的手段系统，人们仅凭经验判断，是无法了解的。试验设计恰恰是针对这类复杂问题的克星。

试验设计到底是一种什么方法呢？

试验设计是强大的检测复杂因果关系的统计工具，它能够检测系统内因子的显著性（哪些因子起主导作用，哪些是次要或基本不起作用的因子）及它们之间的相互作用，因为DOE几乎涵盖了统计知识的全部理论，包括方差分析和回归分析等（不必担心复杂的统计计算和建模，计算机软件都会替我们做）。

最重要的，试验设计是一种主动性的质量管理和质量改进方法。除此之外，其他所有的质量工具均属于被动性方法（田口称其不能从本质上解决问题）。试验设计完全摒弃了传统的事后找原因的做法，而是运用技术手段，通过试验来了解检测系统内部所有因子之间的因果关系，寻求可控因子的最佳组合，这是一种主动提高质量的方法。

3. 试验设计的三种方法与特点

试验设计方法广泛应用于航天、机械制造、医疗等领域，它的用途如下：

- 产品设计开发，进行参数设计和选材，缩短设计开发周期。
- 用于过程设计，以确定最佳工艺参数。
- 用于质量改进，解决长期、顽固的品质问题。
- 为新设备或现有设备选择合理的参数。
- 进行系统（也包括服务领域）的优化。

试验设计的应用有三种基本的形式。无论采用这三种基本形式的哪种，均能快速提高质量。三种 DOE 形式与特点对照见表 15-1。

表 15-1 三种 DOE 形式与特点对照

项 目	经典 DOE	田口 DOE	谢宁 DOE
目标理念	阶梯式序贯试验：筛选—分析—优化，结构化解决问题	无限趋近目标且抗干扰，能解决技术性难题	"与部件对话"，快速过滤众多变量，确定"红 X"（关键变量），优化、冻结
试验类型（工具）	筛选、分析、优化	田口试验（一种方法）	10 种典型工具
试验计划	由系统生成，形式规范、方便	借由系统生成，形式规范、方便	由采用的工具所决定，多样性，简单
因子数目	2~7 为宜（最多47个）	3~8 为宜（最多47个）	1~8 为宜（最多1000）
水平数目	2	2、3，或二者结合	2
噪声处理	不考虑	加入噪声	不考虑
分析检验基准	ANVOA	信噪比	置信区间、图基检验
因子筛选策略	Ⅲ级试验	"一半一半"原则	与部件对话 4 种搜索工具
优化工具	RSM	稳健设计（两段优化）	曲面响应图、散点图
试验与分析	复杂	简单	比较简单
改进效果	显著	极其显著	显著，$C_{pk} \geq 2$
使用者	工程师	工程师	工程师及工人
应用场合	产品、过程设计、改进	产品、过程设计、改进	产品、过程设计、改进

15.1.3 应用 DOE 的几个关键问题

1. 正确选择和使用合适的工具

在三类 DOE 方法中，田口 DOE 最为简单有效，经典 DOE 与谢宁 DOE 就显得复杂很多。田口 DOE 中，稳健设计（两段式优化）是常用的策略。其他两种 DOE 都会根据不同的目的，采用不同的试验方法。经典 DOE 有明确的三段式试验类型。谢宁 DOE 更是有 10 多种工具，针对不同的问题和目标。对于单个试验，谢宁 DOE 应用较简单。如果想连续大幅度改进，就需要序贯使用若干个工具，这对于使用者来说，可能显得有些难度。

但不论怎么说，三种 DOE 方法确实是快速解决问题的选择。使用其中的一种方法或者组合使用（这些方法并不冲突），均能达成令人满意的结果。

2. DOE 三个关键环节

DOE 成功的三个关键环节：选择因子、试验、分析。

1）有效正确识别和确定试验因子及其水平，是 DOE 成功的首要条件。这个问题对于经典 DOE、田口 DOE 和谢宁 DOE 都同等重要。

2）试验包括设计试验计划和实施试验两个重要环节。

- 设计试验计划。根据团队达成的试验目标和最终要求，结合约束条件和成本要求，选择合适的试验方法、试验次数、因子及水平，以及是否加入噪声因子和区间因子。这是一项颇具挑战的集体智慧的策划，决定着试验的成效。工程师在选择试验计划时应慎重考虑：DOE 目的（筛选、分析或优化）、试验类型、设计功效（软件系统推荐的计划基本可以满足 80% 或以上的功效）、成本（试验次数等）、数据收集可行性等因子的影响，以便做出科学、合理的安排。

- 实施试验。严格按照事先规定的程序和标准进行操作。每一次操作之前，首先得把生产条件设定好，如时间、温度、压力等，特别是温度。当温度从高值调至低值时，必须让机器冷却到实际值。产品产出后，需要抽样与测量，这是一个关键的步骤。如果产出是单件，就不存在抽样问题；假设是多穴的模型加工，应抽取几个样品，怎样抽选（位置），接下来是测量，须先做 MSA，然后由专业有经验的人员测量数据，经过精确计算并做好记录，除此之外，还要观察和记录试验时的环境情况，特别是要将试验过程中有关的特别事项做好记录，以供分析时做补充参考。

3）数据分析。有效的数据分析决定着是否能做出正确的决策。首先，必须十分清楚每种 DOE 方法特定的分析方法与判断准则，接下来，确定是否需增加或转向其他试验，以及得出试验的结论和决策。工程师及其团队的背景知识和经验是对试验决策的重要补充和参考。

田口 DOE 与谢宁 DOE 的数据分析相对简单，经典 DOE 的数据相对复杂，详见有关试验类型及案例的详细描述。

3. 正确选择试验因子

选择试验因子是否正确将决定试验的成败。项目小组应召集工程师利用鱼刺图或者系统图的方式开展头脑风暴，尽最大可能识别出与流程输出 y 有关的可控制的因子（对经典 DOE 而言）。工程师的工程经验对因子的识别非常重要。在此过程中，应充分利用过往同类产品或过程的历史工艺数据。

此外，对于田口 DOE 来说，除了可控因子的识别外，对于影响流程的噪声因子的识别工作显得更为重要，因为田口 DOE 是关于抗干扰的试验方法，也被称作稳健设计。如果缺少了噪声因子对试验的分析，田口 DOE 的效果将大打折扣。

识别和确定因子的主要办法是头脑风暴，运用此方法时可能会借助以往同类产品和过程的数据及工程师的经验。确定因子的方法如下：

- 头脑风暴 + 因果图。
- 过程设计有关资料，主要的有流程图、因果矩阵、过程变量清单。
- 工程师的经验以及流量数据。
- 如果处在初始模型阶段（产品设计），可用的方法除了头脑风暴外，还有仿真模拟及类似产品或流程的数据。

4. 抓住基本的主题多实践

这对于初学者来说很重要，它是解决问题的一个重要原则和方法论。一般试验设计的书籍都是复杂的系统理论，初学者不一定能抓住重点。本书面对工程师解决问题的实际状况，陈述了几种试验设计的基本操作与说明。建议工程师聚焦于 DOE 的目标、基本的试验方法、操作程序、解释数据及做决定。完成这些工作就足够了，至于其他本书未介绍的试验方法、理论，可暂且不去理会。例如，折叠饱和设计、数据缺失的设计安排、实验功效与样本的关系等，这些因子在基本试验类型和设计计划（正交表）中都充分考虑了，一般不要考虑试验的有效性。当基本的实验做得多了，遇到新的问题时，再去做进一步的了解。

15.2 经典 DOE——完整分析和优化

15.2.1 试验设计基本原理

1. 工程师面临的问题

在质量管理中，经常会遇到有多个因子、有误差、周期长的一类试验，希望通过有效的试验解决以下几个问题：

- 产品/流程中到底有哪些变量？它们的影响如何？
- 如何消除偏差和缺陷？
- 即便运用头脑风暴和鱼刺图，面对如此众多的原因，该从哪里下手？
- 如何对产品或过程参数进行优化？
- 如何解决长期性质量问题？
- 90% 的规范和容差是错的。
- 目前，90% 的问题依然靠工程猜测、主观见解解决，结果是问题重复发生，使改进团队受挫。

这是多因子试验中比较典型的几个问题。如何合理的安排试验，以较少的试验次数达到试验目的，这正是试验设计所要研究和解决的问题。

2. 何谓 DOE

试验设计（Design of Experiments，DOE）是一种安排试验和分析试验数据的统计技术，属于高级质量工具。计划安排一批试验，按照计划实施这些试验，通过改变过程的输入变量，观察相应输出响应的变化，获得新数据，分析和解释这些数据，最终获得产品设计或过程改善的最佳组合，以达成提高产品或过程质量的目的。其中，试验计划与数据分析是 DOE 的两项核心技术。

3. DOE 的三个目标

1) **筛选**：检测因子 X 对响应 Y 的影响（主效应）——区分主要因子与次要因子。从大量的潜在因子中找出关键的少数因子，为进一步分析提供试验因子备选。
2) **分析**：建立方程式 $Y = f(X)$。全面分析和理解系统/过程的因果关系，研究 X 如何影响 Y，包括因子的主效应和交互作用。
3) **优化**：建立 X 对 Y 的预测模型，确定最佳组合（最佳的产品参数或生产条件）。

4. DOE 三个原则

1) **重复性**：在相同的试验条件下重复进行试验，以估计随机误差，保证设计敏感度。
2) **随机化**：以完全随机的方式安排试验的顺序，以避免造成系统误差的影响。
3) **区组化**：将一组同质齐性的试验单元放在一个区组，将全部试验单元划分为若干区组。区组也是一个变量因子，使试验分析更为有效。例如，"上午"和"下午"作为区组处理。需要说明的是，区组化是设计试验计划应该考虑的因子，但并不是必要的因子。

5. 基本术语

1) **试验计划**。试验计划是一项安排，以便于试验的进行。试验则是一项研究方法，择定数项独立变量做随机变动，从而确定其效应。一项良好的试验可以使试验的结果获得简明的解释。
2) **响应**。响应是指试验所关注的可测量的输出变量称为响应或者指标，一般以 Y 表达。指标应该尽量使用连续型数据。如果是属性指标，则应以打分方式进行量化，"1" = 最差，"10" = 最好。
3) **因子**。因子是指系统或过程的输入变量，它是工程师需要研究或设定的对象，借以说明响应的大小。

因子分为定性因子（如材料甲、材料乙等）与定量因子（如温度、压力等）。

4) **水平**。水平是指在进行一次试验时，每一因子至少应从两个层次进行研究，例如温度的两个值 210℃ 和 230℃，称其为因子的 2 个水平。

5) **主效应**。主效应是指一个因子对输出响应值的影响，即两个水平得到的输出的差值（也称效应）。主效应如图 15-1 所示。

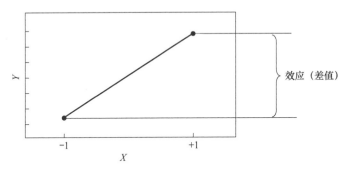

图 15-1　主效应

6) **交互作用**。交互作用是指两种或以上的因子共同对输出响应值的影响。如果两种因子的效应线平行，则表明二者不存在交互作用；如果两因子效应线交叉，则表明二者有交互作用（见图 15-2）。

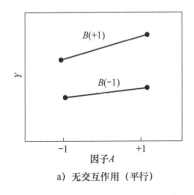 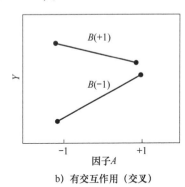

　　a) 无交互作用（平行）　　　　　　　b) 有交互作用（交叉）

图 15-2　交互作用

6. DOE 的统计基础

DOE 几乎应用了统计学所有的原则和方法。方差分析与回归分析是奠定试验设计数据分析的重要统计技术。

方差分析是扩展的假设检验，它与试验有关。方差分析将总误差区分为试验误差和组间（条件）误差，以检测试验组（均值）的显著性（识别和检测试验中各种因子对指标的影响，包括主效应和交互作用），将主要因子和次要因子区分开来。方差分析也用于检验模型诸多重要指标的性质，如正态性、模型总效果、弯曲、失拟，以及因子效应的显著性等。

一次线性回归方程是全因子试验分析的基础，它的表达式为
$$Y = b_0 + b_1A + b_2B + \cdots$$

因为 2^k 设计的目标是特征化（$Y = f(x)$），因此，无弯曲（$P \geqslant 0.05$）是 $2k$ 设计线性模型成立的一个重要指标。

二次非线性回归方程是 RSM 实验分析的基础，它的表达式为
$$Y = b_0 + b_1X_1 + b_2X_2 + b_{11}X_1 + b_{22}X_2 + b_{12}X_1X_2 + \varepsilon$$

RSM 的目标是完全优化，在前期的（$2k$ 设计）试验中找出拐点并在最佳区域内增加轴点进行二段式试验，才能实现优化目标，因此，弯曲（$p < 0.05$）是判断是否进入最佳区域并由此构建 RSM 曲面模型的一个重要指标。

同时，回归方程（最终模型）是试验预测以及优化器推算的依据。因此，DOE 分析的结论与优化推荐，将以 95% 的置信度被采信（系统以 5% 的显著性检验拟合回归方程的有效性）。

7. DOE 应用策略

表 15-2 列出了经典 DOE 的三种试验方法，大略展示这些方法的应用特点。

表 15-2 经典 DOE 的三种试验方法

目标	试验类型（工具）	功效特征	因子数目（个）
筛选	Plackett-Burman 设计（Ⅲ级） 分部设计（分辨率Ⅲ级）	对众多的因子进行检测，区分重要因子与次要因子，只考察一阶项，不考察交互作用影响管控重要因子，放宽次要因子	6~47
分析	全因子设计（$2k$ 设计） 分部设计（分辨率Ⅳ级）	特征化：$Y = f(X)$，建立线性回归方程 全面研究系统内复杂的因果关系（主效应与交互作用） 确定单指标：最佳配置 确定多指标：最适配置	3~5
优化（RSM）	中心复合设计（CCD） （建立曲面回归方程，确定最佳配置）	二阶段试验（全因子 + CCD） 寻找最佳区域 试验过程与分析复杂	2~3
	Box-Bchnken 设计（BBD） （建立曲面回归方程，确定最佳配置）	重新整体设计 一次性试验 试验过程与分析简单	

完整的试验设计总会从筛选试验开始，以便在大量的变量中找出少数关键的因素，这为全因子试验提供了基础；通过因子特征化分析，全面量化关键因素的

主效应和交互作用的影响(全因子试验);最后对关键少数因子进行优化,以获得最适合的生产条件。DOE 实现路径图用图形化展示实现试验设计的机理与关键路径(见图 15-3)。

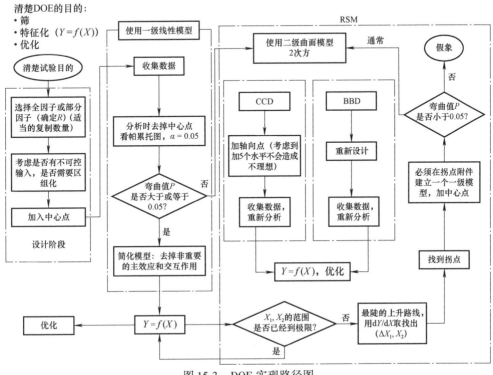

图 15-3　DOE 实现路径图

资料来源:闵亚能,《实验设计(DOE)应用指南》。

8. 试验设计的基本程序

DOE 一般分为计划、实施、分析 3 个阶段共 8 个步骤。步骤 1~4 为计划阶段,步骤 5 为实施阶段,步骤 6~8 为分析阶段。

步骤 1:明确目的。改善团队必须清楚了解和明确试验的目的和要求,这为正确地进行试验并最终解决问题奠定重要的基础。

步骤 2:选择响应变量。尽量使用计量型指标,因为这样可以使用最少的试验样本数,极端情况为 1。如果使用计数型指标,须运用两种方式中的一种,①当试验样本需要足够时,$n=1/p$(假如 $p=0.01$,则样本数为 100);②做量化处理,即将特定的缺陷进行分级,"1"为最好,"10"为最差。

步骤 3:选择因子及水平。运用头脑风暴:工程经验+鱼骨图。经典 DOE 的水平数固定为 2。

步骤 4:设计试验计划。这是决定问题是否有效的关键条件,成功依赖于工程师对流程的了解和应用 DOE 的经验。统计软件里预设了大量的可用的试验计划。

步骤5：实施试验，收集数据
- 按随机顺序安排试验。
- 每次试验对控制因子的调整务必审慎、正确。例如，温度不是设置值，而应该是实际值。
- 正确测量，审慎、正确地记录数据及有关事项。

步骤6：数据分析。

步骤7：优化。

步骤8：验证设计（将最佳工艺条件用于正式生产）。

9. 试验设计的数据分析

（1）DOE 分析流程

数据分析是试验设计的核心技术，主要借助计算机软件完成。试验设计数据分析的6个主要步骤如图15-4所示。不同试验类型的数据分析稍有差异，请详见本章的范例。

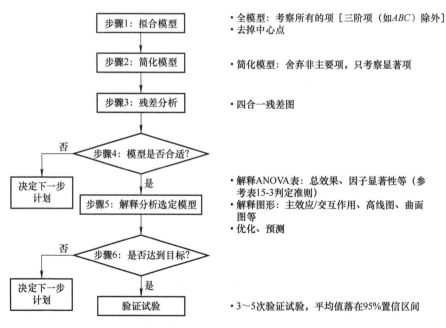

图15-4　试验设计数据分析的6个主要步骤

（2）DOE 数据分析判断准则

模型拟定并得到确定，系统会自动输出两类数据，一类是程序数据，包括方差分析和回归分析，另一类是图形数据。统计软件的分析主要使用 P 值进行判定。

第15章 试验设计（DOE）

当 $P \geq 0.05$，则接受原假设 H_0；当 $P < 0.05$，则拒绝原假设 H_0。在试验设计环境下，P 值有着其特定的意义。DOE 数据分析 P 值判定准则见表 15-3。

表 15-3　DOE 数据分析 P 值判定准则

评 价 项 目	全因子设计	响应曲面设计
1. 模型总效果	要求：$P < 0.05$（表明有效）	
2. 失拟	要求：无失拟 $P \geq 0.05$	
3. 弯曲	要求：无弯曲 $P \geq 0.05$	要求：有弯曲 $P < 0.05$
4. 因子效应显著性	$P < 0.05$ = 主要因子；$P \geq 0.05$ = 次要因子	
5. 拟合相关系数	$R - S_q$ 及 $R - S_q$（调整）越接近 1 越好；二者之差越小越好	
6. 标准差 S	越小越好	

注意，在分析数据模型时，请认真核查表 15-3 所表达的信息含义。

（3）模型数据分析

模型设置完成后，系统输出关于回归分析及方差分析有关数据。分析者应对以下的六项指标予以解释和分析。

1) 模型总效果。以主效应的 P 值来量化，当 $P < 0.05$，表明模型有效，否则该模型就不存在意义，可能需要重做试验。

2) 失拟。当回归模型不能充分说明试验因子与响应变量之间的函数关系时，就表现为失拟。当 $P \geq 0.05$ 时，表明无失拟。

3) 弯曲。无弯曲（$P \geq 0.05$），有弯曲（$P < 0.05$）。弯曲是区别衡量全因子与 RSM 决策的指标。全因子设计要求线性（无弯曲），而中心复合设计则要求第一阶段的试验（2^k 设计）出现"弯曲"方可进入第二阶段试验（RSM）。

4) 各项效应（主效应和交互作用）的显著性。若 $P < 0.05$，则表明该因子是主要因子，若 $P \geq 0.05$，则表明该因子是次要因子。帕累托效应图也能清晰地观察到哪些因子重要，哪些因子不重要，非常直观。

5) 拟合相关系数。$R - S_q$ 及 $R - S_q$（调整）越接近 1 越好；二者之差越小越好。

6) 标准差。S 是衡量两个模型质量好坏的重要指标。标准差越小越好。

数据分析需首先观察主效应（模型总效果）与失拟 P 值是否符合要求。如果不符合要求，则表明试验失败，可能的原因主要有 2 个，一是试验误差过大，二是漏掉了重要因子。团队可做的事情是检查数据及补充重要因子等措施。

（4）残差分析

残差是指响应观察值与模型预测值之差（即每个 X 所对应的 Y 真实值与根据每个 X 对应的回归方程所求得的 Y 值的差）。只进行 ANOVA 和回归分析，并不能绝对保证模型符合实际情况,只有残差分析正常,才能最终判断模型是有效的。

根据高斯–马尔科夫假定,残差必须要具备以下几个特性:
- 所有的残差具有独立性。
- 残差总是具备以 0 为中心的、固定方差的正态分布。
- 所有残差的和总是等于 0。
- 残差总是围绕 0 中心线上下随机分布等。

观察残差四合一图,见图 15-5。判断基准如下:
1) 正态概率图(见图 15-5a):观察残差是否服从正态分布(即数据点于直线集中)。
2) 残差与拟合值的散点图(见图 15-5b):应保持等方差性(两个或多个样本之间的方差离散程度相同),不可出现"漏斗形"或"喇叭形"。
3) 直方图(见图 15-5c):残差基本呈正态性。
4) 残差与观察值顺序的走势图(见图 15-5d):各点应无规则地随机波动。

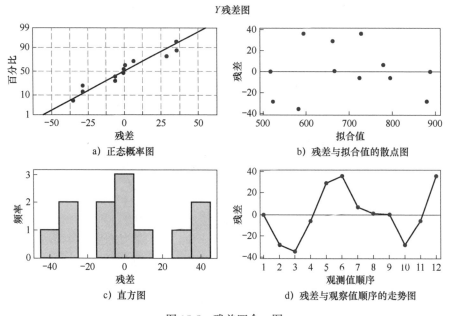

图 15-5 残差四合一图

10. Minitab 操作路径与方法

(1) 设计试验计划

操作路径:打开 Minitab,选择统计→DOE→因子(响应曲面)→创建因子(响应曲面)设计命令,弹出创建试验计划主对话框(见图 15-6)。

第 15 章 试验设计（DOE）

操作事项：

1) 选择**因子数**（水平数默认为 2），如果是 RSM，请选择"中心复合"或"Box-Bchnken"。

2) 单击"**选项**"按钮，进行作非随机化处理（去掉"随机化"的勾选）。

3) 单击"**因子**"按钮，进行可以将代码值改成真实名称和数值（也可以通过"修改设计"来完成）。

4) 单击"**设计**"按钮，进行弹出次级对话框，进行设置。

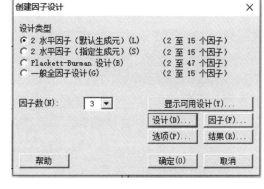

图 15-6 创建试验计划主对话框

因子设计的三种情况如下：

① 若是筛选：选择Ⅲ级（或选择 Plackett-Burman 设计）。
② 若想特征化：选全因子，加中心点 2～4 次，考虑是否要加入"区间数"。
③ 若想分析且节约成本，可选择部分设计Ⅳ级，加 2 个中心点。

响应曲面设计的两种方法如下：

① 中心复合：根据区间数（1,2,…）系统给出相应的试验方案（见图 15-7），其中包含了所有的试验点（角点、轴点和中心点），对于 2 因子的中心复合设计（CCD）来说，图 15-7 中的阴影部分显示的运行"13"次就是适用的计划，单击"确定"按钮即可。

② Box-Bchnken：单击"设计"按钮，弹出次级对话框（见图 15-8）。默认全部项目，单击"确定"按钮即可生成需要的试验计划。

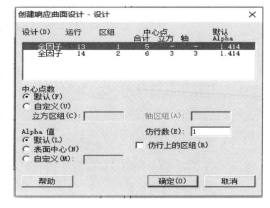

图 15-7 中心复合设计试验计划安排对话框

5) 最后，单击"**确定**"按钮即可生成试验计划表。

(2) 拟合模型（两次建模）

拟合模型就是通过系统设置，确认需要考察的项目（需要的项目放在右侧框内，不考察的项须移到左侧框内），系统按照给出的指令计算并输出关于方差分析与回归分析的结果（数据模型）。

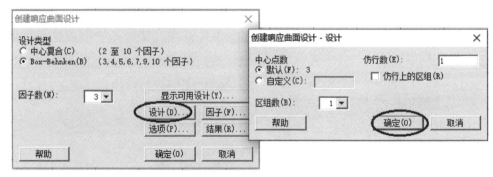

图 15-8　BBD 试验计划安排对话框

操作路径：打开 Minitab，选择统计→DOE→因子→分析因子设计命令，弹出分析因子设计对话框（见图 15-9）。

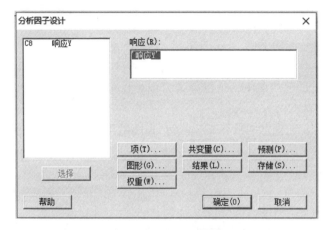

图 15-9　分析因子设计（拟合模型）对话框

操作事项：

1）在"响应"栏内**输入**试验结果的列号，双击列号。

2）单击"**项**"按钮打开次级对话框：将需要考察的项放在右侧框内，不考察的项移到左侧框内（见图 15-10）。第一次建模时考察所有的因子（如 $A, B, C, AB, AC, BC, \cdots$），但不考察三阶及以上的项（如 ABC 等），因为三阶以上的项基本没有考察价值和意义。第二次建模只考察重要的项目（$P < 0.05$）。这个规则同时适用于全因子设计与响应曲面设计。

3）去掉中心点（去掉勾选）。如此操作可直接输出等高线图。

4）单击"**图形**"按钮，打开次级对话框：选择三个图形：正态图、帕累托图和四合一残差图（CCD 只使用残差图）。

5）最后单击"**确定**"按钮即结束建模设置（系统即可生成分析需要的信息：程序数据与图形）。

(3) 建立和解释图形

1) 主效应图和交互作用图。它们将主效应和交互作用效应可视化。

操作路径：统计→DOE→因子→因子图。单击"设置"按钮，在弹出的对话框内分别对"主效应图"和"交互作用图"进行设置：输入响应 Y，将考察项（如 A, B, C 等）从左侧框移到右侧框，单击"确定"按钮后，生成分析图形（RSM 不分析此项）。

2) 等高线图和曲面图。等高线图是使用二维视图显示拟合响应与两个连续变量之间的关系图；曲面图是使用三维响应曲面显示拟合响应与两个连续变量之间的关系。

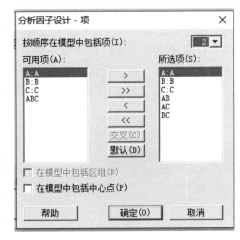

图 15-10 模型考察项的选用（项）

操作路径：统计→DOE→因子→等高线图→曲面图。单击"设置"按钮，在弹出的对话框中选择重要的成对考察因子（如 A 与 B，或其他）。单击"确定"按钮后，生成分析图形（在分析进行模型拟合时，要去掉中心点）。

(4) 修改设计

试验的因子名称与水平的真实值不可以在软件的数据窗口直接修改，只能通过系统修改途径实现。操作路径是：统计→DOE→修改设计。在弹出的对话框中可以对因子名称及水平真实值进行修改（见图 15-11）。

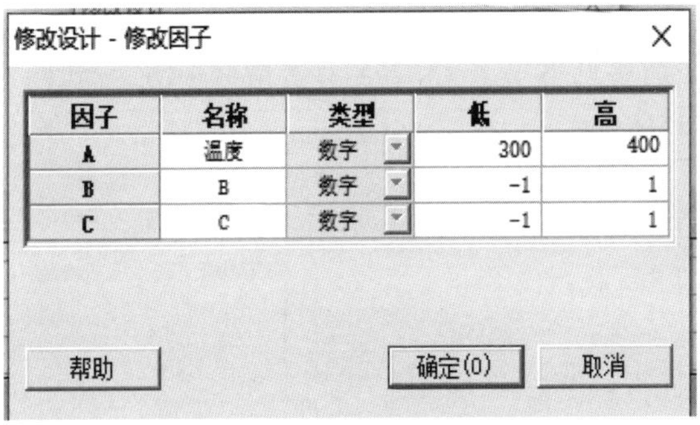

因子	名称	类型	低	高
A	温度	数字	300	400
B	B	数字	-1	1
C	C	数字	-1	1

图 15-11 修改设计（因子名称及水平真实值的修改）

(5) 优化器设置

优化器根据试验者构建的多元一次回归方程（最后精简的模型）进行试算，标识共同优化单个响应或一组响应的输入变量设置组合。单指标优化比较简单，而对于多指标优化而言,可能变得有些复杂,这需要依赖工程师的经验,根据试验目的做出调整。共同优化必须满足该组中所有响应的要求,而这由复合合意性度量,预测值越接近目标,d 值越接近 1。Minitab 计算最优解并绘图。最优解作为图的起始点,使用此优化图可以交互地更改输入变量设置以执行敏感度分析,改进初始解。

有两种响应优化器设置方法可供选用:一是根据设计要求和规格;二是根据试验输出数据。为了使读者有比较直观地了解,本书采用后者。优化器数据设置可参考表 15-4。对于望小指标,数值设置得偏小一些,对于望大指标,数值设置得偏大一些。表中的数据不要求精确,取近似值并求整即可。

表 15-4 依据试验输出数据进行优化器数据设置

响应(指标)	目 标	下 限	望 目	上 限
×××××	望小	(空)	极小数	中位数
××××	望目	LSL	设计中心值	USL
××××××	望大	中位数	极大数	(空)

注:表中的数据如极小、极大和中值是依据试验的结果数据。

操作路径:统计→DOE→因子→响应优化器,弹出对话框,将需要优化的指标(Y_1, Y_2, Y_3)输入右框(见图 15-12)。单击"设置"按钮,在弹出对话框进行如下设置(见图 15-13):

1)确定目标的性质:望小、望目还是望大?
2)根据设计需要或参照表 15-4 设置响应的下限、望目和上限。
3)权重和重要度的应用。对于单指标而言,权重和重要度均取默认值 1。对于多指标,开始时均取默认值,先由系统自行优化(一般都有很好的表现);待系统推荐后,工程师观察和分析结果,再决定是否做进一步调整。详细的方法请参见本书第 15.2.5 节多指标 DOE 分析与优化的具体内容。

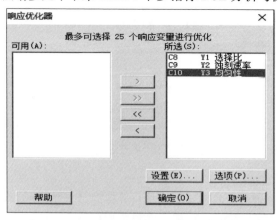

图 15-12 系统优化器:选定优化的指标

第15章 试验设计（DOE）

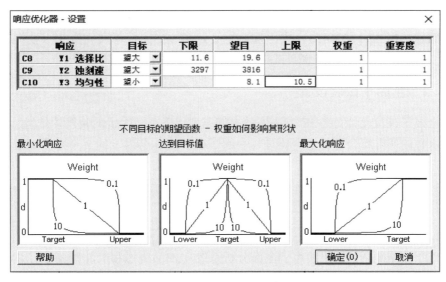

图 15-13 优化器设置示意图

（6）验证试验的置信区间

验证试验阶段一般做 3~5 次小试验，若试验结果平均值落在 95% 的置信区间，则说明试验一切正常，建立的模型有效，预测也是可信的，可以将新的工艺设置应用于正式生产。

例如，最佳组合温度（A）为 180℃，压力（B）为 400Pa，时间（C）为 60s，预测值：强度 $Y = 130.996$。

在分析因子设计对话框（见图 15-9）单击开"预测"按钮，在弹出的对话框中输入最佳因子水平（C 是次要因子，做低成本处置，实际输入 40s），同时选择"存储"的四项（见图 15-14）。

单击"确定"按钮便生成如下结果：

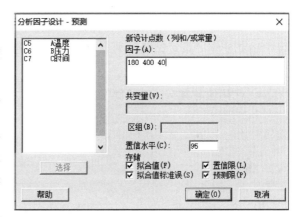

图 15-14 预测值的置信区间设置

使用强度 Y 模型的新设计点数的预测响应				
点	拟合值	拟合值标准误	95% 置信区间（均值）	95% 预测区间（观察值）
1	129.583	7.310	(110.793, 148.373)	(101.713, 157.453)

安排 3 个验证试验，得到的响应值分别为 122，128，132，均落在单值95%预测区间（101.713，157.453）内，且平均值为 127.33，也落在均值95%置信区间（110.793，148.373）内。表明试验正常，最佳设置可以应用于生产。

15.2.2 全因子试验设计

全因子试验设计是 DOE 方法体系中的典型代表。全因子试验设计是指所有因子及水平的所有组合都要至少要进行一次试验。将 k 个因子的 2 个水平试验记作 2^k 试验。

例如，当 $k=4$ 时，试验次数 $m=2^4$ 次 $=16$ 次。当 $k=7$ 时，试验次数 $m=2^7$ 次 $=128$ 次。

1. 目的

用于检测复杂的因果关系，全面分析系统（产品或过程）中所有因子的主效应和交互作用，也具备一定的选优功能。

2. 约束条件

- 因子总数为 3~5 个。
- 因子水平数目为 2 个，即"−"和"+"。
- 中心点设置 2~4 个。

3. 试验中心点

中心点是指两个水平的平均值。例如，300℃ 与 400℃ 的中心点是 350℃。设置中心点是应"重复试验"要求，目的是增强统计分析能力（评估试验误差及弯曲趋势的能力）。

4. 代码值与真实值的换算

$$真实值 = M + D \times 代码值$$
$$中心值\ M = (L+H)/2$$
$$半间距\ D = (H-L)/2$$

	低水平 L	中心值	高水平 H
代 码 值	−1	0	+1
真 实 值	100	150	200

代码值与真实值的换算，可通过系统修改设计功能处理，比较简便。

5. 全因子设计案例演练

本书借助 Minitab 版本 16，通过图文结合的方式，简洁、明晰地介绍实现 DOE 的操作、分析与应用过程。下面是关于全因子的例子。

第15章 试验设计（DOE）

【例15-1】塑压成型冲浪板工艺研究问题。工程师研改善团队研究塑压成型冲浪板工艺条件问题，目的是探讨工艺条件对产品强度的影响，并试图提高产品的质量水平（响应 Y：强度，望大）。

步骤1：明确目的及 Y，确定因子水平表。

通过头脑风暴，识别并筛选出影响强度 Y 的因子如温度、压力、时间。团队计划在试验中安排4次中心点。为了分析简便，系统演示中的因子及水平均使用代码表达。因子水平表见表15-5。

表15-5 因子水平表

	低水平（-1）	高水平（+1）	中心点（0）
温度 A/℃	180	240	210
压力 B/Pa	300	400	350
时间 C/s	40	60	50

步骤2：制订试验计划。

操作路径：打开 Minitab 软件，选择统计→DOE→因子→创建因子设计命令，弹出对话框，见图15-15。

操作事项：①因子数选为"3"；②单击"设计"按钮，弹出次级对话框：先选择"全因子"，再选择将"每个区组的中心点数选为'4'"次（见图15-16）；③单击"因子"按钮，修改因子名称和水平实际值；④单击"选项"按钮，做非随机化处理（不勾选"随机化"），然后单击"确定"按钮，返回主对话框，最后单击"确定"按钮，即生成试验计划表（见图15-17）。

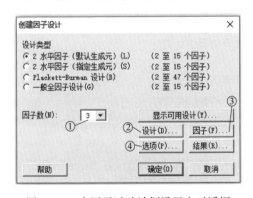

图15-15 全因子试验计划设置主对话框

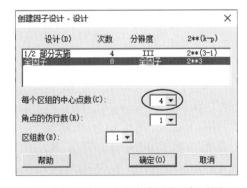

图15-16 全因子试验计划设置提示图

步骤3：安排试验，收集数据。

三因子试验加4个中心点，共安排12次试验。打开 Minitab，将试验结果的测量值数据录入系统（为了便于观察，计划表采用了非随机化排列）（见图15-17）。

标准序	运行序	中心点	区组	温度 A	压力 B	时间 C	Y:强度
1	1	1	1	180	300	40	88.3
2	2	1	1	240	300	40	70.1
3	3	1	1	180	400	40	127.4
4	4	1	1	240	400	40	90.8
5	5	1	1	180	300	60	78.9
6	6	1	1	240	300	60	70.9
7	7	1	1	180	400	60	135.6
8	8	1	1	240	400	60	87.7
9	9	0	1	210	350	50	104.8
10	10	0	1	210	350	50	86.1
11	11	0	1	210	350	50	93.4
12	12	0	1	210	350	50	84.5

图 15-17　全因子 2^3 试验计划表与试验结果

步骤 4：第一次建模。

【路径】打开 Minitab，统计→DOE→因子→分析因子设计，弹出对话框（见图 15-18）。

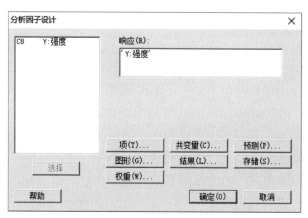

图 15-18　全因子试验拟合模型主对话框

操作事项：①在响应框输入"Y：强度"（双击）；②单击"项"按钮，设置模型：将三阶项 ABC 移到左侧框内，右侧框内是拟合模型的项目，即 A, B, C, AB, AC, BC；③不勾选中心点（此操作可直接输出等高线图）（见图 15-19）；④单击"图形"按钮，勾选"效应图"中的"正态""Pareto"复选框，在残差图栏选择"四合一"选

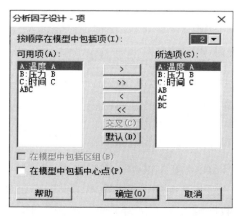

图 15-19　通过"项"选择需要的项目（拟合模型）

项（见图 15-20）。单击"确定"按钮，完成建模设置。

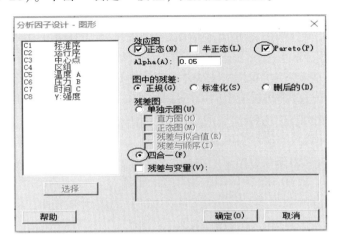

图 15-20 图形：选择需要的图形

步骤 5：分析数据（解释初始模型）。

双击会话文件夹快捷键，进入程序窗口，便呈现如下全因子试验初始模型数据窗口：

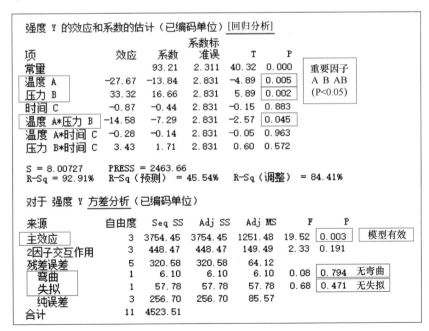

DOE 的程序输出包括回归分析和方差分析两个部分。

（1）回归分析

1）回归分析中，分别显示了常数以及自变量（一阶项、二阶项）的系数，这些系数信息构成回归方程式：$Y = 66.058 - 8.9A + 1085B - 1.1C - 5.875AB - 1.75AC + 1.975BC$。

2）因为 A、B、AC 三项的 $P < 0.05$，表明它们是主要因子，其余因子均为次要因子。

3）样本标准差 $S = 5.6$，回归拟合系数及修正系数分别为 73.54% 和 83.17%（接近 1，二者间误差小，可以接受）。

（2）方差分析

方差分析将试验的总误差区分成组间误差（因子误差）与试验误差（随机误差）两个部分。我们主要考察并判定以下内容：

1）主效应：$P = 0.005 < 0.05$，表明模型有效。

2）弯曲（要求无弯曲）：$P = 0.844 \geqslant 0.05$，表明没有弯曲，得到的模型是线性的。

3）失拟（要求无失拟）：$P = 0.686 \geqslant 0.05$，表明没有失拟。

（3）因子显著性的图形分析

帕累托图与正态图对各项因子的显著性分析与方差分析的结果是一致的，即显著因子为 A，B，AB（见图 15-21）。

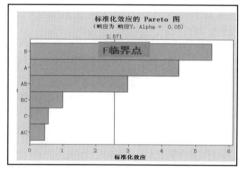 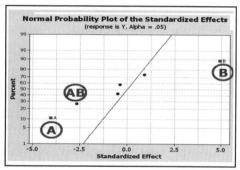

a）帕累托图（显著因子：B, A, AB）   b）正态图（显著因子：B, A, AB）

图 15-21 因子显著性图形分析

综合以上数据分析与判定，初始模型符合所有的目标和要求，可以进行下一步操作。

步骤 6：第二次建模（简化模型）。

利用初级模型分析的结果，删除非显著因子，只使用显著因子来构建一个较小的模型，该模型数据是建立 Y 对 X 的回归方程以及系统优化器推算分析的基础。

操作路径：打开 Minitab，统计→DOE→因子→分析因子设计，操作方法同步骤 4 初始模型设置的操作方法基本相同（见图 15-18 ~ 图 15-20，前面的初始模型的设置图）。具体做法是将次要因子项 BC 移到左侧框内，右侧框内只保留主要因子 A，

B,AB;去掉帕累托图和正态图(避免重复)。

步骤7:改进后模型数据分析。

经过步骤6设置,得到新模型数据,改进后的模型效果更好。全因子设计简化模型分析数据输出如下:

```
拟合因子: Y:强度 与 温度 A, 压力 B
Y:强度 的效应和系数的估计(已编码单位)
                        系数标
项        效应    系数    准误     T      p
常量              93.21   1.898  49.12  0.000
温度 A    -27.67  -13.84  2.324  -5.95  0.000
压力 B     33.32   16.66  2.324   7.17  0.000
温度 A*压力 B -14.58  -7.29  2.324  -3.14  0.014

S = 6.57386    PRESS = 599.897
R-Sq = 92.36%   R-Sq(预测) = 86.74%   R-Sq(调整) = 89.49%

对于 Y:强度 方差分析(已编码单位)
来源        自由度  Seq SS    Adj SS    Adj MS      F      p
主效应         2    3752.92   3752.92   1876.46   43.42  0.000
2因子交互作用   1     424.86    424.86    424.86    9.83  0.014
残差误差       8     345.73    345.73     43.22
  弯曲         1       6.10      6.10      6.10   0.13  0.733
  纯误差       7     339.62    339.62     48.52
合计          11    4523.51
```

步骤8:残差分析。

下面对如图15-22所示的残差四合一图进行分析。

正态图与直方图(见图15-22a和c)均呈现正态性;残差与拟合值图(见图15-22b)呈随机分布,无抛物线或喇叭形;残差的时序变化呈随机波动,无升降趋势(见图15-22d)。通过观察判断,残差四合一图显示的信息表明该模型的残差状况是可以接受的。

步骤9:解释数据。

(1)主效应和交互作用

操作路径:统计→DOE→因子→因子图。在对话框分别对"主效应图"和"交互作用图"进行设置,输入响应Y,将A,B,C从左侧框移到右侧框。单击"确定"按钮后生成因子分析图(见图15-23)。从主效应图可以看出A,B是主要的因子,C是次要因子,从交互作用图可以看出,AB的交互作用影响显著,AC,BC的交互作用不明显。这些结论与前面方差分析的结果是一致的。

(2)等高线图、曲面图

等高线图、曲面图都能很好地展示出每两个变量对Y的影响,以便工程师对过程变量进行直观判断并决定是否进做一步改进。

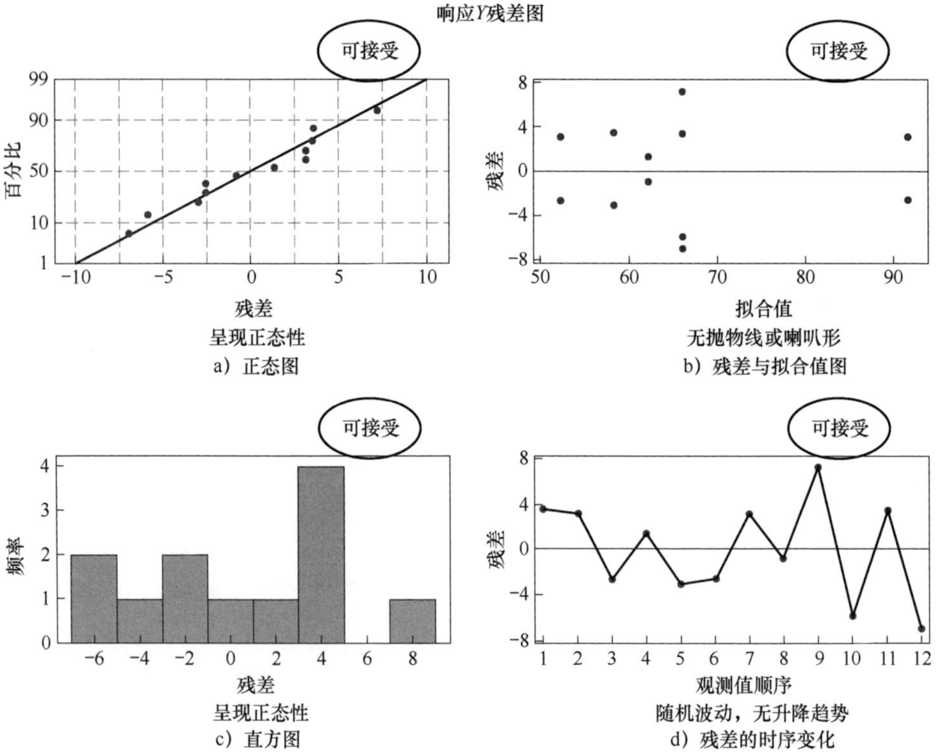
响应Y残差图
可接受
百分比
残差
呈现正态性
a）正态图
可接受
残差
拟合值
无抛物线或喇叭形
b）残差与拟合值图
可接受
频率
残差
呈现正态性
c）直方图
可接受
残差
观测值顺序
随机波动，无升降趋势
d）残差的时序变化

图 15-22　残差四合一图

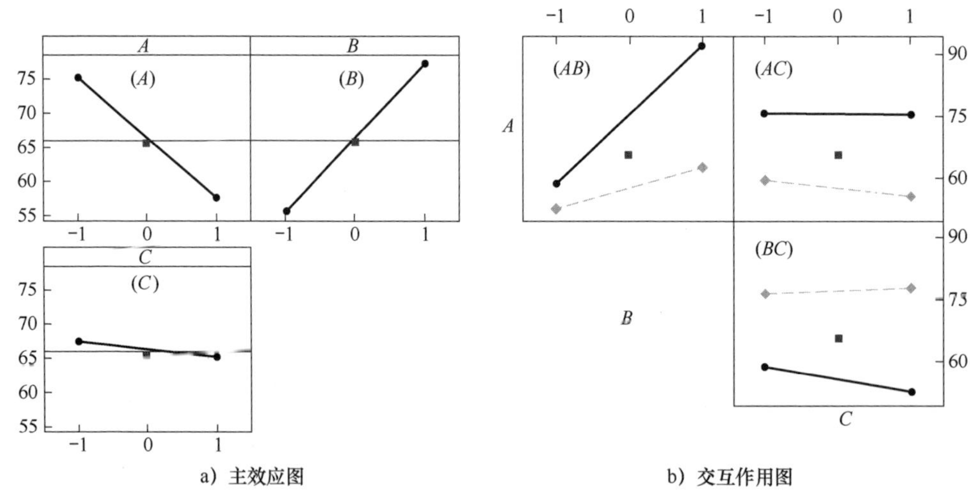
A
B
(A)
(B)
C
(C)
a）主效应图
(AB)
(AC)
(BC)
A
B
C
b）交互作用图

图 15-23　因子分析图

操作路径：统计→DOE→因子→等高线/曲面图，在弹出的对话框中分别对“等高线图”和“曲面图”进行设置，本例只选择 A 和 B 进行分析，设置后单击“确定"按钮(见图 15-24)。

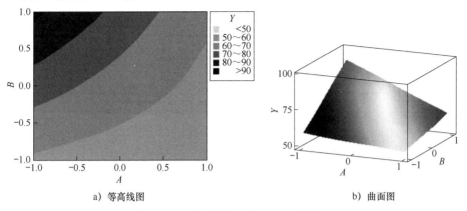

a)等高线图　　　　　　　　　　　　　　b)曲面图

图 15-24　成对因子 A 和 B 对 Y 的影响

步骤 10:优化与结论。

响应优化器的设置可以采取两种方法:一是依据设计期望,二是依据试验的输出数据。本书采取后者,这样可方便读者了解和应用,设置得到的合意性 D 值也高(接近 1)。

操作路径:统计→DOE→因子→响应优化器,将响应 Y(C8)输入到右侧方框内,单击"设置"按钮,弹出对话框,根据本例的问题的望大性质和试验数据结果,优化设置为"目标"选择"望大","下限"为中位数 88,"望目"为极大值 135,"上限"为空值(见图 15-25)。设置结束后单击"确定"按钮,生成优化结果(见图 15-26)。

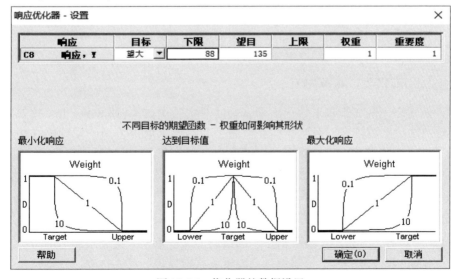

图 15-25　优化器的数据设置

工程结论与推荐：

1) 全因子设计线性回归方程：

$$Y = 93.21 - 13.84A + 16.66B - 7.29AB(编码单位数据)$$

$$Y = -283.65 + 1.239A + 1.353 - 0.00486AB（真实值数据）$$

2) 最佳工艺设置：

温度 $A(180℃)$，压力 $B(400Pa)$，时间 $C(40s$，次要因子做低成本设置)

3) 预测值：强度 $Y = 131.433$

至此，全因子设计的应用操作完毕。如果验证试验通过，本试验的推荐值即可应用于正式生产。

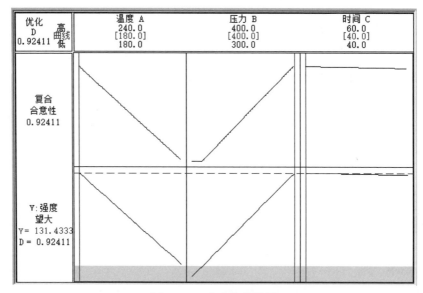

图 15-26 生成优化结果

15.2.3 部分因子试验设计

一组 7 因子的 2 个水平的全因子试验的总实验次数为，$n = 2^7 = 128$ 次。显然 2^k 设计的试验次数较多，因此我们有时为了节约而采取部分因子设计的方法。部分因子试验设计就是按照全因子设计次数的 $1/2,1/4,\cdots$，甚至 $1/32$ 的比例来安排试验。故将部分设计称作 $1/2$ 设计。部分设计有试验次数少和低成本的优点，缺点是存在混淆的风险。

1. 分辨率与混淆

1) **分辨率**。分辨率是指一组特定的试验能区分复杂因果关系能力的指标，用 Ⅲ、Ⅳ、Ⅴ表达。分辨率越高，试验次数就多，反之会少。一旦选定了分辨率的等级，系统便会自动生成试验的次数（试验计划）。

2）**混淆**。由于分部试验次数较少，试验计划中完全相同的两列在分析计算效应和结果时就会相同，这两列的效应被称作"混淆"。在用于分析的分部设计中，工程师只需分辨"二阶项混淆"，而不必考虑三阶及以上多阶项（如 ABC 等）的影响。系统会列示有关的二阶混淆项（别名结构），如：$AB+CD, AC+BD, AD+BC$ 等。在系统的方差分析输出中，往往只注明混淆项的前半部，如 $AB=CD$（只显示 AB 的 P 值）。至于是 AB 有交互作用还是 CD 有交互，就需要凭借工程师的经验和工程数据进行判断了。

2. 两种用途与对应的分辨率

部分试验设计可用作"筛选"与"分析"两种目的，应当选择对应的分辨率。部分设计的分辨率选择见表 15-6。

表 15-6 部分设计的分辨率选择

目 的	选用分辨率	应 用 指 南
筛选	Ⅲ级	只考察一阶因子的显著性，目标是区分主要因子与次要因子
分析	Ⅳ级	考察一阶因子的主效应与二阶因子的交互作用 运用工程经验区分**二阶项混淆**：$AB=CD$、$AC=BD$、$AD=BC$ 等。例如，成对的 $AB=CD$，如果凭经验判定 AB 不存在交互影响，则可断定 CD 之间存在交互作用

【例 15-2】降低化工产品的杂质率问题（分部设计，用于分析目的）。经过头脑风暴，确定影响产品杂质的因子：成分 A、配方 B、反应温度 C 及反应时间 D 等 4 个因子，各 2 个水平。由于成本考虑，只允许试验 11 次。团队认定 AB 间无交互作用。

本例试验的目的是分析，所以小组决定选用Ⅳ级分辨率（8 次试验），可以加入 3 个中心点，总共安排 11 次试验。系统生成的试验计划及试验结果如图 15-27 所示。

C1 标准序	C2 运行序	C3 中心点	C4 区组	C5 A	C6 B	C7 C	C8 D	C9 响应Y
1	1	1	1	-1	-1	-1	-1	26.9
2	2	1	1	1	-1	-1	1	27.4
3	3	1	1	-1	1	-1	1	16.9
4	4	1	1	1	1	-1	-1	38.2
5	5	1	1	-1	-1	1	1	28.3
6	6	1	1	1	-1	1	-1	39.0
7	7	1	1	-1	1	1	-1	26.8
8	8	1	1	1	1	1	1	36.2
9	9	0	1	0	0	0	0	32.1
10	10	0	1	0	0	0	0	28.7
11	11	0	1	0	0	0	0	29.8

图 15-27 试验计划及试验结果

资料来源：马林，何桢，《六西格玛管理》（第 2 版）。

本题的重点有三：一是选择分辨率为Ⅳ级；二是需分清二阶混淆，根据工程师的经验，AB 无交互作用；三是，与全因子设计一样，也要进行二次建模和分析。

分部试验设计（分析目的）的操作流程与全因子设计实验的操作分析的过程基本相同，分析操作过程从略。凭借上述基本信息（表 15-8 试验计划及试验结果），请读者尝试着按照全因子试验的操作步骤，完成分部试验（分析Ⅳ级）的电脑操作和分析工作。

下面列出本案例的分析结果，供读者判断自己的操作是否正确。

分析结果：

1) 主要因子：A,C,D,CD（系统给出 AB）。
2) 线性回归方程（代码数据）：$Y = 29.963 + 5.237A + 2.612C - 2.762D + 2.438CD$。
3) 最佳工艺设置：$A[-1.0],C[-1.0],D[1.0]$（B 做低成本设置，即 B 取值为 -1.0）。
4) 预测：杂质率 $Y = 16.9125$（由于 Minitab 版本不同，数据稍有差异）。

15.2.4 响应曲面设计

1. 什么是响应曲面设计

响应曲面设计（RSM）是利用特殊的试验设计，通过试验获得数据，采用多元二次回归方程来拟合因子与响应值之间的函数关系，通过曲面回归分析来进行选优的一种统计方法。

2. RSM 方法分为两大类

中心复合设计（CCD）（有序贯性，分析功能强大）。中心复合设计根据试验点设置的不同分为三种方法：序贯设计（CCC）、有界设计（CCI）、表面设计（CCF）。本书只介绍最常用的序贯设计（CCC）。CCD 需要进行两个阶段的试验。

Box-Bchnken 设计（BBD）（试验次数较少，分析过程较简单）。Box-Bchnken 设计（BBD）的试验次数较少，分析过程较 CCD 简单，只需做一次完整的试验。

3. 中心复合设计试验点

- **角点**。坐标：±1（代号 1）。
- **中心点**。坐标：0（代号 0）。
- **轴点**。坐标：±α 及 0（代号 -1）。

角点是全因子设计所采用的典型试验点；**轴点**是曲面响应设计所特有的试验条件；**中心点**是全因子设计与曲面响应设计都需要采纳的试验点。轴点可以理解为：在角点（-1.0~1.0）区间延长线上所增加的试验点，包括 ±α 及 0。

在一个 3 因子响应曲面设计试验计划中，α 取值为 1.68179（在不同的响应曲面设计类型中，α 的取值会有所不同）（见图 15-28）。从这份试验计划表中可以观察到三类试验点安排的情况,其中因子水平数实际共有 5 个($-1,-\alpha,0,\alpha,1$),这是一个典型的响应曲面设计的试验计划的样式。

C1 标准序	C2 运行序	C3 点类型	C4 区组	C5 A	C6 B	C7 C
1		1	1	-1.00000	-1.00000	-1.00000
2		1	1	1.00000	-1.00000	-1.00000
3		1	1	-1.00000	1.00000	-1.00000
4		角点 1	1	1.00000	1.00000	-1.00000
5		1	1	-1.00000	-1.00000	1.00000
6		1	1	1.00000	-1.00000	1.00000
7		1	1	-1.00000	1.00000	1.00000
8		1	1	1.00000	1.00000	1.00000
9		-1	1	-1.68179	0.00000	0.00000
10		-1	1	1.68179	0.00000	0.00000
11		轴点 -1	1	0.00000	-1.68179	0.00000
12		-1	1	0.00000	1.68179	0.00000
13		-1	1	0.00000	0.00000	-1.68179
14		-1	1	0.00000	0.00000	1.68179
15		0	1	0.00000	0.00000	0.00000
16		0	1	0.00000	0.00000	0.00000
17		中心点 0	1	0.00000	0.00000	0.00000
18		0	1	0.00000	0.00000	0.00000
19		0	1	0.00000	0.00000	0.00000
20		0	1	0.00000	0.00000	0.00000

图 15-28　3 因子响应曲面设计试验计划

4. 响应曲面试验的两个执行阶段

(1) 第一阶段:采用全因子设计,寻找试验的最优区域

实施 2^k 试验(角点 + 中心点),把研究范围聚焦在关键少数(2~3 个显著因子),拟合线性回归方程并判断是否出现"弯曲性",一旦试验出现"弯曲",即可进入第二阶段的 RSM。

(2) 第二阶段:进行曲面响应试验 RSM,实现优化

增加轴点(+ 中心点)进行试验并获得数据,合并第一阶段的试验数据进行分析:拟合曲面回归方程,在预设的区域内进行精确选优。

5. 最陡的上升路径——接近最佳区域的试验方法

最陡上升路径就是垂直于 Y 的等高线的直线,跟随响应变量增加的方向安排试验,快速接近最佳区域(见图 15-29)。这实际上就是第一阶段的全因子序贯试验过程的图示化。

实现策略:利用开始试验得到的最佳设置作为下一轮试验的中心点,步长(新一轮试验的水平增量)的确定依赖工程经验,一般以原始上下水平的一半为宜。例如,前次试验确认因子 $A(100,200)$ 的最佳条件是 200,则下一轮试验 A 的水平设置为(150,250)。尝试增加几次试验,一直到模型出现"弯曲"为止,即

可进入第二阶段的试验。

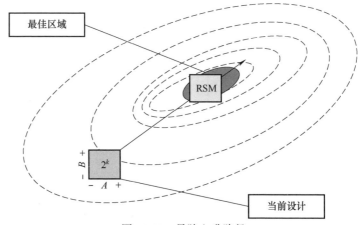

图 15-29　最陡上升路径

资料来源：马林，何桢，《六西格玛管理》（第 2 版）。

6. 中心复合设计实例演练

【**例 15-3**】反应釜汽车底漆工艺条件优化。DOE 小组经过前期全因子试验，确认影响产品特性 Y（强度）的主要因子有 2 个：反应温度和反应时间。决定采用中心复合设计 CCD 方法实现工艺优化。本例属于望大问题，小组决定采用序贯设计 CCC 试验（这样做的好处是，可以将前期 2^k 试验数据用于响应曲面的试验中，而无须增加试验次数）。

步骤 1：确定试验因子及水平。

试验因子及水平见表 15-7。

表 15-7　试验因子及水平

	L(-1)	H(+1)	中心点(0)
反应温度 A/℃	240	320	280
反应时间 B/s	30	60	45

步骤 2：创建试验计划（中心复合设计）。

打开 Minitab，路径：统计→DOE→响应曲面→创建响应曲面设计，弹出创建响应曲面设计对话框，见图 15-30。

操作事项：①选择设计类型为"中心复合"；②选择因子数为"2"；③单击"设计"按钮进入设计对话框，系统提供两种试验方案：一种没有区组要求，为 13 次试验，5 个中心点；第二种含 2 个区组，为 14 次试验。本例没有区组要求，因此采用 13 次试验。其他选项全部采取默认。为了便于观察 RSM 试验计划的特点，单开"选项"按钮，取消随机化排列（不勾选）（见图 15-30）。

第15章 试验设计（DOE）

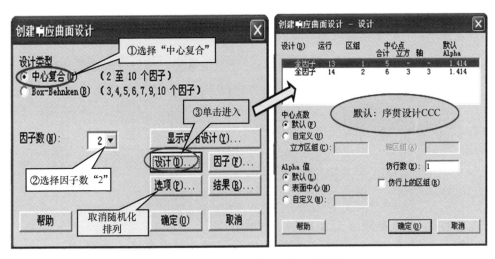

图15-30 CCC试验计划的设置示意图

完成上面的设置后，单击"确定"按钮，便生成RSM试验计划，这是一个完整的中心复合试验计划，包括两个阶段的试验（见图15-31）。其中，"点类型"列中的"1"代表角点，是全因子的试验点；"-1"代表RSM的试验点（轴点）；"0"代表中心点。为了能清晰地观察RSM复杂的因子水平的变化，因子水平使用编码（代码）数据。响应曲面完整的试验计划共有13次，试验分两个阶段进行：2^k设计阶段安排7次试验（4个角点+3个中心点）；RSM试验阶段安排6次试验（4个轴点+2个中心点）。

C1 标准序	C2 运行序	C3 点类型	C4 区组	C5 A	C6 B
1	1	1	1	-1.00000	-1.00000
2	2	1	1	1.00000	-1.00000
3	3	1	1	-1.00000	1.00000
4	4	1	1	1.00000	1.00000
5	5	-1	1	-1.41421	0.00000
6	6	-1	1	1.41421	0.00000
7	7	-1	1	0.00000	-1.41421
8	8	-1	1	0.00000	1.41421
9	9	0	1	0.00000	0.00000
10	10	0	1	0.00000	0.00000
11	11	0	1	0.00000	0.00000
12	12	0	1	0.00000	0.00000
13	13	0	1	0.00000	0.00000

图15-31 2个因子的响应曲面设计完整的中心复合试验计划

步骤3：安排第1阶段试验（全因子试验）。

操作路径：统计→DOE→因子→创建因子设计，安排 $2 \times 2 + 3$ 个中心点，共进行7次试验，将试验结果录入系统数据表（见图15-32）。

标准序	运行序	中心点	区组	A温度	B时间	强度,Y
1	1	1	1	-1	-1	240
2	2	1	1	1	-1	344
3	3	1	1	-1	1	321
4	4	1	1	1	1	432
5	5	0	1	0	0	467
6	6	0	1	0	0	470
7	7	0	1	0	0	502

图15-32　响应曲面设计第1阶段 2^k 试验结果

步骤4：第1阶段（全因子试验）**数据分析**。

第1阶段试验的目的是寻求接近最佳区域，即考察所拟定模型是否呈现"弯曲"。

操作路径：统计→DOE→因子→分析设计，不需图形分析，只考察一阶项和二阶项。单击"确定"按钮便生成分析结果。第1阶段 2^k 试验结果与分析输出如下：

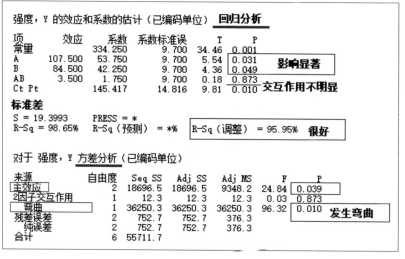

输出信息明确列示：因子 A 与 B 影响显著，AB 交互作用不明显。$R - S_p$（调整）为95.95%，非常接近1；主效应 $P < 0.05$，表明模型总效果可接受；弯曲 $P = 0.010 < 0.05$（有弯曲），表明试验已接近"最优区域"。可以安排第2阶段的RSM试验了。

步骤5：安排第2阶段试验（RSM试验）。

根据总体试验计划（第1和2阶段试验共13次），本次安排4个轴点和2个中心点，共6次响应曲面试验（RSM），试验次序应随机安排。第2阶段RSM试验计划与结果如图 15-33 所示。

标准序	运行序	PtType	区组	A 反应温度	B 反应时间	试验结果：强度
5	5	响应曲面试验 -1	1	-1.41421	0.00000	131
6	6	-1	1	1.41421	0.00000	296
7	7	-1	1	0.00000	-1.41421	361
8	8	-1	1	0.00000	1.41421	496
9	9	0	1	0.00000	0.00000	464
10	10	0	1	0.00000	0.00000	492

图 15-33　第 2 阶段 RSM 试验计划与结果

步骤 6：汇总第 1 阶段和第 2 阶段试验（2^k + RSM）的结果数据。

根据中心复合设计的完整试验计划，将两个阶段的 13 次试验结果（输出 Y）录入 Minitab 系统的试验计划表内（在数据窗口进行操作）。应仔细核对每次试验（行运行）的数据，5 个中心点的顺序可忽略不计。中心复合设计完整试验计划及结果如图 15-34 所示。需要说明的是：团队在实际做实验时，需要将因子水平代码转换为真实值（路径：统计→DOE→修改设计），做实验时就比较方便。

标准序	运行序	PtType	区组	A 反应温度	B 反应时间	试验结果：强度
1	1	全因子试验 1	1	-1.00000	-1.00000	240
2	2	1	1	1.00000	-1.00000	344
3	3	1	1	-1.00000	1.00000	321
4	4	1	1	1.00000	1.00000	432
5	5	响应曲面试验 -1	1	-1.41421	0.00000	131
6	6	-1	1	1.41421	0.00000	296
7	7	-1	1	0.00000	-1.41421	361
8	8	-1	1	0.00000	1.41421	496
9	9	0	1	0.00000	0.00000	464
10	10	0	1	0.00000	0.00000	492
11	11	因子试验 0	1	0.00000	0.00000	467
12	12	0	1	0.00000	0.00000	470
13	13	0	1	0.00000	0.00000	502

图 15-34　中心复合设计完整试验计划及结果

步骤 7：RSM 初次建模与分析。

在第 1 阶段和第 2 阶段的试验完成之后就要进行 RSM 的数据分析了。RSM 数据分析需要分为两个步骤进行，即初次建模分析与简化模型分析。

操作路径：统计→DOE→响应曲面→分析响应曲面设计，弹出分析响应曲面设计对话框，如图 15-35 所示。

操作事项：①输入 Y；②设置模型：将所有项列入模型（包括 A，B，AA，BB 及 AB）；③选残差四合一图；④单击"确定"按钮。系统生成建模结果以及回归分析与方差分析的数据。

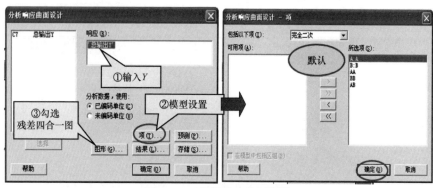

图 15-35 分析响应曲面设计

RSM 初次模型数据分析如下:

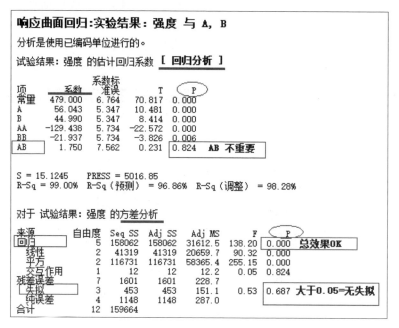

数据分析：(解释初次模型数据，见图 15-32)。

1) 主要项包括：A, B, AA, BB（全部 $P < 0.05$）。
2) 次要项：$AB(P = 0.824 \geqslant 0.05)$，$AB$ 交互作用不明显。
3) 标准差 $S = 15.12$。
4) 拟合效果可接受（回归拟合系数 $R-Sq$ 接近 1）。
5) 模型总效果可接受（回归 $P = 0 < 0.05$）。
6) 无失拟（$P = 0.687 \geqslant 0.05$）。

以上情况均正常。如果残差诊断通过，就可以建立一个简化的模型分析了。

残差诊断：用四个图形工具进行残差分析（见图 15-36）。其中，正态图与直方图均保持正态性，拟合值保持等方差性（无喇叭形），残差与顺序图的观察值呈随机波动并无升降趋势。故残差分析表明正常。

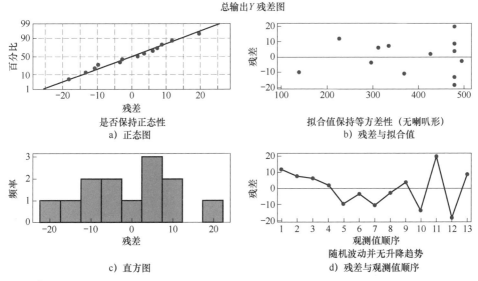

图 15-36　RSM 初次模型输出残差图

步骤 8：拟定 RSM 简化模型（二次分析）。

操作路径：统计→DOE→响应曲面→分析响应曲面设计。简化模型只考察主要项（A,B,AA,BB），将非显著项（AB）移到左侧框（可用项）内，生成新的模型。RSM 简化模型输出的数据如下：

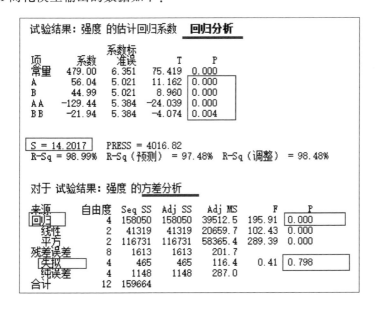

简化模型数据分析：模型拟合总体有效，简化后的模型效果更好（其中，标准差从 15.1 降至 14.2）。简化模型（回归方程）是 Minitab 系统优化器运算的基础。

响应曲面设计的回归方程如下：

$$Y = 479 + 56.04A + 44.99B - 129.44AA - 21.94BB$$

步骤 9：解释模型——等高线图形分析。

等高线图、曲面图都是使用成对的两个变量对 Y 的影响的图形工具。

操作路径：统计→DOE→响应曲面→等值线/曲面图，在弹出的对话框，分别对"等值线图"和"曲面图"进行设置，本例只选择 A，B 进行分析，设置后点确定即可生成，见图 15-37。

观察等值线图（见图 15-37a）在 A 和 B 的观察范围内，存在一个最佳 Y 的区域，线条很弯曲，表示模型效果非常好。大致可以判断当 A=0.2，B=0.9 时，将获得最佳 Y>500。曲面图表达的信息也是如此（见图 15-37b）。

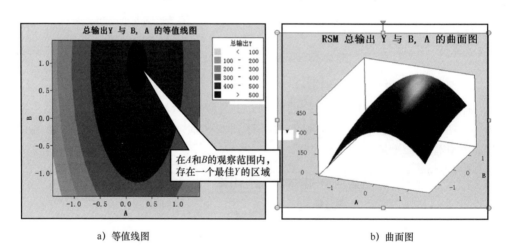

a）等值线图　　　　　　　　　　b）曲面图

图 15-37　观察：两个变量对 Y 的影响

步骤 10：RSM 优化。

【路径】统计→DOE→响应曲面→响应优化器，将输出 Y 移到右侧框，优化器设置："目标"为"望大"，"下限"为中位数 361，"望目"为极大值 502，"上限"为空值。单击"确定"按钮生成优化结果（见图 15-38）。

结论与工程推荐：

根据 RSM 回归方程，优化器经推算，得出最优组合：

- 代码：A(0.2143)，B(1.0142)。

- 真实值：反应温度为 228.57℃，反应时间为 60.21s。
- 强度的预测值 $Y = 508.13$ Pa。

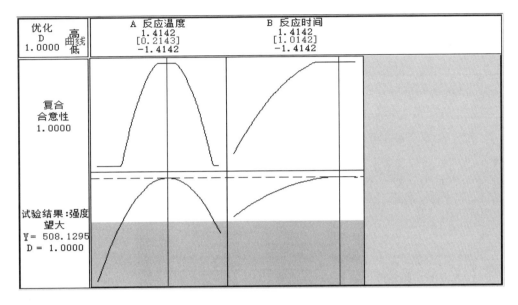

图 15-38　RSM 优化结果

将试验的最佳设置经过验证设计，便可以应用于生产。

7. Box-Bchnken 设计（BBD）

（1）特点与应用范围

Box-Bchnken 设计是一种简便、好用的 RSM 设计方法。它具有如下特性：

- 试验次数较少，具有近似旋转性，最适应球形试验区域。
- 操作与分析都简单。
- 特别适合望目指标的优化。
- 当试验水平（生产条件）受限制，又期望较少的试验时，BBD 是一种不错的选择。

（2）Box-Bchnken 设计案例

1）问题及数据。

小组拟对影响原材料关键参数 Y 的化学反应工序的温度、压力、反应时间的水平设置进行优化。目标值：87 ± 2 mg（望目），该试验设计因子与水平见表 15-8。

表 15-8 BBD 设计因子与水平

因 子	水平（-）	水平（+）	中 心 点
压力 A/psi①	180	220	200
温度 B/℃	320	400	360
时间 C/min	16	20	18

① 1psi = 6894.8 Pa。

2）创建 BBD 试验计划。

操作路径：统计→DOE→响应曲面→创建设计。设计类型选 Box-Bchnken 设计；因子数选择"3"；单击"设计"按钮，进入次级选项框，全部设置为默认值（中心点为"3"，仿行为"1"，区组为"1"），单击"确定"按钮，系统即可生成 15 次试验的 Box-Bchnken 试验计划。3 个因子的 BBD 试验计划及试验结果（见图 15-39）。

C1 标准序	C2 运行序	C3 PtType	C4 区组	C5 A	C6 B	C7 C	C8 望目 Y
1	1	2	1	-1	-1	0	83.2
2	2	2	1	1	-1	0	84.8
3	3	2	1	-1	1	0	86.8
4	4	2	1	1	1	0	85.1
5	5	2	1	-1	0	-1	87.6
6	6	2	1	1	0	-1	86.9
7	7	2	1	-1	0	1	84.2
8	8	2	1	1	0	1	85.2
9	9	2	1	0	-1	-1	84.6
10	10	2	1	0	1	-1	91.4
11	11	2	1	0	-1	1	88.8
12	12	2	1	0	1	1	86.3
13	13	0	1	0	0	0	88.7
14	14	0	1	0	0	0	89.2
15	15	0	1	0	0	0	88.2

图 15-39 3 个因子的 BBD 试验计划及试验结果

3）BBD 一次建模：数据分析。

Box-Bchnken 设计的试验和分析都比较简单，根据图 15-39 的试验结果就可以直接进入 DOE 分析步骤。

操作路径：统计→DOE→响应曲面→分析响应曲面设计：①在对话框输入 Y；②单击"项"按钮，设置模型（完全二次项，考察所有的项），单击"确认"按钮，系统自动输出如下：

```
响应Y 的估计回归系数
项              系数      系数标准误        T         P
常量          88.7000       0.4278    207.347    0.000
A压力          0.0250       0.2620      0.095    0.928
B温度          1.0250       0.2620      3.913    0.011
C时间         -0.7500       0.2620     -2.863    0.035
A压力*A压力   -2.7625       0.3856     -7.164    0.001
B温度*B温度   -0.9625       0.3856     -2.496    0.055
C时间*C时间    0.0375       0.3856      0.097    0.926
A压力*B温度   -0.8250       0.3705     -2.227    0.076
A压力*C时间    0.4250       0.3705      1.147    0.303
B温度*C时间   -2.3250       0.3705     -6.276    0.002

S = 0.740945    PRESS = 37.045
R-Sq = 96.15%   R-Sq（预测） = 48.07%   R-Sq（调整）= 89.23%

对于 响应Y 的方差分析
来源         自由度     Seq SS     Adj SS     Adj MS         F        P
回归            9      68.5883    68.5883     7.6209     13.88    0.005
  线性          3      12.9100    12.9100     4.3033      7.84    0.025
  平方          3      30.6108    30.6108    10.2036     18.59    0.004
  交互作用      3      25.0675    25.0675     8.3558     15.22    0.006
残差误差        5       2.7450     2.7450     0.5490
  失拟          3       2.2450     2.2450     0.7483      2.99    0.260
  纯误差        2       0.5000     0.5000     0.2500
合计           14      71.3333
```

请根据"表 15-3 DOE 数据分析 P 值判定准则"分析上面的信息。并回答下面的问题：

- 主要因子（含二阶项）有几项？答案：4 项，它们是（B,C,AA,BC）。
- 回归（总效果）及失拟 2 项符合要求吗？

4）BBD 二次建模：数据分析。

模型设置时，删除非重要项（将非重要项 BB,CC,AB,AC 移至左侧框内），只保留显著项（A,B,C,AA,BC），二次建模后，系统生成信息如下：

```
响应Y 的估计回归系数
项              系数       系数标准误        T         P
常量          88.1714       0.3915    225.207    0.000
A 压力         0.0250       0.3662      0.068    0.947
B 温度         1.0250       0.3662      2.799    0.021
C 时间        -0.7500       0.3662     -2.048    0.071
A 压力*A 压力 -2.6964       0.5361     -5.030    0.001
B 温度*C 时间 -2.3250       0.5179     -4.489    0.002

S = 1.03585    PRESS = 32.3102
R-Sq = 86.46%   R-Sq（预测） = 54.71%   R-Sq（调整）= 78.94%

对于 响应Y 的方差分析
来源         自由度     Seq SS     Adj SS     Adj MS         F        P
回归            5      61.6765    61.6765    12.3353     11.50    0.001
  线性          3      12.9100    12.9100     4.3033      4.01    0.046
  平方          1      27.1440    27.1440    27.1440     25.30    0.001
  交互作用      1      21.6225    21.6225    21.6225     20.15    0.002
残差误差        9       9.6568     9.6568     1.0730
  失拟          7       9.1568     9.1568     1.3081      5.23    0.170
  纯误差        2       0.5000     0.5000     0.2500
合计           14      71.3333
```

5）残差分析、等值线图与曲面图分析（略）。

6）优化。3 个因子 BBD 优化结果如图 15-40 所示。

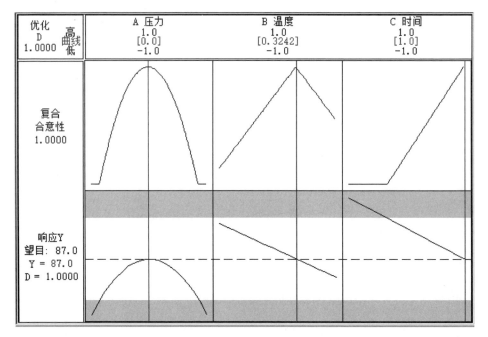

图 15-40　3 个因子 BBD 优化结果

工程结论：

- 优化设置：$A(0.0)$ /压力 200psi，$B(0.3242)$ /温度 373℃，$C(1.0)$ /时间 20min。
- 预测：$Y = 87.0$。

15.2.5　多指标 DOE 分析与优化

1. 最佳设置与最适设置

单指标的优化比较简单，而多指标的优化问题就比较复杂。在讨论多指标分析之前，需要了解两个不同的概念：最优设置与最适设置。

1) 最佳设置。最佳设置是针对单个指标而言的，它由系统优化器根据指标性质（望大、望目或望小）与试验数据所构建的回归方程（模型）进行试算，给出的最优响应的因子水平组合。

2) 最适设置。在多指标情况下，因子水平的设置会造成指标间此消彼长的效果，虽然系统优化器可以给出多指标的最优响应的推荐方案，但有时系统的建议方案并不能满足试验者的设计需求，试验者则可根据品质、效率和成本等诸多指标综合考虑，借助系统优化器功能采取一定的办法，以期获得较为合理的因子组合，这就是多指标试验的最适设置。

2. 多指标试验分析的流程

第一步：使用全因子设计试验方法逐个分析指标 $Y_1, Y_2, \cdots, Y_n$（对每个指标进行完整的分析，包括单指标的优化）。这个步骤不予赘述，请参考例 15-1 的分析过程。

第二步：多个指标的综合平衡与优化，求最适设置（因子组合）。

多指标优化有两种方法可供选择：重要度赋值法和强制调整法。下面通过设置 2 个场景，来介绍这两种优化方法的应用。

【例 15-4】改善团队在对电子器件集成技术的改进项目中，决定对关键流程晶片蚀刻流程的进行调整与优化。有关流程信息及试验的结果如下。

（1）指标：

Y_1：选择比（望大）。

Y_2：蚀刻速率（望大）。

Y_3：均匀性（望小）。

（2）因子及水平

因子及水平见表 15-9。

表 15-9 因子及水平

因　　子	水平（-）	水平（+）
反应气体 A	100	160
CF 流量 B	8	16
功率 C/W	500	700

注：CF 为硅晶片工艺中一种关键蚀刻气体。

（3）采用 2^3 因子设计，增加 2 个中心点，试验次数 $m=(8+2)$ 次 $=10$ 次。每次试验都能测量到 3 个指标的结果。多指标（2^3+2）试验计划与试验结果见图 15-41。

C1 标准序	C2 运行序	C3 中心点	C4 区组	C5 CF4流量	C6 BF(2:1)	C7 功率	C8 Y1 选择比	C9 Y2 蚀刻速率	C10 Y3 均匀性
1	1	1	1	5	60	500	10.92	2712	11.7
2	2	1	1	15	60	500	19.60	2905	13.0
3	3	1	1	5	180	500	7.16	3023	9.0
4	4	1	1	15	180	500	12.45	3031	10.3
5	5	1	1	5	60	700	10.18	3235	10.8
6	6	1	1	15	60	700	17.50	3681	12.2
7	7	1	1	5	180	700	6.93	3640	8.1
8	8	1	1	15	180	700	11.76	3816	9.3
9	9	0	1	10	120	600	11.16	3297	11.1
10	10	0	1	10	120	600	11.60	3379	10.3

图 15-41　多指标（2^3+2）试验计划与试验结果

注：试验数据 Y 来自闵亚能，《实验设计（DOE 应用指南）》。

前提条件：在指标优化之前，团队已经完成了一次和二次建模的全部分析工作。

3. 场景1：强制调整法

试验目标（优化晶片蚀刻工艺参数，工程师期望）

1）增加CF流量，从8sccm⊖到16sccm。
2）找出反应气体流量与功率的设置，以补偿CF。
3）要避免对质量响应Y以及晶片产能的负面影响。

首先进行响应优化器的初始设置（各指标的权重与重要度均默认为1），三个指标的设置数据来自试验结果。多指标优化器设置如图15-42所示，单击"确定"按钮，生成系统推荐的优化结果。系统推荐的3个指标最优响应设置如图15-43所示。

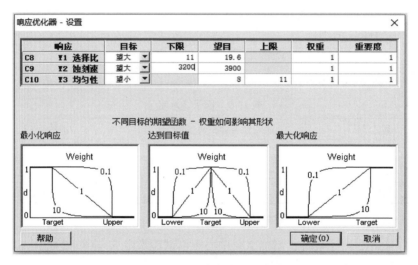

图15-42　多指标优化器设置

由于试验人员对多个指标有特定的平衡考虑，需要对系统推荐的设置进行调整。在本例中，工程师将CF流量从8调整至16（这是工程要求和试验目标所决定的），并决定将功率从700W调至500W，以降低成本。

手工调整优化图因子水平的工作非常简便：单击目标（因为项目下面的第2行红色的带括号的水平数），即弹出水平C功率对话框，修改并填入试验者希望的数值（见图15-44）。输入的水平数值可以在最低值与最高值之间任意赋值，每次因子水平值被修改后，系统将会及时输出各个指标的优化值与D值。操作后，获得多指标的期望值。

⊖　sccm表示在标准状态下（101.325 kPa, 25℃）每分钟流过1cm³的气体体积流量。

第15章 试验设计（DOE）

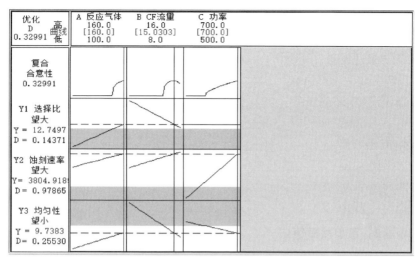

图15-43 系统推荐的3个指标最优响应设置

根据实际目标和需求，试验者将 B（CF流量）因子水平从"15.0303"改为"16"，将 C（功率）因子水平"700"改为"500"。得到强制调整后的新的响应最适设置图（见图15-44）。

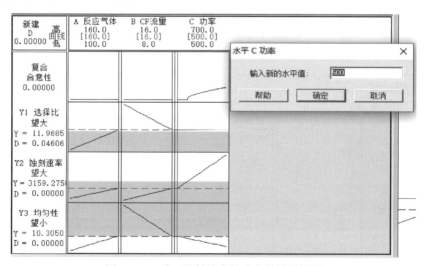

图15-44 手工强制约束的响应最适设置图

经过强制调整，Y_1（选择比）指标比系统推荐及原始设置均稍有降低，但仍有很理想的表现与顾客接受度；Y_2 蚀刻速率（生产效率）比系统推荐低，但比原始设置提高273单位（改善9.33%）；Y_3 均匀性比系统推荐稍逊，但比原始设置提高0.90单位（改善8.03%）；CF流量从原始设置8sccm提高至16sccm，保证了蚀刻工艺的稳定性；功率比原始设置降低了100单位（降低20.83%），每年可节约非常客观的费用。

综上所述，试验达到了预期的目的。结论如下：

1）工艺最适设置。
- 反应气体为160sccm。
- CF流量为16sccm。
- 功率为500W。

2）响应预测值。
- 选择比为11.97。
- 蚀刻速率为3195。
- 均匀性为10.305。

4. 场景2：重要度赋值法

目标：工程师需要对 Y_1：选择比和 Y_3 均匀性两项指标进行优化平衡，并希望选择比达到14以上。

首先做一般性设置（权重和重要度均为默认值1），得到初始优化结果。系统推荐的2个因子最优响应设置如图15-45所示。工程师对现有结果不满意，宁可牺牲一点均匀性，也希望将选择比提高到14以上。于是，通过优化器设置，将选择比的重要度赋值为4，得到新的优化结果。新的设置使得选择比由13.3提高到14.76，合意性也由0.27提高到0.43。提高 Y_1 和 Y_3 指标重要度的优化设置如图15-46所示。团队对结果比较满意。

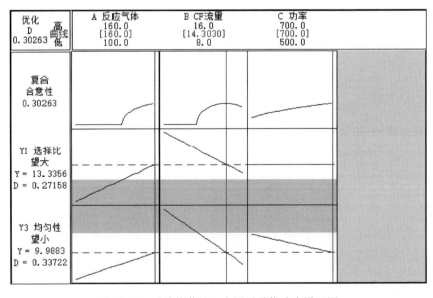

图15-45　系统推荐的2个因子最优响应设置图

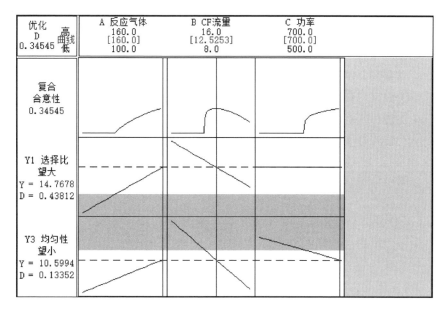

图 15-46　通过提高 Y_1 和 Y_3 指标的重要度的优化设置

通过优化平衡，试验达到了预期的目的。结论如下：

1) 工艺最适设置。
- 反应气体为 160sccm。
- CF 流量为 12.52sccm。
- 功率为 700 W。

2) 响应预测值。
- 选择比为 14.7678。
- 均匀性为 10.599。

5. 经典 DOE 重点梳理

(1) 选用正确的实验方法

根据 DOE 筛选、分析和优化三种不同的目的，选用对应的工具。筛选的目的是从头脑风暴中得到的众多潜在因子中分离出仅有 3~5 个主要因子，可用的工具有 Plackett-Burman 设计和部分因子设计（Ⅲ级）；分析的目的是全面量化因子的主效应与交互作用，采用全因子设计，统计技术为方差分析（全因子设计也具备优化功能，其中多指标的优化与平衡只能采用 2^k 设计）；优化的目的是运用回归方程作基础并通过系统优化器的推算给出最佳或最适组合。

(2) DOE 工具的特点

1) 全因子设计（2^k）。
- 全因子设计是 DOE 最典型的试验和分析方法，首先了解和掌握了 2^k 设计，对其他工具的应用会有极大帮助。而且，2^k 设计还是响应曲面设计的重要组成部分（第 1 阶段的试验）。没有 2^k 设计，RSM 也无法进行。
- 增加适当数量的中心点，以提高试验的可靠性，即通过试验的重复性提高检测和区分试验的随机误差与组间误差的能力，此外还可以检验是否存在非线性（弯曲）。
- 必须进行二次分析（两次建模）。初次建模需考察除了三阶项（如 ABC）以外的所有项，简化模型只考察重要的项（$P<0.05$）。

2）分部设计（1/2 设计）。
- 分部设计（分辨率Ⅳ级，分析用）是全因子设计的重要替代工具，可降低试验成本。
- 1/2 设计因为试验次数少，就产生了混淆的问题。但是，试验人员只需解决二阶项的混淆问题即可。系统输出会给出 $AB+CD$；$AC+BD$；$AD+BC$ 等混合效应的项，而且方差分析只列示混合项的前半部分的有关信息（P 值）。因此，工程师在分析时应根据经验或工程数据正确判断。

3）响应曲面设计（RSM）。

① RSM 有两种试验方法，即中心复合设计和 Box-Bchnken。根据轴点坐标 α 位置的不同设置和试验点的选择，中心复合设计分为三个方法：
- 序贯设计（CCC）试验点有 5 个（$-\alpha, -1, 0, 1, +\alpha$），$\alpha = \pm 1.414$。
- 有界设计（CCI）试验点有 5 个（$-1, -\alpha, 0, \alpha, 1$），$\alpha = -1 \sim 1$。
- 表面设计（CCF）试验点有 3 个（$-1, 0, 1$），$\alpha = 1$。

建议使用序贯中心复合设计（本书正文 CCD 即代表这种试验）和 BBD。采用序贯设计有两个理由，一是生成实验计划简单，二是它的前期试验数据可以用作后续试验分析。

② 响应曲面设计包括两个阶段，第一阶段是全因子试验，第二阶段才是真正意义上的 RSM。第二阶段包含使用轴点进行的试验并汇集 2^k 试验的结果进行完整的数据分析。

③ RSM 的重点为第一阶段的试验即 2^k 设计，但它与纯 2^k 设计有本质差异。需掌握三个重点：一是纯 2^k 设计的目标是研究线性模型下的变量关系：$Y=X$，它的关键标志是无弯曲（$p \geqslant 0.05$），而中心复合设计 2^k 试验的目标是寻找最佳区域，关键标志是有弯曲（$p<0.05$）；二是在寻找最佳区域的过程中，会进行几轮序贯试验；三是 2^k 试验的数据可直接并入 RSM 分析。

(3) 掌握三个重要环节

从计算机演练角度讲，了解 DOE 必须掌握三个环节：①试验计划；②数据分析；③优化。

1) **试验计划**。设计试验计划包含几个重要事项：①确定因子数和水平；②单击"设计"按钮，选择设计工具（如全因子或分部设计，中心复合或 Box-Bchnken）；设置试验的次数，除了系统给定的基本试验外，可能需要增加中心点或者区组（如果该变量必须研究）；③单击"选项"按钮，做随机化处理；④也可以通过"因子"进行名称和水平真实值修改。
2) **数据分析**。包括设置模型与解释数据。

无论是全因子设计还是响应曲面都要进行 2 次分析（拟定模型和简化模型）。

- **设置模型**。设置模型是指要考察项目的效应。建模通过 DOE 分析对话框中的"项"执行。第一次建模考察除三次项（ABC）以外的所有项。第二次建模只考察重要项。具体操作：单击"项"按钮，把需考察的项放在右侧框内，把不需要的项移至左侧框内。建模确定后，关闭中心点（不勾选），这样做方便生成等高线图。
- **解释数据**。模型设置完成后，系统自动生成两类输出：程序数据和图形数据。重点在解释程序数据。理解 P 值及相关输出的含义，必须仔细对照表 15-3 中的判定准则做出正确的解释。

3) **优化**。优化器根据最终的建模结果（简化模型）进行推算并给出最优组合的建议。优化处理的关键是优化器的设置。单指标的优化比较简单，多指标稍微复杂一点。单个合意性（D）评估设置对单个响应的优化程度；复合合意性（D）评估设置对一组响应的整体优化程度。合意性值的范围为 0～1。1 表示理想情况；0 表示一个或多个响应位于可接受的限制外。在多指标优化平衡时，试验者所关注的重要指标的 D 值应高一些（接近 1）。此外，优化器会依据简化模型进行试算，不给出次要因子的数据，这时，应将次要因子做低成本处理。

总之，有了计算器的助力，DOE 的分析与优化就变得非常容易了。多练习、多实践，就能成为行家。

15.3 田口 DOE——超级水平和稳健

田口 DOE 是通过试验的手段而非解析的方法来解决问题。田口 DOE 也称为田口方法，可应用于产品设计、工艺设计，以及过程改进，可提高产品质量，降低成本，缩短研发周期。田口 DOE 的目标是寻求最佳的产品（或过程）功能，并维持此种功能的稳健性（受干扰因子的影响最小）。

自从英国统计学家费歇尔提出试验设计技术，至今已有 100 多年的应用历史。在人类创造性的质量工程活动实践中，田口方法独树一帜，熠熠生辉。日本工程师从 20 世纪 50 年代就应用田口方法，这对促进日本质量管理的长足发展和奠定世界领先地位打下了坚实的基础。

下面介绍田口 DOE 解决的几个经典案例，期望从中得到运用田口方法改善质量的灵感。

1. **【案例1】贝尔微处理器工艺研究**

1980 年，美国贝尔实验室的研究人员遇见了一个难以逾越的世界科研难题，于是向田口寻求帮助。当时的课题是：生产 256K 微处理器的照相曝光工序。有一个机种要求在 1.5cm×1.5cm 的面积下开 23 万个直径 2μm 的小孔，但是在当时的条件下，孔偏大、偏小，甚至不开孔的情况非常多。将问题提炼出来就是如何使开孔的直径均一（减少孔径的变异）。田口找出了 9 个相关因子，并用 L18 正交表进行了 18 次的试验。通过 18 次条件各不相同的试验，制作出 18 种试验品。然后测量 5 处小孔直径，找出 5 处孔径波动最小的条件。这个试验有两个特性：首先是用正交表进行了 18 次条件各不相同的试验，其次是衡量的特性不是孔径而是孔径的波动。田口仅用了一个月时间完成了贝尔实验室几年都一筹莫展的疑难问题。田口试验使孔径波动减半，生产时间也减少一半。田口试验法在美国的首次运用就获得了极大的成功。

2. **【案例2】瓷砖尺寸变异改善**

20 世纪 50 年代，一家日本瓷砖厂花了 200 万日元购进一套隧道窑。投产后，生产质量遇到极大的麻烦：这些瓷砖尺寸大小有明显差异。外层瓷砖有 50% 以上超出规格，而内部产品正好符合要求，次品率高达 13%。工程师经研究，知道引起产品变异的原因是窑内的温度存在较大的变异。解决这个问题，使得窑内温度分布均匀，需要重新设计整个砖窑，但这样做需要额外花费 50 万日元。在田口的建议下，工厂决定通过改变工艺参数的办法来解决这个问题。试验获得极大成功，瓷砖厚度标准差降至原来的 1/8，仅为 0.0117mm，过程能力指数 $C_p=4.2$，超过六西格玛质量水平。

3. **【案例3】CrossBar 交换机绝缘寿命研究**

CrossBar 交换机的设计是在通信研究所，制造技术则由日本电气等公司共同研究。当时[一]的绝缘体，使用橡胶涂在纸上，卷起来放入冲压成型的外壳中。而当时传统方法制作的外壳动作数百万次后已经成为空穴，无法使用。若作为一般用途已经足够了，但是在必须动作十亿次的交换机里，它却非常不经用。研究员们为了能使寿命增加 1000 倍，试过木棉制作的纸、麻制作的纸，甚至是美国的纸币，研究了 200 个以上的制造条件。在此过程中，试验设计法被完全灵活运用了。终于在 1957 年完成了实际运用阶段。其实美国的贝尔研究所也在同时期开展关于 CrossBar 交换机的研究。但是，技术力量高、材料部品质量好的贝尔研究所，投

⊖ 指 20 世纪 60 年代——编者注。

入了日本数十倍的预算和 5 倍多的研究员，结果还是开发失败。最终线型继电器不得不 100% 从日本进口。

这三个经典案例，无一不是突破巨大的科技难关，皆超越六西格玛世界级质量水平，C_{pk} 达到 2 以上。

15.3.1　田口 DOE 的原理

1. 田口 DOE 的目标

1) 输出质量特性本身的**变异**很小。
2) **平均值**尽可能接近目标值。
3) **抗干扰**，免于噪声对输出响应的影响。

2. 田口 DOE 的优势与特点

1) 正交表运用简单，不用理会交互作用，试验次数少。
2) 加入功能性的观点，开发出减少质量功能波动的采集数据和分析数据的方法。
3) 试验中加入噪声因子，能解决极其复杂的问题。
4) 计算和分析简单，不需处理复杂的统计问题和 ANOVA 表。
5) 结果运用极佳。

3. 参数分类

对于一个产品或者制程，可以用参数图来表示（见图 15-47），其中 Y 表示此过程输出的产品或制程的品质特性（响应值）。影响 Y 的参数可分为可控因子（Z）、噪声因子（X）和信号因子（M）三类。

1) **可控因子**。可控因子是指设计工程师可自由设定和调整的参数（包括材料特性和过程特性）。
2) **噪声因子**。有许多设计工程师不能控制的因子，称为噪声因子。
3) **信号因子**。输出响应随某个输入因子的变动而变化，该输入称为信号因子。

图 15-47　产品/制程的参数图

噪声因子可归纳为如下三类：

1) **外部噪声**：由于环境因素与使用条件的变化或变异，如温度、湿度、粉尘、电磁干扰、振动及操作者人为错误等。
2) **内部噪声**：产品在库存和使用过程中，产品的零件、材料会随着时间的推移发生质量变化。例如，绝缘材料的老化、零件在使用过程中的磨损、蠕变等。

3）**零件间的变异**：由于构成产品的材料、零件存在者变异，制程中由于操作、设备、工艺参数及环境因素的变化形成的变异，会造成零件间的变异。

安排了信号因子的试验称作**动态参数试验**；不考虑信号因子的试验称为**静态参数试验**。本书不考虑动态的情况，所介绍的案例都属于静态参数试验设计。

4. 田口设计核心工具：内外正交表与信噪比（S/N）

田口正交表和信噪比（S/N）是田口试验设计独特的应用机制和工具。

（1）内外正交表

田口正交表用于构建田口设计的试验计划，由内表与外表组成（见表15-10）。田口试验不仅考察可控因子，同时考察噪声因子。

表15-10 由4个可控因子3个水平与3个噪声2个水平组成的试验计划

				M	−	+	−	+	−	+	−	+
				N	−	−	+	+	−	−	+	+
				O	−	−	−	−	+	+	+	+
	A	B	C	D	Y1	Y2	Y3	Y4	Y5	Y6	Y7	Y8
1	1	1	1	1	*	*	*	*	*	*	*	*
2	1	2	2	2	*	*	*	*	*	*	*	*
3	1	3	3	3	*	*	*	*	*	*	*	*
4	2	1	2	3	*	*	*	*	*	*	*	*
5	2	2	3	1	*	*	*	*	*	*	*	*
6	2	3	1	2	*	*	*	*	*	*	*	*
7	3	1	3	2	*	*	*	*	*	*	*	*
8	3	2	1	3	*	*	*	*	*	*	*	*
9	3	3	2	1	*	*	*	*	*	*	*	*

从 Minitab 软件系统可以得到内表：可控因子的试验计划本例为 $L9(3^4)$，表示有4个因子三水平的9次试验。外表由手工安排，这里列举三个噪声 M、N、O 皆为2个水平。该计划中主体试验9次，噪声有8种组合。在一般情况下，田口试验的次数 $n=$ 内表行数 × 噪声组合数，本例试验数 $=(9×8)$ 次 $=72$ 次。表中的阴影部分注明"＊"的单元格，代表每次试验的结果（见表15-11）。

（2）信噪比（S/N）

田口创造性提出了信噪比（S/N）概念，以 S/N 作为方案评价和选优的基准（而非经典 DOE 使用的方差分析及 P 值）。田口发明信噪比具有强大的优势，它比其他传统的 DOE 品质方法，具有强调的优势，并可以更方便地获得更精准的数据与评价效果。

$$S/N = 信号/噪声 \qquad (15\text{-}1)$$

S/N——信噪比（dB），该比值越大，表明品质越好。

由于不同的品质工程问题，S/N 通常有望目、望大、望小三种应用公式：

$$\begin{cases} 望大：S/N = -10\log\dfrac{1}{n}\sum\dfrac{1}{y_i^2} = 10\log\dfrac{1}{n}\sum y_i^2 \\ 望小：S/N = -10\log\dfrac{1}{n}\sum y_i^2 \\ 望目：S/N = 10\log\dfrac{S_m - V_e}{nV_e} = 10\log(\overline{Y}^2/S^2) \end{cases} \quad (15-2)$$

式中　S/N——信噪比；

　　　y_i——观察值；

　　　S_m——偏差平方和；

　　　V_e——均方和；

　　　$\overline{Y}$——平均值；

　　　S^2——方差。

注意：Minitab "望目" 有两种选项，应选择{望目(B)10log(Ybar**2/s**2)}，而非{望目(N) -10log(S**2)}。

信噪比（S/N）能很好地顾及位置与散度对质量的影响，但更关注和揭示散度的影响。通过 S/N 评价，得到的参数组合必定是使得响应值变异最小的。信噪比（S/N）还具有以下意义：

1）**S/N 与品质损失**：每提高 3 个 dB 的信噪比，品质损失就降低 50%。

2）**S/N 与品质变异**：每提高 3 个 dB 的信噪比，标准偏差就降低 25%。

5. 田口设计的判定基准

1）**选优准则**：信噪比极大化，即信噪比（S/N）较大的因子水平为优。无论其质量特性是什么情形（望小、望大、望目），皆是如此。

2）**主次因子**："一半一半" 原则。将因子按影响从大到小依次排序，前面一半的因子是主要因子，另一半因子是次要因子。

6. 田口方法应用步骤

步骤 1：明确品质改善和试验目的。

步骤 2：选择品质特性并判定品质功能。

步骤 3：寻找所有影响品质的因子。

步骤 4：确定可控因子及它们的水平。

步骤 5：根据因子及水平的数目选择正交表，制订试验计划。

步骤 6：执行设计，收集数据。

步骤 7：分析数据，确定最优因子组合。

步骤 8：验证新的设计。

7. Minitab 操作路径与一般方法

（1）选择试验计划（正交表）

操作路径：统计→DOE→田口→创建田口设计，弹出对话框设置：①选择水平数；②指定因子数；③设计：选定需要的正交表；④因子：给因子命名和赋予实际水平值（可暂不做第④步，先取默认代码，等全部分析完成后，再通过修改设计功能还原因子及其水平实际值）。

（2）分析数据

操作路径：统计→DOE→田口→分析田口设计，弹出对话框设置：①双击响应列号，将 Y 输入到方框内，如有多个 Y 的数据，则依次操作不遗漏；②进行图形及分析（数据）：默认（信噪比、均值）；③选项：根据试验目的，必须在"望大""望目（B）10log（Ybar $**2/S**2$）"和"望小"三项中做出正确选择；④单击"确定"按钮，即输出分析结果。除了稳健设计以外，一般田口设计只使用信噪比数据，而不使用均值数据。

（3）预测

操作路径：统计→DOE→田口→预测田口结果，在"预测田口结果"对话框中设置：①单击"水平"按钮；②在列表中选"水平"，给因子配上最优因子水平；③单击"确定"按钮，输出结果。

（4）修改设计（给因子命名和水平实际值）

操作路径：统计→DOE→修改设计，在"修改设计"对话框中，将因子代名 ABC 直接改为需要的实际名称，在水平值的框内输入实际值，每个水平值之间留出空格。完成后单击"确定"按钮。

15.3.2 田口试验设计应用

1. 静态望大田口设计

【例15-5】磁鼓电机是彩色录像机的关键部件，国外同类产品的力矩指标规定大于 $290g \cdot cm$，产品不合格率为 17%。改善小组对电机质量进行调查，决定利用田口试验设计，提高电机的输出力矩。本例是望大问题。

（1）经过头脑风暴确定：影响力矩的四个因子及 3 个水平。因子水平 1 见表 15-11。

表 15-11　因子水平 1

因　子	水　平		
	1	2	3
浸漆材料 A	No.1	No.2	No.3
定位角度 B	10	15	20

(续)

因　子	水　平		
	1	2	3
线圈匝数 C	90	100	110
充磁量 D	1200	1400	1600

（2）选择正交表，安排试验

应用 Minitab，路径：统计→DOE→田口→创建设计，选择因子数为"4"、水平为"3"和试验次数为"9"，可获得 L9(3^4) 正交表（试验计划）。

严格按照试验计划调整工艺参数，并按随机顺序安排试验，将试验结果录入到系统的数据表（第 5 列，或任何一空列都可以）。试验计划及测量结果如图 15-48 所示。

图 15-48　试验计划及测量结果

（3）模型设置

操作路径：统计→DOE→田口→分析田口设计，①输入 Y（双击左侧的响应值的列号，本例为"C5"，将 Y 输出"响应数值位于"框）；②单击"选项"按钮后选择"望大"（必须在"望大""望目 B"或"望小"中做出正确的选项，否则结论全错。本例为望大问题）；③单击"确定"按钮（见图 15-49）。

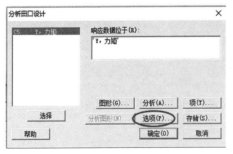
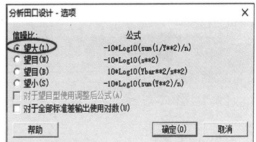

图 15-49　分析模型设置对话框

（4）数据分析

设置完毕，单击"确定"按钮，生成信噪比数据及效应图（见图15-50）。

信噪比响应表（望大）				
水平	浸漆材料 A	定位角度 B	线圈匝数 C	充磁量 D
1	47.63	48.27	46.23	46.70
2	49.02	47.44	48.67	49.71
3	47.99	48.92	49.74	48.22
Delta	1.39	1.48	3.51	3.02
排秩	4	3	1	2

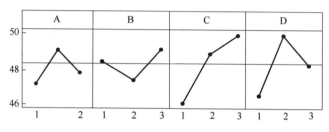

图15-50 对于力矩的信噪比主效应图

田口方法数据分析的基础是信噪比（S/N）。当均值分析与S/N的结果不一致时，应依据信噪比择优决策。

（5）工程推断

1）因子显著效应顺序：$C—D—B—A$。

2）最优组合：浸漆材料A_2，角度B_3，匝数C_3，充磁量D_2。

（6）预测与验证试验

操作路径：统计→DOE→田口→预测田口结果，单击"水平"按钮，输入最佳组合的水平数，便得到如下结果。

信噪比	均值
52.7611	388

预测值力矩的均值为388g·cm，比试验前的290g·cm提高30%。

接下来，应将新的工艺参数用于再现性试验。

2. 静态望小田口设计

【例15-6】降低线路板（PCB）过炉表面缺陷分析改善。品质特性：表面缺点数。

（1）因子水平

因子水平2见表15-12。

表 15-12　因子水平 2

水平	因子				
	速率 A（节）	炉温 B/℃	清洗 C	方法 D	高温变化 E/℃
1	75	155	清水	旧规	250
2	85	185	清洗剂	新规	300

（2）正交表 $L8(2^7)$ 和试验数据

正交表和试验数据如图 15-51 所示。

↓	C1 空	C2 速率A	C3 炉温B	C4 清洗C	C5 方法D	C6 高温变化E	C7 空7	C8 表面缺陷 Y
1	1	1	1	1	1	1	1	38
2	1	1	1	2	2	2	2	24
3	1	2	2	1	1	2	2	28
4	1	2	2	2	2	1	1	42
5	2	1	2	1	2	1	2	30
6	2	1	2	2	1	2	1	18
7	2	2	1	1	2	2	1	22
8	2	2	1	2	1	1	2	46

图 15-51　正交表和试验数据

（3）S/N 数据一览表如下：

信噪比响应表（望小）					
水平	速率 A	炉温 B	清洗 C	方法 D	高温变化 E
1	-28.46	-29.83	-29.23	-29.72	-31.71
2	-30.38	-29.01	-29.61	-29.12	-27.13
Delta	1.92	0.81	0.38	0.61	4.59
排秩	2	3	5	4	1

PCB 表面缺陷 S/N 效应图如图 15-52 所示。

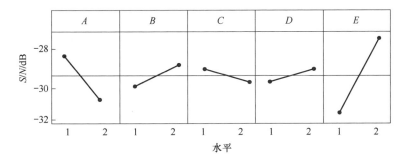

图 15-52　PCB 表面缺陷 S/N 效应图

(4) 工程判定

因子效应顺序：$E—A—B—D—C$（A,E,B 为显著因子，C,D 为次要因子）。

最佳工艺组合：A_1,B_2,C_1,D_2,E_2（次要因子 D 可做低成本处理，即 D_1）。

3. 静态望目田口设计

【例 15-7】工程师改善团队评估影响装货用塑料袋密合强度的因子。有 3 个可控因子温度、压力、厚度（它们分别有 3 个水平），另外有 2 个噪声水平（Noise1 和 Noise2）。期望密合强度能够达到规格的要求。如果强度不够，袋子可能会破裂而污损产品，但是若密合度太强，又可能使顾客开启袋子困难，故规格要求定为 18Pa。这是一个望目问题。

(1) 因子水平

因子水平 3 见表 15-13。

表 15-13 因子水平 3

水 平	因 子		
	温度 A/℃	压力 B/Pa	厚度 C/mm
1	60	30	1.00
2	70	35	1.25
3	80	40	1.50

(2) 正交表 $L_9(3^4)$ 和实验数据

虽然所选正交表为 9 次试验，因为有 2 个噪声水平，需要在每个噪声条件下各做 9 次试验，因此共计进行了 (9×2) 次 = 18 次试验。3 个因子 2 个噪声水平的试验计划与试验结果如图 15-53 所示。

↓	C1 温度 A	C2 压力 B	C3 厚度 C	C4 Y/Noise1	C5 Y/Noise2
1	1	1	1	19.0	16.0
2	1	2	2	18.4	18.0
3	1	3	3	17.5	17.0
4	2	1	2	18.6	17.6
5	2	2	3	19.3	17.0
6	2	3	1	19.1	18.5
7	3	1	3	18.4	16.0
8	3	2	1	17.0	16.5
9	3	3	2	15.9	14.5

图 15-53 3 个因子 2 个噪声水平的试验计划与试验结果

(3) S/N 一览表与效应图

S/N 一览表如下：

第15章 试验设计（DOE）

信噪比响应表（望目）			
水平	温度 A	压力 B	厚度 C
1	29.42	22.20	28.26
2	27.35	30.21	29.35
3	25.78	30.14	24.95
Delta	3.64	8.01	4.41
排秩	3	1	2

胶袋强度 S/N 效应图如图15-54所示。

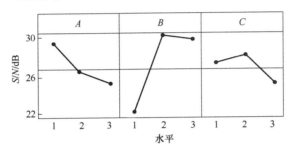

图15-54 胶袋强度 S/N 效应图

（4）工程判定

显著因子顺序：压力 B—厚度 C—温度 A

最适生产条件组合：A_1, B_2, C_2。

15.3.3 稳健参数试验设计

稳健设计是田口方法的核心思想与应用。稳健设计通过加入包括噪声因子的试验，并选择可控因子的水平组合来减少一个系统（产品或过程）对噪声的敏感性，从而达成在接近目标的同时减少系统性能变异的目的。

1. 因子分类

1）**位置因子**：对位置（针对均值效应而言）有显著影响者，称为位置因子。

2）**散度因子**：对散度（针对 S/N 效应而言）有显著影响者，称为散度因子。

3）**调节因子**：是位置因子而非散度因子者，称为调节因子。

2. 稳健设计的两步优化程序

1）选择散度因子的水平使散度最小化。

2）选择调节因子的水平使位置接近目标值。

3. 田口经典案例：瓷砖试验

【例15-8】20世纪50年代，一家日本瓷砖厂花了200万日元购进一套隧道窑。窑内有放置瓷砖的推车，推车通过轨道而使其上的瓷砖烧结。但这些瓷砖尺寸大小有明显差异，外层瓷砖有 50% 以上超出规格，而内部产品正好符合要求。工程师经研究，知道引起产品变异的原因是窑内的温度存在较大的变异。解决这个问题，使得温度分布均匀，需要重新设计整个砖窑，但需要额外花费 50 万日元。在田口的建议下，瓷砖厂通过改变工艺参数的办法解决了这个问题。

试验项目：瓷砖制程尺寸变异改善；品质特性：瓷砖厚度为 10±0.15mm。

（1）识别并确定控制因子及其水平

改善小组筛选出 8 个可控因子，其中 1 个可控因子是 2 个水平，其余为 3 个水平，中心点（即水平 2）以现有工艺参数为依据。可控因子及水平见表 15-14。

表 15-14 可控因子及水平

因子名称	水平 1	水平 2	水平 3
石灰含量 A	5%	<u>1%</u>	
寿山石含量 B	43%	<u>535</u>	63%
寿山石种类 C	新配方加添加物	<u>原来配方</u>	新配方无添加物
烧粉含量 D	0%	<u>1%</u>	3%
添加物粒径 E	小一些	<u>原来粒径</u>	大一些
烧成次数 F	一次烧成	<u>二次烧成</u>	三次烧成
长石含量 G	7%	<u>4%</u>	0%
黏土种类 H	K	<u>K、G 各一半</u>	G

注：1. 下横线数据为起始值（试验前的工艺参数），即表中水平 2 皆是起始值。
2. 资料来源：田口玄一，《实验计划法》（第 3 版）。

（2）识别并确定噪声因子及其水平

改善团队确定瓷砖的放置"位置"为影响产品的噪声因素，并确定 7 个水平，即每次试验均从事先规定的位置抽取 7 件试片（瓷砖）进行测量，每次试验获得 7 个试验数据。

（3）确定试验计划，安排试验

打开 Minitab，操作路径为统计→DOE→田口→创建设计，选择因子数为"8"，水平为"混合"，试验次数为"18"次，可获得 $L18(2^1, 3^7)$ 正交表；实施试验，将结果数据录入系统数据表。由于本例中的"位置"是一个特殊的噪声因子，每次的试验结果可以测量 7 个位置的样品，并没有增加试验的次数（乘积效果在这种情况下不存在），故实际的试验还是 18 次。试验计划与结果如图 15-55 所示。

	C1	C2	C3	C4	C5	C6	C7	C8	C9	C10	C11	C12	C13	C14	C15
	A	B	C	D	E	F	G	H	Y1	Y2	Y3	Y4	Y5	Y6	Y7
1	1	1	1	1	1	1	1	1	10.18	10.18	10.12	10.06	10.02	9.98	10.20
2	1	1	2	2	2	2	2	2	10.03	10.01	9.98	9.96	9.91	9.89	10.12
3	1	1	3	3	3	3	3	3	9.81	9.78	9.74	9.96	9.91	9.89	10.12
4	1	2	1	1	2	2	3	3	10.09	10.08	10.07	9.99	9.92	9.88	10.14
5	1	2	2	2	3	3	1	1	10.06	10.05	10.05	9.89	9.85	9.78	10.12
6	1	2	3	3	1	1	2	2	10.20	10.19	10.18	10.17	10.14	10.13	10.22
7	1	3	1	2	1	3	2	3	9.91	9.88	9.86	9.84	9.82	9.80	9.93
8	1	3	2	3	2	1	3	1	10.32	10.28	10.25	10.21	10.18	10.18	10.36
9	1	3	3	1	3	2	1	2	10.04	10.02	10.01	9.98	9.95	9.89	10.11
10	2	1	1	3	3	2	2	1	10.00	9.98	9.93	9.80	9.77	9.70	10.15
11	2	1	2	1	1	3	3	2	9.97	9.97	9.91	9.88	9.87	9.85	10.05
12	2	1	3	2	2	1	1	3	10.06	9.94	9.90	9.88	9.80	9.72	10.12
13	2	2	1	2	3	1	3	2	10.15	10.08	10.04	9.98	9.91	9.90	10.22
14	2	2	2	3	1	2	1	3	9.91	9.87	9.86	9.87	9.85	9.80	10.02
15	2	2	3	1	2	3	2	1	10.02	10.00	9.95	9.92	9.78	9.71	10.06
16	2	3	1	3	2	3	1	2	10.08	10.00	9.99	9.95	9.92	9.85	10.14
17	2	3	2	1	3	1	2	3	10.07	10.02	9.89	9.89	9.85	9.76	10.19
18	2	3	3	2	1	2	3	1	10.10	10.08	10.05	9.99	9.97	9.95	10.12

图 15-55　试验计划与结果

（4）步骤4：模型设置与数据分析

操作路径：统计→DOE→田口→分析田口设计，输入"Y1"~"Y7"列，单击"选项"按钮，选择"望目（B）"选项（系统设有两项：望目N和望目B，应选"望目B"）。设置完毕单击"确定"按钮，系统生成如下信噪比一览表：

```
信噪比（S/N）效应

水平     A       B       C       D       E       F       G       H
1      42.44   39.53   40.45   40.32   44.53   41.11   40.44   39.91
2      39.51   41.24   40.96   40.88   40.12   41.39   41.48   42.82
3              42.16   41.52   41.73   38.28   40.43   41.01   40.20
Delta   2.94    2.63    1.06    1.41    6.25    0.95    1.04    2.91
排秩     2       4       6       5       1       8       7       3
```

瓷砖试验信噪比主效应图如图15-56所示。

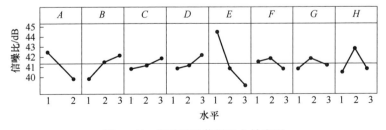

图 15-56　瓷砖试验信噪比主效应图

系统生成均值响应表，如下所示：

水平	A	B	C	D	E	F	G	H
1	10.030	9.955	9.988	9.989	9.999	10.074	9.978	10.032
2	9.953	10.002	9.996	9.970	10.015	9.972	9.967	10.020
3		10.016	9.990	10.015	9.959	9.927	10.028	9.922
Delta	0.077	0.062	0.007	0.046	0.056	0.147	0.061	0.110
排秩	3	4	8	7	6	1	5	2

瓷砖试验品质特性（均值）主效应图如图15-57所示。

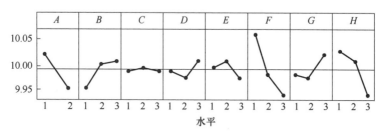

图15-57 瓷砖试验品质特性（均值）主效应图

(5) 两步优化程序

1) 分别确定信噪比与均值分析的主要因子。

评价信噪比（S/N）因子排序及主要因子：

$E—A—H—B—D—C—G—F$（主要因子：E,A,H,B,D）

评价品质特性（均值）因子排序及主要因子：

$F—H—A—B—G—E—D—C_2$（主要因子：F,H,A,B,G）

2) 进行因子分类，将结果列表处理，两次优化因子分类处置一览表见表15-15。

表15-15 两次优化因子分类处置一览表

因子类型	情 形	对应因子	最佳处置
散度因子	S/N效应分析的主要因子	E,A,H,B,D	依据S/N效应图取最大值（E_1,A_1,H_2,B_3,D_3）
位置因子	均值效应分析的主要因子	F,H,A,B,G	（过渡因子）
调节因子	剔除位置因子中重复的散度因子（A,B,H）	F,G	依据均值效应图表望目：取中间值（F_2,G_2）
次要因子	对S/N与均值都没有影响的因子	C_2	低成本处理（采用原配方C_2）

(6) 试验决策与成果

1) **最适组合：** $A_1,B_3,C_2,D_3,E_1,F_2,G_2,H_2$。

2) 预测值如下：

信噪比	均值	标准差
49.6365	10.0887	0.0117

3) **成果评价**　改善后的效果极佳：平均厚度为 10.09mm（规格为 10 ± 0.15mm），标准差降至原来的 1/8，仅为 0.0117mm，过程能力指数 C_p = 4.27，超过六西格玛质量水平。

15.3.4　复杂制程改进案例研究：芯片多晶硅沉淀试验

1. 问题背景

【例 15-9】本例的试验数据来自美国 AT&T 研究所，由费德克（Madhar s. Phadke）等撰写，希尔（Hey）及舍瑞（Sherry）策划本试验并主持了试验的实施。这一试验效果甚佳，多晶硅沉淀层的厚度标准差已减少到原来的 1/4，表面缺点计数也有极为明显的降低。

超大规模集成电路（VLSI）的制造有 150 多个步骤，通常在 1cm² 面积的芯片上，大约有 250000 个的晶体管，多晶硅芯片沉淀工序处在整个流程的中程。多晶硅沉淀程序原有两大困扰：①表面缺点计数过高；②沉淀厚度变异过大。这些问题不仅影响集成电路性能，还对其后的工艺流程造成不利影响。研究人员了解到问题的严重性，表面缺点过多产生的废品比例相当可观，且缺点发生间歇性，例如，有时一批产品每单位面积仅有 10 个缺陷，而另一批则高达 5000 个。研究人员对缺点形成的控制常感束手无策，找不出晶片缺点形成的函数。改善团队利用传统的查找原因的办法以及传统经典的 DOE 都不能解决问题，于是决定采用田口试验方法。

2. 品质特性与目标规划

1) 表面缺点 $Y_1 < 10$ 个/cm²（望小）　　$\left(S/N = -10\log\dfrac{1}{n}\sum y_i^2\right)$

2) 沉淀厚度 Y_2：3600Å[⊖] ±8%（望目）　　$(S/N = 10\log(\bar{Y}^2/S^2))$

本案是多指标试验设计，目标是寻求"最适组合"。

3. 选择控制因子与水平

选择控制因子的策略：制程越复杂，控制因子的数量通常也越多，反之亦然。一般情况下，选择 6~8 个控制因子，选择 18 次试验正交表 L18($2^1, 3^7$)。这个试验方案是田口最常用的方法。本例确定了 6 个可控因子，以现制程的控制值为起

⊖ 波长单位，1Å = 0.1nm。

始值，每个因子取3个水平，并通过增大水准范围，以增大掌握控制因子的非线性关系（有些实验值可能超出了质量规格的界限，而这正是研究人员所期望的）的机会。控制因子及水平见表15-16。

表15-16 控制因子及水平表

可控因子	水平		
	1	2	3
沉淀温度 $A/°F$ ①	$T_0 - 25$	$\underline{T_0}$	$T_0 + 25$
沉淀压力 B/Pa	$P_0 - 200$	$\underline{P_0}$	$P_0 + 200$
氮流量 C/scf②$/\min$	$N_0 - 150$	$N_0 - 75$	$\underline{N_0}$
硅烷流量 D/scf②$/\min$	$S_0 - 100$	$S_0 - 50$	$\underline{S_0}$
稳定时间 E/s	$\underline{t_0}$	$t_0 + 8$	$t_0 + 16$
清洗方法 F	CM1	CM2	CM3

注：1. 带横线的数据水平，为起始水平。
　　2. 资料来源：林秀雄，《田口方法实战技术》。
　　3. 变量下角的"0"表示初始值。

① $1°F = \frac{5}{9}K$。

② 1scf 为标准状态下 0.28m^3。

4. 识别并确定噪声因子与水平

对于本项问题，首先应降低芯片缺点对噪声因子的敏感性。本项问题的全部噪声因子包括无法再制造过程中控制的因子、控制极为困难的因子，以及控制成本过高的因子等。据此，设计少数几项试验条件，盼能掌握其中较为重要的噪声因子的效应。为便于收集多晶硅浓度的变异、气体流动模式的变异及温度的变异等，小组选择确定了两个较为重要的噪声因子：试片放置位置与试片测量部位。首先决定将试验晶片分别放置在反应器的内部、位置23、位置48；其次，在每一枚试验晶片的顶部、中部及底部三个部位分别度量"沉淀厚度"与"表面计点数"两项指标。噪声因子及水平见表15-17。

表15-17 噪声因子及水平

噪声因子	水平		
	1	2	3
试片放置位置 M	内部	位置23	位置48
试片测量部位	顶部	中部	底部

5. 矩阵试验计划

团队根据可供的资源，决定采取 18 次试验，选择了 $L18(2^1, 3^7)$ 正交表，此表可安排一个 2 水平的因子和 7 个 3 水平的因子。$L18(2^1, 3^7)$ 正交表是田口最善用的方法。本例是 3 水平的 6 个因子，故将第 1 列与第 7 列空着。矩阵试验计划见表 15-18。

表 15-18 矩阵试验计划

试验编号	（空1）	沉淀温度 A	沉淀压力 B	氮流量 C	硅烷流量 D	稳定时间 E	（空7）	清洗方法 F
1	1	1	1	1	1	1	1	1
2	1	1	2	2	2	2	2	2
3	1	1	3	3	3	3	3	3
4	1	2	1	1	2	2	3	3
5	1	2	2	2	3	3	1	1
6	1	2	3	3	1	1	2	2
7	1	3	1	2	1	3	2	3
8	1	3	2	3	2	1	3	1
9	1	3	3	1	3	2	1	2
10	2	1	1	3	3	2	2	1
11	2	1	2	1	1	3	3	2
12	2	1	3	2	2	1	1	3
13	2	2	1	2	3	1	3	2
14	2	2	2	3	1	2	1	3
15	2	2	3	1	2	3	2	1
16	2	3	1	3	2	3	1	2
17	2	3	2	1	3	1	2	3
18	2	3	3	2	1	2	3	1

由于本例的 2 个噪声属于位置因子，不会额外增加试验次数。只有基本的 18 次试验。

6. 实施试验，收集数据

团队根据试验计划进行审慎操作，收集"表面缺点""沉淀厚度"及"沉淀速度"的试验数据（每次试验操作完成后，同时可以测量三种指标并获得需要的数据）。表面缺点数据见表 15-19，沉淀厚度与沉淀速度数据见表 15-20。

表 15-19　表面缺点数据　　　　　　　　　　（单位：个/cm²）

试验编号	试验晶片 1			试验晶片 2			试验晶片 3		
	顶部	中部	底部	顶部	中部	底部	顶部	中部	底部
1	1	0	1	2	0	0	1	1	0
2	1	2	8	180	5	0	126	3	1
3	3	35	106	360	38	135	315	50	180
4	6	15	6	17	20	16	15	40	18
5	1720	1980	2000	487	810	400	2020	360	13
6	135	360	1620	2430	207	2	2500	270	35
7	360	810	1215	1620	117	30	1800	720	315
8	270	2730	5000	360	1	2	9999	225	1
9	5000	1000	1000	3000	1000	1000	3000	2800	2000
10	3	0	0	3	0	0	1	0	1
11	1	0	1	5	0	0	1	0	1
12	3	1620	90	216	5	4	270	8	3
13	1	25	270	810	16	1	225	3	0
14	3	21	162	90	6	1	63	15	39
15	450	1200	1800	2530	2080	2080	1890	180	25
16	5	6	40	54	0	8	14	1	1
17	1200	3500	3500	1000	3	1	9999	600	8
18	8000	2500	3500	5000	1000	1000	5000	2000	2000

注：表面缺点数 = 缺点数 ÷ 单位面积。

表 15-20　沉淀厚度与沉淀速度数据

试验编号	沉淀厚度/Å									沉淀速度/(Å/min)
	试验晶片 1			试验晶片 2			试验晶片 3			
	顶部	中部	底部	顶部	中部	底部	顶部	中部	底部	
1	2029	1975	1961	1975	1934	1907	1952	1941	1949	14.5
2	5375	5191	5242	5201	5254	5309	5323	5307	5091	36.6
3	5989	5894	5874	6152	5910	5886	6077	5943	5962	41.4
4	2118	2109	2099	2140	2125	2108	2149	2130	2111	36.1
5	4102	4152	4147	4556	4504	4560	5031	5040	5032	73.0
6	3022	2932	2913	2833	2837	2828	2934	2875	2841	49.5
7	3030	3042	3028	3486	3333	3389	3709	3671	3687	76.6
8	4707	4472	4336	4407	4156	4094	5073	4898	4599	105.4

(续)

试验编号	沉淀厚度/Å									沉淀速度/(Å/min)
	试验晶片1			试验晶片2			试验晶片3			
	顶部	中部	底部	顶部	中部	底部	顶部	中部	底部	
9	3859	3822	3850	3871	3922	3904	4110	4067	4110	115.0
10	3227	3205	3242	3468	3450	3420	3599	3591	3535	24.8
11	2521	2499	2499	2576	2537	2512	2551	2552	2570	20.0
12	5921	5766	5844	5780	5695	5814	5691	5777	5743	39.0
13	2792	2752	2716	2684	2635	2606	2765	2786	2773	53.1
14	2863	2835	2859	2829	2864	2839	2891	2844	2841	45.7
15	3218	3149	3124	3261	3205	3223	3241	3189	3197	54.8
16	3020	3008	3016	3072	3151	3139	3235	3162	3140	76.8
17	4277	4150	3992	3888	3681	3572	4593	4298	4219	105.3
18	3125	3119	3127	3567	3563	3520	4120	4088	4138	91.4

资料来源：林秀雄，《田口方法实战技术》。

7. 数据分析

（1）计算每一次试验所得的 S/N 数据（见表15-21）。

对于第1次试验：

① 表面缺点（望小），$S/N = -10\log\dfrac{1}{n}\sum y_i^2$

$\qquad = -10\log[(1^2 + 0^2 + 1^2 + 2^2 + 0^2 + 0^2 + 1^2 + 0^2 + 0^2)/9]\text{dB}$

$\qquad = -10\log(8/9)\text{dB} = 0.5115\text{dB}$

② 厚度（望目），$S/N = 10\log(\overline{Y}^2/S^2) = 10\log(1958^2/1151^2)\text{dB} = 35.2246\text{dB}$

③ 沉淀速度（望大），$S/N = 10\log\dfrac{1}{n}\sum y_i^2 = 10\log 14.5^2\text{dB} = 23.2304\text{dB}$

第1次试验的所得 S/N 数据在表15-21中的第1行用※号标注，其他数据的 S/N 计算依此类推。

表15-21 试验所得的 S/N 数据

试验编号	(空1)	A	B	C	D	E	(空7)	F	表面缺点 S/N	沉淀厚度 平均值/Å	沉淀厚度 S/N	沉淀速度 S/N
1	1	1	1	1	1	1	1	1	※ **0.5115**	1958.11	※**35.2246**	※**23.2304**
2	1	1	2	2	2	2	2	2	-37.3042	5254.78	35.754	31.2696
3	1	1	3	3	3	3	3	3	-45.1685	5965.22	36.0205	32.3400

(续)

试验编号	(空1)	A	B	C	D	E	(空7)	F	表面缺点 S/N	沉淀厚度 平均值/Å	沉淀厚度 S/N	沉淀速度 S/N
4	1	2	1	1	2	2	3	3	-25.7609	2121.00	42.2414	31.1501
5	1	2	2	2	3	3	1	1	-62.5372	4569.33	21.3495	37.2665
6	1	2	3	3	1	1	2	2	-62.2312	2890.56	32.9130	33.8921
7	1	3	1	2	1	3	2	3	-59.8819	3375.00	21.3936	37.6846
8	1	3	2	3	2	1	3	1	-71.6858	4526.89	22.8406	40.4568
9	1	3	3	1	3	2	1	2	-68.1543	3946.11	30.5976	41.2140
10	2	1	1	3	3	2	2	1	-3.4679	3415.22	26.8513	27.8890
11	2	1	2	1	1	3	3	2	-5.0816	2535.22	38.8043	26.0206
12	2	1	3	2	2	1	1	3	-54.8543	5781.22	38.0554	31.8213
13	2	2	1	2	3	1	3	2	-49.3814	2723.22	32.0697	34.5019
14	2	2	2	3	1	2	1	3	-36.5371	2851.67	43.3530	33.1983
15	2	2	3	1	2	3	2	1	-64.1759	3200.78	37.4388	34.7756
16	2	3	1	3	2	3	1	2	-27.3051	3104.78	31.8567	37.7072
17	2	3	2	1	3	1	2	3	-71.5052	4074.44	22.0137	40.4486
18	2	3	3	2	1	2	3	1	-71.9957	3596.33	18.4237	39.2189

资料来源：林秀雄，《田口方法实战技术》。

重要提示：人工计算上述每次试验结果的 S/N 值非常复杂费时，这些工作完全可以交由 Minitab 执行，非常方便。操作方法：在分析数据时（路径：统计→DOE→田口→分析田口设计），单击"储存"按钮，S/N、均值和标准差就可以保存在系统的数据表里。

（2）计算控制因子对 Y 的信噪比响应数据

信噪比主效应可依据第一步的数据人工计算得出，为了方便，以下数据均由 Minitab 的计算和输出：

表面缺点　信噪比响应表

水平	A 沉淀温度	B 沉淀压力	C 氮气流量	D 硅烷流量	E 稳定时间	F 清洗方法
1	-24.23	-27.55	-39.03	-39.20	-51.52	-45.56
2	-50.10	-47.44	-55.99	-46.85	-40.54	-41.58
3	-61.75	-61.10	-41.07	-50.04	-44.03	-48.95
Delta	37.53	33.55	16.96	10.83	10.99	7.37
排秩	1	2	3	5	4	6

厚度	信噪比响应表					
水平	A 沉淀温度	B 沉淀压力	C 氮气流量	D 硅烷流量	E 稳定时间	F 清洗方法
1	35.12	31.61	34.39	31.69	30.52	27.02
2	34.89	30.69	27.84	34.70	32.87	33.67
3	24.52	32.24	32.31	28.15	31.14	33.85
Delta	10.60	1.56	6.55	6.55	2.35	6.82
排秩	1	6	4	3	5	2

沉淀速度	信噪比响应表					
水平	A 沉淀温度	B 沉淀压力	C 氮气流量	D 硅烷流量	E 稳定时间	F 清洗方法
1	28.85	32.11	32.89	32.29	34.15	33.89
2	34.13	34.78	35.29	34.53	33.99	34.10
3	39.46	35.54	34.25	35.61	34.30	34.44
Delta	10.61	3.43	2.40	3.32	0.31	0.55
排秩	1	2	4	3	6	5

接下来，可以对上述 S/N 进行方差分析（F 检定）。由于 F 检定的结果与上述 S/N 分析的结论完全一致，故本例的方差分析过程从略。

(3) 制作信噪比响应图

利用 Minitab 得到关于表面缺点、沉淀厚度及沉淀速度的 S/N 主效应图。表面缺点信噪比主效应图如图 15-58 所示，沉淀厚度信噪比主效应图如图 15-59 所示，沉淀速度信噪比主效应图如图 15-60 所示。

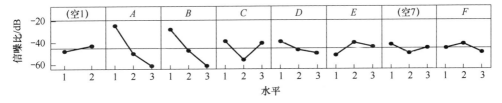

图 15-58 表面缺点信噪比主效应图

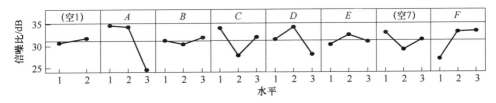

图 15-59 沉淀厚度信噪比主效应图

因为无论望大、望目或望小特性，信噪比的选优尺度均是极大化，所以，将表面缺点、沉淀厚度与沉淀速度三个指标的 S/N 主效应图合并在一起分析就比较方便（见图 15-61）。

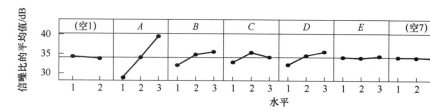

图 15-60　沉淀速度信噪比主效应图

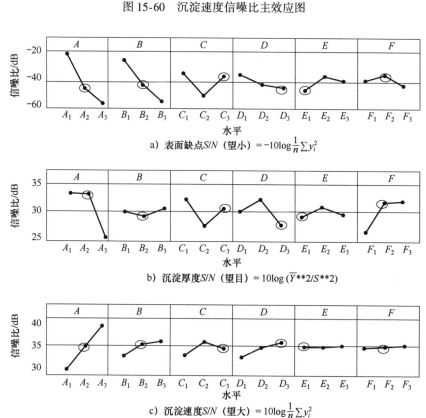

a）表面缺点 S/N（望小）$= -10\log\frac{1}{n}\sum y_i^2$

b）沉淀厚度 S/N（望目）$= 10\log(\overline{Y}^{**2}/S^{**2})$

c）沉淀速度 S/N（望大）$= 10\log\frac{1}{n}\sum y_i^2$

图 15-61　三项指标的信噪比主效应图

注：图中圆圈表示试验的起始水平点。

（4）综合分析

依据图 15-61（为主）以及第（2）步计算的 S/N 数值（为辅），分析各因子对品质特性（前提：表面缺点与沉淀厚度均匀性为重点，附带探讨对生产效率"沉淀速度"）的影响，这实际上是一个多指标平衡选优的问题，即"最适配置"。

为便于理解图 15-61 各因子效应，应注意图中所示 S/N 与自然数的关系是：

S/N 值每提高 6dB，相当于表面缺点数的根平方的平均值降低一个因数 "2"；S/N 值每提高 20dB，相当于表面缺点数的根平方的平均值降低一个因数 "10"。这些关系同样适用于沉淀厚度的均匀性（标准差）。

1) 沉淀温度（因子 A）：对全部三项特性的效应均为最大。若将起始值 A_2 降低至 A_1，则 S/N 对表面缺点的贡献值为 25.87dB［-24.23-（-50.10）dB］；对厚度均匀性的贡献则不明显，仅有 0.23dB［(35.12-34.89)dB］；对沉淀速度则是负面影响。

2) 沉淀压力（因子 B）：对表面缺点与沉淀速度的影响显著程度居于第 2 位，对沉淀厚度几乎没有影响。假设将沉淀水平由起始点 B_2 降低至 B_1，则表面缺点改善提高 19.89dB［-27.55-(47.44)dB］，这样会牺牲沉淀速度，减少 2.67dB［(34.78-32.11)dB］，沉淀速度约降低 30%。

3) 沉淀温度（因子 C）：对表面缺点与沉淀厚度较明显影响，对沉淀速度影响不大。

4) 氮气流量（因子 D）：对表面缺点、沉淀厚度与沉淀速度有中度影响。若将起始值 D_3 降低至 D_2，表面缺点和沉淀厚度均匀性都有改善，而沉淀速度稍有损失。

5) 硅烷流量（因子 E）：对表面缺点、沉淀厚度有中度影响，对沉淀速度没有影响。若将起始 E_1 调至 E_2，则表面缺点和沉淀厚度均有改善。

6) 清洗方法（因子 F）：对沉淀厚度有显著影响，对表面缺点与沉淀速度影响不大。

8. 选优决策

(1) 最佳组合

排序看第（2）步的 S/N 数据；取水平值看图 15-61。

表面缺点：$A_1, B_1, C_1, E_2(D_1, F_2)$

沉淀厚度：$A_1, C_1, D_2, F_3(B_3, E_2)$

根据田口"一半一半原则"，前 4 项为主要因子，后面括号内为次要因子。

(2) 最适组合

$A_1, B_1, C_1, D_2, E_2, F_2$。

9. 验证试验

稳健设计专案的关键性的一步就是验证试验，这样做的目的是验证在验证矩阵试验所获得的最适组合的情况是否确有可预见的改善。本项试验取得了预期的改进。验证试验的结果见表 15-22。

表 15-22 验证试验的结果

		开始情况	最适情况	改　　进
表面缺点	观察值/（个/cm²）	600	7	
	信噪比/dB	-55.6	-16.9	38.7
沉淀厚度	观察值/Å	0.028	0.013	
	信噪比/dB	31.1	37.7	6.6
沉淀速度	沉淀速度数值/（Å/min）	60	35	
	信噪比/dB	35.6	30.8	-4.7

15.4 谢宁 DOE——快速改进和简便

15.4.1 快速了解谢宁 DOE

美国质量专家多利安·谢宁（Dorian Shainin）发明的谢宁 DOE（又称为谢宁方法）是一种消除缺陷、解决长期质量问题并实现质量快速突破的强大质量工具。谢宁 DOE 方法在美国通用汽车、通用电气、摩托罗拉等诸多跨国公司获得应用并取得巨大成功。

谢宁方法是一款独特新颖、简单灵巧、功能强大的质量工具，它具有以下鲜明的特点：

1）解决长期质量问题。
2）通过"与部件对话"搜索和筛选关键变量，避免主观猜测，效果可靠。
3）试验成本低，使用较少的样本，试验次数少，周期较短。
4）不中断生产过程。
5）没有复杂的统计推断，方法简单易行。
6）一线工人和工程师经过简单的培训均能使用。
7）主要适用于有形产品制造的质量改进。

通用汽车、摩托罗拉等公司的实践充分表明，DOE 能给公司带来的收益是全面和显著的。

1）快速、显著地提高产品质量。质量缺陷水平从百分之一降低到百万分之一（ppm），甚至亿分之一（ppb）；过程能力 C_{pk} 从 0.5［过程能力的 3σ 水平，这是我国目前制造业的平均水平（刘源张）］提高到 C_{pk} = 2.0（7σ），甚至 C_{pk} = 5.0。大大超过目前的世界级质量水平（6σ 水平下，C_{pk} = 1.5）。

2）质量缺陷造成的浪费迅速下降一个数量级。劣质成本占产品销售额的比例由 10% ~ 20% 下降至千分比以内。

3) 利润提高 60%。
4) 成本降低 50%。
5) 设计提高 40%。
6) 供应商产品质量改进 60%。
7) 拓展了质量的源头管理。不但解决公司长期问题，并且从解决生产现场中的问题转向过程设计及工艺设计的预防问题。
8) 极大地提高了顾客满意度。
9) 增加了员工的主观能动性，提高了解决问题的能力。

15.4.2 谢宁 DOE 理论框架

1. 基本术语

（1）绿 Y 与红 X

谢宁将问题、缺陷、输出或响应称作"绿 Y"，把问题的原因称作 X。根据 20∶80 定律将影响问题 50%、20%～30%、10%～15% 的重要原因分别称为"红 X"（主要变量）、"粉红 X"（第 2 主要变量）和"浅粉红 X"（第 3 主要变量），见图 15-62。这样一来，讨论问题就变得明确和方便了。

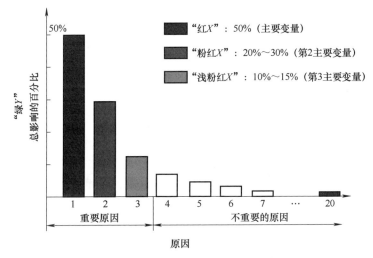

图 15-62 "绿 Y" 与 "红 X" 示意图

资料来源：凯克·博特，阿迪·博特，《世界级质量管理工具》（第 2 版），遇今，石柱译。

（2）谢宁变量分类

原因分类的方法至今为止有三种：一是传统的"5M1E"分类法，二是戴明关于变异的特殊原因与普通原因分类法，三是谢宁的变量分类法。因果图需识别原因的缺点是因子个数庞大，多达几十，甚至过百令人深感困惑。谢宁方法通过对"变量族"的定义和划分，改进了原因分类方法，它把对问题的思考引向了三个方向。按照问题的性质将变量（原因）分成三类：①位置变量——部件内的变量；②周期性变量——部件对部件的变量；③暂时性变量——时间对时间的变量。

谢宁变量分类的最大好处（改进原则）是将重要原因锁定在某一个变量族内。如果重要变量在"暂时性"族内，则可排除与"位置"和"周期性"有关的变量。

谢宁变量分类的含义与示例见表15-23。该表对各变量的含义以及举例作了清晰的说明。

表15-23　谢宁变量分类的含义与示例

暂时性变量 （时间对时间）	周期性变量 （部件对部件）	位置变量 （部件内）
随时间变化所显示出的变量，包括： ● 小时对小时 ● 班次对班次 ● 每日对每日 ● 每周对每周	在同样的时间框架内，从一个生产过程连续抽取的部件间的变量，包括： ● 部件组中的变量 ● 批次对批次 ● 批量对批量	● 同一部件内的变量（左对右、顶对底、中对边；锥度、偏转、壁厚等） ● 许多零部件中单一部件中的变量 ● 多穴模压的变量（模腔对模腔） ● 试验位置、夹具对夹具 ● 机器对机器的变量 ● 操作者对操作者 ● 生产线对生产线的变量 ……

2. 谢宁DOE解决问题路线图

传统的质量改进（经典DOE）的策略通常采用石川图和头脑风暴，这种策略通常基于理论、见解、工程猜想等；谢宁DOE则采取与此截然不同的策略，这种策略强调"与部件对话"。它通过对部件实物的测量，达到过滤筛选问题原因的目的，它可将变量（原因）数目由最初的20~1000个，快速地减少为1~20个可处理的变量族。

谢宁DOE目标通过10种专门的工具的应用实现，这些工具构成一个快速强大的解决问题的系统。谢宁DOE解决问题路线图如图15-63所示。该路线图非常直观与清晰地展示了谢宁DOE展开应用的全过程，10种DOE工具在特定的位置发挥着作用，也充分显现这些质量工具在解决问题中的逻辑序列。

3. 谢宁DOE执行流程

一套完整的谢宁DOE系统改进的应用经历4个阶段，共有12个工作步骤。

第15章 试验设计（DOE）

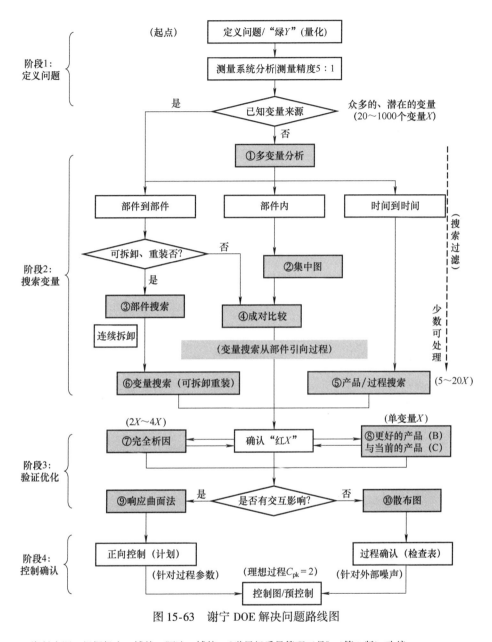

图15-63 谢宁DOE解决问题路线图

资料来源：根据凯克·博特，阿迪·博特，《世界级质量管理工具》（第2版）改编。

(1) 定义问题（Definition）

1) 定义"绿Y"。"绿Y"应该是定量的、可测量的Y。"绿Y"可能有多个，需要逐个处理。早期的Y（最终Y的原因）对解决分析问题可能更有作用。尽力使早期的"绿Y"在过程中定位，这个"绿Y"应便于测量，而且与最终"绿 Y"有合理的关联。如果当前的"绿 Y"无从下手，就将其中一个重要原因作为研究的"绿 Y"。问题可能隐藏在深层，可能需要几个改进分析过程才能得到解决。先从表层的、缺陷率高的、众多变量的问题入手（使用初期搜索工具，如多变量、集中图、部件搜索），然后逐步转向过程搜索。

2）量化并测量"绿 Y"。利用利克特量表量化缺陷等属性数据。例如，轴承磨损可通过打分定义质量等级，分值为 1，2，3，…，10，其中，"1"为最好，"10"为最差（反之亦可）。

3）调查问题的历史（问题存在的时间、性质和模式、故障率、费用）。

4）测量系统分析，确保测量精度为 5∶1（产品变差∶测量变差）。

(2) 搜索变量（Search）

目标：过滤掉大量的不重要的变量，分离出重要变量（"红 X"）。

1）搜索部件变量：主要针对产品质量特性的测量与评价（工具：多变量图、集中图、部件搜索、成对比较）。

2）搜索过程变量：主要针对过程特性（参数）的选择、测量与评价（工具：产品/过程搜索、变量搜索）。

(3) 试验优化（Experiment）

1）确定和量化重要因子的主效应和交互作用（工具：全析因），为产品优化提供指引：有交互作用时使用响应曲面法，无交互作用时使用散点图。

2）验证改进的成果，保持改进的持久性（工具：B 与 C）。

3）优化：建立优异的规范和过程参数控制界限（工具：散点图、响应曲面法）。

(4) 控制确认（Control）

1）"冻结"过程的改进。制订关于重要过程变量的正向控制计划，包括控制项目及范围、控制措施等（工具：正向控制）。

2）确认过程：明确减少外部的质量问题。通过建立过程认证检查表，建立维护新流程的纪律与事项，防止人为的和管理的噪声的干扰（工具：过程确认）。

3）用 SPC 保持成果（工具：控制图、预控制）。

4. 谢宁 DOE 10 大工具

谢宁 DOE 通过 10 大工具的应用达到解决问题的目的。谢宁 10 大工具应用指南见表 15-24。在使用各种谢宁工具时，请参照如图 15-63 所示的路线图，弄清楚所处的位置与方向。

第 15 章 试验设计（DOE）

表 15-24 谢宁 10 大工具应用指南

工　具	目标与特点	场合与限制	样　本　量
① 多变量图	变量搜索的起点，首选工具 过滤减少大量没有联系的、难以处理的原因 检测非随机趋势，将重要原因锁定到一个族系	确定产品/过程运行状况 缺乏历史数据时迅速处理 运用于样机、工程、生产中、现场	80%变量原则 最少9个（3×3×1），最多不超过100个
② 集中图	多变量图的后续工具 对重复出现的问题精确定位 迅速消除有集中趋势的缺陷	当"红X"在部件内 缺陷随机分布但有集中趋势	同多变量图
③ 部件搜索	研究产品部件对整机的影响，分离重要的与不重要的 基准：控制极限（置信区间） 四阶段分析法（**分析复杂**） ▲试验顺序随机化（随机测量产品）	限制：可拆卸互换组装 "红X"在部件对部件 主要用于装配作业	2个产品（整机）（好的和差的）
④ 成对比较	研究：与"绿Y"有关的产品特性，确定其重要或不重要 部件搜索分析无果时的后续 基准：图基检验（**分析简单**）	不能拆卸互换组装时 可分析单项或多项产品特性 用于产品、过程设计及生产现场	6~8对部件（好的和差的）
⑤ 产品/过程搜索	研究确定**过程变量**的重要性 **测量值**：与产品相关实时的**过程参数实际值**（非设定值） 基准：图基检验（**分析简单**）	"红X"在时间对时间族 样本采集量大费时 限制：须具备过程数据自动采集系统	8个好的、8个差的部件与其关联过程参数
⑥ 变量搜索	研究确定**过程变量**的重要性 **测量值**：单因子试验，因子组合2个水平下**产品特性值** 基准：控制极限（置信区间） 四阶段分析法（**分析复杂**） ▲试验顺序随机化（随机测量产品）	经过前期变量搜索和筛选，进行DOE分析 数据采集较容易 用于产品设计和过程设计、生产现场	连续型Y：1个 属性量化：5~10个
⑦ 全析因	量化主要因子的主效应和交互作用，与工具③、⑥配套使用 ▲试验顺序随机化（随机测量产品）	可用于2~4个变量分析 重点用在2×2分析	1~20个

(续)

工　具	目标与特点	场合与限制	样　本　量
⑧ B 与 C	确认新的更好的 B（产品/过程）优于现行的 C（产品/过程） 基准：图基检验（**分析简单**） ▲试验顺序随机化（随机测量产品）	• 在以上 7 种工具中的一或多种引导下进行 • 当问题容易解决时越过以上 7 种工具而直接使用	3 个 B 和 3 个 C
⑨ 散布图	确定"红 X"、"粉红 X"变量的最优值及允许的最大偏差 ▲试验顺序随机化（随机测量产品）	无交互影响时	30 个
⑩ 响应曲面	同散布图	有交互影响时	5~25 个

注：根据凯克·博特，阿迪·博特，《世界级质量管理工具》（第 2 版）改编。

15.4.3　如何使用谢宁 DOE

1. 整体了解谢宁方法体系特征和运行机理

团队在学习与应用谢宁工具方法时，应经常综合参考谢宁 DOE 解决问题路线图、谢宁 DOE 执行流程及谢宁 DOE 10 大工具应用指南这三个文件。

2. 解决问题的基本思路

决定选择或使用某个工具时，要问自己几个关键的问题：

- 要解决什么问题？"绿 Y"是什么？能收集到数据吗？能测量吗？
- 影响问题的原因可能有哪些？它们在哪个方向（多变量）？
- 选用什么工具？使用它有什么限制条件？
- 如何采集需要的样本？
- 如何按照特定的谢宁 DOE 工具的要求展开分析？
- 如何掌握阶段性的检验？遇到检验不通过的情况，该如何做？
- 如何正确得出结论并及时采取改进的措施？

3. 正确选择和使用谢宁工具

谢宁 DOE 的重点是使用工具。表 15-24 的应用指南对各种工具的目标、使用条件和分析特点进行了归纳和梗概提示，但有必要再做以下重点说明。

1）10 个工具中的②⑦⑧⑨⑩五种工具比较容易理解，其他 5 种工具的应用特点可能较为复杂。

2）①多变量图是了解谢宁方法的重要载体，也是问题分析的起点和首要的工具。它的限制条件、收集测量数据方式及检验基准与其他工具有所不同。

第15章 试验设计（DOE）

3）有些工具的目标功能可能是相似的，使用者采取其中一种即可。同时，应注意③部件搜索与④成对比较的目标作用基本一样，但因为有可否拆卸的限制，故只能选择其中一种方法。

4）⑤产品/过程搜索与⑥变量搜索的目的都是将研究方向引向深入，并分离和确定过程特性的重要性。二者各有优劣：工具⑤分析过程简单，但收集与产品相关联的、实时的关键数据极其困难；工具⑥则刚好相反，收集数据容易，但分析过程较为复杂。

5）③部件搜索与⑥变量搜索的分析方法和功能是相似的。二者的研究目的不同，前者针对产品（零部件），而后者则针对过程特性。但是，二者试验的测量数据却是一样的，那就是产品特性值。

4. 采集样本和收集数据的特殊性

谢宁 DOE 最大的局限性在于：有些工具（如变量搜索等）需要测量收集大量的、实时的与产品（样本）相关过程的关键数据，采用人工采集是不可能的，必须装备自动数据采集系统。从一个完整的生产过程抽取全部成对（好的和差的）的产品样本也是一项考验。这些基础数据将极大地影响分析和决策的正确性。

5. 注意两种不同的检验基准

谢宁 DOE 采用了两种截然不同的检验显著性（区别重要与不重要）的方法。其中，图基检验方法比较简单；构建置信区间（控制极限）的方法比较复杂。但二者的可靠性（置信度）是一样的。

6. 灵活应用并及时采取改进措施

谢宁工具可以组合运用，也可以单独使用，还可以如六西格玛一样，做成一个完整的质量改进项目。一般来说，每使用一次工具（进行一次试验），都会滤出重要的原因，团队应及时采取改善措施，这样会获得不错的成果。如果想挖掘和过滤更深层的原因（6 层甚至更多层次），可能需要通过进行序贯试验才能实现。开始的改进会很显著，越往高位会变得越困难。

7. 完整 DOE 序贯实验的范式与成果

下面简要介绍一个完整 DOE 序贯实验（工具组合运用）的实用案例。

项目：PCBA 波峰焊接，目标将焊接缺陷率从 3110×10^{-6} 降至 20×10^{-6} ~ 40×10^{-6}。

多变量确认（开始：缺陷 3110×10^{-6}）→成对比较（B 与 C 确认，缺陷降至 660×10^{-6}）→变量搜索（降至 80×10^{-6}）→全析因（降至 30×10^{-6}）→散点图（$<20 \times 10^{-6}$）[资料数据来源：凯克·博特，阿迪·博特《世界级质量管理工具》（第 2 版）]。

15.4.4　DOE 十大工具应用实例

1. 多变量分析

（1）目的与范围

多变量分析是一种"过滤性"图表技术，它的特点是将分析的变量分成三类（时间对时间、部件对部件、部件内），通过多变量分析，排除掉大量未知的和不可处理的无关紧要变量，直到最重要的原因（"红 X"）被系统地过滤出来。

（2）应用规则

1）多变量分析为谢宁 DOE 的起点和首选工具。

2）将研究的方向和潜在的关键变量锁定在某一特定的族系内。

3）重点关注并首先消除"时间对时间"的暂时性变量，以获得过程的稳定性。

4）如仍有许多残留变量，就酌情采用其他 4 种过滤工具。

（3）样本量

遵循 80% 原则，持续在一个过程中进行周期采样（避开换班及调整时间段），直到采集到 80% 的变量或涵盖技术规范（公差）为止。具体的样本量如下：

1）时间对时间：采集 3~5 个，必要时扩展采样，直至 80% 停止。

2）部件对部件：采集 3~5 个（连续部件）。

3）部件内：每个子族 100%，或合理的样本数量。

样本总数为 3 个族系样本量的乘积。为了控制试验成本，应参考以下的建议：样本下限为：3 个时段 × 3 个部件 × 3 次测量 = 9 次（试验）；样本上限最多 100 个。试验周期：典型做法为 1~3 天，最短为 1h，最长为 4 周。

（4）多变量分析程序

1）步骤1：多变量计划。

- 确定并量化"绿 Y"，测量精度为 5∶1。
- 确定可能的族系数目和主题，画出族谱，确定采样总数目。
- 设计一个图表，以使多变量数据收集简化。

2）步骤2：多变量试验（采样、测量与量化）

- 寻找并尽量对产品最差的模型入手。
- 采样，直到找到 80% 以上的重要的变量。
- 测量样本（产品特性），计算平均数（中值）。
- 族系量化：**变量**（也称差值、效应） = **高值平均 − 低值平均**。

3）步骤3：多变量图分析

- 确定重要变量的族系（"红 X"为 50%、"粉红 X"为 20%~30%）。
- 如果"红 X"是**时间对时间**族系，改进对策是检验温度、湿度、工具磨损、休息期间的调整和加工参数的改变情况。

- 如果"红X"是处于"**部件对部件**"族系，改进对策是：检验周期图形、灰尘及管理等因子，这些因子可以影响一个部件，但不会连续影响其他部件。
- 如果"红X"是处于"**部件内**"族系，改进对策是：建立一个"集中图"，以确定Y的重现方位或部件。
- 在族谱中，列明每个族系所有可能的原因以及改进措施。

(5) 案例：转子轴多变量研究

【例 15-10】转子轴多变量分析。某部门在加工转子轴时出了很多废品。转子轴规格为 0.0250in，公差要求为 0.002in，实际误差分布为 0.0025in，过程能力指数 $C_{pk}=0.8$。DOE 改善小组决定进行多变量研究，减少变异，以提高过程能力。

1) **采集样本，计算族系变量，做数据分别图**。采样：在上午 8：00，9：00，10：00，11：00 和 12：00 分别取样 3 件（可以确定上午到中午这一时间段就能收集 80% 的历史波动）。测量：每个部件上测量 4 次，以衡量锥度与圆度。记录采样和测量结果（数据表从略）并制成气缸变量数据分布图（见图 15-64）。

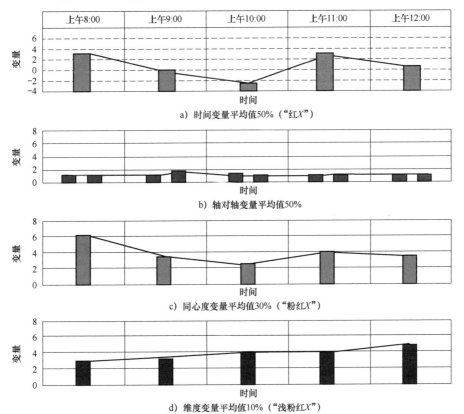

图 15-64 气缸变量数据分布图

资料来源：凯克·博特，阿迪·博特，《世界级质量管理工具》（第 2 版），遇今，石柱译。

2) **数据分析与效果评价**。观察图 15-64 可知，波动较明显的变量（时间对时间，占总变量的 50%）为"红 X"，其次为同心度占 30%（"粉红 X"），部件对部件响应占 5%，可以忽略不计。DOE 小组根据收集的数据绘制多变量分析图（见图 15-65），并制定相应的改进措施。

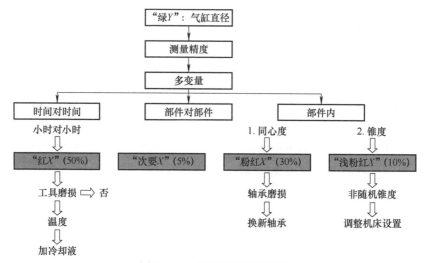

图 15-65　气缸多变量分析图

资料来源：凯克·博特，阿迪·博特，《世界级质量管理工具》（第 2 版），遇今，石柱译。

通过多变量分析，可知温度是"红 X"，部件内的同心度和锥度是第 2、3 重要因子（这与数据分布图的信息一致）。分析箭头的末端给出了改善措施。对于时间对时间 50% 的变量经过调查分析工具磨损所致，通过采取措施，即将冷却液添加到指定的位置后，机器温度正常，使得问题得到解决，从此，产品缺陷将至为 0。总变量由 0.0025in 下降到 0.0004in（1in = 0.0254m）。过程能力达到 C_{pk} = 0.002/0.004 = 5.0，高于世界标准 C_{pk} = 2.0，产品缺陷降至 0，节省资金 9 万美元。

2. 集中图

（1）目的与范围

集中图对重复出现的问题精确定位，重要变量（缺陷）在部件内。这类问题的特点：

1）重现的故障问题没有一个具体的位置——呈随机分布。
2）但它的确显示出在某个特定位置有缺陷集中的现象。

（2）应用步骤

1）制作一张包括重现缺陷的图或模板。
2）如果需要，画一些网格，这样可以精确定位。

3) 在检查每个部件时，应标出如下内容：
- 每种缺陷类型的位置以及缺陷编码。
- 在每个位置上每种缺陷类型的数量。

(3) 集中图案例

【例 15-11】 PCB 焊接缺陷改善。广东省某工厂高密度印刷电路板的工艺制定了 1000ppm 的允差标准，而实际缺陷率为 2500ppm。这样的高缺陷率持续了 3 年未得到解决。应用集中图找出"红 X"。

1) **采集样本数据**。小组分别在上午 9：00、9：30、10：00 采样 3 次；采样 10 个控制隔板，每次放 5 块电路板绘制集中图，由资深检验员标注缺陷的位置。

2) **绘制变量族谱**（见图 15-66）。

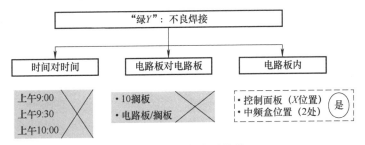

图 15-66　绘制变量族谱

研究发现：
- 电路板在 9：00、9：30 和 10：00 并没有明显的变化。
- 电路板对电路板也没有显著变化。
- 最大的变量是在电路板内，主要集中在 2 个位置。

3) **调查与处理**。
① 研究人员观察试验的样品，发现焊接缺陷集中于产品一侧，其他 3 个棱边不存在缺陷（见图 15-67）。

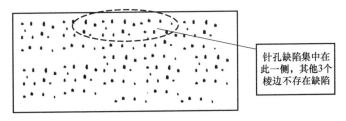

图 15-67　电路板焊接缺陷集中图

- **分析**：这是"红 X"，小组认定问题出在夹具，由于夹具向一边倾斜，导致这个边上的焊剂没有很好地浸润。

- **处理**：将夹具调整后，针孔立即消失，焊接缺陷率由 2500×10^{-6} 下降至 1250×10^{-6}，改进率达 2∶1。

② 消除剩下的 1000×10^{-6}（见图15-68）。

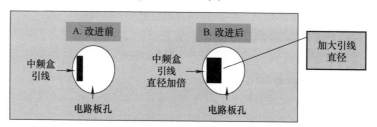

图15-68　电路板的中频盒的可焊性示意图

分析：
- 电路板上的孔允许焊剂抽吸到孔里，但又塌落。
- 孔直径与引线比例在电路板设计中是很重要的参数：孔大便于插件。
- 分析人员试验将引线直径加大一倍，结果缺陷率为0。

3. 部件搜索

（1）目的与范围

部件搜索技术仅考虑极端分布情况，采集到两个极端样本，可覆盖整个"绿Y"变量的范围，然后通过交换部件或子部件的方法把这些原因系统地过滤掉。重点如下：
- 该技术主要用于装配操作，从而区别于面向过程的操作。
- 已知重要变量在"部件对部件族"。
- 部件可以拆卸/重装，而且不影响初始输出的显著改变。

（2）样本采集

从1天的产品里采集2个部件（样本），一个是"最好"的，记为BOB，一个是"最差"的，记为WOW；2个样本应距离"绿Y"尽量地远。

（3）部件搜索案例

【例15-12】某电子厂生产的延时器，顾客要求在 $-40℃$（好的）条件下能够可靠工作，但废品率高达23%，问题拖了数月未能解决，最糟糕的部件在 $0℃$（差的）时就不工作了。本例中，"绿Y"为可靠性（产品工作正常时的环境温度），变量（因子 X）为产品主要组成部件或子部件。

1）采样，试验测量，检验是否选择了正确的变量。

从1天的产品里采集2个部件（好件（BOB）、差件（WOW）），测量 Y 值1次，再将它们拆卸/重装2次，并测量 Y 值2次，共试验3次，记录试验数据并计算统计量（见表15-25）。

表 15-25　第 1 阶段的 3 次试验测量结果与统计量　　　　　　（单位：℃）

试　　验	好件（BOB）	差件（WOW）	说　　明
1	-40	0	初始测量
2	-35	-5	第 1 次重装
3	-37	-7	第 2 次重装
中位数	-37	-5	
极差	-5	-7	
D	\-32 = -37 - (-5)		中位数之差
$\bar{d}$	-6 = (-5-7)/2		两组极差平均

显著性检验的两个必要条件：
① 3 个 BOB（"绿 Y"）全部好于 3 个 WOW。
② $D/\bar{d} \geq 1.25$。
本例中 $D = -37 - (-5) = -32$
$$\bar{d} = [-5 + (-7)]/2 = -6$$
故有 $D/\bar{d} = -32/-6 = 5.33 \geq 1.25$

结论： ①②两项都满足，故检验通过，证明所研究的部件选择了正确的变量，意味着"红 X"确实存在于部件中，而不在组装技术里，第 1 阶段可以通过。

如果 $D/\bar{d} < 1.25$（或拆卸重装后无重现性）说明部件搜索第 1 阶段失败，即问题不是部件而是装配过程/技术，就要展开逐步的拆卸和再组装，以便确定组装过程的哪一步是"红 X"。

2）部件交换试验，判断重要的部件与不重要的部件。
① 确定试验因子，降序列出主要部件清单。
正确选择变量因子是决定 DOE 成败的关键。最好由子部件（或子部件）开始，按重要性降序排列，并注为 A,B,C 等，对其余部件组合可注为 R（**其他**）（见表 15-26）。

表 15-26　可疑零部件清单（按重要性降序排列）

排列顺序	部件名称	部件标记
1	线圈、骨架	A
2	齿轮轴	B
3	数字轮轴	C
4	主框架	D
5	曲柄	E
6	惰齿轮	F

（续）

排列顺序	部件名称	部件标记
7	数字轮	G
8	电路板	H
9	其他部件	R

② 交换部件 A（$A_L R_H$，$A_H R_L$），并测量其输出。

首先将好的和差的部件 A 互换，将差部件 A 装在好产品（记为 $A_L R_H$），同时将好部件 A 装在差产品上（记为 $A_H R_L$）。其中，L 表示差的部件，H 表示好的部件，R 代表其他部件或整机。测量 Y 值。部件交换试验结果见表 15-27 有：高值"-40"及低值"-5"。

表 15-27 部件交换试验结果

试验号	接通部件	差件好整机	高组结果	好件差整机	低组结果	分析
1	A	$A_L R_H$	-40	$A_H R_L$	-5	不重要
2	B	$B_L R_H$	-35	$B_H R_L$	0	不重要
3	C	$C_L R_H$	-35	$C_H R_L$	-5	不重要
4	D	$D_L R_H$	(-20)	$D_H R_L$	-5	★重要★
5	E	$E_L R_H$	-40	$E_H R_L$	0	不重要
6	F	$F_L R_H$	-40	$F_H R_L$	-5	不重要
7	G	$G_L R_H$	(-20)	$G_H R_L$	-5	★重要★
8	H	$H_L R_H$	-35	$H_H R_L$	0	不重要
重要性判断界限		高组（-46.2，-27.8）		低组（-14.2，+4.2）		

部件 A 的交换及测量完成后，必须及时将部件 A 还原归位，然后继续对剩余的部件 $B, C, D, \cdots$ 依次重复执行与部件 A 相同的程序。共 $8 \times 2 = 16$ 次试验，结果记录于表 15-27。

③ 构建重要性判断界限（95% 置信区间）。

$$\text{判断界限} = \text{中值} \pm t_{0.95} \bar{d}/d_2 \quad \text{（理论公式）}$$
$$= \text{中值} \pm 2.776 \bar{d}/1.81 \quad \text{（实用公式）}$$

根据第 1 阶段基础数据（表 15-33）：中值（高组）= -37，中值（低组）= -5，$\bar{d} = -6$，得出：

高组判断界限 = 37 ± 2.776 × (-6/1.81) = (-46.2, -27.8)

低组判断界限 = -5 ± 2.776 × (-6/1.81) = (-14.2, +4.2)

重要性判断基准，见图 15-69：

- 若好件与差件数值仍落在各自控制界限内，则为**非重要因子**（见图 15-69a）。

- 若数值完全反转并进入对方的控制界限，则为**重要因子**（见图15-69b）。
- 若读数部分反转，或者落在控制界限外，表明它为**可能重要因子**（见图15-69c）。

小结：只要任何一组数据点出界限，它就是可能重要的，否则，就是不重要的。

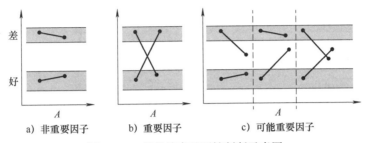

a) 非重要因子　　b) 重要因子　　c) 可能重要因子

图15-69　部件搜索重要性判断示意图

资料来源：凯克·博特，阿迪·博特，《世界级质量管理工具》（第2版），遇今，石柱译。

④ 解释和判断。从试验结果可知，第4次与第7次试验高组的结果均为 −20，超出控制界限，所以，断定部件 D 和 G 是重要的项目，见表15-28。

3）验证试验。

若有2个（或以上）部件是重要的就要做验证试验：将好件 D, G 装在差产品上（$D_H G_H R_L$），测量结果是高值"−40"；将差件 D, G 装在好产品上（$D_L G_L R_H$），测量结果是低值"0"。最终证实，第2阶段得到的结论是正确的。求交运算见表15-28。

表15-28　求交运算

求交运算	$D_H G_H R_L$ (好的 D, G)	重现高值 −40	$D_L G_L R_H$ (差的 D, G)	重现低值 0	D, G 交互作用 确实重要

将三个阶段的试验数据绘制成曲线图进行综合观察。第2阶段的 D 与 G 出界限，说明 D, G 是重要的，第3阶段的求交运算，D, G 两点数据反转，也证明 D, G 是重要的（见图15-70）。

4）析因分析。

本例给出2个重要因子 D 与 G，各有高低2个水平，因此有4种组合，这是一个典型的 2×2 全因子试验分析（四方格内的24个测量值分别来自前期的试验数据）。析因分析图解（部件搜索）如图15-71所示。

解释：
- 主效应：$D = (−50.5)/2 − (−15)/2 = −17.75$（影响显著）。
- 主效应：$G = (−50.5)/2 − (−15)/2 = −17.75$（影响显著）。
- 交互作用：$DG = (−40.5)/2 − (−25)/2 = −7.75$（影响不显著）。

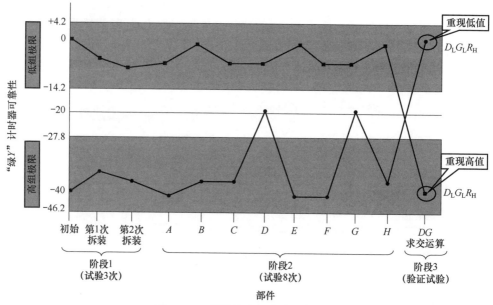

图 15-70 部件搜索三个阶段的试验

资料来源：凯克·博特，阿迪·博特，《世界级质量管理工具》（第 2 版），遇今，石柱译。

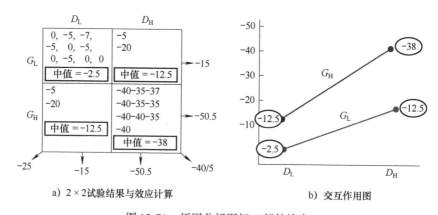

a) 2×2 试验结果与效应计算　　　　b) 交互作用图

图 15-71 析因分析图解（部件搜索）

由交互作用图可以看出，两条直线平行，进一步说明 D,G 之间没有交互作用。

4. 成对比较

（1）目的与范围

分析对象是与"绿 Y"有关的产品特性。目标是分离并确定重要的"**产品参数**"。

第15章 试验设计（DOE）

- 重要变量在"部件对部件族"。
- 部件不能拆卸（或拆装会对 Y 造成显著影响）。
- "部件搜索"分析无果时的后续工具。
- 广泛应用于：新产品和过程的设计、生产、现场使用、后勤、管理活动及农场等一切经济活动。

（2）样本采集

采集 6~8 对样本，每次采集 1 对样本（最好的和最差的）。

（3）成对比较操作程序

- 选择并尽多列出可以表达"绿 Y"差异的产品特性。
- 每一次采集一对样本（最好的和最差的），直至采集到 6~8 对部件。
- 测量并记录这些与部件相关的质量参数的读数，并按升序或降序排列。
- 应用图基检验。
- 根据"合计终结计数"判断特定质量参数是重要的还是不重要的。

（4）图基检验（Tukey Test）

- 目的：分离重要参数与不重要参数。
- 应用：成对比较、产品/过程搜索和 B 与 C。
- 判定标准：合计终结计数≥6，则说明该参数是重要的。

合计终结计数与重要性置信度见表 15-29。

表 15-29　合计终结计数与重要性置信度

合计终结计数	重要性置信度
6	90%
7	95%
10	99%

（5）成对比较案例

【例 15-13】 柱塞密封研究。"绿 Y"是漏油。团队确定了与漏油有关的 4 个部件参数，包括：涡轮摇杆、表面光洁度、密封高度和垫圈厚度。小组调查并测量了 8 个不漏油的（好=B）和 8 个漏油的（差=W）部件，表 15-30 是对涡轮摇杆指标进行参数测量数据。

表 15-30　参数测量数据

部件	参数测量数据							
好部件	024B	018B	016B	023B	024B	022B	021B	017B
差部件	015W	018W	014W	022W	016W	019W	010W	012W

图基检验：将两组测量数据分别填入图 15-72 的两列，并按照升序排列，两

列数值的高度保持一致，将两列数值重合部分（阴影）除外，上、下两端的测量数据就是终结计数。

差（WOW）	好（BOB）
0.010W	
0.012W	
0.014W	
0.015W	
0.016W	0.016B
0.017W	0.017B
0.018W	0.018B
0.019W	
	0.021B
0.022W	0.22B
	0.023B
	0.024B
	0.024B

顶端终结计数（全差）= 4

重叠区域

底端终结计数（全好）= 3

图 15-72　图基检验数据

【分析结果】 合计终结计数为 4+3=7，有 95% 的置信度说明涡轮摇杆是重要的。

5. 产品/过程搜索

（1）目的与范围

精确定位**过程变量**，通过成对比较，以分离重要的/不重要的"**过程参数**"。适用于以下情况：

- "红 X"在时间对时间族，产品特性随时间而波动（较大跳动）。
- 怀疑过程参数是造成产品好或差的主要原因。
- 限制条件：需要采集与生产产品相关联的、实时的过程关键数据。为达成此目的，可能需要配备自动数据采集系统。

（2）样本采集

运行 100% 部件采样，直至在过程的终结阶段最少能采集 8 个最好和 8 个最差的部件，或样本其分布应占整个生产变化的 80%。

第15章 试验设计(DOE)

(3) 产品/过程搜索程序
- 确定被怀疑的过程参数,以同类递减顺序列出清单。
- 运行100%部件采样,采集8个最好和8个最差的部件。
- 逐项测量与每个部件相关的过程参数,不分好的和差的,**按降序排列**(测量的是实际的过程参数,而不是设定值)。这一点非常重要。
- 运行与8个好的/8个差的部件相关的过程参数的**成对比较**,通过图基检验,以确定过程参数的重要性。

(4) 成果应用
- 根据重要参数的好的部件来调整确定合理的过程参数。
- 扩展不重要的参数的公差,以便降低成本。

(5) 产品/过程搜索案例

【例15-14】 塑胶注塑成型。某国际著名玩具企业在注塑成型机生产塑胶部件,由于未确立可靠的工艺参数,产生较大的废品率,问题绿 Y 是注料不足(缺料),DOE 小组决定展开产品/过程搜索试验。识别并确定了如下7个过程参数(括号内是工程师设定的控制范围):

- 材料烘干温度(65~85℃)。
- 模具温度(260~285℃)。
- 模具排气(0.0010~0.0015min)。
- 初始压力(450~510psi)。
- 保持压力(510~525psi)。
- 注塑时间(1.5s)。
- 射出速度(60~80mm/s)。

采集样本,一直进行到产生出8个好部件和8个差部件;测量这些过程参数的实际值(而非设定值)并记录(见表15-31)。进行过程参数的成对比较。

表15-31 产品/过程搜索(注塑成型数据)

过程参数	材料烘干温度/℃	模具温度/℃	模具排气	初始压力/psi	保持压力/psi	注塑时间/s	射出速度/(cm/s)
参数设置	65~85	260~285	0.0010~0.0015	450~510	510~525	1.5	60~80
1	65W	260W	0.0010	450W	510W	1.5	60W
2	70W	265W	0.0010	450W	510W	1.5	60W
3	75W	265W	0.0010	460W	510W	1.5	70W
4	75W	270W	0.0010	470W	520W	1.5	70W
5	75W	270W	0.0010	470W	520W	1.5	70W
6	75W	270B	0.0010	470W	520W	1.5	70W

(续)

过程参数	材料烘干温度/℃	模具温度/℃	模具排气	初始压力/psi	保持压力/psi	注塑时间/s	射出速度/(cm/s)
7	75W	275W	0.0010	470W	520W	1.5	70W
8	75W	275W	0.0010	470W	520W	1.5	70W
9	75B	275W	0.0010	480B	520B	1.5	70B
10	75B	275B	0.0010	480B	520B	1.5	70B
11	75B	275B	0.0010	480B	520B	1.5	70B
12	75B	280B	0.0010	480B	520B	1.5	70B
13	75B	280B	0.0010	480B	525B	1.5	80B
14	89B	280B	0.0010	500B	525B	1.5	80B
15	80B	280B	0.0010	510B	525B	1.5	80B
16	85B	285B	0.0010	510B	525B	1.5	80B
终结计数	5	8	0	6	7	0	6
重要性	不重要	重要	不重要	重要	重要	不重要	重要
置信度		95%		90%	95%		95%

注：1. 表中测量值是与产品关联的过程参数的实际值，其中，"W"表示差部件，"B"表示好部件。
2. 表中各列的阴影部分是未重叠的数据，将其相加即是合计终结数。

分析与改进的结果：模具温度、初始压力、保持压力和射出速度 4 项是重要的过程参数（合计终结计数分别为 8,6,7,6），置信度为 90% 以上，其中模具温度是"红 X"。团队对现有的工艺参数进行了调整。不合格率由 14% 降为 500×10^{-6}。

6. 变量搜索

（1）目的与范围

- 研究过程变量，分离确定重要的过程参数与不重要的过程参数。
- 经过前期多次搜索，将多个变量筛选至几个主要变量，进行真正意义上的 DOE。
- 将预防植入到产品设计和过程设计，也能用于生产现场。
- 放宽非重要变量的误差范围（使 $C_{pk} \leq 1.0$），并节约成本。
- 收紧重要变量的误差范围，使 $C_{pk} \geq 2.0$。

（2）过程变量选择的时机

经过 1 种或 4 种搜索工具，将大量未知、难以处理的因子清单缩减到只有较少的、相对容易处理的因子清单。降序排序这些过程变量，这将大大缩短试验时间。如果在早期（产品和过程设计阶段）获取过程变量清单的可用办法如下：

- 计算机仿真。
- 头脑风暴。

（3）样本量

确定样本量，见表15-32。

表15-32 确定样本量

"绿Y"类型	因子	限制条件	样本量（个）
变量数据	过程参数 或 材料参数	部件能插入或重新插入而不干扰"绿Y"	1
利克特量表转换			5~10
属性数据			16~502

（4）变量搜索的阶段与程序

1）确定试验用的每一个变量与水平是否正确。

① 定义并量化"绿Y"。

② 选择并列出重要变量（因子）清单，按重要性递减排列（见表15-33）。

③ 确定因子水平：最佳水平（记为B）、临界水平（正常维护下的水准，记为M）。

④ Y是变量数据，样本取1个。实施两组试验：一组全部取最佳水平时的Y值，一组测试产品（样本）在临界水平时的Y值（见表15-35）。可能得到两种测量结果及对应的处理措施：

- 若两组Y值存在巨大差异，则可进入第⑤步。
- 若两组Y值存在差异微小，则须重新评估因子及其水平（调整因子水平，或取消某些因子并插入一些新的因子）。

⑤ 重复：将第④步的试验再重复2次。

⑥ 重要性验证：必须同时满足以下2个条件，才能进入第2）阶段。

- 全部最佳水平的"绿Y"值比全部临界水平的"绿Y"值好，且没有重叠。
- $D/\bar{d} \geq 1.25$。

式中 D——最佳和临界"绿Y"中值之差；

$\bar{d}$——极差的平均值。

2）分离重要的与非重要因子。

① 计算控制极限：中值$\pm 2.776/1.81$。

② 先针对A因子实施一对试验：$A_M R_B$（因子A取临界水平，其他因子取最佳水平）和$A_B R_M$（A取最佳，其他取临界）。可能的三种结果及处置：

a）若两组Y值（结果）都在两个极限内，则A不重要。

b）如果完全颠倒，则A为唯一的"红X"（确定了问题关键原因），试验到此结束。

c) 若超出极限但未完全颠倒,则 A 与其他有关的交互影响不能被排除。

③ 如果是 a) 和 c) 的情况,继续试验 $B, C, \cdots$。

3) 求交运算。

- 如果因子 A 和 B 显示部分颠倒,则用这些因子:$A_B B_B R_M$ 和 $A_M B_M R_B$ 进行验证试验。
- 实施 3 个因子的验证试验。

4) 析因分析。

这不是物理试验,而是利用第 1)、2)、3) 阶段所获得的数据进行析因分析,对重要因子以及交互作用进行定量分析。

【例 15-15】变量搜索案例:冲压成型研究

在金属冲压/成型工序时,不能满足 0.006in 的公差要求,加工尺寸变量高达 0.012in,C_{pk} 仅为 0.5。DOE 小组决定采取变量搜索法,选择了 6 个被认为有重要影响的过程变量,并按照因子影响递减排序(见表 15-33)。

表 15-33 影响冲压件质量的过程变量及水平(按照因子影响递减排序)

因　　子	最佳水平(B)	临界水平(M)
凸模与凹模调整 A	调整	没调整
金属板材厚度 B	厚	薄
金属板材材质 C	1 级	2 级
金属板材弯度 D	平整	弯曲
冲床行程 E	450mm	350mm
材料夹持状况 F	水平控制	自然

1) 试验结果。

试验结果记录见表 15-34。

表 15-34 试验结果记录

数 值 类 别	全部最佳水平(B)	全部临界水平(M)
初始测量值 Y	4	47
第一次重复测量值	4	61
第二次重复测量值	3	68
中值	4	61
极差	1	21

注:表中 Y 的数字是实际测量值偏离目标值的单位量(即 0.001in 的倍数)。

重要性检验:

$$D/\bar{d} = (61 - 4)/[(1 + 21)/2] = 5.21 \geqslant 1.25(满足要求)$$

所以，第一阶段所确定的 6 个参数及水平是可行的，可以进入第 2) 阶段试验。

2) 安排过程变量的单因子试验，并判定过程因子的重要性。

① 调整设置因子 A 的水平：$A_M R_B$（因子 A 做临界设置 M，其他因子做最佳设置 B）以及 $A_B R_M$（因子 A 做最佳设置 B，其他因子做临界设置 M）。其余因子 $B,C\cdots$ 也做同样设置处理。做如此设计后，有 6 个过程因子，共安排 12 次试验。第 2) 阶段试验结果见表 15-35。

② 依据第 1) 阶段的基础数据，计算构建 95% 置信区间（重要性控制界限）。

判断界限 = 中值 $\pm 2.776\bar{d}/1.81$

表 15-35 第 2) 阶段试验结果（表内数据为其他因子组合设置下的 Y 值）

试验序号	因子水平组合	最佳水平组 B 测量结果	临界水平组 M 测量结果	分析判断
	[判断极限]	[12.87~20.87]	[44.13~77.87]	
1	$A_M R_B$	3	—	落在界内，A 不重要
2	$A_B R_M$	—	72	
3	$B_M R_B$	5	—	落在界内，B 不重要
4	$B_B R_M$	—	47	
5	$C_M R_B$	7	—	落在界内，C 不重要
6	$C_B R_M$	—	72	
7	$D_M R_B$	**23**	—	落在界外，★D 重要★
8	$D_B R_M$	—	**30**	
9	$E_M R_B$	7	—	落在界内，E 不重要
10	$E_B R_M$	—	50	
11	$F_M R_B$	**73**	—	落在界外，★F 重要★
12	$F_B R_M$	—	**18**	
第 3 阶段验证试验	$D_B F_B R_M$	4	—	全部颠倒，DF 交互重要
	$D_M F_M R_B$	—	70	

资料来源：凯克·博特，阿迪·博特，《世界级质量管理工具》（第 2 版），遇今，石柱译。

由第 1) 阶段的数据可知，中值（最佳水平的值为 4，临界水平的值为 61），$\bar{d} = (1+21)/2 = 11$

故有，最佳水平组：控制界限 $= 4 \pm 2.776 \times 11/1.81 = (12.87, 20.87)$

临界水平组：控制界限 $= 61 \pm 2.776 \times 11/1.81 = (44.13, 77.87)$

过程因子重要性分析：表 15-36 中第 7、8、11、12 行的测量数据（阴影部分) 超出判断界限，表明因子 D 与 F 是重要的，其余因子 A,B,C,E 是不重要的（其测量值均在判定界限内）。

3）验证试验。

现将 D,F 两个重要因子做验证试验：将因子 D,F 做最佳水平设置而其他则做临界水平设置（$D_B F_B R_M$），结果是高值 "4"；将因子 D,F 做临界水平设置而其他则做最佳水平设置（$D_M F_M R_B$），结果是低值 "70"。求交运算证实 D,F 确实是重要的。

将三个阶段的试验数据绘制成曲线图进行综合观察。第 2）阶段的 D 出界而 F 反转，说明 D,F 是重要的，第 3 阶段的求交运算，D,G 两因子数据反转，也证明 D,G 是重要的（见图 15-73）。

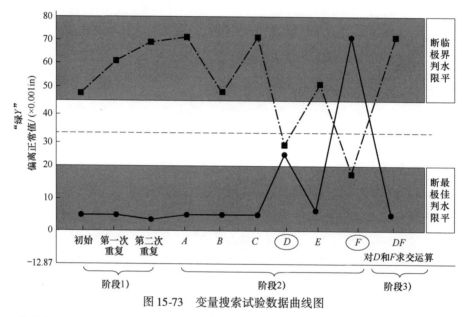

图 15-73 变量搜索试验数据曲线图

资料来源：凯克·博特，阿迪·博特，《世界级质量管理工具》（第 2 版），遇今，石柱译。

4）析因分析图解（变量搜索）如图 15-74 所示（具体制作和分析方法请参见本节 "7. 全析因分析" 的内容）。

主效应 $F = (116 - 24.5)/2 = 45.75$（"红 X"）

主效应 $D = (85 - 55.5)/2 = 14.75$（"粉红 X"）

D,F 交互作用 $= (72 - 68.5)/2 = 1.75$（影响不明显，交互作用图也证明确实如此）。

结论：

1）板材的夹持（"红 X"）非常重要，在夹具设计时，要考虑保持板材平行，并且应排除与操作者有关的变量。

2）板材的弯曲度应控制平直（"粉红 X"）。

3) 金属的厚度和硬度不重要，因而可放宽公差范围；冲头与凹模的调整及冲压过程也不重要。

4) 在采取这些措施后，冲压成型变差降低至 0.003in，它的 C_{pk} 值可达 2.0。

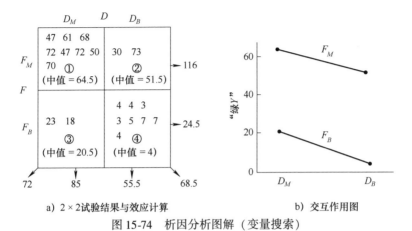

a) 2×2 试验结果与效应计算　　　b) 交互作用图

图 15-74　析因分析图解（变量搜索）

资料来源：凯克·博特，阿迪·博特，《世界级质量管理工具》（第2版），遇今，石柱译。

7. 全析因分析

(1) 目标

通过前期几轮的变量搜索试验，过滤并选出 2~4 个主要变量，全因子分析就应该开始了，全析因是部件搜索和变量搜索的接续步骤（即阶段 4 的主题）。

全析因目标如下：

- 从 2~4 个变量中确定哪些重要，哪些不重要。
- 量化主效应和交互作用，收紧重要变量的公差，以达到 2.0 或更高的 C_{pk}。
- 放宽不重要变量的公差，以减少费用。
- 为优化提供方向。若存在交互作用，则使用响应曲面；若不存在交互作用，则使用散点图。

(2) 2×2 全析因图制作与分析

2 因子 $\times 2$ 水平全因子试验（分析）可以用 2×2 四方格表达。为表述方便，现以例 15-15 变量搜索中的图 15-72 为例，介绍四方格全析因图的制作与分析方法。

1) 绘制 2×2 方格底稿。

画出四方格，将 D 放在方格的上面（列，排序靠前的因子字母），将 F 放在方格的左侧（行）。标注 2 个因子的水平位置，第 1 列和第 1 行标记低水平，记为"−"（临界水平记为 M，差部件记为 L），第 2 列和第 2 行标记高水平，记为"+"（最佳水平与好部件均记为 B）。如此处理，便得到一个（− −）、（− +）、

（＋ －）、（＋ ＋）四象限矩阵（全因子水平组合）。依这个顺序，将四个方格分别看作1、2、3、4象限。每个象限的原始数值代表在此条件下的试验结果。1、2、3、4象限的中值分别记为①、②、③、④。

2) 录入试验数据，计算各象限平均值（中值）。

2^2因子严格讲是4次试验，但变量搜索（或部件搜索）真正的试验是3次，分析者应依据3个阶段的测量结果，辨别数据的性质，将其归类到正确的象限内。每个象限有三排原始数据，它们分别来自3个阶段的试验结果。例如，第1象限的数据47,61,68来自第1阶的临界水平M，第4象限的4,4,3来自第1象限的最佳水平B。第1和第4象限的70与4分别来自于第3）阶段的数据（交互验证）。第2、3象限的30,73与23,18来自第2）阶段的试验（见表15-36表中阴影部分）。接下来，将第2）阶段剩余的8个数据分别录入四方格的第1、4象限（第2行数字）。计算标注四个象限的中值。

3) 计算量化主效应与交互变量。

计算并标识：两列的和分别为85及55.5；两行的和分别为116及24.5；对角格子的和分别为72及68.5。接下来的主效应与交互作用的计算结果分析请参见图15-74。

4) 以图形方式确认2因子的交互影响。

以D_M、D_B为横坐标，以"绿Y"为纵坐标，以F_M及F_B与D_M、D_B的对应关系画2条直线：连接①与②得到直线F_M，连接③与④得到直线F_B（其中对应关系请读者自行辨别）。

判断标准：若两条直线明显相交，则有交互作用；若两条线平行，则无交互作用。

结论：图中交互现呈平行状，证明因子D与F不存在交互影响。

8. B与C：卓越的确认技术

(1) 目的

B与C比较是一种非参数型验证工具，用以确认改进的成果的真实性。符号B和C分别代表两种不同的产品、过程、方法或商业实践。C(Current的缩写) 表示当前的产品，B(Better的缩写) 表示更好的产品。B与C的主要目标如下：

- 以90%或更高的置信度，预测一个特定的产品或过程比另一个产品或过程要好。
- 保证对原有产品或过程改进的持久性。
- 将B与C扩展到任何领域。

(2) 应用方法与规则

1) "绿Y"数据要求：只能使用连续数据和属性量化（1~10），避免使用百分比。

2）样本量≥6（3个B和3个C，且B的个数与C的个数为3∶4，即B少C多）。当3个B全部优于3个C时，有90%的置信度（这是最小的样本检验，工艺界常用，简单、可靠）。

3）图基检验规则：将数据按降序（从最好到最差）排列部件B和C。3个B的读数必须全部超过3个C（或反向）。

4）合计终结数（置信度）选择（见表15-36）。

表15-36 合计终结数（置信度）选择

重要性	举例	合计终结数	置信水平
中等	高达1万美元费用	6	90%
较高	高达10万美元费用	7	95%
关键	高达1亿美元费用及数人死亡	10	99%
超关键	许多人员死亡	13	99.9%

5）随机化原则。试验（即测量产品）须随机安排，以排除噪声干扰。随机化原则适合的工具有：B与C、部件搜索、变量搜索、完全析因、响应曲面、散点图。

【例15-16】冲压成型改进效果确认见表15-37。
- "绿Y"为尺寸公差，以偏离0.001的积来表示。
- 采集12个B和13个C，使用图基检验。

表15-37 冲压成型改进效果确认

0 0 0	B B B			B终结计数 = 3
1, 1, 1, 2, 2, 2, 2, 2, 2	B B	1, 1 2, 2	C C	重叠
4, 4 5, 5 6, 6 7 8 9			C C C C C C	C终结计数 = 9

试验结论：

合计终结计数 = 3 + 9 = 12。因此，B是对C过程的改进，置信度为99.5%。

9. 散点图

（1）目的与范围

散点图是一种图形化技术，以随机的时间顺序，获取30个成对的数据，以表

示自变量对于 Y 的关系。应用散点图的前提条件如下：
- 确认所研究对象是重要因子（"红 X" 或 "粉红 X"）；
- 研究变量不存在交互作用。反之，则应使用全析因法。

（2）目标及应用

1）建立现实的技术规格和过程参数控制范围。

2）缩小重要变量的过程公差，以获得较高的 C_{pk}。

3）放宽不重要变量的公差，以降低费用。

（3）散点图样本采集与制作

1）确定顾客要求或技术规格的最大值与最小值（公差）。

2）从原始过程设置向两端延伸 25%，随机收集 30~50 个样本，并将成对的测量值描绘在 Y 轴用规格标注的二维图（散点图）上。确保输入变量的读数和水平的检验顺序是随机的。

3）画一条通过这 30 个绘图点的中线（回归线），在该中线两边各画一条等距离的平行线，这 30 个点（至少 29 个点）均应落在两条平行线之间。这样便形成了由数据点组成的倾斜的平行四边形（见图 15-75）。

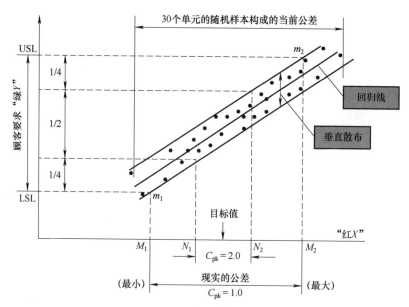

图 15-75　过程变量散点图

注：图中 N_1、N_2 是与规格中心 1/2 区域相对应的两个过程变量的控制界限，在此控制限条件下的过程可获得 C_{pk} = 2.0 能力。M_1、M_2 是与规格上、下限（USL，LSL）对应的两个过程变量的控制界限，在此控制限条件下可获得 C_{pk} = 1.0 过程能力。

资料来源：凯克·博特，阿迪·博特，《世界级质量管理工具》（第 2 版），遇今，石柱译。

4）检测散布宽度（平行四边形的"垂直截距"）与公差的比例，以确认其变量的重要性质。判定准则如下：
- 若垂直截距占"绿 Y"规格的 20%，则是"红 X"（主要变量）。
- 若垂直截距占"绿 Y"规格的 20%~50%，则是"粉红 X"和"浅粉红 X"（第 2、3 位重要变量）。

5）从规格最大值和最小值画出两条水平线，上线与平行四边形顶端相接（交点为 m_2），下线与四边形底部相接（m_1）。

6）从点 m_1 和点 m_2 作两条垂直线与 X 轴相交，横坐标便有了点 M_1 和点 M_2。如果将变量 X 控制在 (M_1, M_2)，则能获得 $C_{pk} = 1.0$ 的能力（即完全满足规格）。

(4) 分析与优化

1）过程变量重要性判断。
- **如果充分相关**：一个窄小的平行四边形，则表明量是一个"红 X"（主要变量）其最适当的目标值和公差可以在图形上确定。
- **如果没相关性**：一个宽大的平行四边形，则表明该变量是不重要的，且它的值和过程公差可以设置为最经济的水平。

2）由图 15-75，可以得出如下结论。
- 如果要使过程满足规格（$C_{pk} = 1$），过程参数的控制范围应在 (M_1, M_2)。
- 如果要想提高过程能力并达到 $C_{pk} = 2$，则应缩小过程参数范围，使其控制应在 (N_1, N_2)。

(5) 属性数据（缺陷数）散点图的应用

在 PCBA 波峰炉焊接改进中，前期试验确认焊接密度是重要变量。为了将焊接缺陷控制在 40ppm，团队计划使用散点图技术来优化过程，他们将原始设置向高低两端扩展，分成 10 区，得到 11 个试验点，各点随机抽取 3 个产品，收集 33 对数据，绘制焊接密度散点图（见图 15-76）。

分析：只要调整过程特性（焊接密度）的控制界限，将其设置并控制在 (M_1, M_2)，就能将焊接缺陷控制在 40ppm 以内。

10. 响应曲面法 RSM

目的与范围：确定 2~4 个交互输入变量的最佳水平组合，以得到一个最佳的"绿 Y"。在有交互作用的情况下使用 RSM，如没有交互作用，就应使用散布图方法。

因为 3 阶因子如 A, B, C 或 4 阶因子如 A, B, C, D 在现实过程中的交互作用非常微弱，可以忽略不计，因此本节重点介绍包含 2 个因子与 1 个绿 Y（响应）的响应曲面（RSM）方法。RSM 方法包括：调优运算、单纯形法、随机调优运算、最速上升法 4 种方法，本书仅介绍常用的调优运算和单纯形法。

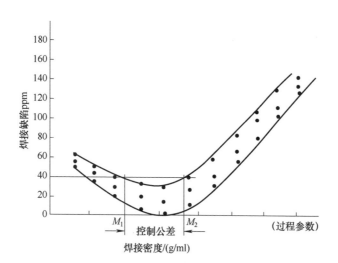

图 15-76 焊接密度散点图

(1) 调优运算

调优运算（Evolutionary Operation，EVOP），最早是由博克斯（Box）在1957年提出的。调优运算是在不会对生产过程产生明显的干扰，且保证产出符合标准的产品的情况下，以当前生产过程变量（也称作因子）水平为中心，在其周围较近的范围内，选定因子较小变化尺度，进行一批简单的2水平个因子的2^k全析重复试验，对这些试验结果进行分析，并通过调整因子水平，使生产获得改进，不断重复上述步骤，直至达到最优过程配置。

调优运算与经典响应曲面法（RSM）的2^k全因子爬坡试验非常的类似（请参见本书第15.2.4节的有关内容），只是调优运算采取相对保守和较小的步距。

步距是指在序贯优化试验中，相连的两轮试验中心点的单位移动量（距离）。确定合理的较小的步距是实现EVOP的关键因素。合适的步距既能逐步改善响应，又能产出合乎要求的产品，且不影响生产的正常运行。一般情况，步距=（高值 − 低值）/2。且有，中心值 − 步距 = 低值，中心值 + 步距 = 高值（高值用 H 表示，低值用 L 表示）。

- **限制与优势**

1) 经前期试验（或过程经验确定的2~4个关键过程变量（本节主要阐述2个变量的优化分析）。
2) 适用于批量生产过程。
3) 不影响生产的正常运行。
4) 操作容易、分析简单、风险小、效果显著。

第 15 章 试验设计（DOE）

- **应用程序**

调优运算需应用并经过 2 个典型阶段，其中阶段 2 可能会重复 N 次，全部试验最少 2 轮，最多 7 轮。

阶段 1：以当前 2 因子水平设置作为原点，构建 4 个角点（试验条件：--，+-，-+，++）形成第一个方块，在原点（中心点）四周进行试验，借以确定优化的方向和路径。从中心点出发，连接具有最大响应的角点，便是下一步优化试验的方向。

阶段 2：沿响应优化方向移动中心点的位置（通过增加步距），建立新的方块（2×2 全因子试验设计），进行 5 次试验并标注响应值。这时有如下 2 种情况：

情况 1，中心点响应小于角点响应，表明试验未达到要求，需继续优化并建立新的试验方块。

情况 2，中心点响应大于所有角点响应，表明响应已达到峰值，应停止试验。此阶段的试验中心点便是最优设置。

需要说明的是，上述程序和准则（2×2 方块）同样适合 3 因子（或 4 因子）试验。2^k 优化序贯试验的实质，是通过增加中心点步距（步距值有正有负）进行爬坡试验而找到响应峰值（山顶）。当 $k=2$ 时，用方块（图形工具）描述比较方便；当 $k>2$ 时，进行优化试验时，只需要调整每个因子的中心点数值就能达到试验目标。

- **调优试验的两种方法**

1) **单步距稳步改善法**。以上轮试验的最佳角点作为新一轮试验的中心点，组织新的 2^k 全因子试验。两次试验的中心点的距离为 1 倍步距，前后两个方块重合。

2) **双步距快速爬升法**。根据上次的试验结果，沿优化方向，在最佳角点外相邻位置建立新的 2×2 矩阵（方块）。两次试验的中心点的距离为 2 倍步距，前后两个方块不重合。

假设有一批调优试验，某关键流程的三个主要因子的初始设置为：（A220，B68，C4.0），步距分别为：（20，4，0.5）。首次试验以及新一轮试验的安排，可以用列表的方式予以表述。两种调优试验方法的安排（比较）见表 15-38。

表 15-38 两种调优试验方法的安排（比较）

项　　目	单倍步距试验	双倍步距试验
首轮试验因子水平	$A(200,240\star),B(64,72\star),C(3.5\star,4.5)$	
试验结果最优设置	$A(240),B(72),C(3.5)$	
前后试验中心点的距离	$\Delta=(20,4,0.5)$	$2\Delta=(40,8,1.0)$
新的试验因子水平	$A(220,260),B(68,76),C(3.0,4.0)$	$A(200,280),B(64,80),C(2.5,4.5)$

(续)

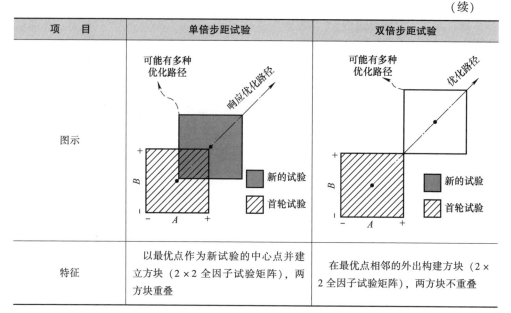

项　目	单倍步距试验	双倍步距试验
图示		
特征	以最优点作为新试验的中心点并建立方块（2×2全因子试验矩阵），两方块重叠	在最优点相邻的外出构建方块（2×2全因子试验矩阵），两方块不重叠

注：★表示最优响应的水平值，步距 $\Delta = (H-L)/2$，或中心点 $-\Delta = L$，或中心点 $+\Delta = H$，调优试验的图示以 A 与 B 的 2×2 全因子试验矩阵（方块）来展示的。

依据表15-46中的信息描述，显然单倍步距法更加符合调优运算试验的精神。但是，双倍步距法能图形化清晰地描述调优运算的过程。试验者若采用双倍步距试验，则应当采取更小的步距。下面的案例采用双步距快速爬升法。

【例15-17】案例研究：碳纤维制备工艺改善。碳纤维是众多复合材料的基础材料，碳纤维的制造过程极困难且复杂。某家公司产品的一项关键质量指标与国际同行还存在着较大差距，为缩小质量竞争差距又不影响生产，工程师团队拟定采用调优运算进行改善，期望将该质量指标（响应）从目前的82%提升到96%。团队初步确认2个有交互作用的关键过程变量成型温度和时间。由于技术保密原因，本案使用虚拟数据。

试验目标：响应 Y = 标杆指标达成率96%，采取双步距试验。

以当前工艺设置（A 压力为9.5MPa，B 温度为2200℃）为中心点以及步距（A 压力为0.5MPa，B 温度为100℃），设定首轮试验的因子水平：A(9.0, 9.5, 10.0)，B(2100, 2200, 2300)，于是可建立 2×2 全因子试验矩阵，这就是阶段1的试验方块。本案例的整个试验和分析过程分4个阶段完成，试验最终达到山顶，响应峰值=95%，基本达成试验目标。碳纤维制备工艺调优运算试验（采用双倍步距）如图15-77所示。

（2）单纯形法

调优运算是获得最佳响应的一个简单、图形化和循序渐进的爬山过程方法，但是会产生大量的试验。假设有7个阶段，每个阶段的2^k全因子试验和1个中心点，至少需要进行28次试验。

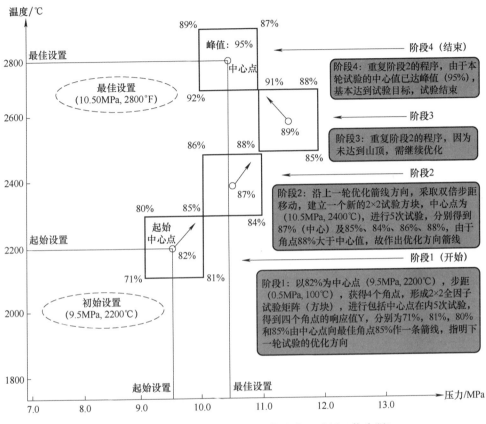

图15-77 碳纤维制备工艺调优运算试验（采用双倍步距）

单纯形法是一种简单高效的优化技术。需要的试验次数较少，可快速到达顶峰。单纯形法设计在每个阶段需要$(n+1)$个点，其中n为交互作用过程变量的个数。以2因子的分析为例，开始建立一个初始的三角形（单纯形）进行3次试验，随后的优化建立新的单纯形就只需进行一次新的试验，因为另外2个顶点的试验数据构成新三角分析的基础。一个3阶段的单纯形法设计仅有5次试验便可达成目标。

【例15-18】油墨工艺优化。某大型化工工厂在变量搜索试验中识别了2个参数为交互作用变量，分别是涂料粒子大小和烘箱温度，团队对产量84%的现状不满意，期望通过RSM改进使得产量达到97%。这是2因子的试验设计，Y是产量。改进小组启动了单纯形法的优化试验。为了方便表述，设因子颗粒尺寸为A、因子温度为B；因子水平以编码单位1，2，3，4，5表示、其中1为初始设置值。

试验程序如下。

第 1 阶段：将初始因子水平（A_1B_1）作为原点，并选择点（A_3B_1）及点（A_2B_3）3 个试验点，构成一个三角形的单纯形试验法，进行 3 次试验并测量"绿 Y"，分别得到 84%（初始设置）、88% 和 91%。

第 2 阶段：延长期望响应方向继续优化。删除最低点（84%），并从原点出发，经过另外 2 点（88% 与 91%）的中心点，延长 1 倍的距离，形成一个新的三角形的单纯形试验。在新的顶点（A_4B_3）组织第 4 次试验，得到 93%。

第 3 阶段：重复阶段 2 的步骤，直至找到"绿 Y"的最优值为止。本例的第 3 阶段得到新试验点（A_3B_5），进行第 5 次试验，得到 96%。DOE 团队的改善目标基本达到，故结束试验。3 阶段 5 次试验的单纯形的试验设计如图 15-78 所示。

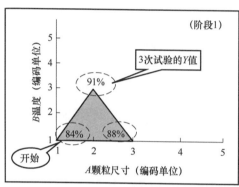
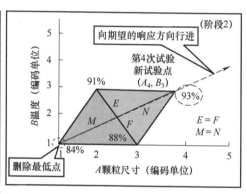
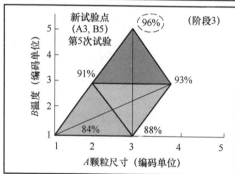

图 15-78 3 阶段 5 次试验的单纯形的试验设计

资料来源：凯克·博特，阿迪·博特，《世界级质量管理工具》（第 2 版），遇今，石柱译。

通过 3 个阶段共 5 次试验便找到了提高产品质量和产能的最佳组合。在保持质量水平不变的前提下，将产量由 84% 提高至 96%。

第16章 简明精益生产（Clear LP）

16.1 传统条件下的精益生产

准时制（Just-In-Time，JIT）生产实施起来确有很高的难度。我们可否打开思路，在正式启动 JIT 生产之前，尝试使用一个过渡的办法，达到精益的效果呢？答案是肯定的。本章将介绍一种在传统条件下精益生产的实现方式——简明精益生产（Clear Lean Production，Clear LP）。

日本著名改善学家今井正明说过一句重要的话：只要坚持 5S，持续做现场日常的改善，就离精益管理及 JIT 不远了。这是本书编者近 20 年做现场改善和精益项目咨询最深的感受，也是开发这套简明精益管理方法的原始动力。

把 5S 作为推动简明精益生产项目的切入点，是本书编者多年做精益咨询项目的成功方法之一，这样做不仅避免风险，还非常有效，深受顾客欢迎。这种推行方式一般在半年之内就可以取得明显的效果，并可以及时转入完整的 JIT，所以本书编者主张将 Clear LP 作为企业应用精益生产管理的一种简便易行的方式。

16.1.1 将 5S 进行到底

2009 年本书编者（蓝迪顾问）在全球品牌网发布了"将 5S 进行到底：初探我国企业管理的突破"详细阐述了 5S 对于我国企业管理的重要性（http://www.globrand.com/2009/166694.shtml）。下面重点阐述 5S 与精益生产的联系。

1. 5S 的意义

5S 是日本现场应用的一种管理方法，因为这种管理方法的 5 个动作的单词开头是"S"，因而得名。这 5 个动作分别是整理、整顿、清扫、清洁、教养。

日本当年存在大量农民涌向工业的问题，如何训练他们是摆在管理者面前的重大课题。日本人开发出一种叫作 5S 的方法。5S 表达 5 个要求，前 4 个 S 是对物的，第 5 个 S 是对人的。5S 的基本目的有两个，一是构筑起良好的生产秩序和环境，二是通过"简单的事情反复做"的方式，把农民训练成有纪律、懂技术、能合作的高素质的产业工人。

2. 5S 的三个台阶

推行 5S 管理的企业，应当把 5S 视作现场改善的有力工具，建立管理机构并予以领导，并规划 5S 管理发展的远期目标及推行的阶段性目标（见图 16-1）。5S 的初级目标是创建洁净、安全、有序的现场；中级目标是创建可视化便于控制管理的现场；高级目标是创建具有持续改进机制的精益现场，并实现在制品和批量最小化。要让全体员工了解到，推行 5S 就是冲着实现精益生产去的，有了高目标，才会有高回报。

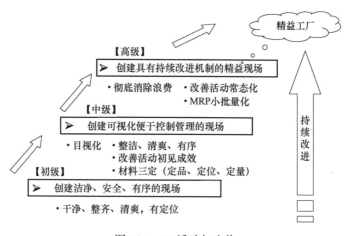

图 16-1　5S 活动与改善

3. 5S 与精益生产

只要建立持续改进意识和 5S 管理的三级目标，并予以实施，5S 离精益生产就不遥远了。从 5S 的精益现场中，可以看到精益的基本元素，如在制品库存尽量少及小批量化。管理者必须了解，5S 与精益生产之间存在如下关联：

- 5S 与精益生产的宗旨原理一脉相承——持续改善与消除浪费。
- 5S 为实现精益生产建立必备的现场秩序与目视化。
- 5S 可以初步建立在线库存控制。
- 5S 是员工自主参与持续改善的机制与平台。
- 通过 5S 练兵，建立起拉动生产系统的雏形。

如此一来，把 5S 做到极致，生产效率、成本和质量都可以解决。在这个基础上，加上精益生产管理的要素，JIT 自然就成功了。要知道，管理比技术复杂得多，管理基础做好了、做扎实了，一切的技术问题就都不是问题。这就是本书编者根据多年咨询经验做出的重要判断。

将 5S 进行到底——把 5S 做到极致，就是 JIT。

4. Clear LP 的特点与优势

（1）Clear LP 的特点

1）生产设备基本不做流线化调整。

2）用实物看板实现拉动，保持流程的平稳。

3）通过逐步减少批量，实现减少在制品（WIP）库存并实现流程的加速和改善。

（2）Clear LP 的优势

1）操作简便，见效快。省去烦琐的程序与调整。

2）风险低。没有大幅度干涉生产系统，几乎不存在风险。

3）库存少，费用少。每种产品不需要像 JIT 那样事先安置在制品库存，所以库存少，运行成本也较低。

16.1.2　Clear LP 的目标与原则

1. Clear LP 的目标

在传统生产条件下，通过采取小批量生产的方式，达成减少在制品库存、降低成本、加速流程并缩短交货周期的目标。

2. Clear LP 的原则

Clear LP 应用将遵循以下五项原则。

（1）消除七大浪费

1）**过量生产**。过量生产是指超出需要的产能、产出和空间等。过量生产是造成大量在制品库存浪费、迟滞流程提速的最大障碍，必须扭转观念，坚决杜绝。

2）**过多库存**。过多库存是指超过需要的物料、在制品等。库存不仅浪费资金和场地，还延长了制造周期。

3）**不合格品**。对于不合格品需重做、采取补救措施、报废等。不合格品不仅造成了浪费，还是造成订单不配齐的主要原因。品质与设备是制约精益生产的两个关键因素，必须通过持续的质量改进（QCC 或 Clear 6Sigma 等）来极大提升品质水平。

4）**等待**。等待包括人力和设备的浪费。消除人员等待的浪费可以通过作业分析和改善来实现，而设备的停机损失是无法弥补的，必须通过设备保全的持续改善，来减少设备故障损失时间，提高设备的稼动率。过程中 95% 的产品、在制品处在等待状态，是精益改善的重点。

5）**动作浪费**。动作浪费是指多余、不合理、复杂的不增值动作，可通过 5S + IE 改善来解决。

6) **过程不当**。过程不当是指步骤太多、顺序不合理,是对现场无用、不必要的限制,可通过 5S 和 QCC 团队活动来改进流程。
7) **搬运浪费**。搬运浪费是指线路过长、迂回交叉、运输工具方法不合理。把流程与搬运结合起来进行改进,效果会更佳。

(2) 后端流程是顾客——建立流程供应链

我们需要明白,订单交付,即完工产品的交付,是由生产系统的末端——总装部门来实现的。即使前端流程效率再高,也不可能完成交付的目的。因此,在精益思想指导下,前端流程应当把总装的开始时间作为本流程的提前期(任务),也就是本流程的生产完成日期目标。只有按照顾客需求组织生产,将各种零部件能同时并适时地在总装部分汇合,才是有意义的,订单才能保障。

生产流程的改善及生产效率的提高,首先应当从总装部门开始。通过改善,理顺总装的生产要素配合,使其生产效能最佳化,通过实物看板的拉动,逐级向生产线前端传递需求(生产)信息。

关于后端流程的两个原则:

1) 总装部门是内部生产系统的最终顾客。前端流程皆以总装提前投入期作为生产完成日期目标。
2) 对下一个流程进行品质和数量两个方面的支持:保证产出是合格品,当工序后端达到最大库存时,不再超量生产。条件允许时,尽可能给下一个流程以支持,帮助分担运输、整备工作,使得下一个流程能把资源集中在基本操作作业中。

(3) 整体效率,跨部门合作

丰田生产方式创始人大野耐一用"乌龟与兔子赛跑"来比喻精益生产的特点,很生动,也很恰当。精益生产遵循制造的基本原理设计,而且创造性开发了拉动生产思维,形成了一个稳定的平衡生产系统,为满足小量多批的订单要求提供了最佳实现方式。除了个别的瓶颈流程外,所有单个流程的高效率(超过平均产能)都是没有意义的,还会对整个流程的表现带来伤害,即多的在制品、寻找时间、返工损失等。精益生产需要的是整体的效率和平衡。超过平均整体效益的单体效益是无意义的,是浪费。

每个流程需要做的是在规划的提前期内,保质、保量、按时完成下一个流程需要的零部件,这才是重要的。

(4) 合理最小批量与合理最低库存

遵循"合理最小批量"与"合理最低库存"是实现 Clear LP 的重要原则,目标如下:

1) 采取较小批量以加速流程,同时缩短生产周期。
2) 生产线上保有合理少量的在制品库存,以保证流程不会因某些故障中断。

第16章 简明精益生产（Clear LP）

让我们从下面的几种生产运行的情况，来了解批量对于流程速度和周期的影响。

情况一：生产批量为1200个/批，转移批量为1200个/批，用时为2520min（见图16-2）。

过程	工时/(min/个)	生产批量/(个/批)	转移批量/(个/批)
A	1	1200	1200
B	0.1	1200	1200
C	1	1200	1200

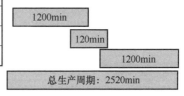

图16-2 情况一数据

情况二：生产批量为1200个/批，转移批量为100个/批，用时为1310min（见图16-3）。

过程	工时/(min/个)	生产批量/(个/批)	转移批量/(个/批)
A	1	1200	100
B	0.1	1200	100
C	1	1200	100

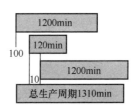

图16-3 情况二数据

情况三：订单批量为1200个/批，转移批量为300个/批，用时为1530min（见图16-4）。

过程	工时/(min/个)	生产批量/(个/批)	转移批量/(个/批)
A	1	300, 300 300, 300	300
B	0.1	300, 300 300, 300	300
C	1	300, 300 300, 300	300

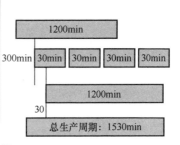

图16-4 情况三数据

分析：

- 情况一：传统生产，是将每一个生产批量逐次通过各个工作站，因此生产周期最长。

- 情况二：典型的精益方式，它的特点是将生产批量分割成较小的批，这些小批在一个工序加工完毕不用等待便直接转移至下一个工序。由于批量小，所以生产周期明显缩短。
- 情况三：这是一个典型的在企业资源计划（ERP）背景下的快速生产方式。计划员在接到订单时，将大数量的订单分割成若干较小的批，分别录入系统，生出小批生产指令。各个部门或工序按此小批量进行生产，流程将会加速。

从上述的数据和分析可以看出，批量越小，物料在工序间的流动就快，同时，工序间产生的在制品库存就少（在没有其他情况干扰下，在制品数量约为大批量的 1/2），同时生产周期变短。**找到一个合理的最小批量，是 Clear LP 系统追求的核心目标**。

（5）持续改进

持续改进是构筑精益生产体系的基础。丰田生产方式（Toyota Production System，TPS）就是建立在不断地摸索和完善的基础上才得以实现的，每家企业的生产类型和特点不同，不能照搬同一种模式，但"持续改进"都是不可或缺的。

推动简易精益生产（Clear LP）也应该重视持续改进精神和原则。严格意义上来讲，Clear LP 的实质就是精益原则的应用与持续改进的结合。如果缺少持续改进的支持，精益的效果就不会凸显。

16.2　Clear LP 的实现机制

Clear LP 系统的运行依赖于精益生产定理和在制品实物看板系统的支持。精益定理揭示流程加速的规律，也是计算看板和有关流程参数的依据。实物看板系统是 Clear LP 运作的神经中枢，它以生产线上的在制品实物限量（上限）作为生产或者取料的依据（看板）。实物看板是连接前后工序以实现整体流程有序运转的纽带。实物看板系统必须得到有效的设计、充分的沟通和严谨的执行。

16.2.1　了解精益生产的基本原理

在设计和正式实施精益生产（Clear LP）之前，非常有必要对精益生产的基本原理和有关概念进行培训。这对于体系策划者和主要部门负责人非常重要。有关的知识请参阅本书第 18 章精益生产的有关的内容。

16.2.2　实物看板系统

通过利用实物看板来组织、衔接调度各个生产单位的生产活动，是实现 Clear LP 的核心手段。与经典的精益生产方式近似，计划部门只对流程末端的总装部门下达生产计划，其余部门均依据实物看板进行生产和运作，所有部门不允许过量生产及超量库存。

1. 设计看板大小

$$实物看板(最大存量) = 批量 + 最小存量 \quad (16\text{-}1)$$

1) **批量**。以小时为基础单位换算产品数量。改善初期的批量起始值建议为 4h（如果有些企业开始库存量较大，起始值也可定为 8h），一般按照 "1/2缩减" 进行调整，即对每一轮改善的效果进行评估，例如决定新的批量标准为 2h、1h，理想批量为 0.5h。在改善的成熟期，看板数量以产品数量来计算及衡量，比较精细与合理。

2) **最小存量**。以瓶颈或关键工序的设备抢修时间为基准，初始值建议为 0.5h（根据情况可以适度放宽）。

2. 拉动规则

1) 实行后流程取料制（特殊流程除外，如冲压部门实行送料制）。
2) 接近最低存量开始生产，达到最大存量即停止生产。
3) 新品投入后，由本工序将确认的首件样板送往下一道工序，作为生产转型换线准备的指令。实物看板的拉动机制如图 16-5 所示。

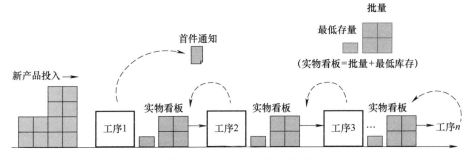

图 16-5　实物看板的拉动机制

实物看板的好处：

- 不用事先设计工序间库存，利用生产系统自然的存量就可以了，先前的产品自然就是后续投入的存量。
- 看板大小可以根据现场改善的效果自由调节，绝对不会影响生产流程。

3. 确定顾客需求（节拍）

以瓶颈或关键工序能力估算单位小时产出作为流程需求标准。

$$顾客需求(件/h) = 要完成的订单数量 / 可用作业时间 \quad (16\text{-}2)$$

或

$$节拍(h/件) = 可用作业时间/要完成的订单数量$$

4. 设计框与看板目视化

（1）框设计

"框" 是指刚好放置一个批量产品的容器，如箱、盘、架，或与板的组合。

工序间周转的"批"产品必须设定专门的器具和统一的颜色,并使用特定的标签,以区别于其他非流程间运转产品。生产转移"批"即"框",是生产指令,是看板。生产流程间周转的产品批量就是依靠"框"来承担的,必须做好妥当的策划与安排。

(2) 看板目视化

目视化是 JIT 生产的重要手段,也是实物看板生产管理的一个保证条件。与以往传统生产情况不同,传统生产计划是书面的生产指令,而精益生产只对总装部门下达计划,其他部门是根据(实物)看板来生产的,所以目视化非常重要。

在车间的墙上或醒目的位置,应当充分明确地标识顾客需求(流程速度)、批量大小等信息。同时,应做好培训。

5. 特殊流程的批量和看板计算

(1) 冲压流程最小批量的确定

$$最小批量 = 顾客需求 \times 工序周转时间 \quad (16\text{-}3)$$

注:工序周转时间要进行试算,包括该工作站同时加工 N 种零件的加工时间和换型时间,可参考【例16-1】的内容。

注:换型时间是指从当前产品转换到一个新的产品所需的调整时间。

(2) 老化(等待)流程在制品限额(看板)

根据利特尔法则,"生产周期 = 存货数量 × 节拍",可知

$$WIP = 老化时间 / 节拍 \quad (16\text{-}4)$$

举例:已知,老化时间为 4h,节拍为 21min,那么

$$WIP = 4 \times 60/2 \text{个} = 120 \text{个}$$

16.3 精益改善事项

精益生产的核心思想是通过消除一切浪费来实现提高效率和加速流程的目标。实现精益目标的方法和手段,归根结底就是坚持永不间断的改善。正如大野耐一的观点,丰田生产方式就是"丰田 IE",就是持续改善。

16.3.1 传统生产计划方式升级

传统物资需求计划(MRP)环境下,计划设计人员可以实时见到需求的当下状态,不仅是"什么"和"多少",还有"什么时候",这样可以让计划人员不使企业的材料储备延误,而且更接近计划的生产消耗。

在精益生产运行下的观念应当是:在生产不中断的情况下,生产线上的在制品数量应当尽量地少,生产线上各个流程依照看板来进行生产。

精益生产方式下的生产计划的工作观念和方法需要进行转变,做如下调整:

1) 生产计划(指令)下达。主送总装部门,并抄送其他部门。流程前端基

本依照看板来组织生产，具体运行时是总装部门严格按照顾客要求（日生产指令）生产，以拉动前端流程，前端流程的生产及物流分两种情况：
- 按照加工顺序排列的主流程根据实物看板生产，生产指令做辅助作用，以了解本流程大致的周期（开始时间）。
- 脱离主流程的工序（如冲压）以生产指令为主、实物看板为辅。在下一个流程的开始时间之前将产品批送达给下一流程。

2）若接到大数额订单，在录入 ERP 时，需要将订单拆分为若干小批量，以 1 天为一个批量较为妥当。

3）应控制投料环节。将投料视作第一工序，也需要根据看板进行投料，不可过量或过早地投入，刚好及时、充分留有余地就行，不要干扰流程。

4）以"小批量"组织生产是精益的核心原则，在生产指令中必须明示批量大小。

5）完善诸如物料清单（BOM）、工时标准等基础工作。

6）在条件成熟时，引入精益生产计划软件，JIT 与 ERP 集成，利用 MRP "订购点"触发拉动，见图 16-6。

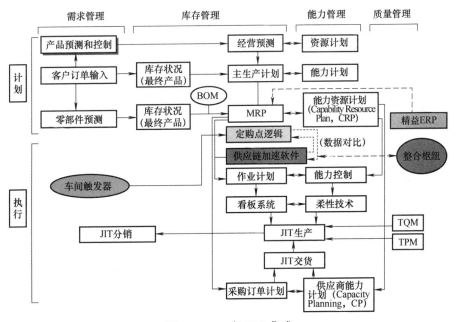

图 16-6 JIT 与 ERP 集成

16.3.2 作业生产线改善

1. 依据动作经济原则，审视并改善以下项目

1）合理规划工厂车间平面内的功能区域（如加工区、储料区、测试/返工区等）的位置及面积大小，平面内所有的区域皆明确特定的用途与标识。

2）物料、工具尽可能靠近生产线，便于拿取。

3）运输距离尽可能短，避免物流路线往返交叉。

4）标识系统设计合理可靠，状态清晰、明确、便于沟通。

2. 设备排列方式的改善

1）如果有可能，应将容易移动的生产设备按加工顺序排列，或者做局部顺序排列。

2）加工车间尽量按照产品对象原则进行组合、分组（至少在书面策划上达到此目的），根据生产计划成套件、按周期交付零件。

3）冲压车间：按照流程需求量和周期组织生产，定向、定时、定量向下一个流程提供需要的零部件。

4）在主体生产流程之外，设置小型柔性制造单元，以满足临时订单或小量订单的需求。

16.3.3 确立内部流程供应链

Clear LP 系统与完整的 JIT 生产体系有些区别。例如，一是流程并没有依次链接，二是实物看板与其他产品（如返修品或呆滞品）有分辨的难度。因此，为了避免物流混乱的风险，企业在推行简明精益管理时，应当根据产品的加工流程，明确每个工序的上下游关系：谁是供应者，谁是顾客，输入端在哪里，输出端在哪里，后流程的要求如何。

输入口、输出口及存放看板（产品）的位置需要固定并予以明确标示。物流人员的培训是非常重要的工作。

16.3.4 时间陷阱与瓶颈改善

1. 目的

时间陷阱是指导致流程延误的步骤。当时间陷阱的过程能力不能满足顾客需求时，它还是一个瓶颈（能力约束）。改善时间陷阱的目的是减少流程时间延误并减少在制品存量。改善和消除瓶颈的目的是增加产出。时间陷阱与瓶颈改善是实现精益生产的关键问题。

解决问题的顺序是：首先解决能力约束（瓶颈）以增加产出且能够满足顾客需求，然后解决时间陷阱以减少延误，减少在制品并加速流程。

2. 时间陷阱识别和改进

确定哪个过程步骤是最大的时间陷阱，只需为过程的每个步骤计算工作站周转时间（Workstation Turnaround Time，WTT）即可。

第16章 简明精益生产（Clear LP）

工序周转时间（WTT） = $\sum$（设置准备时间 + 单位加工时间 × 批量大小）

(16-5)

具有最长 WTT 的过程步骤是**时间陷阱**，它向流程注入了最多的时间延误。影响 WTT 的主要有两个因素：设置准备时间与单位加工时间。其中，单位加工时间的改善潜力有限，因此，改善时间陷阱的关键就是缩短设置准备时间与快速换模。这也是精益改善的核心问题。

可以通过冲压流程（一个高速加工的流程）的作业效率（关键考察换模准备时间的长短）对整个流程的影响，来了解改善的正确思路和方法。

一般人们会认为冲压是高效率的加工方式，会加快流程，其实情况不尽然。我们先看看下面的情况。

【例 16-1】某冲压工作站同时生产一种产品的 4 个零件，每个零件的准备时间均为 4h，工序时间为 100 件/h，为了满足流程 17 件/h 的需求，必须每次生产 1000 套，这样，周期时间为 56h，而对流程的延误为 28h，产生的在制品 WIP 数量为 500 件套（最低是 0 套，最高值为 1000 套）。可以看出，这是一个周转慢、周期时间长、缺乏灵活性的工序（见图 16-7），所以需要进行改进。

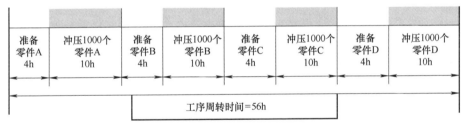

图 16-7　缺乏灵活性的冲压工作站

资料来源：迈克尔·L．乔治，《精益 6 西格玛》。

启示：

1) **准备时间**（生产周期与加工时间之差）**是影响批量的关键因素**。图 16-7 中冲压流程明显缺乏灵活性，它对整个流程的延误为 28h，如果将准备时间缩短 90%，那么将获得较理想的最小批量（从 1000 个减少到 100 个），这样可使周期时间和延误时间减少 90%，使生产速度能够满足顾客的需求。

2) 如果准备时间减少至 **0.4h**，那么，周期时间减少至 **5.6h**，批量从 **1000 个/批**减少到为 **100 个/批**，流程速度仍然可保持 = **17 个/h**，该流程获得较大的灵活性。

由这个案例就知道高速率的冲压设备的快速换模对精益来说是多么重要，其他所有生产线或设备的**换线准备时间的压缩**改善也是同理。这就是精益生产原理给我们的启发（请参考本书第 18 章的精益生产原理）。

3. 瓶颈识别与改进

（1）如何识别瓶颈

将各流程完成订单时间做成柱状图，假定顾客需求率（节拍）＝ 1.5min/任务，超出此界限的流程即为瓶颈（见图16-8）。

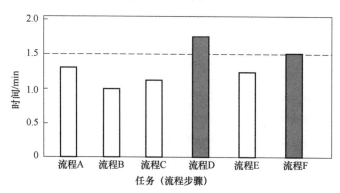

图16-8　任务处理时间图（瓶颈识别）

流程加工能力是影响瓶颈的最重要因素，但不是唯一的因素。在实际的生产过程中，由于设备故障、质量返工或者组织工作的不利影响，也会造成某工序的产能输出不畅，所有这些造成瓶颈的因素能够很容易被识别。

（2）瓶颈改善策略与措施

1）减少准备时间和闲置时间，策略如下：
- 减少准备和处理时间。
- 增加工人支援运输卸货及整备工作。
- 不合格品处理及返修由专职人员进行。
- 若生产出现停顿，支持服务人员应立即赶赴现场。

2）两个重要措施。具体如下：
- 在瓶颈工序前设置检验站，进入瓶颈工序的材料须执行全检。
- 在瓶颈工序前设置缓冲库存（使其有足够的产品），保证受限产能持续运作。

16.3.5　改善现场支持服务系统

实施精益生产是一项涉及公司整体运营机制的改革，所有部门都应在最高层的领导下，投入到改革中。一个重要的改变是：**将职能指挥现场变为职能为现场服务**。

为确保流程平稳顺畅，现场服务须达到如下要求：

1）要减少流程中的非增值活动，如检验、确认等，力求迅速解决问题。

2）当现场机器因故障停机时，工程设备部门应第一时间赶到现场，与丰田公

3) 生产进度的跟进、协调需要及时而有效率。
4) **返修品交割**：所有不合格品返修，应该在批量结束前迅速重检并返回流程，以防止尾数不齐而影响订单交付。

16.3.6 批量最小化与快速换模

Clear LP 最终目标是实现顺序加工的线性化，即所有的机器设备按照加工的顺序依次排开，有利于工序间的联系，因此流程速度会比较快，品种转换也比较灵活，形成真实意义上的适品、适时、适量的 JIT 生产。要做到 JIT 生产和均衡生产，就必须大大地缩短换线准备时间，于是快速换模的改善课题就摆在了人们的面前。

精益生产加速流程的因子是批量的最小化（批量大则流程速度慢，批量小则流程加速），影响批量最小化的制约因素是换线准备时间。

16.4 Clear LP 实施的三个阶段

16.4.1 零阶段：5S 门槛

1. 目标

为正式启动 Clear LP 奠定基础，应达到以下要求：
1) 非必要物品全部移出场外。
2) 功能区域分布合理，标识清楚。
3) 物料存放区设置合理。
4) 在制品有初步的定额上限。
5) 作业员及作业标准符合要求。
6) 物流及运输方式准备就绪。

2. 步骤措施

1) 现场诊断。
2) 建立推行小组与工作小组。推行小组由企业副总及生产、技术、计划、设备、工程和质量部门负责人组成，负责动员、协调、资源支持。工作小组由计划和制造经理担任组长，成员包括制造、计划、设备、工程选调人员，负责精益计划、看板的设计以及系统运行的所有事物的安排和处理。
3) 动员及培训。
4) 评价确认，转入下一步。

16.4.2 第 1 阶段：快速消肿

1. 目标

1）计划用 3 个月时间，迅速吸收生产线上大量的在制品，将在制品库存压缩至原先水平的 1/2。
2）交货周期缩短 25%。
3）腾出制造运作空间，暴露流程问题，并采取措施，为下一阶段的运行提供基础。

2. 步骤措施

1）改造生产计划和物料控制方式。
2）严格控制投料，防止继续给流程施压。
3）抽调人手支援流程末端，加速产出。
4）若暴露瓶颈，则由相应人员支援解决。
5）允许针对瓶颈和末端流程的加班，限制非瓶颈流程加班。
6）加强和改善工序间物料运送的工作质量。
7）评价确认，转入下一步。

16.4.3 第 2 阶段：流程改造

1. 目标

1）完成总装精益改善、线性流程改造，产出率明显提高。
2）减少作业浪费，作业与生产线合理化。
3）实物看板（以小时为单位）拉动生产试运行。
4）在 1 年时间内，交货周期缩短 50%，在制品减少 60%，质量提高 15%。

2. 步骤措施

1）调查研究，尽最大可能将容易移动的、运输交叉严重的设备机器按顺序呈线形排列。
2）精益改造首先在总装部门进行，消除浪费，改善作业线，提高装配作业效率。
3）开展流程调查，确定流程加工时间和产能。
4）培训生产计划人员，进行计划编制方法的调整。
5）设计批量和实物看板大小。
6）科学规划工序间 WIP 存放区域、位置以及标识方式。
7）明确工序间衔接的供需方关系，妥善设置产品容器及运输方式。

8）制定并启动 WIP 看板拉动试验程序，将批量控制在较为安全宽松的范围内，积累经验。
9）建立生产中断应急处置机制，服务人员必须在 5min 内赶到现场，在 30min 内恢复生产。
10）进行监控，予以指导。通过不断改善，发现问题并及时纠正，适度调整实物看板拉动程序与方法。
11）评价确认，转入下一步。

16.4.4 第 3 阶段：精益生产

1. 目标

1）为适应精益生产，计划编制、BOM、标准工时、产能评估、标准库存等基础工作均已经完成。
2）实物看板（以产品为单位）拉动生产正式运行。
3）初步形成稳定、可持续、低成本的精益生产系统。
4）以减少浪费、配合精益运行为目的的改善流程已经形成。
5）通过 3 年时间（包含第 1~3 阶段）达成如下目标：
- 交货周期缩短 50%；
- 库存减少 60%；
- 产品缺陷减少 25%；
- 制造成本降低 20%。

2. 步骤措施

1）持续组织快速换模改善活动。
2）指导开展价值流改善活动。
3）进一步尝试机器设备线性化。
4）时间陷阱及瓶颈工序的改善。
5）远离主流程的孤岛的改善。
6）品质保证与设备保全改善。
7）以最小批量进行测试与确认。
8）制定精益生产计划工作规范。
9）制定实物看板拉动运行规则。
10）制定精益生产及改善常识手册。
11）制定 BOM、标准库存、看库存标准等。
12）进行效果评估和总结后，项目完成。

16.5 远景展望：奔向丰田 TPS

采用并试行 Clear LP 的企业必定会有所收获。这为进一步提升精益管理水平、迈向准时制生产方式奠定了一个良好的基础。丰田公司持续努力奋斗 30 年才开发形成了丰田生产系统（TPS），不仅包括表面看得见的闪光的东西，更重要和可贵的是那些看不见的内涵的东西。正如丰田生产系统的开发者大野耐一所言，许多人都片面地把丰田生产方式理解为"看板方式"，以为挂上看板就可以提高生产效率，一些想法甚至是与丰田生产方式思想完全背道而驰的。丰田生产方式是适应当代"多品少量"市场环境下的生产方法，蕴含着丰富的思想与管理内涵，丰田公司的管理思想和做法值得我国企业学习。

精益生产不仅在日本获得成功，在全世界许多国家也取得了巨大的收益。结论是，精益生产不但能够帮助企业提高生产效率、降低成本，还能很好地满足顾客日益严苛的交期要求，同时使企业获取更多订单和盈利。

中国人是智慧、勤劳和勇敢的，相信我国企业能够披荆斩棘、砥砺前行，探索和走出属于我国企业的精益生产方式，铸造中国制造的辉煌。

第17章 简明六西格玛（Clear 6Sigma）

17.1 简明六西格玛的目标：改善质量、成本与速度

17.1.1 Clear 6Sigma 的实质

简明六西格玛（Clear 6Sigma）是一套中国式问题解决方案。它的实质是应用现代生产质量管理前沿管理理念和方法改善企业运营的质量、成本和速度等综合绩效，以增强企业核心竞争力的改进模型与管理系统。Clear 6Sigma 也可以完整地表示为 Clear LP & 6Sigma，即简明精益六西格玛管理。

在这里，"Clear"中的"C"有三层含义。其一，Clear：简明、清晰易懂的；China：中国式的；Combine：结合、融合。中国文化讲究大道至简，故三个词语中选择 Clear 作为冠名。

Clear 6Sigma 充分研究和吸收了当今人类质量改进的优秀成果，结合中国文化特点和实情，去繁就简，形成中国式问题解决方案。

17.1.2 Clear 6Sigma 的原则

1. 东方版 QCC 与西方版 6Sigma 相结合

日本的 QCC 改进模式最早受我国鞍钢"两参一改三结合"管理经验的启发；而 6Sigma 则是美国版的质量改进模式。我国企业不能机械地照搬外来模式，应将这两种改进方式结合应用，形成中国式问题解决方案——Clera 6Sigma，才能更好地发挥作用。

2. 高端突破与日常持续改善相结合

美国企业采用重视高端技术的、以临时发起项目为依托的突破改进方式，如DMAIC，日本企业则重视日常、持续渐进的改进，甚至以"改善"一词代替"改进"。中国式解决问题的方式则必须将高端突破（包括 6Sigma 以及 DOE）方法与以简单工具为依托的、日常的、持续的改进方式结合起来，才能真正实现高品质及卓越经营绩效。

3. 改善专家与现场员工相结合

质量改进及企业经营管理的主体是人。美国式改进重视专家的作用，日本式改进则重视员工的自主作用，中国式管理必须充分发挥管理专家的引导作用与所有现场员工的主动作用，并实现两者有机结合，管理与改进的效果才能真正达成。缺乏两个积极性中的任何一个，管理就不可能获得成功。

17.1.3　Clear 6Sigma 的实现方式

1. A 型：快速改善

此类型改进可以跳跃 DMAIC 的某些步骤，或采取 PDCA 循环方式。它的目标是解决顾客或流程急需解决的短期问题，时间大致为 1~4 周。

2. B 型：Clear 6Sigma

此类型改进的目标是改进关键流程，解决顾客关注的长期质量问题，大幅提高质量水平，时间大致为 2~5 月。

3. C 型：简明精益六西格玛（Clear LP & 6Sigma）

此类型改进的目标是全面追求改进质量、成本、响应速度，包含制造与管理职能在内的所有业务流程绩效大幅提升，时间大致为 6~9 月。

17.1.4　六西格玛工具

六西格玛方法是复杂的解决问题的方法论，其中整合了现代管理的全部优秀工具和方法，团队应根据改进的任务目标选用合适的工具，本书提供了六西格玛工具应用指南，见表 17-1。

表 17-1　六西格玛工具应用指南

统计等级	定　义	测　量	分　析	改　进	控　制
初级	顾客之声/企业之声/过程之声 帕累托图 卡诺模型 劣质成本（COPQ） 项目评估矩阵 SIPOC 分析 过程流程图 横道图 操作定义	检查表 分层因素 直方图 流程图 C & E 矩阵 劣质成本（COPQ） 操作定义 关键质量特性树	鱼刺图/头脑风暴法 直方图 散点图 趋势图 0-1 评估矩阵 关联图 多变量图 分层图	头脑风暴法 解决方案树状图 影响/努力矩阵 力场分析 质量功能展开 项目评估矩阵	控制计划 5S + 目视管理 标准作业 防呆技术 变革管理 项目管理

第 17 章 简明六西格玛（Clear 6Sigma）

（续）

统计等级	定 义	测 量	分 析	改 进	控 制
中级	展开质量功能（QFD）循环 项目管理	采样技术 FMEA 测量系统分析 过程能力分析	t检验［均值］ 卡方检验［波动］ 方差分析 回归分析	故障模式及后果分析（FMEA） 单因子实验 高级创意方法	统计过程控制 控制图/预先控制
高级			试验设计（DOE）	试验设计（DOE）	

17.2 实施六西格玛项目的 DMAIC 流程

实施六西格玛项目的 DMAIC 流程分为 5 个阶段、16 个步骤。

17.2.1 定义阶段（D）：选择项目，确定目标

定义阶段的目标是：选择项目、陈述问题、定义 Y 及确定改进目标。此阶段包括：组建团队、选择项目、项目定义和项目批准 4 个步骤。

步骤 1：组建团队

团队成员应吸收跨领域不同专长的人员，包括工艺技术、品质、制造、生产管理、销售、采购方面的，根据需要有时会邀请顾客和供应商代表。团队成员一般保持 5~9 人。

为了使团队能有效工作，制定一份团队规程是有必要的。六西格玛团队规程示例见表 17-2。团队会议是质量改进活动的重要方式，项目的首次会议非常重要。在项目开始的四周内应每周召开一次团队会议，以后频率可延长，最初的会议时长为 3~4h，之后为 1~2h。

表 17-2 六西格玛团队规程示例

主 题	例 子
参与	同意参加每次会议，不请人代为参加，紧急事故除外
准备	开会前应完成交代的任务，并做好此次会议讨论的准备
决定	讨论适合每种情况的最佳模式，支持团队做出的决定
数据	数据是改进的基础，注重数据的真实及有效
冲突	互相尊重，欢迎不同意见及建议，如果冲突无法解决，由专家协助

资料来源：潘德，等，《六西格玛团队实战手册》。

步骤 2：选择项目

(1) 定义问题

质量改善从识别问题开始，发掘好的问题有助于改善项目。问题必须被清楚、简短地说明（用一句话或一段话）。如果问题不能以简短的话语说明，改进团队就可能在此起点遇到困难。问题陈述应该回答：出了什么问题？问题有多严重？问题出在哪里？这个问题对业务造成了什么影响？

应当正确把握问题陈述的下述准则：
- 问题客观、可测量（聚焦问题的"痛点"或"症状"）。
- 不包含原因。
- 不提及解决方案。
- 避免一次陈述几个问题。

问题陈述的举例见表 17-3。

表 17-3 问题陈述的举例

问 题 陈 述	较差的陈述	较好的陈述
举例	• 去年出口业务不好，销售量明显下降 • 加工部加工不良率达 3.7%	• 去年下半年高端产品销售量下降了 20% • 加工部 H 系列产品不良率由同期的 1.5% 上升至 3.7%，导致装配部作业困难

(2) 项目选择的来源与方法

选择和确定项目是成功实施六西格玛的关键。项目选择是否合适，会在很大程度上决定项目实施的进度和效果，从而使人们增强信心，为推进六西格玛奠定基础，否则会造成项目夭折。项目的发起有两种方式：由企业高层/倡导者（由上）发起与由部门团队（由下）发起。

六西格玛项目的来源可以由内部信息（如质量分析报告、流程数据分析、财务分析报告等）和外部信息（如市场调查、顾客投诉及反馈等）获得，也可以从战略计划、经营目标和日常管理信息中获得。在项目选择过程中有三种应用工具，即顾客之声（VOC）、企业之声（VOB）和过程之声（VOP），它们的应用的逻辑关系如项目选择工具应用示意图（见图 17-1）。

(3) 项目评估

一个成功的有价值的项目必须满足以下条件：
- 目前业绩与理想业绩存在较大差距（项目价值）。
- 问题原因尚不清楚。
- 优先解决方案并非显而易见。
- 关注外部顾客。
- 项目范围适当（包括流程跨度和周期）。

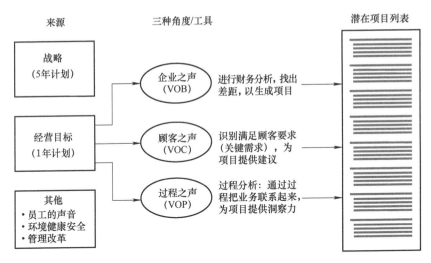

图 17-1 项目选择工具应用示意图

项目评估过程基于一些关键指标的筛选，列出表格更加便于管理。其他事项，还有如调研和准备草案章程，提供潜在成本、收益、范围等的更多细节工作。应以严格的标准对章程草案进行评价，以选择最佳机会。

根据上述原则，可以制作项目评价矩阵，见表 17-4，以供决策层使用，增强 6Sigma 项目选择的正确性。当组织采用类似矩阵时，应以合计得分为顺序确定项目的优先顺序。

步骤 3：项目定义

（1）顾客需求分析

识别和确认顾客需求是六西格玛管理的基础。团队在选择和确定六西格玛项目时要着手的一项重要工作，就是确认出哪些顾客会受到所研究的问题的影响。

获得"顾客之声"及确认顾客需求是六西格玛方法中非常困难的一个环节。顾客们往往不清楚自己的需求，这是普遍现象。在一个项目刚开始时，这个问题总是让团队感到困惑。将顾客之声转换成可测量的顾客需求，这需要应用有效的系统分析方法。

1) **顾客需求分析程序**。顾客需求分析程序一般包括：识别顾客（顾客是谁）—细分和优先顺序—收集数据—陈述需求—利用卡诺模型进行需求排序，列出需求清单—导出关键质量特性（CTQ）等。

2) **顾客需求陈述**。需求陈述是用一句简短而完整的话来陈述团队为产品或服务的使用者设定的绩效标准。这是在团队中实现"顾客界定质量"共同理念的方式。一个有效的需求陈述的标准如下：

- 描述具体的产品、服务或事件。

表 17-4 项目评价矩阵

项目	项目评价指标													合计得分	排序
	对顾客需求的影响			投资回报			抗力或可行性			投入费用			范围是否适当			周期长短				
	权重	影响系数	得分	权重	影响系数	得分	权重	影响系数	得分	权重	影响系数	得分	权重	影响系数	得分	权重	影响系数	得分		
备选项目1	30	3	90	20	2	40	15	3	45	10	2	20	15	5	75	10	4	40	310	3
备选项目2		4	120		3	60		3	45		4	40		3	45		3	30	340	2
备选项目3		5	150		5	100		5	75		5	50		4	60		2	20	455	1
备选项目4		2	60		3	60		4	60		2	20		3	45		4	40	295	4

注：1. 影响系数："1"表示最差，"2"表示较差，"3"表示一般，"4"表示较好，"5"表示很好。
2. 得分＝影响系数×权重。
3. 合计得分为同行 6 列得分之和。
4. 排序：以项目评价得分由高至低排列。

- 一次单独描述一个绩效因素。
- 使用可观察/测量的因素进行表示。
- 详细，但要简洁。

需求陈述的举例见表17-5。

表17-5 需求陈述的举例

需求陈述	写得很差的需求陈述	写得很好的需求陈述
举例	• 货物能按时到达 • 迅速地传递 • 简单的说明书	• 周一至周五早上6：00—7：00 送到 A 工厂的 3# 仓库 • 要求在收到订单的两个工作日内送到 • 不超过两页的 16K 大小的说明书

3) **确定关键质量特性**。关键质量特性是指满足顾客核心要求的事项，它是组织内部可测量及可控的产品或流程的特性。

通过识别确认顾客需求，对顾客需求进行排序，明确关键的顾客需求。项目团队分析顾客需求的目的是将关键顾客需求确定为（或转换为）过程输出的关键质量特性，这也是项目改进的目标。顾客对他们需要什么往往是模糊的，企业识别后应把关键顾客需求转换为产品质量特性。

下面以放映机的部分特性为例，来说明顾客之声（VOC）、顾客需求（CR）和关键质量特性（CTQ）的关系和展开过程。VOC 到 CTQ 的展开见表17-6。

表17-6 VOC 到 CTQ 的展开

一次展开	二次展开	三次展开
顾客之声（VOC）	顾客需求（CR）	关键质量特性（CTQ）
轻巧	• 重量轻 • 厚度薄	• 重量为 2.2kg • 厚度为 46mm
使用寿命长	• 正常工作使用 5 年以上	• 寿命试验达到 5000h
希望设备不出现故障（内部顾客）	• 提高设备稼动率	• 设备稼动率为 99%

(2) 定义和导出 Y

通过从流程内部来理解原因和结果的关系，建立过程方程式：$Y = f(X)$，这是六西格玛管理采用的典型方式。团队应理解 $Y = f(X)$ 是如何构成的，并进一步把握："什么""在哪里""为什么""变化有多大"等事项。

定义 Y 意味着以下的问题：

- Y 是什么？（如数据类型，如果是缺陷，说明它的操作定义）
- Y 对顾客及团队意味着什么？
- 如何测量？（方法、频率、规模等）

- Y是否需要分解？

Y是衡量产品或流程的成果满足项目CTQ程度的可测量的具体指标。在一般情况下，由VOC导出的CTQ就是Y（也称"BIGY"）。有的时候Y指标太笼统而不利于下手解决问题，例如顾客满意度或总劣质成本这样的指标，就不适合作为项目改进的指标。此时，就应将大Y分解为若干"小Y"，即与最终Y密切相关的、较早的或较容易的"smallY"。通常，"小Y"不宜超过3个，如Y_1、Y_2、Y_3。

分解或最终导出Y，通常做法就是应用帕累托方法，通过帕累托分析，确定改进项目的优先顺序。下面通过一个例子，来说明利用帕累托分析导出Y的方法。

某跨国公司欧洲事业部6Sigma改善团队为改进流程，收集了上半年发生的不良质量成本数据，总成本为276000美元，为了摸清不同产品对不良损失的影响，团队进行了帕累托分析（见图17-2）。排在前三位的产品系列为C系列、F系列和A系列，不良损失分别为149040美元、63480美元和31700美元，占比分别为54%、25%和11.7%，由此导出三个小Y（即Y_1：C系列，Y_2：F系列和Y_3：A系列）。

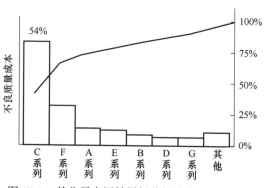

图17-2 某公司应用帕累托分析确定改善项目

在这个例子中，C系列不良损失占总成本的54%，这显然是一个关键的少数（谢宁DOE称其为"红X"），完全可以将其作为项目最终的Y。于是，团队将最初的项目CQT："公司不良质量成本总额为276000美元"，转换成"C系列不良质量成本为149040美元"。由此，团队改善的目标就非常明确了。

(3) 确定改善目标

在陈述目标时须尽量具体（虽然随着数据收集的进程，计划会被修改）。目标陈述一般与问题相对应的方式提出，例如：

- 本季度内，将产品生产线的焊接不良率降至8%。
- 在半年内使平均设备稼动率提升为95%。
- 在5个月内将机器的不良率降至3.4ppm以内。
- 用半年的时间，将××型传真机的市场份额回升至20%。

在确定项目目标时，应确定项目的最后期限。

(4) 界定项目范围——SIPOC分析

界定阶段是通过SIPOC分析，显示项目所包含的流程。SIPOC分析的目的是确定项目的工作范围，使成员显而易见地知道哪些方面是他们应该关注的。SIPOC分析模式如图17-3所示。

"SIPOC"五个字母分别代表了下面的意思：

图 17-3　SIPOC 分析模式

资料来源：潘德，等，《六西格玛团队实战手册》。

- Supplier（供应商）：为流程提供信息、材料和其他资源的个人或团体。
- Input（输入）：供应商提供的将被流程消耗或转化的信息/材料。
- Process（流程）：将输入转换成输出的一系列步骤。
- Output（输出）：被顾客接受和使用的产品或服务。
- Customer（顾客）：接受该流程输出的个人、团体或者某一个流程。

SIPOC 分析在项目中的实际运用是一张表格，表 17-7 是某公司线路板改善项目团队绘制的 SIPOC 分析表，见表 17-7。

表 17-7　SIPOC 分析表

供应商	输入	流程	输出	顾客
某压板厂	层压板	1. 收到材料 2. 压板 3. 钻孔 4. 沉铜 5. 丝印线路 6. 蚀刻 7. 阻焊 8. 喷锡	线路板	测试接收部门

步骤 4：项目批准

此步骤包括拟定项目任务书、项目承认、项目沟通三项活动。

(1) 拟定项目任务书

选择了项目，接着就应该用文件化的项目任务书的形式确定项目，使所有团队成员都明白项目是什么。项目任务书包括如下内容：

- 问题的陈述。
- 目标的陈述（包括财务成果）。
- 项目范围。
- 团队成员和任务。
- 预期的项目计划。

某公司六西格玛项目授权书样式见表 17-8。此项目授权书是定义阶段的输出资料，大致包含了 9 个方面内容，请留意诸如商业案情、现状描述等本章未详细介绍的内容。

表 17-8　某公司六西格玛项目授权书样式

1. 一般信息			
企业名称	某公司商用空调事业部	项目编号	
项目名称	降低电源模块的不良率	项目负责人	××
项目类型	□DMAIC　□GB	牵头部门	质量改善办公室
涉及流程	制造部、检验处、性能实验室、供应处	涉及产品	29 英寸以上液晶电视
项目成员	×××、×××、××、×××、×××、×××		

2. 项目周期			
启动日期：2007 年 5 月 7 日		结束日期	2007 年 10 月 30 日

3. 目标收益		
项目	预期投入	预期收益
电源模块质量损失下降 50%	35000 元	215 万元

4. 基线与目标				
关键质量因素（CTQ）	单位	当前水平	目标水平	标杆水平
退机损失、维修损失及备件损失	ppm	12000	5000	1000

5. 商业案情（Business Case）

为什么选择该项目？与企业的哪个战略目标相关？影响如何？

质量损失是事业部最主要的质量指标，2006 年电源模块的质量损失在国内市场损失中占前四位，年损失达到 453 万元。由于电源模块"不开机"质量问题造成的损失直接影响到企业的利润，造成原材料、人力、效率、制造成本等极大浪费，且造成了用户投诉等众多问题，影响到市场的美誉度

6. 现状描述（Problem Statement）

当前的问题何在？当前水平如何？

当前国内市场由于电源模块不良造成的电视故障问题表现主要为不开机、不通电、灯亮不开机、无图像、黑屏等，由于电源问题造成的市场维修信息量占全部维修量的 17.20%

7. 项目范围（Project Scope）

该项目涉及哪些流程？涉及哪些部门？与哪些其他项目相关？关系如何？

涉及部件检测、采购配送、部件入场检验、现场安装、总装、抽样检验和质改（市场反馈）等流程

涉及部门：制造、试验计测、检验处、工艺处、IQC、质量改善、供应处等

相关项目：影响整机不合格率

8. 主要衡量指标（Y）

本项目的关键衡量指标是什么（必须可测量）？是否已有测量系统存在？当前状况如何？

电源的不合格率，数据取自市场反馈不合格、生产现场不良电源数

9. 效果及其影响（Benefit）

该项目带来的财务收益如何？怎么计算？该项目带来的其他收益如何？

财务收益：每年可以减少质量损失达到 215 万元以上，同时提高电视的质量水平减少其他的额外损失，提升了平板液晶电视的美誉度

项目净收益 = 有形收益（财务收益）– 实施项目的成本

资料来源：某公司六西格玛改善成果。

(2) 项目承认

六西格玛项目确定后，需得到企业财务总监审核，以便获得资金支持，最后应得到总经理的批准。

(3) 项目沟通

为了使得六西格玛项目得以顺利实施，做好相应的沟通非常重要。项目沟通包括两个方面。

一是定期的项目团队会议。这是六西格玛改进活动的重要内容，通过团队会议，制订计划、总结经验、强调纪律、鼓舞士气。

二是横向沟通。向领导层汇报项目进度，以及征询相关方的意见，得到相关方的理解和支持，必要的横向沟通很重要。

17.2.2 测量阶段（M）：测量流程，确定基线

测量阶段的目标是调查流程表现及潜在原因 X，确认改善基线。此阶段包括测量准备、测量流程和发掘潜在 X 三个步骤。

测量是获得数据和事实的唯一正确途径。没有数据和事实，团队将迷失在迷茫中，一事无成。

测量是对界定阶段问题陈述（问题大小、发生频率）的证实和修改，并为下一阶段的分析提供真实、充分、可用的数据。

测量是一个复杂且困难的过程。决定要测量什么通常不太容易，收集数据不但困难也很费时，一不小心就会收集到无用的数据。团队由于缺乏知识和经验，往往不清楚要收集哪些数据，怎样收集数据，因而会出现反复或失败的情况。

收集的数据有两种，即**历史数据**和**现场数据**。一般来讲，在定义阶段使用历史数据，在测量阶段必须通过现场采集新数据。关于数据收集的详细内容，除了本节重点提示外，读者可详细了解本书第 12.3 节中数据收集的分层问题及第 13.6 节测量系统分析（MSA）的相关内容。

步骤 5：测量准备

(1) 制订数据收集计划

在收集数据之前，有必要制订一份具体完整的计划。数据收集工作必须由经过训练且合格的人员来执行。数据收集计划主要包括：想测量什么（如 A 产品表面的瑕疵、H 产品准时送货等）、数据类型（计量型数据还是计数型数据）、缺陷（操作定义）、数据体量、分层因素（项目）（不要超过 3 个）、在哪里测量等内容。某公司改善团队编制的数据收集计划可供参考，见表 17-9。

表 17-9　某公司改善团队编制的数据收集计划

1. 目的						
2. 测量对象		单位：	类型：□计量型　□计数型			
3. Y（缺陷）的定义：			测量方法/计算公式：			
4. 分析工具：□帕累托图　□直方图　□走势图　□控制图　□其他						
5. 数据来源	□历史数据　□现场采集　□两者均需要					
6. 班次情况	□白班　□中班　□夜班			次/白班	次/中班	次/夜班
7. 采集地点				采样人：		
8. 抽样方法			频率：	样本大小：		
9. 分层项目	□生产线　□材料　□员工　□其他					
10. 数据规模	样本数目：		数目总数：	开始时间：	结束时间：	
其他要求：						

注：1. 详细记录抽取每个样本的时间（包括班次），**保持样本的先后形成顺序**。
　　2. 记录调查期间的特别事项，如变换材料、参数等（重视对员工的询问）。

（2）测量系统分析

为质量改进而进行的数据收集实质上是一个抽样过程，所得到的数据只是样本数据。为了确保根据收集的数据样本能准确估计和推断过程（总体）的真实水平，在正式收集数据之前必须完成测量系统分析并得到确认，否则得到的数据是不可信的。量具的接受准则为

产品误差：**量具误差** = 5 ：1（国际工业标准）

或　　　　　　**双性（GRR）占总变差（TV）的百分比 ≤20%**

步骤6：测量流程

（1）测量 Y 及缺陷

- **连续测量**。连续测量是指那些能够被"无限可除"的计量和连续性测量的项目，如时间、长度、温度、电阻、强度等。
- **离散测量**。离散测量是指那些能够归成独特、个别或不重叠类别的项目，如飞机机型、汽车款式、信用卡种类、顾客性别、送货的时间是否准确、地址是否正确等。

应该了解连续测量和离散测量的差异，因为此差异将影响测量的策略和效果、收集数据种类、数据抽样和分析方法。

根据顾客所关注的重点，对流程变量的测量可以采用连续测量或离散测量。例如，若顾客关心准时交货的时间，则进行连续测量；若顾客关心延误交货的次数，则进行离散测量。同一变量的连续测量与离散测量的例子见表17-10。

表 17-10 同一变量的连续测量与离散测量的例子

项目的 Y	连续测量（计数型数据）	离散测量（计量型数据）
产品规格	晶片的尺寸	不符合规格的晶片数
服务台来电等候时间	每次来电等候时间	等候时间超过 30s 的来电数
工程待机时间	各单位的实际待机时间	超过 60min 待机的次数
交货期	实际交货时间	延迟顾客规定时间交货的次数
顾客满意度	等级 1～等级 100	满意/不满意

离散测量往往涉及"缺陷"的概念，测量缺陷是六西格玛的重要做法。缺陷是指未达到顾客需求或绩效标准的误差。缺陷一旦发生，就会造成顾客损失或不满意。为了准确把握缺陷的含义，在项目的实施过程中应对"缺陷"做出操作定义，这是戴明反复强调的原则。缺陷的操作定义的例子见表 17-11。

表 17-11 缺陷的操作定义的例子

缺陷项目	操作定义
外观不合格	产品 H 面有 3 个及以上直径超过 2mm 的污点
电源故障	不启动或启动超过 10s，或闪频

（2）过程能力分析

过程能力分析有两个目的：①观察和分析当前的目标流程是否属于统计控制状态，如果存在变异的特殊原因，在系统改进之前应采取措施消除；②如果测量对象是属于计量值的产品特性，就应当收集足够的数据，建立控制图，并计算过程能力指数（C_{pk}）。

（3）确认改善基线

对当前目标流程进行测量，一般都应将测量结果转换为流程"西格玛（系数）"，并以此作为项目改进基数。如果是计量值测量，还需将其转换成 C_{pk} 指标。

有关六西格玛的评价指标，以及如何将缺陷数（不合格品率或 DPMO 等）和 C_{pk} 转换成西格玛的知识，可以参考本书第 18.2 节六西格玛的相关内容。

步骤 7：发掘潜在 X

六西格玛项目的测量有两个目的，一是对 Y 的测量，二是发现潜在的 X，即通过测量发现输入变量（X）是如何影响输出（Y）的，为下一阶段的分析提供线索。具体操作：判断测量流程的产出和结果是"好的"，还是"有瑕疵的"；然后从项目过程的下游向上找出可以预测某些结果的测量，如一系列分段流程的缺陷数或者直通率的测量。

为改进提供可用的着眼点，必须足够了解相关工序。某生产部门的流程绩效数据见表 17-12，由表可知 A 流程为改进的重点。

表17-12　某生产部门的流程绩效数据

工　　序	A 流　程	B 流　程	C 流　程	D 流　程	最终结果
质量，直通率	80%	90%	90%	90%	**58.32%**
不良成本/(元/件)	2	10	5	12	**19**
生产能力/(件/天)	700	500	600	300	**300**

从表中数据可知，就质量指标而言，最终的直通率为58.32%。如果缺少对各个流程的测量，显然不会清楚改善从何处下手。有了上述数据，团队便能清楚地了解到A流程才是改进的重点。当然，从质量成本及生产能力而言，D流程也是改善的重要方向。

17.2.3　分析阶段（A）：分析数据，确认根因

分析阶段的目标是分析问题所有可能的潜在原因并确认其根本原因。此阶段包括数据分析、流程分析和要因验证三个步骤。

步骤8：数据分析

数据分析一般经过三个阶段，在真正瞄准根本原因之前，要经历好几轮的"侦测线索—分析原因—验证主要原因"循环。

（1）侦测线索

利用收集到的关于Y或缺陷的数据，借助图形统计工具对当前过程先进行基本的探测、分析和了解，从而对问题的表层原因进行筛选，快速发现潜在原因线索。

问题：借助质量工具快速地了解问题，最常用的是帕累托分析。常见的问题如下：

- 问题/缺陷的频率是多少？它们的影响如何？是否存在"关键的少数"？（借助帕累托图）
- 过程（数据）的模型是什么？它的分布如何？（静态观察，借助直方图）
- 过程是否随时间而发生差异？过程是否受控？过程能力如何？（动态观察，借助走势图或控制图）

（2）分析原因

使用鱼刺图/头脑风暴法，识别所有潜在的可能的原因。

（3）验证主要原因

利用数据证实究竟哪个潜在原因是引发缺陷的关键原因。

关于原因分析与验证根因的方法，请参考本书第13.4节原因识别与验证技术的相关内容。

步骤9：流程分析

数据分析是原因分析的主要手段，而流程是产生数据的主体，为了确认问题的真正原因，有必要对流程（输入）端进行调查和分析。

流程分析：详细审视当前用来满足顾客需求的关键流程，目的是发现和找出生产周期、返工、停机和其他不能带来价值的步骤，为下一步改进提供线索。

此步骤包括三项活动：绘制流程图—分析流程缺陷的潜在原因—列示重要 X。

团队应利用流程图识别下述典型问题，每一个典型问题都可能会成为流程缺陷的潜在原因：

- **脱节**：流程步骤在轮班之间、顾客和供应商之间，或经理和职员之间存在信息交流中断。
- **瓶颈**：流程中某处的工作量超过了该处的负荷，从而使整个流程的进展减慢。
- **重叠**：在流程中的某处会重复进行同一个活动或产生重复结果。
- **返工循环**：流程中某部件少了配件或者丢失了信息，从而必须向上游追溯或拖延某一步骤直到必要的工作完成为止。
- **决定/检查点**：流程中的某个步骤造成流程的耽搁和返工循环。缺陷严重的企业有大量的这样的点。
- **延迟**：某一流程中使得流程中断的所有活动，如计划安排不周、材料或配件延误等。
- **准备**：材料、工具等的准备、生产线换线或调整等。
- **搬运**：搬运是衔接各个生产单元的纽带，不当的搬运影响效率，而且是产生缺陷的重要因素。

步骤 10：要因验证

此步骤包括三项活动：验证要因—确定关键少数 X—列出关键要因清单。

验证的工具包括分层图（帕累托图、直方图、趋势图等）、散点图、试验设计（DOE）、假设检验等，其中 DOE 是一项高级的、复杂原因的验证技术。具体的关于验证工具的选择及应用，请参考本书第 13 章的内容。

对于某些特定的问题，分析阶段可以采用便利、快捷的方式：帕累托图（聚焦关键项目）—鱼刺图（识别所有潜在原因）—分层图（验证并确认根本原因）。

17.2.4 改进阶段（I）：创建方案，实施改进

改进阶段的目标是根据测量及分析阶段获得的信息，开发改善方案和实施改善方案，确定对应于 CTQ 最优值的关键少数 X 的设定值，以获得预期的新的过程输出 Y。

此阶段包括开发改善方案、验证改善方案和实施改善方案三个步骤。

步骤 11：开发改善方案

在充分进行关键 X 特性分析的基础上，探讨改善的策略和路径，通过优选确定最终的改进方案。

开发制定改善方案有两种途径：**头脑风暴法**与**试验设计法**。对于一个被锁定的、具有诸多控制参数的关键流程，适当应用试验设计法，可以快速获得理想的优选方案。关于试验设计法可参考第 15 章的内容。

应用头脑风暴法集思广益，有利于形成解决问题的设想，在充分讨论的基础上，提出改进建议、目标和方法，最终经过归纳，整理出 2 套以上的方案以供优选。

使用矩阵来评估各种选择的改进方案。根据评估标准，填入 H（高满意度）、M（中等满意度）或 L（低满意度）来显示改进方案中各因素预计能达到的满意程度。还可以给出每项标准的权重，再计算加权平均分，以总分最高为最优方案。改进方案选择矩阵见表 17-13。

表 17-13　改进方案选择矩阵

评 估 标 准	改进方案 1	改进方案 2	改进方案 3
改进方案名称			
总成本			
收益/成本比			
实施时间			
效果的不确定性			
文化影响、变革阻力			
健康与安全			
环境			
总评分			

资料来源：潘德，等，《六西格玛团队实战手册》。

步骤 12：验证改善方案

在正式实施改进方案之前，应当在小范围内进行试验，以发现和纠正方案的缺陷和不足，为下一步的全面改进积累经验，并使团队成员增加改进的信心。有很多验证方法可供选用，它们可独立使用或者组合使用。

- **模拟试验**。模拟试验通常是验证改进方案最有效的方法。它提供了在真实条件下检验改进方案的机会，同时可以及早发现方案的缺点和不足，为正式改进奠定基础。
- **型式试验**。型式试验不涉及顾客，所以可以避免失败引起的各种风险，它的缺点是一些影响实际操作的因素可能会被忽略。
- **验收试验**。验收试验结合实际的正式运行开展，由最终实施改进方案的人员来执行，而不是由六西格玛团队成员执行。

步骤 13：实施改善方案

如果六西格玛团队已经满意地处理了改进方案中将遇到的障碍，并证明了改进方案是有效的，那就要做好执行的准备。改进的准备工作包括：

- 制订清楚的计划。
- 解释改进的目的和程序。
- 进行跨部门的沟通，以获得其他部门人员的支持或资源。

改进的推进也非常重要，这些工作包括：书面的改进程序，新设备、新材料的补给，人员变动及培训等。

17.2.5 控制阶段（C）：新标监管，总结推广

控制阶段的目标是开发和实施控制计划，应用新程序和控制图等方式进行控制。此阶段包括制订控制计划、实施控制计划和结束项目三个步骤。

步骤 14：制订控制计划

此步骤主要包含选定控制项目、拟定控制计划、评审与批准三个事项。

拟定控制计划与过程设计的方法相似，主要内容包括识别关键工序、设定过程参数、确定控制方法及检查频次等。读者可以参考本书第 5 章的有关内容。同时，此步骤也涉及部分操作标准的修改和更新。

步骤 15：实施控制计划

此步骤主要包含纪律与培训、持续测量与监控、项目移交三个事项。

要维持一个较高水平的新过程，使用控制图进行连续监视和测量是必要的。只有当新流程经过一段时间的验证并实现既定目标后，项目才能移交给流程使用者。

监控和测量过程的工具除了控制图外，还有检查表、直方图和推移图等。在新流程的现场可以使用"流程仪表板"（见图 17-4）。

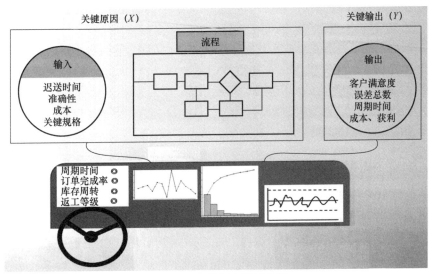

图 17-4　流程仪表板示意图

资料来源：潘德，等，《六西格玛团队实战手册》。

步骤16：结束项目

此步骤主要包含：确认改善成果、项目结果文件化、终止项目三个事项。

团队应确认项目改进的效果，具体如下：

- 是否消除了缺陷的根本原因且质量水平明显提高？
- 由于减少了缺陷而减少的浪费（不良成本）是多少？财务收益是多少？

项目结果文件化包括以下两个部分：

- 团队改进历程报告或PPT（将改进成果横向展开）。
- 标准作业流程（SOP）。

【例17-1】六西格玛项目收益评估示例。H公司某六西格玛改善小组受命对关键工序波峰炉焊接工序的焊接品质进行改进，成果数据见表17-14。

表17-14 H公司改进项目成果数据

指标	改进前	改进后
DPMO，西格玛水平	6000，4.01σ	300，4.93σ
修理人工/人	7	3
产品报废/(件/月)	80	5
生产率（2班制）/(件/班)	800	920

项目有形收益（一般采用改善后1年内的预估值）：

① 修理人员工资：按每人每月3000元计算，节约费用 = [3000×(7-3)×12]元 = 144000元。

② 报废减少/节约费用：以每块板350元计，节约费用 = [350×(80-5)×12]元 = 315000元。

③ 效率提高节约成本：按每块板加工成本30元计，节约费用 = [30×(920-800)×2×24×12]元 = 2073600元。

注：2班制，每月24个工作日，按年估算。

④ 投入100000元，项目收益（年）：①+②+②-④ = (144000+315000+2073600-100000)元 = 2432600元。

17.3 简明精益六西格玛（Clear LP & 6Sigma）

如果改善团队的目标是全面的，既要提高质量，又要缩短周期和降低成本，就必须采用精益六西格玛策略。其中，采用简明精益六西格玛（Clear LP & 6Sigma）方法是一个不错的实用选择。在简明六西格玛（Clear 6Sigma）基础上，借助DMAIC流程，融入精益理念并增加精益工具，就是Clear LP & 6Sigma。具体应用简单介绍如下（六西格玛步骤从略，只介绍相应的精益方法）。

1. 定义阶段 D

项目选择时应考虑成本和周期因素。

2. 测量阶段 M

- 收集数据绘制价值流图。价值流图显示了与项目相关的主要过程步骤，以及这些步骤的库存/在制品、生产周期、队列、顾客需求率（节拍）和周期时间，包括输入和输出。
- 运用利特尔法则计算生产周期（参考本书第 16 章）。
- 运用精益速度定理计算流程需求速度（节拍）、最小批量及延误时间等数据（参考本书第 16 章）。

3. 分析阶段 A

- 识别增值与非增值活动。
- 计算过程运作效率。

4. 改善阶段 I

- 更新绘制价值流图。
- 5S、四步快速设置、拉动生产系统等（参考本书第 16 章）。

5. 控制阶段 C

- 计算过程运作效率。
- 结束项目。

第18章 先进管理模式应用

18.1 ISO 9000 质量管理体系标准

国际化标准组织（ISO）为适应国际贸易和质量管理的需要，汇集了全世界的质量管理专家，总结了全球特别是经济发达国家先进的质量管理经验，于1987年正式颁布了 ISO 9000 质量管理体系标准，为适应全球市场环境的变化，ISO 每隔几年都会更新其标准版本。ISO 9000 成为全球贸易的质量标准，并适时修订以响应全球贸易环境和市场变化的需要。

ISO 9000 质量管理体系标准（以下简称 ISO 9000）提供了一套实施现代质量管理标准体系的基本做法，对于那些没有正式质量保证计划的企业而言，它是一个非常好的应用方案。ISO 9000 质量管理体系标准可以帮助管理基础薄弱的企业构建起较完整的质量管理体系，包括制度建设、质量方针目标管理、质量控制、过程控制及质量改进等。

18.1.1 管理者的困惑——回到原点

ISO 9000 质量管理体系标准自 20 世纪 90 年代引入我国。客观地讲，除了少数企业外，ISO 9000 质量管理体系标准应用的效果并不理想。这里面涉及的原因很多，有主观上的认识问题，也有客观原因。有的企业看轻了 ISO 9000 的作用，有的企业违背了戴明"获得优异质量的关键是优秀的管理而不是管理技术和工具"的原则，只追求形式而不肯在管理上下功夫。结果是投入了资金，也浪费了时间，但效果不显著。

经过 20 多年的比较和磨合，企业家们逐渐回归到理智，认识到质量管理还是得从基本的工作做起，这是一个可喜的现象。

18.1.2 企业管理起步与发展的基石

ISO 9000 质量管理体系标准是一套优秀完善的质量管理标准，是一个完整的管理体系。ISO 9000 质量管理体系标准是一个标准化的全面质量管理，它清楚地告诉企业如何构建和运行质量管理体系。对于我国大量涌现的新兴企业及管理基础较薄弱的企业来说，ISO 9000 质量管理体系标准是一种非常适用和有效的管理工具。这方面我们应该向华为公司学习。华为公司将 ISO 9000 质量管理体系标准作为该公司的质量保证架构，正是这套体系帮助该公司保证产品质量，成为举世瞩目的世界 500 强公司。

应用 ISO 9000，对于构建和完善我国制造型企业管理体制及提高产品质量水平，意义重大。

1. ISO 9000 是一个标准化的全面质量管理模式

如果不清楚如何进行质量管理，或者不清楚如何开展全面质量管理，直接应用 ISO 9000 是一个便捷、高效的途径。ISO 9000 能清楚地告诉企业如何系统地管理质量，而且是从最基本的方面一步一步地做起，构建起一个完整、科学的质量管理体系。ISO 9000 清楚、完整地描述和规划了质量管理的要素、运行顺序和方法。

2. 帮助企业构建起科学、完整的质量保证体系

一个成功的组织必须依赖于系统的运作，特别是对于一个新建立的企业或者管理不健全的企业，借助 ISO 9000 来建立与完善企业的质量保证体系非常必要，也很容易上手。

3. 提高企业管理水平和人员素质

只要企业认真贯彻执行 ISO 9000 的理念、流程、方法，并坚持持续改进活动，企业的管理水平在这种规范化的管理循环中将会得到提炼和完善，企业员工的素质也将得以提升。

4. 给顾客增加信心

只有企业应用了 ISO 9000，顾客才有理由相信该企业能够提供合乎顾客要求的产品和服务，并不断增加顾客满意度。

5. 塑造质量改进的机制和文化

ISO 9000 有两个明显优势，一个是科学、规范地构建质量保证体系，使得组织能遵循体系的轨道，设计、生产和提供满足顾客要求的产品；二是要求建立持续改进的机制和企业文化，只有不断地进行质量改善活动，产品质量才能满足顾客的要求。在持续改进中，员工获得知识和学习成长的机会，为企业储备成长的人才和软知识。

6. 积累数据信息，夯实管理基础

通过 ISO 9000 规范化的运行，企业积累了大量的数据信息和知识，这对利用这些数据改进企业流程和产品意义重大。只有夯实管理基础，企业才能够逐步发展和扩大。

18.1.3 ISO 9000 的基本结构与要素

1. ISO 9000 标准的结构

ISO 9000 是一套质量管理的国际标准，由国际标准化组织质量管理和质量保证技术委员会（ISO/TC 176）制定。ISO 9000 族下述标准可帮助各种类型和规模的组织实施并运行有效的质量管理体系。这些标准包括：

- ISO 9000（对应我国 GB/T 19000）表述质量管理体系基础知识并规定质量管理体系术语。
- ISO 9001（对应我国 GB/T 19001）规定质量管理体系要求，用于组织证实其具有提供满足顾客要求和适用的法规要求的产品的能力，目的在于增进顾客满意度。
- ISO 9004（对应我国 GB/T 19004）提供考虑质量管理体系的有效性和效率两方面的指南。该标准的目的是组织业绩改进和顾客及其他相关方满意度。
- ISO 9011（对应我国 GB/T 19011）提供审核质量和环境管理体系指南。

上述标准共构成一组密切相关的质量管理体系标准，在国内和国际贸易中促进相互理解。

2. 质量管理八项原则

ISO 9000：2015（GB/T 19000—2016）标准提出了管理八大管理原则，体现了当今世界普遍接受全面质量管理思想，也反映了波多里奇奖和欧洲质量奖中的主要价值，被认为是"领导和经营一个组织的广泛而根本的规则和信念"。这些思想原则主要来源于戴明思想和管理实践。

我国企业不仅应遵循 ISO 9000 的条款要求，更应将管理的八项原则贯彻在企业的质量管理活动之中，这样才能取得最大效用。这些原则如下：

原则 1. 以顾客为关注焦点。组织依存于其顾客，因此组织应理解顾客当前和未来的需求，满足顾客要求并争取超越顾客期望。

原则 2. 领导作用。领导者确立本组织统一的宗旨和方向。他们应该创造并保持使员工能充分参与实现组织目标的内部环境。

原则 3. 全员参与。各级人员是组织之本，只有他们的充分参与，才能充分发挥他们的才能，使组织获益。

原则 4. 过程方法。将相关的活动和资源作为过程进行管理，可以更高效地得到期望的结果。

原则 5. 管理的系统方法。识别、理解和管理作为体系的相互关联的过程，有助于组织实现其目标的效率和有效性。

原则 6. 持续改进。组织总体业绩的持续改进应是组织追求的永恒目标。

原则 7. 基于事实的决策方法。有效决策是建立在数据和信息分析基础上的。

原则 8. 互利的供方关系。组织与其供方是相互依存的，互利的关系可增强双方创造价值的能力。

3. ISO 9001：2015 标准要素

ISO 9001 于 1994 年首次发布。ISO 9000 标准体系会随着国际市场环境的变化做出修订，以适应各方的要求。现行实施及认证版本是 ISO 9001：2015（对应我国 GB/T 19001—2016）。ISO 9001 体系架构是依照 PDCA 循环的方式展开的，构成一个闭合的质量管理大体系。这个体系遵循管理八大原则并通过 PDCA 循环持续改进，以达到向顾客提供符合要求的产品和服务并增加顾客满意度的目标（见图 18-1）。

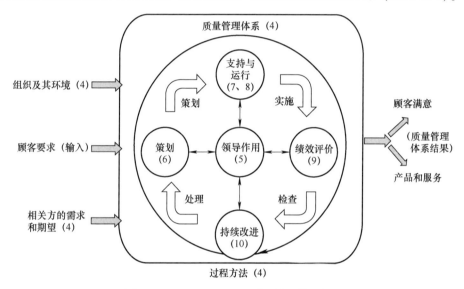

图 18-1 ISO 9001：2015 质量管理体系架构

ISO 9001：2015 要素条款如下：

```
1   范围
2   规范性引用文件
3   术语和定义
4   组织环境
    4.1  理解组织及其背景环境
    4.2  理解相关方的需求和期望
    4.3  确定质量管理体系的范围
    4.4  质量管理体系及其过程
        4.4.1  总则
```

4.4.2　过程方法
5　领导作用
　4.1　领导作用与承诺
　　　5.1.1　针对管理体系的领导作用与承诺
　　　5.1.2　针对顾客需求和期望的领导作用与承诺
　5.2　质量方针
　5.3　组织的作用、职责和权限
6　策划
　6.1　风险和机遇的应对措施
　6.2　质量目标及其实施的策划
　6.3　变更的策划
7　支持
　7.1　资源
　　　7.1.1　总则
　　　7.1.2　基础设施
　　　7.1.3　过程环境
　　　7.1.4　监视和测量设备
　　　7.1.5　知识
　7.2　能力
　7.3　意识
　7.4　沟通
　7.5　形成文件的信息
8　运行
　8.1　运行策划和控制
　8.2　市场需求的确定和顾客沟通
　　　8.2.1　总则
　　　8.2.2　与产品和服务有关要求的确定
　　　8.2.3　与产品和服务有关要求的评审
　　　8.2.4　顾客沟通
　8.3　运行策划过程
　8.4　外部供应的产品和服务的控制
　8.5　产品和服务的开发
　　　8.5.1　开发过程
　　　8.5.2　开发控制
　　　8.5.3　开发的转化
　8.6　产品生产和服务提供
　　　8.6.1　产品生产和服务提供的控制
　　　8.6.2　标识和可追溯性

8.6.3　顾客或外部供方的财产
　　8.6.4　产品防护
　　8.6.5　交付后的活动
　　8.6.6　变更控制
　8.7　产品和服务的放行
　8.8　不合格产品和服务
9　绩效评价
　9.1　监视、测量、分析和评价
　　9.1.1　总则
　　9.1.2　顾客满意
　　9.1.3　数据分析与评价
　9.2　内部审核
　9.3　管理评审
10　持续改进
　10.1　不符合和纠正措施
　10.2　改进

18.1.4　实施 ISO 9000 的顺序与要点

本节只对关键的事项加以陈述。关于建立体系的全部细节，企业聘请的顾问机构会以详细的计划予以展示。

1. 选择有实力的咨询机构和辅导顾问

组织需求定位：不是为了拿证书，而是真正地做好 ISO 9000。通过顾问的悉心辅导，使企业切实地建立可信的质量管理系统，并通过半年的试运行，关键的流程得到有效执行，形成必要的数据记录，质量明显有些好转或者出现质量问题时能发起有效的改善行动。

企业应把管理需求明确地告诉咨询机构和顾问，应注意以下几个关键问题：

1）顾问比咨询机构重要，企业体系建立的质量是由顾问的能力与态度决定的。顾问至少应具备 6 年以上生产或质量经理经验及 2 年以上的咨询经验。

2）保证辅导时间长度。以 500 人的公司为例，9 个月比较合适，前置培训 3 个月（包含建立制度程序）和试运行 6 个月。

3）不宜廉价购买。咨询服务是一种高质量的脑力创造性产品，不宜廉价购买，不然最终吃亏的还是企业自己。

2. 构想企业质量管理体系，编写管理文件

通过文件化的方式构建组织的管理体系是 ISO 9000 的一个重大优势。2015 年版标准对文件的要求不再那么苛刻刚性，变得很灵活，没有"质量手册"和"程序文件"的要求，而以"形成文件的信息"所取代，也没有"记录"字眼，而以"活动结果的证据"取代之。根据本书编者的经验，企业按照 2000 年版标准制定 4 阶文件加记录表单的形式更合理，这样条理清晰，便于管理和运行。4 阶文件如下：

1) 质量手册（1 阶）是企业全面建立与实施质量管理体系的纲领性文件，涵盖质量策划、质量控制和质量改进在内的质量管理的关键过程。
2) 程序文件（2 阶）以业务流程为线索，把相关的垂直职能活动串联起来，对企业核心过程（包括支持过程）实行横向的流程管理，明确主题和目标，厘清职责分界，以实现管理效率最大化。
3) 作业指导书（3 阶）是指导由个人承担的各项工作应当如何做的文件。预防的最好方法就是将"如何做"事先规定下来。按照专业分工不同，作业指导书主要包括：生产、检查、设备保养和调整，以及管理人员的工作标准等。至少要对重要、复杂的操作做出规定，防止出错，确保实现工作目的。
4) 记录表格（4 阶）。慎重合理地策划和设计一套企业生产经营质量运作的记录表格，是非常必要和明智的做法。记录表格是收集质量管理运行数据的载体，表格若设计得好，可以起到指导工作的作用，因此它非常重要。企业应当投入大量的精力进行科学的策划和设计。

对于一家小型企业，文件可以做得很简单，一份质量手册就可以把程序文件都包括在其中。

3. 培训

ISO 9000 前期培训计划见表 18-1。培训教材应该由企业的人力资源部门保留，以后交由质量或生产主管根据这些教材持续地进行内部员工培训，正如质量管理学家石川馨所说："质量管理始于教育，终于教育。"

表 18-1　ISO 9000 前期培训计划

培训内容	培训时长	培训对象
ISO 9000 标准和管理要素培训	4h/次 ×3 次	总经理、经理、主管、核心管理人员
质量方针与目标管理	4h	总经理、经理、主管
管理职责的制定	3h	经理、主管、核心管理人员
体系文件的设计与编写	4h	总经理、经理、主管及质量管理体系标准编写人员
体系试运行培训	4h	经理、主管、核心管理人员
运行中针对性主题培训	n 次	相关人员

4. 质量方针与目标管理

质量方针与目标是企业质量体系的顶层设计，必须认真做好这项工作，应该由企业最高管理者负责。企业应确定质量管理方针和目标，制订和实施计划，建立评价实施结果,由总经理进行诊断,采取适当的措施,以保障质量体系的有效性。

方针管理是日本质量管理的特色和优势,非常值得我国企业借鉴。某公司的质量方针管理示意图如图 18-2 所示。

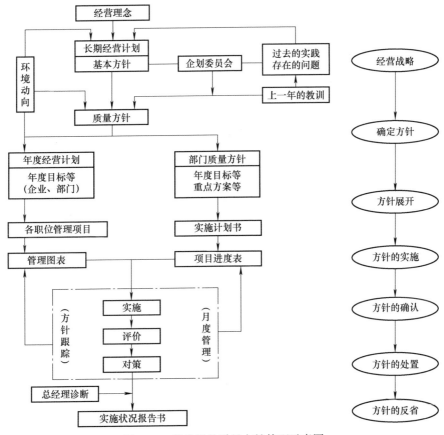

图 18-2 某公司的质量方针管理示意图

5. 确定企业组织架构、职责与生产流程

企业组织架构与生产流程图是企业质量体系运行的骨架,也是顾问全期跟踪辅导的依据。首先应讨论酝酿企业组织结构图,初稿呈交总经理批准,接着依照部门划分起草各个部门及人员的职责权限。一般由上一级领导制定所属部门和下级的职责,或者由本部门人员草拟职责,交由上级审核,最终由总经理批准。这项工作很重要,千万不能走过场。

生产工艺流程图由工程与制造部门协作完成,初稿交给顾问对照实际流程予以确认。

下面以公司的质量管理体系架构为例简单展示如何应用 ISO 9000,如图 18-3 所示。

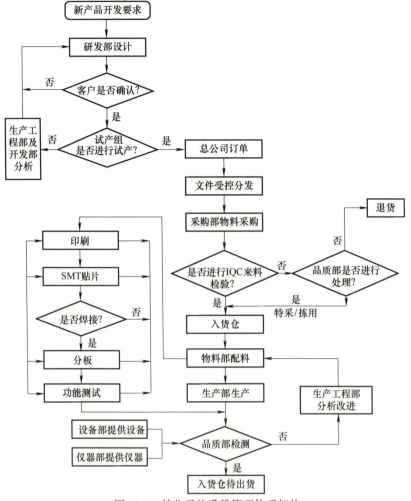

图 18-3 某公司的质量管理体系架构

资料来源：武汉华工物联科技有限公司。

6. 确认系统运作所需的资源

组织运作的资源包括基础设施、过程环境、监视和测量设备及所需知识，应注意准备是否充分并做出必要的安排。

7. 体系运行的策划与控制

企业应策划和设计质量运行所需要的关键过程，确定过程的输出、输入及步骤，明确人员职责，为确保过程的有效性，规定过程控制的方法。ISO 9001 标准对过程的策划和控制有比较详细的要求，但这些是最低要求，为了做得更好及获得较高的顾客满意度，企业可参考本书有关的章节，还可以参考 ISO 9004 标准。

8. 顾客满意与产品质量的评价与分析

企业应定期对顾客满意度和主要产品的质量进行测量、分析和评价，并采取改进的措施。

9. 内部审核与管理评审

企业应当重视内部审核培训，企业所有部门主管和质量骨干都应参加培训。内部审核坚守着企业质量运行的正确方向，促进企业的质量活动持续改进。内部审核及管理评审是体系运行是否健康的重要的两大保障，应当认真进行，决不能走过场。

组织应按策划的时间间隔进行内部审核，以确定质量管理体系符合以下要求：

1）符合质量策划的安排、ISO 9001 标准的要求及组织所确定的质量管理体系的要求。

2）得到有效实施与保持。

管理评审就是最高管理者为评价质量管理体系的适宜性、充分性和有效性所进行的活动。它的目的是通过这种评价活动来总结管理体系的业绩，并从当前业绩上考虑，找出与预期目标的差距，还应考虑任何可能改进的机会，并在研究分析的基础上，对组织在市场中所处地位及竞争对手的业绩予以评价，从而找出自身的改进方向。

10. 持续改进

ISO 9000 标准对持续改进未做出严格要求，但持续改进对于任何公司来讲都非常重要。企业应根据自身的发展需要做出合理的安排。

18.1.5 应用 ISO 9004：2018

企业如果如实地实施 ISO 9001 标准建立质量管理体系，就能够保证向顾客提供满意的产品，增加顾客信心。如果企业想进一步获得利益和持续成功，可以应用 ISO 9004：2018（对应我国 GB/T 19004—2020）标准。华为公司在质量管理方面应用了 ISO 9001 和 ISO 9004，确保了该公司的产品和服务质量持续稳定并有所提高。

ISO 9004 在战略规划、过程方法、财务控制、公司治理、标杆管理、关键绩效指标（KPI）、创新、学习和自我评价方法等方面，做出了详尽的介绍，推荐企业进一步学习和应用，可增强企业的竞争力。

ISO 9004 标准早期的标准名称是《质量管理体系绩效指南》，现行标准名称是《质量管理—组织的质量—实现持续成功指南》（GB/T 19004—2020/ISO 9004：2018）。《质量管理—组织的质量—实现持续成功指南》为组织增强其实现持续成功的能力提供指南。该标准与《质量管理体系—基础和术语》（GB/T 19000—2016）阐述的质量管原则相一致。该标准提供了自我评价工具，以评审组织采用该标准中概念的程度。该标准适用于各种规模、不同类型和从事不同活动的任何组织。

ISO 9004 标准（GB/T 19004—2020/ISO 9004：2018）的内容目录如下：

1）前言。
2）引言。
3）范围。
4）规范性引用文件。
5）术语和定义。
6）组织的质量和持续成功。
7）组织的环境。
8）组织的特质。
9）领导作用。
10）过程管理。
11）资源管理。
12）组织绩效的分析和评价。
13）改进、学习和创新。
14）附录（资料性附录）自我评价工具。
15）参考文献。

企业可以将 ISO 9004 标准看作成一个卓越绩效标准的简化版。在试图全面提升企业的经营管理绩效或者在采纳卓越管理绩效模式之前，采用和运行 ISO 9004，是一个不错的选择。

18.2 六西格玛

18.2.1 六西格玛的背景及其发展

1. 六西格玛产生的背景与原因

六西格玛产生于美国，它产生的背景与原因如下文所述。

（1）20 世纪 70 年代末日本产品对美国市场冲击的压力

当时美国的汽车、电子等许多制造业的市场，都严重被日本产品冲击。尤其是美国引以为豪的汽车工业，也由于日本丰田、本田汽车等冲击而受挫。1970 年，美国人几乎买光了底特律生产的大部分汽车；而到 1990 年，日本汽车已经在美国市场销售几百万辆，本田、丰田、马自达等日本汽车，已经在美国市场牢牢站稳脚跟。美国人为保住市场份额，奋起直追是本能的选择。

（2）20 世纪 80 年代美国全面质量管理（TQM）改革受挫

为了挽回失去的市场，美国人发起了持续十年的质量改进运动，这就是美国 20 世纪 80 年代的全面质量管理改革。但遗憾的是，由于对 TQM 这个术语的简单理解，许多企业草率地实施了质量管理计划，并在匆忙中遭到惨败。TQM 受到美国舆论和媒体的尖锐批评。除了戴明指导的诸如福特汽车等少数公司获得成功外，其他美国企业都在寻找一条新的质量管理路径。

（3）提高内部流程质量的必要性：95%的合格率是不够的

提出六西格玛概念的摩托罗拉工程师比尔·史密斯认为，要获得顾客认可的最终交付质量，必须打破传统观念，大大提升内部流程质量水平，这对于一个具有多个步骤的生产流程来说尤为重要。95%的流程合格率是不够的，应该有更高的质量水平，例如合格率达到99.99966%（6σ质量）才是适宜的。

假设某产品有9道生产工序，如果每道工序的合格率为95%，则最终合格率只有 $0.95^9 = 63.02\%$。显然这种质量水平是顾客所不能接受的，也给企业带来极大损失。如果产品的工序更多呢？要知道，有许多工业产品的工序多达几十甚至上百道，那样情况就会更糟糕。如果流程合格率保持在99.99966%，同样9道工序的最终合格率为 $(99.99966\%)^9 = 99.9969\%$，即使有50道工序，也能贡献很高的合格率：$(99.99966\%)^{50} = 99.9830\%$。

最终，摩托罗拉工程师比尔·史密斯说服了公司CEO罗伯特·高尔文，六西格玛由此诞生。

（4）美国人需要一个可操作的、复杂的提高质量的抓手

六西格玛诞生的一个重要原因是美国人的文化与做事方式。美国人讲究按标准和流程做事，喜欢挑战。六西格玛的DMAIC标准工作流程和复杂性带来的挑战刚好适应了美国人做事的习惯。

2. 六西格玛管理的应用与发展

六西格玛的应用显然与文化习惯有关。它主要应用于西方企业，特别是美国的大公司，美国的非制造领域的六西格玛应用也非常普遍。摩托罗拉和通用电气的成功效果影响了众多的美国企业，联合信号、德州仪器、波音、IBM、施乐、卡特彼勒等企业围绕六西格玛开展了质量改进活动并取得了显著成果。随后，六西格玛在美国各个机构特别是在跨国大公司中普遍应用起来。20世纪90年代的最后5年，美国的产品质量迅速提高并接近日本同类产品的质量水平。

可明显观察到，六西格玛在日本企业应用的案例凤毛麟角。日本其实不缺乏管理创新精神，日本人虽然会引用西方最前沿的质量概念，如六西格玛或零缺陷等，但他们并不会轻易地放弃自己已有的管理原则和运作方式。重要的是，在美国应用六西格玛之前的相当一段时期内，日本产品诸如电视机、照相机、手表等，都已经达到六西格玛水平了，这也正是美国人创建六西格玛计划的原因之一。

六西格玛在亚洲的应用的广度、深度和效果都不如欧美企业那么好。我国从21世纪起引入六西格玛至今也有20余年历史，但应用效果不理想。因为门槛高，应用六西格玛的企业不普遍，获得成功的能起示范性作用的案例更少。根据企业情况不同，其中有复杂的内外因素的影响，主要有以下几个原因：

- 不了解该系统与企业需求的联系（选错了方法）。
- 企业自身系统缺失（领导作用、员工活性、资源分配等）。
- 单纯方法论（指望一劳永逸，不愿意深入持久实施）。
- 外部咨询顾问的能力与经验不足等。

18.2.2 六西格玛的原理

1. 简单理解六西格玛

六西格玛是一种新兴的解决问题的方法。它的核心价值是以顾客为导向，关注过程变异，由接受过训练的专业改善团队执行，充分利用包括统计技术在内的现代管理工具，通过 DMAIC 流程，减少、消除变异和缺陷来降低成本，提高顾客满意度并持续提供价值，同时获得组织卓越绩效和持久发展。

2. 六西格玛的统计基础

六西格玛是借助统计技术建立起来的一种系统方法。符号 σ 代表标准差，读音"西格玛"，六西格玛可标记为 6σ。标准差 σ 前面的系数代表着质量水平的高低，其系数越大则表示质量水平越高，反之则低。比如：

- 1σ 意味着 68.26% 的产品符合要求（理论值）。
- 3σ 意味着 99.73% 的产品符合要求（理论值）。
- 6σ 意味着 99.999998% 的产品符合要求［理论值的单位为 2ppb⊖，实际值（漂移 1.5σ）的单位为 3.4ppm］。

简单讲，6σ 意味着每百万次操作中仅失败 3.4 次。六西格玛的统计定义如图 18-4 所示，该图从制造规范的角度解释六西格玛的理论基础。摩托罗拉公司根据多年现场失效数据所表明的过程平均偏移量构造了此图。图中的平均过程偏移量为"1.5σ"，它被称作"漂移"。这种现象可以在控制图的应用中能得到印证（过程大量数据围绕平均数集中）。目前，"漂移 1.5σ"作为一个合理的估计值，已经成为国际公认的六西格玛假设原则。

假设过程与目标重合时（图中的阴影部分），用过程标准差来衡量质量，即过程均值（目标值）到规格上限或下限（公差的一半）的距离，就是其相应的过程西格玛水平。k 西格玛质量水平满足如下等式：

$$k \times 过程标准差 = （公差/2） \tag{18-1}$$

6σ 代表着世界顶级质量。企业达到 6σ 质量目标，意味着该企业的产品、服务、交易几乎没有瑕疵。达到 6σ 质量的只有少数企业，如摩托罗拉、丰田、通用电气、惠普、德州仪器等。我国著名管理学者刘源张估计，我国制造业目前平均质量水平约为 $2.5\sigma \sim 3\sigma$。过程西格玛水平与对应的不合格比例见表 18-2。

⊖ $1\text{ppb} = 1 \times 10^{-9}$。

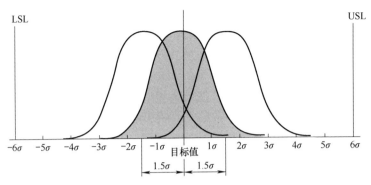

图 18-4　六西格玛的统计定义

表 18-2　过程西格玛水平与对应的不合格比例

过程西格玛水平	不合格比例	
	理论值（无漂移）/ppm	实际值（漂移 1.5σ）/ppm
2σ	45600	308770
3σ	2700	66800
4σ	63	6210
5σ	0.6	233
6σ	0.002（2ppb）	3.4

3. 六西格玛的基本特征

（1）完全的顾客导向

六西格玛的一个重要价值就是预测顾客要求、响应顾客要求和关注顾客。六西格玛项目通常是围绕建立适当的顾客满意度测量以及满足 CTQ 过程来进行的。

（2）精妙的过程方法

任何组织活动都可以看作一个过程，这个过程存在输入和输出。将输出记作 Y，输入记作 X。Y 代表过程输出（结果），如交付给顾客的产品、服务；X 代表影响输入的一切因素（输入变量），如原料、设备、操作员、作业方法、作业环境及测量等。在测量和分析的基础上建立函数关系：$Y = f(X)$。团队应始终把注意力放在顾客关注的核心过程上，通过改进 X 值达到优化 Y 的目的。

（3）重视数据驱动的统计方法

六西格玛采用测量的方法发现机会、驱动改进、驱动业务结果。充分运用统计学知识，有效地使用数据来分析流程和业务问题，是六西格玛方法论的重要特征。

（4）项目管理

六西格玛方法是由检视流程的不理想结果（问题）开始，建立一个一个的项目来实现的，一个项目解决一个问题。因此，项目管理的一般原则都适用于六西格玛改进活动。

（5）团队运作：获得改进和学习的双重成果

实施六西格玛项目要开展一套复杂的改进流程，往往涉及跨部门的运作和衔接，需要不同背景的人员的共同合作和努力方能完成。六西格玛项目的最大价值是通过持续的改进活动，为组织培育人才和建设学习型组织的平台。

（6）追求财务收益：通过消除劣质成本来增加利润

六西格玛项目是否成功，除了检验是否提升了质量，还要得到财务收益的检验。这也是六西格玛项目得到高层管理者青睐和支持的重要原因。

4. 结构化改进流程——DMAIC

DMAIC 改进流程是实施六西格玛项目过程中能创造价值的主体部分。六西格玛管理法是一种基于数据、注重过程、以顾客要求为驱动的管理方法。在 PDCA 循环的基础上，六西格玛管理法形成个性化的改进模型——DMAIC。六西格玛团队以界定（Define）、测量（Measure）、分析（Analyze）、改进（Improve）和控制（Control）五个步骤来实施六西格玛项目。

1) **界定**：确认机会，定义项目界限和目标。确定影响顾客满意度的关键质量特性（CTQ）。
2) **测量**：收集数据，建立起"当前状态"，即目前流程实际运行的情况。测量目前阶段企业在 CTQ 方面的实际值（基线）。
3) **分析**：解释数据，建立因果关系。分析影响 CTQ 水平的原因，并确定关键少数影响因素。
4) **改进**：针对确定的原因开发解决方案。寻找 CTQ 的最优值，确定对应于 CTQ 最优值的关键少数 X 的对应水平。
5) **控制**：实施有效的措施，确保改进成果得到维持。将改善结果标准化，运用控制工具进行监控，以维持改善阶段所取得的成果。

5. 六西格玛测量指标

（1）百万机会缺陷数（DPMO）

百万机会缺陷数（DPMO）是六西格玛定义、度量和评价质量的典型指标。

传统的质量度量往往不考虑测量对象发生缺陷的概率差异，如不合格品率指标（p）。这不能正确评估质量的好坏，也遮蔽了改进的机会。DPMO 很好地解决了这个问题。

要使用 DPMO 指标，首先需要理解两个重要概念：缺陷、缺陷机会。

- **缺陷**：产品或服务没有满足顾客需求或绩效标准。
- **缺陷机会**：单位产品上可能出现缺陷的位置或机会。

缺陷机会是最难分辨和最难掌握的，但它是计算西格玛能力的重要数据。团队在界定缺陷机会数时应执行下列程序和要点：

- 定义缺陷，列出缺陷类型清单，并保持一致。这是非常好的质量控制方法。
- 判断顾客特别关心发生的缺陷。
- 关注"例行的"缺陷。
- 把相关的缺陷合并成一类机会。

单位产品缺陷数：

$$\text{DPU} = \frac{\text{缺陷数}}{\text{单位产品数}} \tag{18-2}$$

机会缺陷数：

$$\text{DPO} = \frac{\text{缺陷数}}{\text{产品数} \times \text{机会数}} \tag{18-3}$$

百万机会缺陷数：DPMO

$$\text{DPMO} = \text{DPO} \times 10^6 = \frac{\text{缺陷数}}{\text{产品数} \times \text{机会数}} \times 10^6 \tag{18-4}$$

【例 18-1】 有 A、B 两条生产线生产同一种产品，根据以往的经验，该产品有 16 处容易发生缺陷，质量验收标准规定，若发现 2 处及以上的缺陷即判断不合格品。检验人员从两条生产线分别抽取 100 件产品，检验数据如下：

- A 线：不合格品 12 件，缺陷数为 35。
- B 线：不合格品 12 件，缺陷数为 70。

若按不合格频率评价，则有 A 线 $p = 12/100 = 0.12$；B 线 $p = 12/100 = 0.12$。说明 A 与 B 的质量一样。

按 DPMO 来评价如下：

- A 线 $\text{DPMO} = [35/(100 \times 16)] \times 10^6 = 21875$；
- B 线 $\text{DPMO} = [70/(100 \times 16)] \times 10^6 = 43750$。

就可了解 A 线质量明显优于 B 线。

(2) 六西格玛关键概念及参数

以波峰炉焊接过程和填写生产报表过程为例，将六西格玛的几个关键概念及参数总结成表，见表 18-3。

表 18-3 六西格玛关键概念及参数

六西格玛概念及参数	制造过程（波峰炉焊接）	服务过程（填写生产报表）
顾客需求	PCBA 焊接品质可靠	生产报表正确无误
CTQ	焊点 DPMO < 1000ppm	填报错字数 < 100ppm
缺陷	任何焊点缺陷	任何错字
单位	每块 PCBA	每份报表
缺陷机会	10 处/PCBA	85 处/张表

（续）

六西格玛概念及参数	制造过程（波峰炉焊接）	服务过程（填写生产报表）
过程输出	缺陷：20处 总检验板数：60处 机会：10处/PCBA	缺陷：3处 总报表数量：20张 机会：85处/张报表
DPMO/ppm	33333	1765
西格玛水平	3.34σ	4.42σ

（3）将DPMO转化为流程西格玛

对于一个确定的DPMO值，可以通过简单的方法查询"西格玛换算表"（见表18-4），找到与其相对应的一个流程西格玛（质量水平）。例如：226600DPMO对应2.25σ，66800DPMO对应3σ，3.4DPMO对应6σ等。

表18-4 西格玛/DPMO［ppm换算表（包含1.5σ漂移）］

流程西格玛Z_{ST}	DPMO/ppm	合格率（%）	流程西格玛Z_{ST}	DPMO/ppm	合格率（%）
0	933200	6.68	3.125	52100	94.79
0.125	915450	8.455	3.25	40100	95.99
0.25	894400	10.56	3.375	30400	96.96
0.375	869700	13.03	3.5	22700	97.73
0.5	841300	15.87	3.625	16800	98.32
0.625	809200	19.08	3.75	12200	98.78
0.75	773400	22.66	3.875	8800	99.12
0.875	734050	26.595	4	6210	99.38
1	691500	30.85	4.125	4350	99.565
1.125	645650	34.435	4.25	3000	99.70
1.25	598700	40.13	4.375	2050	99.795
1.375	549750	45.025	4.5	1300	99.87
1.5	500000	50	4.625	900	99.91
1.625	450250	54.975	4.75	600	99.94
1.75	401300	59.87	4.875	400	99.96
1.875	354350	64.565	5	233	99.977
2	308500	69.15	5.125	180	99.982
2.125	265950	73.405	5.25	130	99.987
2.25	226600	77.34	5.375	80	99.992
2.375	190800	80.92	5.5	30	99.997
2.5	158700	84.13	5.625	23.35	99.99767
2.625	130300	86.97	5.75	16.7	99.99833
2.75	105600	89.44	5.875	10	99.999
2.875	84550	91.545	6	3.4	99.99966
3	66800	93.32	—	—	—

第18章 先进管理模式应用

【例18-2】项目团队对某流程输出进行测量,投入1500件产品,检查的结果是共发现缺陷265处,每个产品的缺陷机会数是8处。试计算DPU、DPO、DPMO,并估算流程西格玛水平。

$$DPU = 265/1500 = 0.1767$$
$$DPO = 265/(1500 \times 8) = 0.022$$
$$DPMO = 0.02083 \times 10^6 = 22000$$

参照表18-4,22000DPMO对应西格玛水平为3.5σ。

(4)最终合格率与首次合格率

由于在生产线上每个工序都可能产生缺陷,一些缺陷可以通过返工修复成为合格品,相应地有传统的计算方法——最终合格率。最终合格率掩盖了中间工序返工修理所造成的损失的事实,即人们常说的"隐蔽工厂",因此提出了首次合格率的概念。

最终合格率(Y_F):

$$Y_F = 最后产出合格品数量 / 投入数量 \tag{18-5}$$

首次合格率(Y_{RT})也称直通率,表示过程不包含返工的合格率,是每个工序合格率的乘积,计算公式如下:

$$Y_{RT} = Y_{FT_1} \times Y_{FT_2} \times Y_{FT_3} \times \cdots \times Y_{FT_n}(Y_{FTi}指每个工序合格率) \tag{18-6}$$

让我们通过一张表格的数据展示的流程的情况,来说明两种指标的区别,见表18-5。六西格玛方法重视流程首次合格率指标。从表18-5中的数据可知,改进的重点是第3步。

表18-5 最终合格率与首次合格率的数据呈现

流程序号	投入数量	报废数量	修复数量	实际产出数量	无缺陷产出数量	每个工序最终合格率	每个工序首次合格率	流程西格玛水平
1	10000	110	250	9890	9640	98.90%	96.40%	3.28
2	9890	91	134	9799	9665	99.08%	97.72%	3.5
3	9799	450	1102	9349	8247	95.41%	84.16%	2.5
4	9349	304	321	9045	8724	96.75%	93.32%	3

6. 短期能力与长期能力

无论是制造流程还是服务流程,随着时间的推移,流程能力将发生变化,累次叠加后的能力(维持流程再生的能力)将降低,表现为流程的分布变宽。这种损失为1.5σ(称作漂移,这是六西格玛管理的一个基本假设)。投递服务流程能力随时间变化的示意图如图18-5所示。

短期能力(Z_{ST})是指流程瞬间静止时的理论能力。**长期能力**(Z_{LT})是指流程长时间得以维持的真实能力。短期能力与长期能力有如下重要的关系式:

$$短期能力(Z_{ST}) = 长期能力(Z_{LT}) + 1.5\sigma \qquad (18\text{-}7)$$

短期能力（Z_{SL}）是用来定义流程西格玛质量水平的指标，而长期能力来自实际测量获得的工程质量数据（如 ppm、C_{pk}、DPMO 等）。在一般情况下，短期能力无法直接获得，而是通过长期能力转化而来的。例如，利用工程质量数据得知长期能力 $Z_{LT} = 2.2\sigma$，则短期能力 $Z_{ST} = 2.2\sigma + 1.5\sigma = 3.7\sigma$，这个值称作过程西格玛水平。

由六西格玛的统计定义，有如下重要的等式关系：

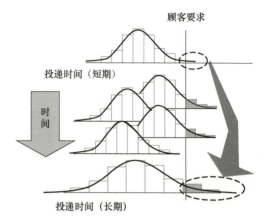

图 18-5　投递服务流程能力随时间变化的示意图

- 当过程西格玛水平为 3σ 时，则：$C_p = 1$，$C_{pk} = 0.5$。
- 当过程西格玛水平为 6σ 时，则：$C_p = 2$，$C_{pk} = 1.5$。

18.2.3　如何应用六西格玛

六西格玛方法是提高质量的重要方法，但不是唯一的方法，也不是质量管理的全部。应用六西格玛方法是有前提条件的。

要想六西格玛方法获得成功，组织应该认真考虑以下几个方面的问题。

1. 六西格玛导入门槛

六西格玛是为期望以最佳质量（世界级质量）目标获得竞争优势的组织所准备的。在计划实施六西格玛项目之前，企业应当审慎检测是否具备以下这些基础。

（1）较好的管理基础

如果一家企业的制度和标准缺失、流程混乱、数据缺失，那就应先做好基本的管理，认真执行 ISO 9000 是正确的选择。

（2）良好的人员基础

六西格玛方法是一项高级复杂的改进技术，需要得到诸如过程专家、技术专家和业务专家的支持，这些人员必须具有良好的教育和培训基础。

（3）有日常改善的经历

如果企业尚无日常改善的经历，建议先从 5S、QCC 这些简单的日常改善做起。

2. 需要较大投资用于培训和项目运行

六西格玛的重要任务就是培训绿带和黑带，实质是培养公司未来的领导人。

这需要很大一笔资金及大量时间资源。这是企业决策者必须要考虑的。

3. 人员问题

六西格玛管理的应用相当普遍，但是，如何将目的与实施结合在一起则取决于不同地域的文化。不能单纯以美国模式实施六西格玛，也不能过分强调训练有素的个人能力。六西格玛实施的主要挑战较大程度上来自人的问题。只有尊重人性、激励发挥人员的积极性和主动性，六西格玛变革方能成功。

4. 准备大刀阔斧的变革

六西格玛管理的实施对企业无疑是有利的，同时它是一项十分细致而艰巨的工作。推行六西格玛管理本身对企业无疑是一场变革，是对传统观念、传统习惯、传统势力、传统文化的变革。企业只有在变革中才能得到新生，只有在变革中才能得到发展。

5. 追求完美，接受失败

复杂崭新的改进项目不可能一蹴而就，团队遇到失败是常有的事情，只有经常性地参加改进活动，人员才能真正获得改进的知识和经验。实施六西格玛项目的价值之一是学有所得。

6. 寻求真正有能力的咨询师团队

导入六西格玛项目必须借助于外来机构和资源的力量。有能力的咨询团队是项目获得成功的重要保证。审慎了解并评估咨询机构的相关信息至关重要。这些信息包括机构资质、成功案例、咨询师能力等。这些因素中，主导咨询师的能力是决定性因素。因此，在正式签约之前，与主导咨询师进充分的当面沟通是必要的。

18.2.4 精益六西格玛——全面快速突破的最佳策略

一般来讲，六西格玛管理是在质量改进提高方面有所突破，想全面提升公司质量、成本和交期整体绩效，仅依赖六西格玛管理是不够的。若想实现整体目标并使之真正成为长久的经营战略，采取精益六西格玛才是正确的选择。

通用电气公司能够把六西格玛方法发挥应用到极致，却解决不了产品交付的"跨度"问题。能够让通用电气公司获得骄人成绩并形成公司经营战略的真正原因，不是六西格玛而是精益六西格玛。正如通用电气公司总裁韦尔奇所说："顾客无法容忍产品的交付时间有从几天至几十天的差异，必须调整策略以改变这种状况。"于是在开展六西格玛两年后，通用电气公司果断地调整了策略，并融入了精益方法。如今的通用电气公司实际运行的管理模式是精益六西格玛，而不是单一的六西格玛。

六西格玛意味着质量；精益意味着速度。

精益生产涉及过程中一些可见的问题，如库存、物流、安全等，工具方法应用较为直观、易掌握，培训难度不大，但需要组织有较强的持续改进的韧性；六西格玛方法关注不太可见的且长期得不到解决的问题，以及质量特性的差异性，统计方法工具复杂，要求复杂高级的培训和大量资源投入。

如果要实现企业质量、成本、周期及响应的全面快速改进，必须采用精益六西格玛策略。需要澄清的是，精益六西格玛不是精益生产与六西格玛的简单相加，而是两者的有机融合，以达到 1+1 大于 2 的效果。应将精益与六西格玛相互融合的原因：

- 精益不能使用统计的方法来管理流程。
- 单靠六西格玛无法显著地提高流程速度、降低成本或减少资本投入。

精益六西格玛的实际应用请参考第 17 章简明六西格玛（Clear 6Sigma）的相关内容。

18.3 卓越绩效管理

18.3.1 卓越绩效管理产生的背景

卓越绩效管理就是通过综合的组织绩效管理方法，使组织和个人得到进步和发展，提高组织的整体绩效和能力，为顾客和其他相关方创造价值，并使组织持续获得成功。卓越绩效模式源自美国国家质量奖评审标准，因纪念波多里奇而设立，鼓励美国企业提升竞争力，追求卓越的经营绩效。

TQM 改变了组织关于顾客、人力资源、生产和服务过程的看法。众多的企业高层管理者都认识到，所有重要的经营活动，如组织的领导作用、组织制订战略计划的方式、用于经营决策的数据信息的收集方式等，都需要与质量原则保持一致，作为一个系统来共同发挥作用，并随着经营条件和方向的改变而进行持续改进。由此，质量的概念演化成了"**卓越绩效**"的概念，这一概念将所有的经营活动整合在一起，使得组织能够为顾客和利益相关者提供持续改进的价值，并提升组织的整体有效性和可持续发展能力。由于卓越绩效模式融合了当今世界上先进的管理理念和实践经验，在企业界和管理学界得到了的广泛认同，许多企业和组织纷纷引入实施，并取得了令人瞩目的经营业绩。

波多里奇奖产生的背景及其原因有以下几个方面。

（1）外部环境冲击的压力

20 世纪 70 年代末，日本电子及汽车产品以优质廉价的优势涌入美国市场，抢占了美国企业相当的市场份额，一些美国核心企业业务岌岌可危，美国经济受到极大冲击。

1982 年，美国总统里根签署的一份生产力文件认为，美国的生产力在下降，结果是美国的产品在国际市场上，价格昂贵，缺乏竞争力。美国企业面对更广阔、更苛刻、更激烈的全球一体化市场竞争，但它们不了解TQM，不知道如何入手提升产品质量，提升质量在美国企业中的重要性迫在眉睫。1983年，白宫生产力会议召开，会议呼吁在全国公立和私营部门开展质量意识运动。

1987年，美国国会通过了马尔科姆·波多里奇国家质量改进法。依据该法案，波多里奇质量奖创立，用以表彰美国企业在TQM和提高竞争力方面做出的杰出贡献，帮助美国企业开展TQM活动，提高美国的产品质量、劳动生产率和市场竞争力。

（2）重塑美国质量管理地位

波多里奇奖建立的一个重要目标，就是重塑美国工业及美国质量在全球的质量管理地位。因此，波多里奇奖的立意、原则、内容及方法都围绕该目标展开。

（3）受戴明奖的启发

美国人意识到，戴明奖作为国家层面的标准，对于日本质量管理有着重要贡献和影响，因此美国各界达成共识，以波多里奇奖引导本国企业的质量管理与发展。

（4）构建美国式TQM系统的、可操作的标准

美国式的TQM，适应美国人的文化和行为习惯，建立了系统的、可操作的标准。

美国是现代质量管理思想、理论和方法的重要创立者，20世纪60年代就提出TQM管理思想，影响和引领着全球现代质量管理的进程与发展。有关TQM的理念分散于不同学者的研究著作中，并未形成一个完整的系统。美国集合美国著名学者，总结自20世纪60年代TQM思想萌芽以来，至20世纪90年代中末期全球各国TQM质量管理研究与实践的成功的先进经验，创造性地提出卓越绩效的质量概念，并将之形成国家质量奖和TQM质量标准。

18.3.2 美国卓越绩效模式：波多里奇质量奖

日本于1951年设立戴明奖，美国于1988年颁布波多里奇奖，欧洲于1993年颁布欧洲质量奖。其中，波多里奇奖影响力最大。了解了波多里奇奖，就基本了解了卓越绩效的含义。

卓越绩效模式其实是TQM的一种实施细则，是美国企业之前TQM多年实践的具体化和标准化。同时，波多里奇奖也吸收了戴明的部分思想观点和日本质量管理的优异实践经验。卓越绩效模式为企业或其他组织提供了一个沟通、诊断和评价的平台，使得企业或其他组织能够用一种语言来讨论和沟通企业的质量管理。它能够帮助企业管理复杂的系统，为企业质量管理提供系统工程管理的思路。

美国波多里奇卓越绩效的核心理念：

1）领导的远见卓识。

2）以顾客为导向追求卓越。
3）培育学习型组织和个人。
4）尊重员工和合作伙伴。
5）灵敏性和快速反应。
6）关注未来。
7）管理创新。
8）基于事实的管理。
9）社会责任。
10）重在结果和创新价值。
11）系统的观点。

卓越绩效评价准则由7个大类组成，总分为1000分。

1. 领导（120分）

评价领导者如何应对关于价值观、发展方向和绩效期望，对顾客和其他相关方的关注，授权、创新和学习。

2. 战略计划（85分）

评价组织如何建立战略目标和行动计划，如何展开和测量。

3. 顾客与市场（85分）

评价如何确定顾客和市场的要求和期望，如何建立顾客关系，如何确定使顾客满意、忠诚和保留及业务扩展的关键因素。

4. 测量、分析和知识管理（90分）

评价组织如何选择、收集、分析、管理和改进数据、信息和知识资产。

5. 人力资源（85分）

评价组织的工作系统、雇员的能力需求和学习培训需求，以及根据组织的整个目标和计划，来促进雇员的发展。

6. 过程管理（85分）

评价组织过程管理的主要方面，包括为顾客和组织创造有价值的产品、服务和业务过程，以及涉及所有业务单位的关键过程。

7. 经营结果（450分）

评价组织关键业务领域中的绩效和改进，包括顾客满意度、产品和服务绩效、人力资源水平、经营绩效、社会责任。

以上七个类目共同构成了一个综合的管理体系，即波多里奇标准架构，如图18-6所示。

第18章 先进管理模式应用

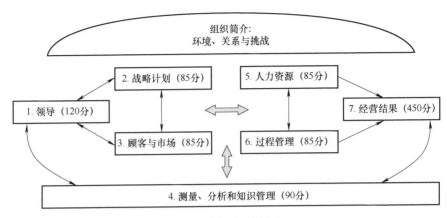

图 18-6 波多里奇标准架构

18.3.3 中国卓越绩效管理:《卓越绩效评价准则》(GB/T 19580)的结构与要素

我国 2004 年从美国引进卓越绩效模式,颁布《卓越绩效评价准则》,等效于波多里奇奖标准。其评价标准的结构和内容基本与波多里奇奖相似,由 7 个大类组成,总分为 1000 分,在赋值上有所变化。现行的版本为 GB/T 19580—2012。《卓越绩效评价准则》(GB/T 19580—2012)的标准架构如图 18-7 所示。

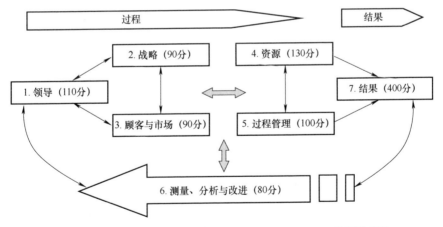

图 18-7 《卓越绩效评价准则》(GB/T 19580—2012)的标准架构

GB/T 19580—2012 的九大基本理念如下:
1) 远见卓识的领导。
2) 战略导向。
3) 顾客驱动。

4）社会责任。
5）以人为本。
6）合作共赢。
7）重视过程与关注结果。
8）学习、改进与创新。
9）系统管理。

18.3.4 卓越绩效管理应用

通过贯彻实施 GB/T 19580，在我国企业普及推广卓越绩效模式的先进理念和经营方法，指导我国企业不断提高国际竞争力，对于企业取得卓越的经营绩效方面起到显著的作用：

1）促进企业更加重视产品、服务质量，进而重视经营的质量。
2）鼓励和指导企业追求卓越的质量经营，提升企业的国际竞争力。
3）推动企业学习、实践卓越绩效模式标准，找出差距，持续改进。
4）获奖企业作为实践卓越绩效模式的成功典范，与全社会分享管理理念和管理经验，提高我国企业整体管理水平和经营业绩。

"卓越绩效"是质量概念发展的最新表述，是质量管理发展的新形式，是当今世界各国讨论质量问题的核心主题和术语。一个简单的"卓越绩效"概念即囊括了现代 TQM 的理论、原则、目标及通行做法。

我们首先要瞄准世界顶级质量标杆——卓越绩效，然后如何使我国企业真正达成卓越绩效才是最重要的。波多里奇奖虽然引领了世界质量发展潮流，但它并不是通用的国际标准。由于每个国家情况不同，质量发展的水平处在不同的阶段及文化习惯的差异，我国应根据本国国情采取符合自身发展的质量策略。例如，波多里奇奖是美国好的办法，而戴明奖则是日本好的办法。我国应借鉴两者优势，避免只追求结果或只追求过程，我国的质量管理走"过程导向与结果导向相结合"的方式是比较合理的。

应用卓越绩效主要有两个目的，企业应根据不同的目的采取相应的对策。

1. 希望"申报获奖"

如果能获得国家质量奖，当然能在商界获得很好的商誉和口碑，给企业带来一定的好处和继续提升的动力。出于此种目的，企业大体上应抓住以下几个要点：

1）招募和委派有经验的专员。
2）组建申报团队。
3）进行必要的培训。
4）收集汇集数据和资料。
5）审核资料。

6）正式申报。

2. 希望"贯彻提升"

通过贯彻执行卓越绩效标准，改善企业管理，提升企业产品质量并获得竞争力，是一个很好的选择。出于此种目的，企业大体上应抓住以下几个要点：

1）聘请有能力的专业机构和顾问。
2）组建领导小组和工作团队。
3）认真审慎地研究标准，识别哪些要素对企业来讲是重要的，哪些是一般性的。
4）自始至终地进行充分的培训。
5）制订计划并分阶段实施。
6）积累并收集数据。
7）进行阶段性评审与改进。
8）进行正式评审。
9）必要时，申报国家质量奖。

无论出于以上哪种目的，在采取卓越绩效管理之前，企业必须审视下述几个基本的问题与需求：

- 企业具备较好管理基础和人才储备。
- 企业打算在业内成为标杆或具备一定影响力。
- 企业愿意变革并投入必要的资源。
- 企业愿意战胜挫折并坚持不断地改进。

18.4 精益生产

18.4.1 背景与门槛

20世纪中叶，日本丰田汽车公司为摆脱经济困境，在大野耐一率领下，开发出一种低成本、高效率的生产体系，称为丰田生产方式（TPS）。

20世纪70年代，石油危机骤起。在全球性的能源危机中，世界各国制造业，特别是汽车产业惊奇地发现，日本丰田汽车公司能在逆流中稳健挺进，即使减产仍然获得高额利润。原来，丰田公司采取了一种前所未有的低成本生产方式——丰田生产方式。

丰田生产方式的产生有两个重要原因。

第一，20世纪40年代，丰田由纺织机向汽车制造转型。他们参观了美国福特公司，发现制造汽车不仅技术复杂，而且构建像福特这样规模的汽车制造系统需要好多的钱。丰田刚起家，家底子薄无奈之下，想出了如今我们所看到的省钱的、低成本的生产方法——TPS。

第二，适应少量多批/个性化市场要求。20世纪70年代全球石油危机的爆发，使企业生存受到威胁，福特方式受到挑战，"低速增长""少批量多品种"的生产方式应运而生。实践证明，TPS是少批量多品种环境下最卓越的低成本生产方式。

美国学者系统地总结了丰田生产方式，并将它命名为精益生产（Lean Production，LP）。西方人是这样解释的："精"即是瘦、无赘肉之意，"益"即为收益。"精益"是指以更少的投入获取更多的产出。

到底什么是精益生产呢？让我们借助下面这段描述，领略精益生产的风貌吧。

"在需要的时候，按需要的量，生产所需的产品。""在顾客需要的时候将产品送达到顾客的手里。"在丰田，机器设备按照加工顺序排列起来，每个工序前后有序连接，生产线上没有多余的库存，产出的产品刚好可以满足下一个工序的需求，整个生产流程就像齿轮那样咬合转动，生产秩序井井有条。这就是丰田汽车公司的精益生产场景。这好像完全颠覆了人们对生产的认知。但这的确是真的。

（1）精益生产追求的方法
- "小批量多品种"方法——制造出便宜的产品。
- 连续不断的物流——加速流程并缩短生产周期。
- 低库存——降低被冻结的资金并减少空间的使用。
- 被授权的员工——员工参与决策并进行改善。
- 频繁地补充所需——小批量。
- 有弹性的设备——适当的机器规模与能配合小批量需求的快速转换技术。
- 对问题快速反应——系统化解决问题的方法。

（2）精益生产达成的收益

相对于传统的企业来说，推行精益生产3年后的企业一般能达成如下目标：
- 前置时间缩短60%。
- 空间利用面积减少40%。
- 产出率提高25%。
- 在制品减少50%。
- 质量改进50%。
- 运营成本降低20%。

18.4.2 精益生产原理与要件

1. 核心思想与实质

精益生产的核心思想是："消除一切浪费"，即消除所有不增值的活动。

精益生产的实质是：持续改进的、不做无用功的精干型生产系统。大野耐一形象地将精益生产称作丰田的工业工程（IE）。这种认识非常重要，它清晰地表明，精益生产不仅是一门管理技术，更是一场深刻的观念变革和必须付出艰辛的和持续的努力才能成功的事业。丰田公司几十年不懈的努力实践充分证明了这一点。

2. 两个门槛

在正式实施精益生产之前，必须面临和跨越"质量"与"设备"两个门槛。精益生产是一种特别、联动、连续、稳定、均衡的先进生产方式，但它有一个致命弱点：一旦某个流程发生中断，便会使整个流程都停止。导致流程中断有两个重要因素：一是出现产品质量不合格；二是出现设备故障。可以想象一下，如果因为质量不合格或机器故障使流程经常中断，这在精益生产架构下是完全不能接受的。

精益生产对质量和设备的要求极高，即产品质量的零缺陷和生产设备的零故障，而这正是日本企业推行精益生产的强项。优异的质量管理、六西格玛质量水平以及长年的全员设备维护（TPM），使得丰田及其他日本企业具备了搭建精益生产的基础。所有这些，都归结于它们长年不懈怠的持续改善的努力。但是，不要认为只要运用一个先进的管理技术，就可以彻底扭转局面而大获成功，实际上仅质量改进和设备的零故障改善一项工作，可能就需要企业全体员工几年的努力。

3. 准时化、自働化和均衡化

1) **准时化**（Just-In-Time，JIT）。准时化是指在需要的时候，按需要的数量，生产所需要的产品。核心理念是"刚好及时"，只按顾客（外部及内部）的需要生产，不允许提前生产或过量生产。

2) **自働化**：将人的智慧赋予机器，实现人与机有机结合，防止生产中断（设备故障），确保产品100%合格（阻止不合格品通过），以实现高效率的连续性生产。自働化机制：①设计可以防错和检错的自动设备，在发生错误及不当操作时，能自动停机；②设计操作者自检程序，在发生错误及不当操作时，每个人都可以停机。

3) **均衡化**。均衡化是通过对末端流程（总装部门）的混流生产安排，减少某一流程对整个流程波动的影响。基本思路是：①将顾客订单总需求量进行拆解，平均安排在每一天；②将不同品种混合搭配安排生产。

例如，有A、B、C三种车型，月需求为2000辆、3000辆、1000辆。传统的生产方式是顺序安排三种产品，即100A—150B—50 C（生产比为2∶3∶1）。而精益生产方式，首先将月计划分解成日计划，即日生产排程为100、150、50。而实际的生产则进行混流处理。

均衡化排程是这样的：
BABABC，BABABC，BABABC，BABABC，BABABC，…（极细化组合）

或　20A,30B,10C，20A,30B,10C，20A,30B,10C，…（或其他更多组合）

均衡化的好处是平抑需求波动、减少流程间差异（消除负荷峰谷现象），使流程始终处在连续、平稳的状态。均衡化的最大挑战是对前端流程的缩短换型时间提出了较为苛刻的要求。因此，企业要把握好辩证关系，在混流搭配时选择好适当的比例。

准时化、自働化、均衡化、看板（拉动）四者关系紧密相连，认清它们之间的联系至关重要。准时化是精益生产的直接实现方式；自働化是实现准时化的基础与保障；看板（拉动）是实现准时化的必要条件，而均衡化是实现准时化的充分条件（而非必需条件）。

4. 生产设备依产品加工顺序排列

实现准时化的一个重要技术前提是打破传统的生产设备按相同工艺性质集中的"区域布局"方式，必须将生产设备按产品加工顺序进行排列。这样就使产品在各个工作站间流动，这也为拉动式生产与建立看板系统提供条件和可能。

5. 拉动式生产与看板系统

准时化是由拉动式生产与看板系统实现的。精益生产与传统的推动式生产观念的完全不同。**推动式生产**通常以 MRP 方式组织生产，每一个流程都尽其能力生产，越多越好，不管下一流是否需要，并全数送至下一流程。这样做结果是，产生大量的在制品、库存以及搬运的浪费。准时化拉动式生产的理念和做法刚好相反。

1）**拉动式生产**：是依据市场的需要量来拉动生产，整个工厂的生产活动是从接到顾客订单之后才开始。在拉动式生产环境下，生产计划只下达到流程末端（装配部门），其他流程均根据看板来进行生产：每当后流程需要时（接到看板）才生产，完成看板任务时（生产上限）即停止生产。看板将所有的流程有机地连接起来，由此可见目视化管理的重要性。

2）**看板**：看板是传递生产信息或指令的卡片、牌子、小票、信息卡或容器等。看板上的内容，根据企业管理的需要决定，一般包括产品名称、数量、前后工序名称、生产方法、运送时间、运输方式和存放地点等。

看板是丰田生产方式的重要工具。准时化借助看板工具来拉动生产，以满足顾客（包括后流程）的需求。以看板为媒介的拉动式生产系统如图 18-8 所示。

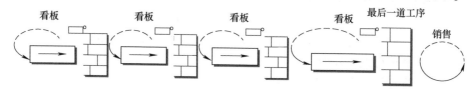

图 18-8　以看板为媒介的拉动式生产系统

6. 精益三原理

精益生产有三个重要的原理。

(1) 精益速度原理
- 流程的速度与灵活性成正比。
- 流程的速度与工序周期时间成反比。
- 通过投入最小的批量可以实现最大的灵活性,即**批量越小流速越快**。

请记住下面有用的公式:

$$\text{顾客需求速度} = \text{最小批量} / \text{工序周转时间} \quad (18\text{-}8)$$

$$\text{最小批量} = \text{顾客需求} \times \text{工序周转时间} \quad (16\text{-}3)$$

$$\text{工序周转时间(WTT)} = \sum (\text{设置准备时间} + \text{单位加工时间} \times \text{批量大小}) \quad (16\text{-}5)$$

$$\text{延误时间} = \frac{\text{工序周转时间}}{2} \quad (18\text{-}9)$$

上述公式中,最小批量、顾客需求、工序周转时间三个因素是相互关联的;最小批量受到流程参数(准备时间、单位加工时间、品种)的制约。

获得最小批量的关键因素是缩短过程设置准备时间。

(2) 利特尔法则

利特尔法则也称为周期法则。流程周期(也称为提前期,L/T)的长短与在制品数量及生产效率有关。当生产效率一定时,工序间产生的在制品数量就是影响流程周期的关键因素。流程周期用式(18-12)计算。

$$\text{流程周期} = \text{过程中在制品数量} / \text{平均产出率}$$

或

$$= \text{在制品数量} \times \text{节拍} \quad (18\text{-}10)$$

例如,某产品在车间的在制品总数为 12000,单位工时为 50 件/h,则流程周期为

$$\text{流程周期} = (12000/50)\text{h} = 240\text{h}(15 \text{天,每天 2 班,每班 8h})$$

含义:

流程周期与在制品数量成正比。

流程的速度与在制品数量成反比。

(3) 精益效率指标——流程周期效率

衡量精益生产的核心指标是流程周期效率,也称作增值比,即

$$\text{流程周期效率} = \text{增值时间} / \text{总流程周期} \quad (18\text{-}11)$$

根据欧美精益管理学者的数据调查,在制造流程中,有 95% 的时间材料都处于等待状态,表明它的流程周期效率极低,也说明传统流程有着巨大的改善潜力。这些学者提出如下数据指标。

- 一般制造企业:**5%~10%**。

- 世界一流水平（精益目标）：**25%**。

数据来源：迈克尔·乔治，《精益六西格玛服务》。

7. 基本术语

（1）流程周期（提前期）

流程周期是指从一个产品（或订单）进入一个流程直至它离开流程的这段时间。

（2）批量

批量是指将完工产品从一个工序转移到下一个工序的产品数量，或者指从一种产品切换到另一产品所生产的产品数量。

（3）节拍

节拍是指为满足顾客需求，生产一个产品所需要的时间。

$$\text{节拍} = \text{可用的作业时间} / \text{要完成的订单数量} \quad (16\text{-}2)$$

（4）顾客需求

顾客需求是指一个连续的时间内顾客要求的产品数量。顾客需求是节拍的倒数。

（5）平均完成率（产出率）

平均完成率是指在既定的时间段内完成的生产量。

（6）生产能力

在连续的一段时间内一个流程可以交付的产品（输出）的最大数量的能力。

（7）时间陷阱

任何导致过程时间延误的过程称为时间陷阱。

（8）能力约束（瓶颈）

不能按照产出率进行生产并满足顾客需求的活动称为能力约束，也称瓶颈。

时间陷阱与能力约束最大的区别在于，前者具备生产能力，而后者生产能力不足。

8. 精益改善三部曲

精益生产原理帮助人们明确了解生产流程的规律和事实：减少工序间在制品数量可以缩短生产周期（在制品产生的多少是由批量大小决定的）；减少批量能减少在制品并使流程加快（实现较小的批量将受到换线准备时间的制约）。

因此，精益改善的策略如下：

1）**识别并找出时间陷阱和能力约束**（80∶20原理）。

2）**改善：缩短换线准备时间**（快速换模）。

3）**重新计算，并减小批量**。

这就是精益改善三部曲。以上步骤应反复循环进行。

9. 精益工具与管理基础

（1）精益工具

精益工具有看板、防呆滞技术等，精益生产的核心工具有两个：价值流图和快速换模。

1) **价值流图**。价值流图（Value Stream Mapping，VSM）是以文件和图形形式的价值流资料表示产品和信息流动的顺序及传递过程。一个价值流包含产生于特定产品从原材料开始直到向用户交付成品的所有要素（包括增值和非增值过程）。好的价值流图应该识别出非增值活动，以便改进。

价值流图实例如图 18-9 所示。价值流图详细记录了从接受顾客订单开始，到制订生产计划（物料需求计划），再到供应商供货、仓库接收并投料到生产线、制造部门的流程展开并制造产品、完成的产品入库、仓储部门安排运输和交付的生产全过程。同时，价值流图详细地收集和呈现了各个流程的相关数据，如该流程的周期时间、在制品库存、工序时间、准备时间以及用工人数等重要信息。最重要的是，通过这些原始的流程数据，可以计算出关键的绩效数据：总提前期（交付跨度）与流程周期效率。总生产周期为 25 天，增值时间为 2639h，由此可计算出流程周期效率为 7.3%。流程周期效率是衡量精益改善的核心指标。

2) **快速换模**。快速换模的目的是极大地缩短生产换线的准备时间，以应对和实现精益生产最小批量的需求。丰田汽车公司为缩短换线时间，付出了几代人的智慧和努力，把大型模具的换线时间，从最开始的几十小时逐步缩小至几小时乃至几分钟。可以毫不夸张地讲，没有丰田公司在快速换线方面的努力，也不会有今日的精益生产。

快速换线包括以下四个步骤：
1) 区分内部换线与外部换线。
2) 将内部换线转换为外部换线作业化。
3) 缩短内部换线时间。
4) 改善和减少外部换线时间。

（2）精益生产的基础

精益生产的基础是所有的持续改善活动。最重要的改善工作主要包括以下四项。

1) **5S 与目视化**。彻底的 5S 是精益生产的基础。目视化是精益生产运行的重要手段。由于所有流程均不受生产排程的制约，全靠看板作为生产链接的媒介，因此目视化对于精益生产的运行和控制显得非常重要。目视化不但不可缺失，而且需要较高的水平。

2) **标准作业**。精益生产体系的运行需要稳定的标准化作业做支撑。只有逐次建立每一个稳定的流程和标准的作业，才能真正连接成一个稳定的整体流

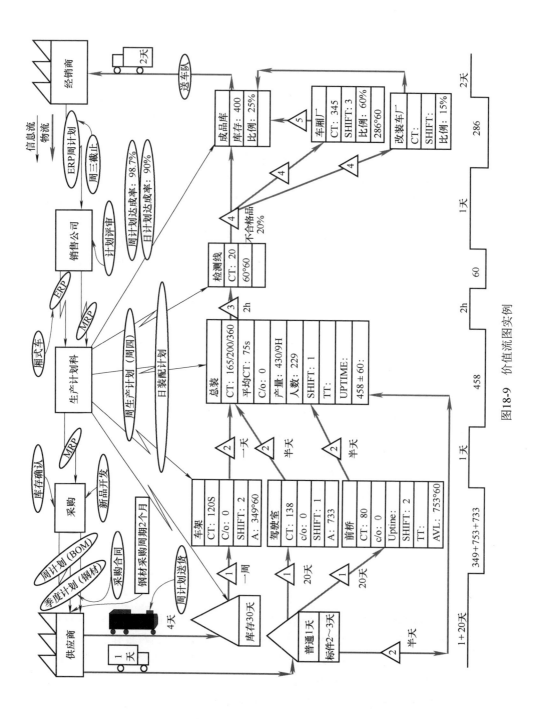

图18-9 价值流图实例

程。所以，精益系统的设计者大野耐一对"标准作业"非常重视，并为这个方面的推进和改善付出了极大的努力。标准作业就是员工进行生产操作的规范的方法。作业标准书不仅说明的操作的顺序和要领，还明确规定了该流程的在制品限量（看板）。在精益生产系统中，每一个流程（工序）都有规定的运动参数、与其他流程协作并与总流程保持相等的节拍。标准作业将每一个流程有机地连接起来，实现精益生产的整体运转。

3）**多技能培训**。多技能培训不仅是为了省工、省钱，更重要的是，通过培养多技能的员工，调整生产组合。这是保障流程正常、稳定运行的基础。

4）**预防性维修**（TPM）。一个真正的 TPM 可能要做几年。我国企业在实施精益生产之前，需要在自主保全和预防维护方面进行努力，持续做足改善的功课。

构建和运行精益生产并不是一蹴而就的事情，需要对这四项基础活动都要付出极大努力，并不是一朝一夕能够做成的。

10. 精益思想

以丰田生产方式（TPS）为代表的精益生产可归纳出精益思想。精益思想体现了精益管理的普遍价值，可应用于任何领域及流程之中。精益思想的五大要素原则如下。

1）**价值**：从顾客的角度来区分增值和非增值活动，不能从独立的企业、职能部门角度进行区分。
2）**价值流**：确定从设计、订单到生产这个价值流中的必要步骤，找出造成浪费的非增值活动。
3）**流动**：保证那些增值活动不会被中断、偏离正确的方向、回流、等待或废弃。
4）**拉动**：由顾客拉动生产商创造价值。
5）**追求完美**：持续地清除存在的浪费，努力追求完美。

18.4.3 精益生产应用策略

1. 精益生产应用的四种风貌

我们学习和应用世界先进管理模式，不要只盯着丰田生产方式表面形式，而是应该仔细研究其成功的内在原因和体系机理精髓。我国的企业应根据自身情况和需求，采取适当的运行方式。精益生产应用有以下不同的实现方式可供参考。

1）建立精益现场。
2）传统条件下的精益生产。

3）经典拉动式生产（JIT）。

4）全流程精益管理。

其实，只要仔细观察就能发现，这4种方式可以独立应用，也可以作为企业总体精益计划的阶梯性策略来使用。例如，从1）到3）或从2）到3）都是不错的选择。关于3）的应用方式被称作简明精益生产（Clear LP），在本书第16章有完整、系统的介绍。

2. 建立精益现场

通过5S活动的持续改善，不断消除浪费，构建起精益现场，达成如下目标。

1）场地：洁净、明亮、安全、有序，功能区域分布合理，标识清楚。

2）机器：良好的维护保养、较高的稼动率和OEE。

3）产品：物料存放区设置合理，标识清楚，规定生产上限，适度小批量生产。

4）人员：培训充分，遵守作业标准，协调配合，具有良好的管理服务与支持。

5）物流：搬运方法合理、安全，避免交叉和往返。通过改善，减少批量和在制品库存。

6）改善文化：建立5S与QCC改善机制，改善提案数达3件/（人·月），进行案例分享。

7）绩效：有数据表明，质量、交期、成本、安全和士气指标得到明显改善。

3. 传统条件下的精益生产

在传统生产条件下，遵循精益理念，采取适当小批量拉动方式，以达成减少在制品库存、降低成本、加速流程并缩短交货周期的目的。

精益原理在现行生产系统中的应用：

- 传统的设备区域化排列方式基本不做彻底的改变和调整。
- 系统平衡效率。不追求个别工序的效率最大化，保持工序间产能联动与平衡。
- 保持生产节奏平稳，不要忽快忽慢，或忽紧忽松。
- 生产批量适小化。将大订单分割成若干小批，生产批量不要超过1天的产量。
- 工序间库存量应当适小化。一般不应超过半天存量。能通过改善使批量减少至2h，甚至1h，将使流程速度加快而缩短生产周期。
- 采用"实物看板"，实现工序间拉动生产，并减少库存。
- 生产计划要周全，进行产能负荷平衡，尽可能不中途插单，保持流程的连续性和均衡性。

4. 经典 JIT/拉动式生产

这是典型的丰田公司运作的方式。对于引进应用 JIT 的企业，由于生产类型及规模等情况的不同，还是应当经过充分的理解与阶段性的逐步消化，形成符合自身需求的运作方式。这一点很重要。

即便采用完全的精益生产，也不应草率急于进入拉动式 JIT 模式，而应当分作几个阶段并递次推进。草率贸然进入 JIT，必然将对设备排列方式大动干戈，使原有生产布局和作业方式被打断，并且大量的看板将耗费较大的资源。准备和试运行不足，将大概率造成生产困境和混乱，并严重延误顾客交期，而最大的损失就是可能会挫败员工参与的信心，使企业改革遭受挫折。

5. 全流程精益管理

在企业各部门实现精益管理，将精益理念和原则从生产延伸至经营业务的各个方面，使精益生产和精益思想成为促进企业持续发展的经营战略。在这种情况下，制造部门可参考以上几种应用方式，职能管理部门则应遵循精益思想和原则，通过改善活动提高本部门和企业整体的经营管理效率。

18.4.4　日本工厂参观随记——美国人眼中的 JIT

1980 年 12 月，美国贝曲公司总裁史汀生（Stinson）带领他的管理团队参观了日本的自动化冲压公司。日本工厂的卓越管理给他们留下了深刻印象。以下是他们的参观报告。

1. 厂房设备

（1）工厂与设备

冲压设备为一般传统式的设计，它们排列密集，由一套完整的输送系统连接起来（大部分都已自动化）。特点是快速换线。

（2）井然有序

工厂的每一个角落都很清洁，令人印象深刻：干净的走廊、清洁的设备、没有油污的水泥地，员工按规定穿着整洁的白色或浅蓝色制服和帽子。地板上绝对看不到溅出的润滑油、碎布、手工具、废料、金属屑、烟头及其他残留碎屑，每个地方都如此。

日本人深信"清洁"的工作气氛会提高质量。

2. 生产运作

（1）最低库存与仓储

准时交货系统到处可见。冲压制品、组装件、装配品可以直接送到汽车装配线，一天送好几次。侧面装卸的卡车开进装配厂，零件一箱一箱地送到适当的工作站，没有进料检验和清点，零件就照送来的样子装配在汽车上。

与美国大小相当的汽车公司相比，这种不需库存的做法大约节省了30%的空间。这种低库存的观念，同样可用在其承包的冲压工厂。供应商每周都会送来好几次钢卷和钢条，工厂中用作仓储的区域很少，存料周期率不到1周。

（2）快速换模

即使是最大的冲床，一班中也要换3～5次，用于自动换线的各种工具和方法多得惊人，这只有标准化的模组、导板、规板、滚动枕条及机械举重设备才能做到。在换线时，即使是最大的冲床也很少花15min停工。例如，一条有5台冲压设备的生产线（包括一台500t的冲床），2.5min就可以生产出完全不同的零件。

（3）设备高度利用

设备使用率相当高，工厂规定设备利用率必须高达90%～95%。1000台冲压机里，只有极少数设备闲置或备用，没有一台压模机在拆修，压模机上也没有在修理的模具，这是预防保养有效的有力证明。

（4）润滑油没有浪费

为了顺利生产起见，在加工时使用的润滑油已减少至最小用量。局部润滑是最常见的做法，预先润滑材料（如蜡和油基润滑材料）也很普遍。结果，润滑剂少有浪费，零件的清洁次数减少了，润滑油也不会溅到机器、作业人员或地板上。所有这些都是持续改进的结果。

（5）健康与安全

严格规定使用护眼设备、头盔。其他保护衣物还包括在点焊及模具制造区必须穿的厚重的围裙。一般说来，在机器的保护上，很少用到防护罩，感应器随处可见。没看到任何推拉设备。通常模具组都需要一些敲打调整，但这里看不到任何铁锤、撬棍之类的工具。

（6）运作时间

工厂分两班上班，每班8h。班与班之间有4h的时间用来预防保养、清洁和修理模具。需要加班赶工时，就改为每10h一班，中间隔2h。

（7）生产管理

冲床设备以正常速度操作，由于停机时间极少，因此每人每小时的产出率较高。注重机械化与使用简单传送设施的结果，使得生产力增加得更快。

3. 人力

（1）教育训练

一般来说，这里的员工训练较好，任务分配较有弹性。机器操作员能够做些小修理及维护动作，记录机器性能资料，检查零件质量等。

公司重视员工，给予他们特殊的技术指导和训练远非一般企业所能及。

(2) 员工参与

生产线员工通常参与操作上的决策，包括规划、目标设定与绩效监督。公司鼓励员工多提建议，并对整体绩效负有相当的责任。

著名的品管圈观念深入人心。有效的管理沟通，再加上高度的忠诚度和高成就动机，更增强了团队精神。此外，工厂里有形的沟通（如海报、标语、图表）更是随处可见。

4. 顾客关系

(1) 自制与外购

根据统计，日本汽车制造商的冲压件有 7~8 成（按金额计）是向签约的冲压工厂购买的，自制件只有 2~3 成。日本汽车制造商认为，质量、交期、存料及其他相关成本都会因为对外采购而得到较好控制（比自制容易）。

(2) 携手并肩

汽车制造商与供应商之间有较为亲密的携手并肩关系，而不是保持距离。"控制权在顾客手中"是这个观念的核心。在某些个案中，有些汽车制造商甚至坚持与之签约的冲压件供应商只能独家供应该公司。这种趋势将生产集中给少数有长期合约的供应商。在这种关系中，较好的供应商就成了所谓的商业伙伴。这种顾客与供应商之间互相依存的关系足以给供应商带来丰厚的报酬，使其事业有成。然而，供应商若不履行合约，处罚金额也十分可观。

生产合约通常都是长期性的（可长达 6 年），还可能包括了产品的设计与测试，它们无可避免地包括了一些严格的要求：

- 特殊的质量要求。
- 可靠及时的交货系统。
- 正确的数量——不多也不少。
- 不断提高生产力而造成长期成本降低。

18.5 日本质量管理

18.5.1 日本质量管理的形成与发展

日本从战后重建，到跻身世界经济强国，其中原因固然有很多，但不得不说，优异的质量管理是助推日本经济起飞的不可忽视的关键因素。了解日本质量发展的一些关键节点非常有必要。

1946 年，日本科技联成立，并推动引进、推广、普及 SQC。它在日本质量管理发展的整个过程中扮演着重要的作用（戴明对此特别肯定）。

1950 年，戴明赴日讲学，传授戴明的管理理念和统计品管方法。在此后的近

40年内,戴明几乎每年都去日本指导。受戴明思想和方法的影响,日本仅用短短4年时间,质量赶上美国,摘掉"质劣价廉"落后帽子,日本商品首次占领欧美市场。日本质量管理深受戴明思想的影响。

1951年,戴明奖设立。此后,戴明奖极大激发和推动了日本的质量管理水平提高。

1950年,日本实施工业标准化,工业标准化与质量管理相互促进,同时得到加强。这为日本质量管理水平的提高奠定了重要基础。

1954年,朱兰赴日本讲学,讲授工序控制与质量改进方法,主张质量同企业经营活动相结合,促进了大质量概念的形成。

1960年,日本实施贸易自由化产业政策,促进了经济的发展,也为企业开展质量管理提供了舞台。同时,日本吸收了TQC质量管理理念,提倡以质量求发展,从以过程为中心的质量管理到全过程的质量管理,形成日本式的TQC——全公司质量管理。

1962年,石川馨发明了QCC和QC七大工具(QC7),广泛开展QCC小组改善活动,形成具有日本特色的质量管理方式。

20世纪70年代,日本提出并逐步形成"质量经营"的概念和管理模式。经过以统计品管为特征的工序管理和质量改进为中心的阶段以后,日本的质量管理很快由全公司质量管理转入全企业综合性质量管理,日本人称之为"质量经营"。由此,日本人实现了由"小Q"到"大Q"的飞跃及全面质量管理由TQC向TQM的质的转变。

18.5.2 日本质量管理的理论指导

许多人认为日本人只擅长实干,不懂理论。其实,这完全是一种误解和偏见。日本人不缺管理理论也不缺乏创新。日本有很多质量管理专家和管理理论以石川馨、米久均、狩野纪昭、田口玄一为代表的一大批日本质量管理专家为引导和推动日本工业界的质量管理和发展,起到了非常大的作用。

日本质量管理深受戴明思想的影响。日本质量管理发展至今形成的日本特色,就是戴明倡导的过程导向管理。了解了戴明的管理思想和方法,也就理解日本质量管理的特点。

石川馨对日本全面质量管理的发展有着重大影响。了解石川馨的观点,对了解日本质量管理的特点以及成功的原因至关重要。

石川馨全盘接受了戴明的管理思想,并开创性地建立了符合日本国情的质量理念,发明并推动了日本全境的质量小组改善活动,他开发的质量七种工具为现场员工和工程师解决质量问题提供了简易、高效的质量工具。1968年,石川馨出版的《质量控制指南》,是权威的企业基层员工的质量管理培训资料。

石川馨确定了全员和全过程管理是全面质量管理的最基本特性。他认为管理者应当通过"戴明循环"实现质量的全过程管理,并借助统计技术在全企业范围内实现质量控制。石川馨认为日本企业能够成功地占领世界市场的原因,就在于日本人的**质量意识**(质量意识在日本质量范畴的地位非常特殊,它甚至高于系统和方法的作用——这是我们必须了解的事实)和在质量管理方面所做的贡献。

石川馨主要的质量观念包括:

1)高层管理者必须坚持质量第一的原则。
2)质量始于教育,终于教育。
3)质量是所有员工和所有部门的责任。
4)质量工作的第一步就是了解顾客的要求。
5)当检验不再必要时就达到了质量控制的理想状态。
6)消除问题的根源而非症状。
7)不要混淆手段与目的的关系。
8)同时运用初级和高级统计技术。
9)尽量使用简单的方法,企业内95%的问题可以用简单的分析工具(QC7)来解决。
10)不要过于相信数据,没有离散信息的数据是假数据。
11)TQM不可能立竿见影,而必须假以时日,逐渐地改进公司的组织结构。

18.5.3 日本质量管理成功的经验

日本质量成功的经验世人总结良多,诸如危机意识、终身制、自主管理、努力实干精神、持续改善等。这些经验确实值得我们学习。但从战略层面及对我国企业最有借鉴价值的因素来考察,当属以下三个关键因素:

1. 全面接受戴明管理思想和原则

戴明原则是成功的必要条件,自身努力是成功的充分条件。正如戴明所说,尽最大努力没有用,质量需要优秀的管理和正确的方法。能遇到戴明固然是日本人的幸运,但若缺乏识人明理的智慧,再好的运气也只能擦肩而过。

2. 重视教育培训

日本非常重视人的作用,他们的员工教育培训是全世界做得最好的。日本从国家政策引导,到行业协会大力推广和服务,以及企业基层大力投入,持久地进行职工教育培训。由表18-6可知日本在教育培训方面的投入和重视程度在全世界所有的国家都是罕见的。全国性的培训,地方上的、企业内部的培训更是丰富多彩。

表 18-6 日本行业协会举办质量管理培训班一览表

行业协会	分　类	培训课程	每期时间	每年期数
日本科学技术联盟	质量管理	**高层领导特别培训班**	**5 天 4 晚**	**5 期**
		经营干部特别培训班	5 天 4 晚	6 期
		部、课长培训班	3 天 ×4	10 期
		技术人员技术统计班	5 天 ×6	7 期
		TQM 推进者培训班	3 天 ×2	4 期
		班组长基础培训班	3 天 ×2	15 期
		新七种质量工具培训班	3 天	8 期
		函授基础讲座	6 个月	2 期
	QC 小组	QC 小组领导培训班	2 天	4 期
		QC 小组推进者培训班	3 天 ×2	20 期
		QC 小组培训班	3 天	39 期
	可靠性	可靠性部、课长培训班	4 天	3 期
		可靠性专业人员培训班	5 天 ×3	3 期
		可靠性基础培训班	4 天	7 期
	DOE	**试验设计培训班**	**24 天**	**3 期**
		质量管理教育培训班	5 天 ×4	1 期
日本规格协会	标准化和质量管理	质量管理与标准化（普通班）	5 天 ×5	12 期
		质量管理与标准化（高级班）	5 天 ×5	1 期
		企业标准化讲习会	3 天	8 期
		工业标准化与质量管理（专业）	10 天	19 期
		推进责任者讲习会	3 天	14 期
	质量管理	质量管理入门讲习会	2～4 天	69 期
		TQM 高层领导培训班	3 天 3 晚	4 期
		部、课长质量管理讲座	5 天 4 晚	7 期
		现场班组长质量管理讲习会	3 天 ×2	69 期
	DOE	**试验设计培训班**	**23 天**	**2 期**
中部质量管理协会	质量管理	质量管理数理统计培训班	**6 天 ×5**	**1 期**
		质量管理部、课长培训班	2 天 ×4	1 期
		现场班组长质量管理培训班（夜）	15 天	1 期
	DOE	**试验设计培训班**	**21 天**	**2 期**

资料来源：马林《日本质量经营》。

3. 坚持基本的管理原则和实践方式不动摇

条条道路通罗马，适合自己的才是最好的。日本人懂得这个道理。现代管理的新思想、新方法层出不穷,让人眼花缭乱。日本人不为所动,坚持自己已经形成的具有特点和竞争优势的管理方法,不轻易改变。此外,日本人也有很强的危机意识与应对危机的方略及能力。

18.5.4　戴明奖对日本质量管理的影响

戴明奖给日本企业的全面质量管理带来了深远影响。日本企业以申请戴明奖作为动力和桥梁,积极运用和推广 TQM 活动,经过几十年的努力,逐渐形成了日本企业的竞争力,取得了令世人瞩目的经济奇迹。

戴明奖评价标准从 1951 年确立以来,一直在变化和完善,推动了戴明奖的不断发展。获得戴明奖的企业,都积极按照评审标准和要求,根据企业的特点、环境,持续完善和改进企业的质量控制和质量管理方法,产品质量和服务得到有效提高,从而刺激更多其他企业积极开展 TQM 活动,以提升企业竞争力。因此,戴明奖评价标准也被视为是企业持续改进、创新发展和变革的工具。

2014 年版戴明奖新的评价标准,强调关注以下三个要点:

1) 组织在领导者的卓越领导下,已经建立了具有挑战性的、顾客驱动的目标和战略,这些目标和战略反映了组织的原则、所处行业、经营和环境状况(战略)。
2) TQM 被正确地实施,以实现上面提到的经营目标和战略(执行)。
3) TQM 的实施已经取得突出的结果,实现了组织的目标和战略(结果)。

以上三个关注点,对于推动全面质量管理的组织来说非常重要。

下面介绍戴明奖评价模型与标准。与美国波多里奇标准的七个大类(总分为 1000)不同,戴明奖的评价标准由以下三个大类(总分为 205 分)组成:

- 基本要求(100 分)。
- 有特色的 TQM 活动(5 分)。
- 高层领导的作用(100 分)。

(1) 基本要求

质量管理的基本要求包括 6 个方面:质量经营方针及其推行、专注新产品开发和业务创新、持续改善产品质量与管理质量、建立并完善以质量为主的综合管理体系、统计信息分析及利用、人力资源开发和培训。

第 1 条:质量方针管理。这是日本管理的特色。从制定和执行两方面提出要求,执行层面则强调"改善"。

第 2 条:开发新产品和业务改革。开发新产品是日本领先世界水平的重要因素,通过业务改革而提高效率而确保其竞争优势。

第 3 条:过程导向的质量管理。将管理分成两个部分:通过日常管理将问题控制在最低限度(零缺陷);通过持续改善不断提高质量水平。

第4条：建立并完善日本特色的 TQM 体系——质量经营（质量、效率、交货、成本、安全、环境）综合管理。

第5条：应用统计方法。日本是应用统计品管较普遍、成功的范例。

第6条：开发培训人力资源。日本的质量管理区别于西方人力资源理论，他们重视员工教育培训，并强调为产品质量与业务质量的改善做出贡献。

戴明奖质量管理的基本要求评价标准见表18-7。

表18-7 戴明奖质量管理基本要求评价标准

评 价 项 目	分数
1. 质量管理的经营方针与方针的展开	20分
（1）根据自身的经营理念、行业、规模、经营环境的实际需求，制定出积极满足顾客要求的经营方针与战略目标	10分
（2）为了实现经营方针目标，全体员工共同努力开展各项改善活动	10分
2. 开发新产品与业务改革	20分
（1）积极地开发新产品（产品与服务），实施业务改革	10分
（2）新产品能够满足顾客的需求，业务改革能够更好地提高业务效率	10分
3. 改善产品质量和管理质量	20分
（1）日常管理： 经过标准化培训，日常业务中很少发生问题，各部门主要业务稳定运行	10分
（2）持续改善： 通过有计划地持续改善质量，从而减少市场销售和产品工艺中的问题，或者是能够将市场销售和产品工艺中的问题维持在最低水平，提高顾客的满意度	10分
4. 建立并完善质量、效率、交货、成本、安全、环境等方面的管理体系 为公司的稳定运营，建立并完善上述有效的管理体系	10分
5. 应用IT和统计方法收集分析质量信息 系统地收集市场和内部的质量信息，综合利用统计方法和IT工具，有效改善产品与业务的质量水平	15分
6. 人力资源开发 有计划地开发培训人力资源，能够为产品质量和业务质量的改善做出贡献	15分

（2）有特色的 TQM 活动

有特色的 TQM 活动是指组织所关注的与其核心质量相关的一系列活动，这些活动中应用了独特的思想并从中获得了卓越的成效。这种活动可以是对应于6个大类的基本活动，也可以是其他方面的活动，申请戴明奖的企业应至少有一项特色活动。这些特色活动将会被推广到其他的企业作为借鉴，如企业熟知的 QC 工程表、并行设计、并行开发等，即是此前戴明奖获奖企业的推广。

（3）高层领导的作用

评价高层管理者在推进 TQM 方面所起的重要作用。主要通过会议调查、从基本要求、有特色的 TQM 活动评价中发现问题等，从以下 5 个方面进行评分，总分为 100 分。

1) 对 TQM 的理解和关注度。
2) 领导力、前瞻性、战略方针及应对环境变化的能力。
3) 组织能力（保持和提高核心技术力，速度和活力）。
4) 人才培养。
5) 社会责任。

从上述评价标准的内容可以看出，戴明奖具有以下三个明显的特点：

（1）凸显戴明理念与以过程为导向的管理风格

日本人接受了戴明管理思想和原则，并形成以过程为导向的管理风格，这在戴明奖的评价标准中特别突出。与波多里奇奖以结果为导向的管理风格截然不同的是，戴明奖只设置了属于过程导向性质的三个大类，完全舍弃了"经营结果（450 分）"等考核项目。

（2）重视领导作用

戴明奖并不强调标准的符合性，而是突出对质量创新的奖励与对领导作用的重视。对高层领导作用的评价，占了标准总分的一半，全面考查高层领导的质量观、质量管理知识水平和质量工作热情，这有助于高层领导在企业有效推广和运用先进质量管理理念和方法。

（3）条文简洁，重点突出

戴明奖新评价标准整体条款非常精练，体现了日本人崇尚简洁、注重实效的传统。戴明奖关于质量管理的基本要求只设置了 6 条要求，而这 6 条则集中揭示了日本质量管理的特色，并紧紧抓住了 TQM 最核心的要素。6 条基本要求加上领导作用，是日本质量管理获得成功的重要保证。

18.5.5 日本质量管理最佳实践汇集

日本的质量管理举世闻名，堪称全世界争相学习的典范。他们的现场管理水平世界一流，源流管理与产品研发能力和水平无人能及。根深蒂固的持续改善文化、真正的主动管理与团体合作、领先世界的产品与服务质量等，铸就了日本质量管理的辉煌。他们是如何做的？了解、研究和借鉴日本质量管理的实践经验，对我国企业是非常重要和值得的。

1. 改善的理念

持续改进是当今世界现代质量管理的重要思想和原则，它其实来源于日本的管理理念——改善。改善意味着持续不断地改进。在日本，改善是全公司质量管理、品管圈活动及生产力的代名词，它是日本全部质量管理活动的缩影。

与西方的做法不同，日本企业的质量改善是一种常识性、低成本的改进，虽然改进的步伐是一小步一小步、阶梯式的，但随着时间的演进，它会带来重大成果。西方管理则崇尚创新，借科技上的突破、最新的生产技术，来进行大步伐的革命性改变。

2. 日本式管理——过程导向管理

过程导向管理是日本质量管理的基本特征。日本改善专家今井正明对此有一段精辟的表述：质量管理（改善）是着重在过程为导向的思考模式上，这是因为要改进结果，必须先改进过程。改善是着重在人际方面的努力。这种东方的改善形态，恰与西方的着重在结果方面的思想，形成鲜明的对照。

虽然不同企业的管理形式千变万化，但它们都遵循着一个基本的原则和做法——全部采取过程导向管理，这个原则的显著特征就是：从高层管理者到基层员工，都必须同时担负着质量控制与质量改进的职责。

3. PDCA 改进循环与 SDCA 维持循环

日本过程导向管理的一个典型应用模式是 PDCA 改进循环与 SDCA 维持循环。按照日本普遍的管理理念（戴明所倡导的），改善与维持是管理阶层及现场人员的两个不可分割的基本职责。PDCA 表示"改善"，目的是提高流程的水准；SDCA 表示"维持"，目的，是标准化和维持现有的流程。

PDCA 在日本已经成了改善的代名词，通过建立计划（Plan）—执行（Do）—检查（Check）—处理（Action）循环开启改善的过程。"计划"是指制订改善的计划；"执行"是指依计划实施；"检查"是指确认计划是否得到落实；"处理"是指新的作业程序的实施与标准化，以防止原来的问题再次发生，或者在设定新的改善目标。PDCA 的意义在于永远不满足现状和持续改进。

任何一个新的工作流程在初期都会呈现不稳定的状态，因此，在进行 PDCA 改善时，必须将现有的流程稳定下来。这个进行"稳定"的过程被称为 SDCA 循环，即标准化（Standardize）—执行（Do）—检查（Check）—处理（Action）循环。PDCA 循环与 SDCA 循环图 18-10 所示。

4. 日本企业工序质量控制

卓越有效的现场质量管理为日本产品的高质量提供了坚实的保障。本书从众多日本公司的优秀的工序控制实践方法中选出一些主要的、有价值的做法，以供我国制造企业的管理者学习与借鉴。

（1）过程质量管理体系图

过程导向管理的又一个典型应用是过程质量管理体系图。日本现场管理的一个显著特征是将过程管理分为管理与改进两项职责。几乎每家日本公司都会策划过程质量管理体系标准,并将其文件化。某公司的过程质量管理体系标准如图 18-11 所示。

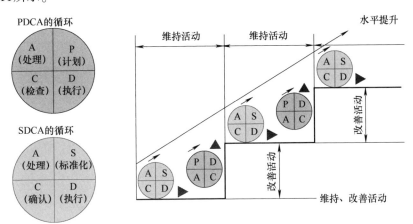

图 18-10　PDCA 循环与 SDCA 循环

该体系分为三个部分(阶段):第一部分是关于过程的设计(计划),由技术部门负责,该部分包括三个项目,一是关于制造的基础标准(制造标准和设备标准等,这些都是企业的自有技术经验的积累),二是主要工序的质量保证项目和目标,三是本期的质量改进计划。过程策划的主要输出的重要控制文件是 QC 工程图、作业标准(SOP),以及质量改进计划。第二部分是过程控制的主体,主要由制造部门来负责。主要活动包括执行控制标准、运用适当的控制方法(控制图、趋势图等)、记录运行结果、对偏离过程的事项采取措施及主动的 QCC 改善活动。第三部分是对现有过程能力的研究和改进、对改进计划落实情况的确认和下一步的改进计划,主要由技术部门负责。

从以上分析可以看出,日本企业过程控制体系是动态的,并包含了改进与维持的管理循环。

(2) 确保工序质量的三个要素——本工程要素

日本企业对于制造及对过程的理解是深刻的。丰田汽车公司为了实现高质量,提出"本工程要素"的概念。本工程要素是指利用现有信息制造出最优产品的基本要素,包括设计要素、技术(工艺)要素和制造要素(见图 18-12)。通过本工程要素的策划,对设计、工程及制造部门最关键的质量职责进行精确定义。

设计要素包括以下几点:

- 无法制造不合格品的构造(防错性)。
- 让作业者判断产品是否合格的构造(识别性)。
- 易操作的构造(生产性)。

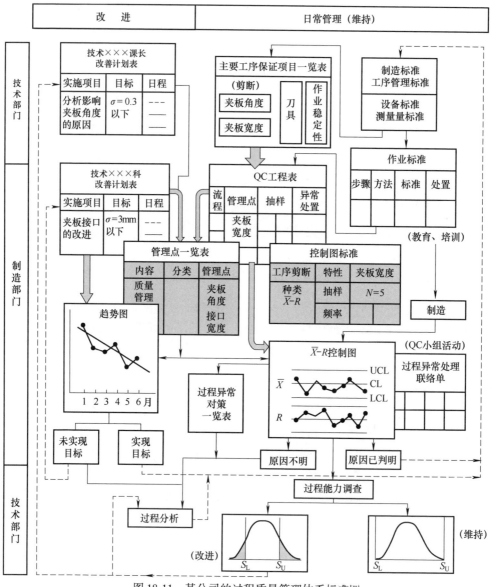

图 18-11 某公司的过程质量管理体系标准图

资料来源：铁健司，《质量管理统计方法》。

技术要素包括以下几点：
- 条件明确有过程能力。
- 不发生工程遗漏等的工程设计。
- 产生不合格品时、自动停止生产线与设备的技术构造。

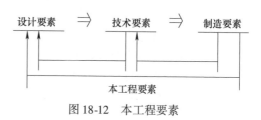

图 18-12 本工程要素

- 维修基准明确。

制造要素包括以下几点：
- 人员：可判断自己的作业与产品是否合格。
- 机器：技术要素。
- 材料：确保每个部品的精度和品质。
- 方法：只要按照作业标准、谁都能够做出与目标一致的产品。

（3）设计–工程–制造的高度协调合作

设计、工程与制造为确保产品的高质量表现出高度的协调性，主要体现在以下两个方面。

1) 产品制造前的产品设计、过程设计及制造部门这三个部门在质量的策划与控制上能很好地配合与补充，例如设计要件、工艺要件与职责要件的逆向追溯与补充（见图18-13）。

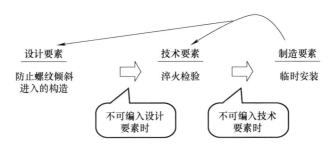

图18-13 设计要件、工艺要件与职责要件的逆向追溯与补充

2) 再完美的设计都无法确保不出问题。丰田汽车公司在这方面表现出非常高超的团队合作与解决问题的风格和能力，出现问题从不推诿，而是合力弥补。当现场出现由设计或工程原因出现的质量问题时，制造部门会第一时间尽力解决问题，并及时向设计与工程人员反馈信息。工程人员首先考虑调整与改善工艺，当工程无法及时解决时，制造部门会全力想办法解决问题，最终将涉及产品设计的问题会反馈给开发部门，成为今后改善设计的有用信息。

（4）过程控制项目的设定

丰田汽车公司开发出一套独到的过程控制的思路。他们将管理项目的定义为在本工程要素中有必要时常观察的、有变化的、恶劣的项目，以及有必要确认是否为正常状态的项目。即使是本工程要素，但通常无变化的项目也不为管理项目，即过程控制要抓住关键的变量。

丰田汽车公司将控制项目分成了四类两种情况（见表18-8）。

表 18-8　控制项目明细参考表

控制项目	人	设备、工具	工程	物
日常变动项目	工作更替 接受帮助 责任者变更 年假、离职 午休 工作开始、结束时	更新、改造 修理 设备移设 新能增设 模具变更或更新 刀夹具变更或更新	节拍变更 工程变更 加工方法变更 循环时间变更 生产线变更 季节变更	设计变更 原材料变更 辅料变更 储备物品产品发生流动的场合 异常处置
突发项目	作业中断时追踪确认 生产线停止与再启动	工具/夹具/刀具的劣化、破损 设备故障和异常 刀夹具故障	条件设定失误后的追踪 准备事项追踪	追踪式点检/追根源点检 因发生错误不得不流动时

（5）丰田汽车公司的作业标准

作业标准是日本企业质量保证的基石。丰田汽车公司对作业标准提出了以下明确和严格的要求：

1）明白作业结果的好坏，明确判断基准。

2）严格遵守标准，按照相关规定进行现场检查。

3）明确管理项目、管理方法、品质特性及检查方法。

4）考虑自动化，安全联锁装置，目视管理的标准化。

5）标准应具体、客观，使读者一目了然。

6）不要流于形式主义。

7）继续改善、维持、修订，经常处于未完成状态。

同时，丰田汽车公司对作业员的能力的指导和工作熟练度的提高是非常重视的。

（6）自主检验、自工序完结与零质量控制

主动的自主检验是日本企业引以为豪的管理特色。在日本企业，产品制造的质量基本是由生产人员负责的。自主检验包括所接收材料的质量检查与完成品的质量检查，相当于100%的自检。产品的质量标准与检查方法将在作业标准中明确定义，真正地实现了"不接收、不制造、不流出"不合格品。有些企业在自主检验的基础上增加了由质量部门执行的监察程序，即"自主检验＋监察"。这种质量控制模式是日本企业的常规做法。

丰田的自工序完结是一个典型的员工自主管理的范例，是该公司质量保证的重要屏障。自工序完结的目标是"不制造不合格品"，所有的质量问题都在本工序得到终结，绝不允许不合格品流出。充分适宜的自工序条件和作业标准的策划，质量检测基准与手段的提供，都为自工序完结提供了基础。

通过自身工序完结活动来促成各工序完结,由各工序完结来促成整个流程的质量完结(见图18-14)。丰田汽车公司的这种机制为质量保证提供了坚实的基础。

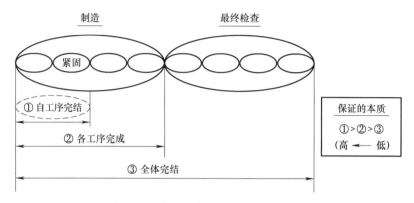

图18-14 丰田汽车公司的自身工序完结

如今许多日本企业都在提倡和实施零质量控制(ZQC)程序。ZQC包含"连续检验+自我检验"。其中,自我检验就是日本企业传统的做法;连续检验有两层含义:一是操作者对所生产的产品进行逐一的检查;二是对前流程转来的物料进行检查,最终达到零缺陷的目的。

(7)丰田汽车公司制造现场质量管理的六条准则

丰田汽车公司的精益生产方式得以有效展开,首先应得益于该公司完善的、高水平的质量管理。丰田汽车公司将质量管理分为初期品质管理与日常品质管理(维护管理)两个部分。其中又将初期管理分为设计阶段、过程设计阶段、试生产三个阶段。丰田将批量生产阶段的质量管理称作日常维护管理,并提出了颇具特色的关于日常管理的六项管理准则,具体如下。

1) **彻底遵守规则**。这是一条铁律。生产操作的所有活动和事项都均以实现规定为目标,并实现标准化。唯一要求操作者做到的,就是彻底遵守规则与作业标准。这是质量保证的基础。

2) **正确的过程管理**。"正确的过程管理=尽早检查出异常+对策"——丰田这一管理理念是遵循戴明过程导向思想,并在长期的过程质量管理的实践中逐步形成的。通过应用控制图对过程进行控制,获得稳定的过程,这是实现高品质和一致性的唯一正确的生产方法(戴明语)。

3) **积极的检查**。在丰田,检查不是消极的、事后的分类筛选。检查被赋予积极主动的定义:"检查是防止流出和预防不良"。主要方式是自主检验为主,专检监察为辅,包括自工序完结等活动。

4) **察觉异常和源流对策**。本原则的思想基础是:"务必从根本杜绝不合格品",采取了"源流管理+觉察异常"相结合的策略。通过追查工作中的前面工程的问题并予以深究，在前面工程实施对策，避免不合格品流入后面工序。

5）**实施对策后的跟踪和确认**。提出解决方案并不是重点。日本人对实施对策后的跟踪和确认是认真和严肃的。

6）**对自工程条件的预先控制**。预先控制就是将人、机、料等生产条件的控制从生产的过程中前移，即在生产启动前对所有的生产要素全部按要求准备就绪，以确保满足制造高质量产品的需求。"工序点检表"就是日本企业在生产启动前对生产条件进行确认的一个常用程序。

5. "三现主义"与"5个为什么"

"三现主义"与"5个为什么"是日本质量管理和改进的典型的思考模式与方法论。

三现主义即指"现场、现物和现实"原则。一切从现场出发；亲眼看见现场实物；采取切实的对策解决问题。

反复问5个"为什么"是丰田公司解决问题的思维论。凡是遇到问题，要求人们连续问5个"为什么"。例如，若一台机器不转动了，就要问：①"为什么机器停了"（答："因为超负荷，保险丝断了"）；②"为什么超负荷了"（答："因为轴承部分的润滑不够"）；③"为什么润滑不够"（答："因为润滑泵吸不上油来"）；④"为什么吸不上油来"（答："因为油泵轴磨损，松动了"）；⑤"为什么磨损了"（答："因为没有安装过滤器，混进了铁屑"）。如此，反复追问上述5个"为什么"，就会发现需要安装过滤器才是问题的根本原因。如果"为什么"没有问到底，就算换上保险丝或者换上油泵轴，那么几个月以后还会发生同样的故障。

6. 快速解决问题的5个步骤

日本企业现场管理水平高的一个关键的原因就是他们总结出的快速解决问题的5个步骤。这5个关键的步骤如下。

（1）当问题发生时，先去现场

与现场保持紧密的接触与了解，是效率化管理生产线的第一个步骤。管理人员必须了解现场中情况，发生问题立即去现场，在现场观察事情的进展，只有直接从现场得到的信息才是最可靠的。在养成到现场的习惯后，管理者就能建立起应用惯例，以解决特定问题的自信心。石川馨有句名言："当你看到资料时，要怀疑它！当你看到测量数据时，要怀疑它！"

（2）检查"现物"

"现物"是一切发生问题或故障的实体。它包括一部损坏的机器、一个不合格品、一件被损坏的工具、退回来的产品甚至是一位抱怨的顾客。一旦有问题，管理人员应当到现场去检查"现物",并问"5个为什么"。在这样的方式下,管理人员就能应用一般常识和低成本方法,识别出问题的原因,而不用使用那些高深复杂的科技。改善是从认识问题开始,一旦问题认识清楚了,那就成功了一半。运用这样的方法就可以解决现场90%的问题。

(3) 当场采取暂时处置措施

采取临时措施的目的就是立即恢复生产,使得生产流动起来。

(4) 找出真正原因

日本企业发掘现场原因最有效的方法,就是连续地问"为什么"。

(5) 标准化以防止再发

在现场改善的前4个步骤完成,确定解决问题的方式有效以后,就必须将新的工作程序标准化,以防止问题再次发生。在此模式下,任何异常都会衍生出改善的主题,而此主题会最终导入新的标准,或是提高现有标准。"标准化"是用来确保改善的效果,使之能继续维持下去。

7. 日本版质量改进流程——QCC

QCC质量改进活动是日本企业和员工进行质量改进的基本方式和流程。石川馨将PDCA循环原理应用于日本的质量改进,于是提出了QCC。

(1) QCC工作流程

尽管各个企业应用QCC的方法不尽相同,QCC质量改进流程所涵盖的一般活动可表述如下。

1) 计划阶段:

① 识别改善机会(陈述问题)。

② 确定改善主题。

③ 设定改善目标。

④ 收集数据、现状调查。

⑤ 分析原因与验证原因。

⑥ 制定改善措施与工作计划。

2) 实施阶段:实施改善措施。

3) 检查阶段:收集数据,确认改善效果。

4) 处理阶段:

① 将改善成果标准化。

② 总结与分享。

QCC是日本企业以员工自动发起,以组建团队(小集团)为依托、按照PDCA循环进行的质量改进活动。因为石川馨开发并为员工提供了解决问题的质量工具——QC七大工具,因此QCC可以简单描述为"QCC = 改善团队 + PDCA + QC7"。这就是典型的日本质量改进流程。

（2）QCC 成功的前提和基础

正如戴明所言，任何管理方法只有在正确的管理下，才能发挥效果，QCC 改善活动也是如此。QCC 能够得到有效的结果，必须满足以下两个基本前提条件：

1) 品管圈主题由员工自主决定，而不是由经理指定（后者是西方的做法）。
2) 必须与经理有良好沟通，并获得管理层的指导和帮助，适当的激励也是必要的。

8. 丰田公司解决问题的方式

（1）10 条质量意识

- **顾客至上**：在为本部门或公司推展工作时，应始终将顾客的利益放在第一位。在丰田公司，后一道工序也被看作顾客。
- **经常自问自答"为什么"**：不要将当前的手段混淆为目的。常常自问："真正的目的是什么"。
- **当事者意识**：只有认识到自己是当事者，才能理解自己工作的使命和价值，产生自豪感，才会思考"我想要做什么?"，建立"我一定要完成任务"的责任感。
- **可视化**：将问题与管理信息用一目了然的方式显现，使之在相关人员之间共享，促进新的发现。
- **根据现场和事实进行判断**：不要想当然，以客观之心看待事物的真实面。
- **彻底地思考和执行**：再三思考、怀着"决不放弃"的强大意志，以坚忍不拔的精神将工作进行到最后。
- **速度、时机**：迅速对应顾客需求，贯彻实施对策。
- **诚实、正直**（实事求是）：坚定地执行每一道工序，对自己的行动负起责任。
- **实现彻底的沟通**：诚信沟通，主动提供协助。
- **全员参与**：动员一切可以动员工的力量，引领团队及相关人员集思广益，以达到效果和效率的最大化。

（2）解决问题的 8 个步骤

1) **明确问题**。丰田公司将问题定义为现实状态与理想状态之间的差距。
   - 思考工作的真正目的。明确工作目的是高明的做法。
   - 把握现状、思考工作的"理想状态"。
   - 将差距可视化。
2) **分解问题**。
   - 将问题分层次、具体化。
   - 选定要优先着手解决的问题。

- "现地、现物"观察流程,明确问题点。

3) **设定目标**。
- 下定自己解决问题的决心。
- 制定定量、具体且富有挑战性的目标。

4) **把握真因**。
- 分析问题点,摒弃先入为主的观念,多方面思考原因。
- "现地、现物"确认事实,反复追问"为什么"。
- 探究并验证根本原因。

5) **制定对策**。
- 思考尽可能多的对策。
- 筛选出附加价值高的对策。
- 寻求共识。
- 制订明确具体的实施计划。

6) **贯彻实施对策**。
- 齐心协力,迅速贯彻。
- 通过及时的汇报、联络、商谈,共享进展信息。
- 决不放弃,迅速实施下一步对策。

7) **评价结果和过程**。
- 对目标的达成结果和过程进行评价。
- 与相关人员共享信息。
- 站在顾客的立场重新审视整个过程。
- 学习成功和失败的经验。

8) **巩固成果**。
- 将成果制度化并巩固(标准化)。
- 推广促成成功的机制。
- 着手下一步的改善。

9. 本田汽车公司班组长的职业生涯

日本优异的质量管理集中体现在对现场班组长的重视。本田汽车公司的做法具有典型代表性。该公司将现场班组长视为宝贵的人才,并赋予他们以下三条基本职责:

1) 完成任务。
2) 改善工作。
3) 培育下属。

这种真实的信任与依赖构筑了日本企业高效率运作以及管理者与员工的良好融合的基础。这正是企业获得成功的关键所在。

10. 松下公司的改进模型

松下公司质量管理经验具有特别意义，它与丰田汽车形成两种完全不同的管理风格。

与丰田系统复杂的 JIT 系统比较，松下公司的改善策略则是一个简单、低成本的改善方法。与丰田相比，松下公司资金实力不足，不宜照搬丰田的办法，只能探索适合自己发展的路子，松下公司改进模型应运而生，它是日本低成本、常识性改善的典范与缩影。丰田与松下的经历告诉世人，无论是采取高端复杂的方法，还是采用简单实用的手段，都能够创造出商业的奇迹。

（1）松下公司的 10 条质量理念

1）质量的核心问题：**首要的是理念，其次才是方法**。松下的观点与戴明的观点惊人的一致。

2）发现一个不合格产品，马上追查原因。传统的月、周质量分析效率低，解决不了真正的问题。因为上半月与下半月发生不合格的情况是不一样的。即便同一天，上午与下午的"5M1E"条件都改变了。

3）质量问题的处理两种方式：①暂时措施；②永久措施。

4）轻松的工作才能出效率和避免出错。疲劳就容易发生不良。

5）除材料原因外，品质问题绝大多数是设计问题。

6）每当发现质量问题首先不要责骂员工，重要的是要立即追查原因。例如，冰箱表面脏，追问其原因，也许是上一道流程造成的。换一个角度看问题，问题就能很快得到解决。

7）产品要成套出库：兼顾所有问题。如果多出计划数量，结果是很麻烦的。

8）若有问题，就追查原因。这个道理很简单，但实际中很少有人认真去做。松下公司把这作为快速提升生产力的秘诀。若这些基础的工作不做好，只盲目追求高级复杂的技术，则不会发挥太大的作用。

9）改善的 80：20 原理：
- 80% 的力气做点滴改善，使用简单方法，由工人自行解决。
- 20% 的精力做复杂改进，使用高级方法，由专家指导处理。

10）80% 的自动化是无价值的，决策时要谨慎。当资金不足时应考虑低成本的自动化，或者称作设备化。先动脑，再考虑自动化，当作业太沉重、危险时，才考虑自动化，装配不要考虑自动化，固定的大批的产品可以考虑自动化。

（2）低成本快速改善

松下人经过对精益生产的研究与实践，摸索出与松下自身生产特点相适应的方法论。它的特点是：简单易懂；自下而上；重团队、重教育、重实践；方法独特，立竿见影。只要努力，生产效率可提高 100%，甚至 200%。

换一个角度看问题，老老实实地从最基本的做起，不需要高深复杂的理论和技术，只需要采取简单的方法。若发现浪费，则立即去除（不要等待）。不断地重复这样的动作，通过这些小的改善，点滴积累，必获得巨大成功。通过"查找浪费—立即消除—PDCA循环"，达到提高效率的目的。

值得一提的是，松下公司的改进方法应用于我国制造企业，获得了极大成功。

松下公司有非常独特的改进方法，就是被称作"3个10"的工具——"10手""10勘"和"10归"。

"10手"——发现动作中浪费作业的着眼点：

- 【着眼点1】作业中需要步行⇒去除步行动作。
- 【着眼点2】需要伸手到30cm以上的动作⇒3×3=9（表示双侧小臂移动的扇形面积）。
- 【着眼点3】物品从下面搬到上面的动作⇒违反牛顿定律。
- 【着眼点4】身体扭转作业⇒去掉扭转动作。
- 【着眼点5】物品的旋转、反转的动作⇒转来转去，使人头晕眼花。
- 【着眼点6】作业中双手交叉的动作⇒杜绝交叉动作。
- 【着眼点7】手指用力的动作⇒杜绝神经疲劳。
- 【着眼点8】对准孔、位置、方向的动作⇒无须定位、无须调整。
- 【着眼点9】零部件和工具没有给予确切定位⇒杜绝不定位。
- 【着眼点10】临时安装、临时放置、临时动作⇒杜绝临时动作。

"10勘"——发现工序中浪费作业的着眼点：

- 【着眼点1】以"准备"为名的工作（削减作业准备、工序准备、事前准备的动作及远离作业现场的工作，是所有浪费的源头）。
- 【着眼点2】遵循"先入先出"的原则（如果实现不了，是设计不够好）。
- 【着眼点3】直线化、直接纳入、到位化、短距离化。
- 【着眼点4】工序越多，进出、取放、搬运等动作也随之增加（削减作业现场的衔接操作，实现同期化、单件流作业）。
- 【着眼点5】无意识地简单切换作业，控制在10min内的切换。
- 【着眼点6】杜绝3个习惯：多余、积存和停滞（"3个多"）。
- 【着眼点7】杜绝3个切换：堆放切换、位置切换、置位切换（称作物流的潜在隐患）。
- 【着眼点8】杜绝3个重复：重做、重装、重写（称为重复作业）。
- 【着眼点9】实现作业中3个不动作："不找、不选、不想"，达到5S的境界。
- 【着眼点10】正负为零的意识（要求完工数量和交付时间准确。如果违背这一原则，虽说按计划来实施，但结果只能增加库存和半成品）。

"10 归"——如何提高产品质量的着眼点：
- 【着眼点 1】就算出现 1 个不合格品也会心烦意乱，夜不能眠。
- 【着眼点 2】不易操作是产生不合格品的根源。
- 【着眼点 3】示范并让作业员自己操作，明确关键之处和原因所在。
- 【着眼点 4】如果是专家，就能通过感官来判断部品材料的优劣。
- 【着眼点 5】出现 1 个不合格产品，就可能存在 10 个不合格产品。
- 【着眼点 6】谁都会出现失误。任何人都会有疏忽和不注意。
- 【着眼点 7】直接的作业者就是主角，这绝对不能改变。
- 【着眼点 8】测量器具是管理者的搭档，重视生产制作中计量器具的管理。
- 【着眼点 9】使用 QC7 工具。注重知识和实践（知行一致）。
- 【着眼点 10】花费了多少心血？

（3）松下公司的改进流程

整个改进过程经过三个阶段：查找浪费—消除浪费—线平衡。一个改进循环一般历时 3 个月。从发现浪费开始，马上去掉，由小的改善积累成大的收获。若不能消除浪费，则应求助于咨询团队。松下公司的改进流程大致有以下几个步骤。

1) 样板线录像：选定一个目标生产线，对逐个工序进行录像，重复 5 遍，注意角度和远近的变化。
2) 回放录像，查找浪费：罗列所能看到的浪费清单，引导员工查找浪费，建议找出 1000 个浪费。开始时至少找出 100~150 个。将浪费分为能改、求助、无价值三类。去掉无价值的，80% 是可以自行解决的。
3) 制订行动计划。确定负责人、完成时间、监督人、协作人等。
4) 立即行动。员工先做（80% 以上可自行解决），对其余的给予指导。一轮行动后会获得 30%~50% 的改进。
5) 监督跟踪结果。总结改进成果、检讨不足。
6) 改善结果确认。做对比报告，做成 PPT，养成习惯，做水平展开推广及进行知识沉淀。
7) 先从动作改善开始，再做工序改善，最终使产线平衡。2 个月内完成样板线改进，用 3 个月时间水平横向展开。
8) 标准化。
9) 项目交接，形成改善文化。

以上资料来自前松下公司电工创研的技术负责人广森美智在中国从事管理咨询实践的见闻与交流。

附 录

附录A 统计术语

总体（Population）：要加以考虑的全部个体。总体可能是指某一日生产的全部产品，如果过程持续处于受控状态，那么，总体也可指所有可能生产的产品。

样本（Sample）：取自一个较大的观察值群体（总体）的一组观察值。应用于过程控制时，它是子组的同义词。

参数（Parameter）：来自总体的数据，描述了总体的某些特性（如均值、标准差）。

统计量（Statistic）：由样本观察值计算得到的数值，经常作为总体参数的观察值。

均值（Mean）：分布位置的度量。

中位数（Median）：按顺序排列的奇数个数据，中间值的度量；偶数个数据排列中，中位数是中间两个数的平均。

众数（Mode）：最频繁出现的数。

标准差（Standard Deviation）：统计抽样观察值分布宽度或过程输出的分布宽度的度量，用 σ（总体标准差）或 S（样本标准差）表示。

极差（Range）：利用给定样本中的最大观察值与最小观察值之差来表示散布情况的度量。

随机性（Randomness）：单值是不可预测的状态，尽管它可能符合某种分布规律。

随机抽样（Sampling）：使得考虑的全部个体的所有组合被抽作样本的机会是相同的抽样过程。

合理子组（Ratiotal Subgroup）：指按下列方式组成的子组：使得每个子组内的变异尽量小（组内差异只由普通原因造成），同时使得各子组彼此不同（组间差异由特殊原因造成）。

链（Run）：控制图上一系列连续上升或下降，或在中心线之上或之下的点。它是分析是否存在变异的特殊原因的依据。

分布（Distribution）：描述具有稳定系统变异的输出的一种方式，其中单个值是不可预测的，但一组单值可形成一种图形，并可用位置、散布和形状这些术语来描述。

正态分布（Normal Distribution）：一种用于计量型数据的、连续的、对称的钟形频率分布，它是计量型数据控制图的基础。

二项分布（Binomial Distribution）：应用于合格和不合格品的计数型数据的离散概率分布。是 p 和 np 控制图的基础。

泊松分布（Poisson Distribution）：应用于不合格数的计数型数据的离散型概率分布，是 c 控制图和 u 控制图的基础。

变异（Variation）：也称为变差。过程的单个输出之间不可避免的差别。

普通原因（Common Cause）：引起变异的原因，是系统固有的、通常是众多的、相对不太重要且不易检测与识别的原因。

特殊原因（Special Cause）：引起变异的原因，一种间断的、不可预测的、不稳定的变异根源。存在它的信号是超出控制界限的点。

规范（Specification）：判断一特定的特性是否可接受的工程技术要求。

过程（Process）：能产生输出——一种给定的产品和服务的人、设备、材料、方法和环境的组合。

受控过程（In-control Process）：处于统计控制状态的过程。在受控状态下，只存在变异的普通原因。

过程能力（Process Capability）：一个稳定过程的潜在能力，一般用 6σ 表示。

可接受质量水平（Acceptable Quality Level，AQL）：出于接收抽样的目的，认为一批产品能够达到过程平均值所需的最大产品比例。

Ⅰ类错误（Type Ⅰ Error）：拒绝一个真实的假设，记为 α。例如，采取了一个适用于特殊原因的措施而实际上过程还没有发生变化；过度控制。

Ⅱ类错误（Type Ⅱ Error）：没有拒绝一个错误的假设，记为 β。例如，对实际上受特殊原因影响的过程没有采取适当的措施；控制不足。

显著性水平（Significance Level）：估计总体参数落在某一区间内可能犯错误的概率，用 α 表示。

附录 B　控制图界限及常数表

表 B-1　计量型控制图

均值和极差图	$\bar{X}$ 图：UCL $= \bar{\bar{X}} + A_2\bar{R}$ CL $= \bar{\bar{X}}$ LCL $= \bar{\bar{X}} - A_2\bar{R}$	R 图：UCL $= D_4\bar{R}$ CL $= \bar{R}$ LCL $= D_3\bar{R}$
均值和标准差图	$\bar{X}$ 图：UCL $= \bar{\bar{X}} + A_3\bar{S}$ CL $= \bar{\bar{X}}$ LCL $= \bar{\bar{X}} - A_3\bar{S}$	S 图：UCL $= B_4\bar{S}$ CL $= \bar{S}$ LCL $= B_3\bar{S}$

（续）

中位数和极差图	$\tilde{X}$ 图：UCL = $\bar{\bar{X}} + \tilde{A}_2 \bar{R}$ R 图：UCL = $D_4 \bar{R}$ CL = $\bar{\bar{X}}$ CL = $\bar{R}$ LCL = $\bar{\bar{X}} - \tilde{A}_2 \bar{R}$ LCL = $D_3 \bar{R}$
单值和移动极差图	X 图：UCL = $\bar{X} + 2.66\bar{R}$ MR 图：UCL = $3.267\bar{R}$ CL = $\bar{X}$ CL = $\bar{R}$ LCL = $\bar{X} - 2.66\bar{R}$ LCL = 0

表 B-2　计数型控制图

P 控制图	UCL，LCL = $\bar{P} \pm 3\sqrt{\dfrac{\bar{P}(1-\bar{P})}{n}}$
NP 控制图	UCL，LCL = $np \pm 3\sqrt{n\bar{p}(1-\bar{p})}$
c 控制图	UCL，LCL = $\bar{c} \pm 3\sqrt{\bar{c}}$
u 控制图	UCL，LCL = $\bar{u} \pm 3\sqrt{\dfrac{\bar{u}}{n}}$

表 B-3　控制图常数

样本量 n	A_2	d_2	D_3	D_4	A_3	C_4	B_3	B_4	E_2	中位数 A_2^*
2	1.880	1.128	—	3.267	2.659	0.798	—	3.267	2.660	1.880
3	1.023	1.693	—	2.574	1.954	0.886	—	2.568	1.772	1.187
4	0.729	2.059	—	2.282	1.628	0.921	—	2.266	1.457	0.796
5	0.577	2.326	—	2.114	1.427	0.940	—	2.089	1.290	0.691
6	0.483	2.534	—	2.004	1.287	0.952	0.030	1.970	1.184	0.548
7	0.419	2.704	0.076	1.924	1.182	0.959	0.118	1.882	1.109	0.508
8	0.373	2.847	0.136	1.864	1.099	0.965	0.185	1.815	1.054	0.433
9	0.337	2.970	0.184	1.816	1.032	0.969	0.239	1.761	1.010	0.412
10	0.308	3.078	0.223	1.777	0.975	0.973	0.284	1.716	0.975	0.362

附录 C　正态分布表（Z 表）

注：正态分布 Z 值左侧的面积。

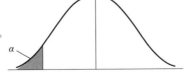

Z	0.00	0.01	0.02	0.03	0.04	0.05	0.06	0.07	0.08	0.09
-3.4	0.0003	0.0003	0.0003	0.0003	0.0003	0.0003	0.0003	0.0003	0.0003	0.0002
-3.3	0.0005	0.0005	0.0005	0.0004	0.0004	0.0004	0.0004	0.0004	0.0004	0.0003
-3.2	0.0007	0.0007	0.0006	0.0006	0.0006	0.0006	0.0006	0.0005	0.0005	0.0005
-3.1	0.0010	0.0009	0.0009	0.0009	0.0008	0.0008	0.0008	0.0008	0.0007	0.0007
-3.0	0.0013	0.0013	0.0013	0.0012	0.0012	0.0011	0.0011	0.0011	0.0010	0.0010
-2.9	0.0019	0.0018	0.0018	0.0017	0.0016	0.0016	0.0015	0.0015	0.0014	0.0014
-2.8	0.0026	0.0025	0.0024	0.0023	0.0023	0.0022	0.0021	0.0021	0.0020	0.0019
-2.7	0.0035	0.0034	0.0033	0.0032	0.0031	0.0030	0.0029	0.0028	0.0027	0.0026
-2.6	0.0047	0.0045	0.0044	0.0043	0.0041	0.0040	0.0039	0.0038	0.0037	0.0036
-2.5	0.0062	0.0060	0.0059	0.0057	0.0055	0.0054	0.0052	0.0051	0.0049	0.0048
-2.4	0.0082	0.0080	0.0078	0.0075	0.0073	0.0071	0.0069	0.0068	0.0066	0.0064
-2.3	0.0107	0.0104	0.0102	0.0099	0.0096	0.0094	0.0091	0.0089	0.0087	0.0084
-2.2	0.0139	0.0136	0.0132	0.0129	0.0125	0.0122	0.0119	0.0116	0.0113	0.0110
-2.1	0.0179	0.0174	0.0170	0.0166	0.0162	0.0158	0.0154	0.0150	0.0146	0.0143
-2.0	0.0228	0.0222	0.0217	0.0212	0.0207	0.0202	0.0197	0.0192	0.0188	0.0183
-1.9	0.0287	0.0281	0.0274	0.0268	0.0262	0.0256	0.0250	0.0244	0.0239	0.0233
-1.8	0.0359	0.0351	0.0344	0.0336	0.0329	0.0322	0.0314	0.0307	0.0301	0.0294
-1.7	0.0446	0.0436	0.0427	0.0418	0.0409	0.0401	0.0392	0.0384	0.0375	0.0367
-1.6	0.0548	0.0537	0.0526	0.0516	0.0505	0.0495	0.0485	0.0475	0.0465	0.0455
-1.5	0.0668	0.0655	0.0643	0.0630	0.0618	0.0606	0.0594	0.0582	0.0571	0.0559
-1.4	0.0808	0.0793	0.0778	0.0764	0.0749	0.0735	0.0721	0.0708	0.0694	0.0681
-1.3	0.0968	0.0951	0.0934	0.0918	0.0901	0.0885	0.0869	0.0853	0.0838	0.0823
-1.2	0.1151	0.1131	0.1112	0.1093	0.1075	0.1056	0.1038	0.1020	0.1003	0.9850
-1.1	0.1357	0.1335	0.1314	0.1292	0.1271	0.1251	0.1230	0.1210	0.1190	0.1170
-1.0	0.1587	0.1562	0.1539	0.1515	0.1492	0.1469	0.1446	0.1423	0.1401	0.1379
-0.9	0.1841	0.1814	0.1788	0.1762	0.1736	0.1711	0.1685	0.1660	0.1635	0.1611
-0.8	0.2119	0.2090	0.2061	0.2033	0.2005	0.1977	0.1949	0.1922	0.1849	0.1867
-0.7	0.2420	0.2389	0.2358	0.2327	0.2296	0.2266	0.2236	0.2206	0.2177	0.2148
-0.6	0.2743	0.1709	0.2676	0.2643	0.2611	0.2578	0.2546	0.2514	0.2483	0.2451
-0.5	0.3085	0.3050	0.3015	0.2981	0.2946	0.2912	0.2877	0.2843	0.2810	0.2776
-0.4	0.3446	0.3409	0.3372	0.3336	0.3300	0.3264	0.3228	0.3192	0.3156	0.3121
-0.3	0.3821	0.3783	0.3745	0.3707	0.3669	0.3632	0.3594	0.3557	0.3520	0.3483
-0.2	0.4207	0.4168	0.4129	0.4090	0.4052	0.4013	0.3974	0.3936	0.3897	0.3859

(续)

Z	0.00	0.01	0.02	0.03	0.04	0.05	0.06	0.07	0.08	0.09
-0.1	0.4602	0.4562	0.4522	0.4483	0.4443	0.4404	0.4364	0.4325	0.4286	0.4247
-0.0	0.5000	0.4960	0.4920	0.4880	0.4840	0.4801	0.4761	0.4721	0.4681	0.4641
0.0	0.5000	0.5040	0.5080	0.5120	0.5160	0.5199	0.5239	0.5279	0.5319	0.5359
0.1	0.5398	0.5438	0.5478	0.5517	0.5557	0.5596	0.5636	0.5675	0.5714	0.5753
0.2	0.5793	0.5832	0.5871	0.5910	0.5948	0.5987	0.6026	0.6064	0.6103	0.6141
0.3	0.6179	0.6217	0.6255	0.6293	0.6331	0.6368	0.6406	0.6443	0.6480	0.6517
0.4	0.6554	0.6591	0.6628	0.6664	0.6700	0.6736	0.6772	0.6808	0.6844	0.6879
0.5	0.6915	0.6950	0.6985	0.7019	0.7054	0.7088	0.7123	0.7157	0.7190	0.7224
0.6	0.7257	0.7291	0.7324	0.7357	0.7389	0.7422	0.7454	0.7486	0.7517	0.7549
0.7	0.7580	0.7611	0.7642	0.7673	0.7704	0.7734	0.7764	0.7794	0.7823	0.7852
0.8	0.7881	0.7910	0.7939	0.7967	0.7995	0.8023	0.8051	0.8078	0.8106	0.8133
0.9	0.8159	0.8186	0.8212	0.8238	0.8264	0.8289	0.8315	0.8340	0.8365	0.8389
1.0	0.8413	0.8438	0.8461	0.8485	0.8508	0.8531	0.8554	0.8577	0.8599	0.8621
1.1	0.8643	0.8665	0.8686	0.8708	0.8729	0.8749	0.8770	0.8790	0.8810	0.8830
1.2	0.8849	0.8869	0.8888	0.8907	0.8925	0.8944	0.8962	0.8980	0.8997	0.9015
1.3	0.9032	0.9049	0.9066	0.9082	0.9099	0.9115	0.9131	0.9147	0.9162	0.9177
1.4	0.9192	0.9207	0.9222	0.9236	0.9251	0.9265	0.9279	0.9292	0.9306	0.9319
1.5	0.9332	0.9345	0.9357	0.9370	0.9382	0.9394	0.9406	0.9418	0.9429	0.9441
1.6	0.9452	0.9463	0.9474	0.9484	0.9495	0.9505	0.9515	0.9525	0.9535	0.9545
1.7	0.9554	0.9564	0.9573	0.9582	0.9591	0.9599	0.9608	0.9616	0.9625	0.9633
1.8	0.9641	0.9649	0.9656	0.9664	0.9671	0.9678	0.9686	0.9693	0.9699	0.9706
1.9	0.9713	0.9719	0.9726	0.9732	0.9738	0.9744	0.9750	0.9756	0.9761	0.9767
2.0	0.9772	0.9778	0.9783	0.9788	0.9793	0.9798	0.9803	0.9808	0.9812	0.9817
2.1	0.9821	0.9826	0.9830	0.9834	0.9838	0.9842	0.9846	0.9850	0.9854	0.9857
2.2	0.9861	0.9864	0.9868	0.9871	0.9875	0.9878	0.9881	0.9884	0.9887	0.9890
2.3	0.9893	0.9896	0.9898	0.9901	0.9904	0.9906	0.9909	0.9911	0.9913	0.9916
2.4	0.9918	0.9920	0.9922	0.9925	0.9927	0.9929	0.9931	0.9932	0.9934	0.9936
2.5	0.9938	0.9940	0.9941	0.9943	0.9945	0.9946	0.9948	0.9949	0.9951	0.9952
2.6	0.9953	0.9955	0.9956	0.9957	0.9959	0.9960	0.9961	0.9962	0.9963	0.9964
2.7	0.9965	0.9966	0.9967	0.9968	0.9969	0.9970	0.9971	0.9972	0.9973	0.9974
2.8	0.9974	0.9975	0.9976	0.9977	0.9977	0.9978	0.9979	0.9979	0.9980	0.9981
2.9	0.9981	0.9982	0.9982	0.9983	0.9984	0.9984	0.9985	0.9985	0.9986	0.9986
3.0	0.9987	0.9987	0.9987	0.9988	0.9988	0.9989	0.9989	0.9989	0.9990	0.9990
3.1	0.9990	0.9991	0.9991	0.9991	0.9992	0.9992	0.9992	0.9992	0.9993	0.9993
3.2	0.9993	0.9993	0.9994	0.9994	0.9994	0.9994	0.9994	0.9995	0.9995	0.9995
3.3	0.9995	0.9995	0.9995	0.9996	0.9996	0.9996	0.9996	0.9996	0.9996	0.9997
3.4	0.9997	0.9997	0.9997	0.9997	0.9997	0.9997	0.9997	0.9997	0.9997	0.9998

附录 D 卡方分布表

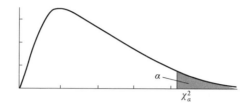

χ^2 分布									
v	0.995	0.99	0.975	0.95	0.90	0.10	0.05	0.025	0.01	0.005
1	0.000	0.000	0.001	0.004	0.016	2.706	3.841	5.024	6.635	7.879
2	0.010	0.020	0.051	0.103	0.211	4.606	5.991	7.378	9.210	10.579
3	0.072	0.115	0.216	0.352	0.584	6.251	7.815	9.348	11.345	12.838
4	0.207	0.297	0.484	0.711	1.064	7.779	9.488	11.143	13.277	14.860
5	0.412	0.554	0.831	1.145	1.610	9.236	11.070	12.832	15.086	16.750
6	0.676	0.872	1.237	1.635	2.204	10.645	12.592	14.449	16.812	18.548
7	0.989	1.239	1.690	2.167	2.833	12.017	14.067	16.013	18.475	20.278
8	1.344	1.647	2.180	2.733	3.490	13.362	15.507	17.535	20.090	21.955
9	1.735	2.088	2.700	3.325	4.168	14.684	16.919	19.023	21.666	23.589
10	2.156	2.558	3.247	3.940	4.865	15.987	18.307	20.483	23.209	25.188
11	2.603	3.053	3.861	4.575	5.578	17.275	19.675	21.920	24.725	26.757
12	3.074	3.571	4.404	5.226	6.304	18.549	21.026	23.337	26.217	28.300
13	3.565	4.107	5.009	5.892	7.041	19.812	22.362	24.736	27.688	29.819
14	4.075	4.660	5.639	6.571	7.790	21.064	23.685	26.119	29.141	31.319
15	4.601	5.229	6.262	7.261	8.547	22.307	24.996	27.488	30.578	32.801
16	5.142	5.812	6.908	7.962	9.312	23.542	26.296	28.845	32.000	34.267
17	5.697	6.408	7.564	8.672	10.085	24.769	27.587	30.191	33.409	35.718
18	6.265	7.015	8.231	9.390	10.865	25.989	28.869	31.526	34.805	37.156
19	6.844	7.633	8.907	10.117	11.651	27.204	30.144	34.852	36.191	38.582
20	7.434	8.260	9.591	10.851	12.443	28.412	31.410	34.170	37.566	39.997
21	8.034	8.897	10.283	11.591	13.240	29.615	32.671	35.479	38.932	41.401
22	8.643	9.542	10.982	12.338	14.041	30.813	33.924	36.781	40.289	42.796
23	9.260	10.196	11.689	13.091	14.848	21.007	35.172	38.076	41.638	44.181
24	9.886	10.856	12.401	13.848	15.659	33.106	36.415	39.364	42.980	45.558
25	10.520	11.524	13.120	14.611	16.473	34.382	37.652	40.646	44.314	44.928

（续）

	χ^2分布									
v	0.995	0.99	0.975	0.95	0.90	0.10	0.05	0.025	0.01	0.005
26	1.160	12.198	13.844	15.379	17.292	35.563	38.885	41.923	45.642	49.290
27	11.808	12.878	14.573	16.151	18.114	36.471	40.113	43.195	46.963	49.645
28	12.461	13.565	15.308	16.928	18.939	37.916	41.337	44.461	48.278	50.994
29	13.121	14.256	16.047	17.708	19.768	39.087	42.557	45.722	49.588	52.335
30	13.787	14.953	16.791	18.493	20.599	40.256	43.773	46.797	50.892	53.672
31	14.458	15.655	17.539	19.281	21.434	41.422	44.985	48.232	52.191	55.002
32	15.134	16.362	18.291	20.072	22.271	42.585	46.194	49.480	53.486	56.328

附录 E 西格玛与 PPM 度量换算表

基于假设：长期过程漂移 $\pm 1.5\sigma$。

过程西格玛 σ 短期能力 Z_{ST}	ppm	过程西格玛 σ 短期能力 Z_{ST}	ppm	过程西格玛 σ 短期能力 Z_{ST}	ppm
7.0	0.019	5.22	100	3.87	9000
6.27	1	5.04	200	3.83	10000
6.12	2	**5.0**	**233**	3.55	20000
6.0	**3.4**	4.93	300	3.38	30000
5.97	4	4.85	400	3.25	40000
5.91	5	4.79	500	3.14	50000
5.88	6	4.74	600	3.05	60000
5.84	7	4.69	700	**3.0**	**66800**
5.82	8	4.66	800	2.98	70000
5.78	9	4.62	900	2.91	80000
5.77	10	4.59	1000	2.84	90000
5.61	20	4.38	2000	2.78	100000
5.51	30	4.25	3000	2.34	200000
5.44	40	4.15	4000	2.02	300000
5.39	50	4.08	5000	**2.0**	**308770**
5.35	60	4.01	6000	1.75	400000
5.31	70	**4.0**	**6210**	**1.50**	**500000**
5.27	80	3.96	7000		
5.25	90	3.91	8000		

重要说明：

1. 过程西格玛（水平）使用短期能力（Z_{ST}）度量；过程实际数据，如 C_{pk}、Z（正态分布表中与面积对应的值）及 ppm 等均属于长期能力（Z_{LT}）。

2. 重要公式：

$$短期能力(Z_{ST}) = 长期能力(Z_{LT}) + 1.5$$

$$西格玛(短期能力 Z_{ST}) = 3C_{pk} + 1.5 = Z + 1.5$$

3. 当过程为 3 西格玛时，则有：$C_p = 1$，$C_{pk} = 0.5$

   当过程为 6 西格玛时，则有：$C_p = 2$，$C_{pk} = 1.5$

附录 F t 分布表

df	t_α							
	0.10	0.05	0.025	0.01	0.005	0.0025	0.001	0.0005
1	3.078	6.314	12.71	31.82	63.66	127.3	318.3	636.6
2	1.886	2.920	4.303	6.965	9.925	14.09	22.33	31.60
3	1.638	2.353	3.182	4.541	5.841	7.453	10.21	12.92
4	1.533	2.132	2.776	3.747	4.604	5.598	7.173	8.610
5	1.476	2.015	2.571	3.365	4.032	4.773	5.893	6.869
6	1.440	1.943	2.447	3.143	3.707	4.317	5.208	5.959
7	1.415	1.895	2.365	2.998	3.499	4.029	4.785	5.408
8	1.397	1.860	2.306	2.896	3.355	3.833	4.501	5.041
9	1.383	1.833	2.262	2.821	3.250	3.690	4.297	4.781
10	1.372	1.812	2.228	2.764	3.169	3.581	4.144	4.587
11	1.363	1.796	2.201	2.718	3.106	3.497	4.025	4.437
12	1.356	1.782	2.179	2.681	3.055	3.428	3.930	4.318
13	1.350	1.771	2.160	2.650	3.012	3.372	3.852	4.221
14	1.345	1.761	2.145	2.624	2.977	3.326	3.787	4.140
15	1.341	1.753	2.131	2.602	2.947	3.286	3.733	4.073
16	1.337	1.746	2.120	2.583	2.921	3.252	3.686	4.015
17	1.333	1.740	2.110	2.567	2.898	3.222	3.646	3.965
18	1.330	1.734	2.101	2.552	2.878	3.197	3.610	3.922
19	1.328	1.729	2.093	2.539	2.861	3.174	3.579	3.883
20	1.325	1.725	2.086	2.528	2.845	3.153	3.552	3.850
21	1.323	1.721	2.080	2.518	2.831	3.135	3.527	3.819
22	1.321	1.717	2.074	2.508	2.819	3.119	3.505	3.792

（续）

df	t_α							
	0.10	0.05	0.025	0.01	0.005	0.0025	0.001	0.0005
23	1.319	1.714	2.069	2.500	2.807	3.104	3.485	3.767
24	1.318	1.711	2.064	2.492	2.797	3.091	3.467	3.745
25	1.316	1.708	2.060	2.485	2.787	3.078	3.450	3.725
26	1.315	1.706	2.056	2.479	2.779	3.067	3.435	3.707
27	1.314	1.703	2.052	2.473	2.771	3.057	3.421	3.690
28	1.313	1.701	2.048	2.467	2.763	3.047	3.408	3.674
29	1.311	1.699	2.045	2.462	2.756	3.038	3.396	3.659
30	1.310	1.697	2.042	2.457	2.750	3.030	3.385	3.646
40	1.303	1.684	2.021	2.423	2.704	2.971	3.307	3.551
50	1.299	1.676	2.009	2.403	2.678	2.937	3.261	3.496
60	1.296	1.671	2.000	2.390	2.660	2.915	3.232	3.460
80	1.292	1.664	1.990	2.374	2.639	2.887	3.195	3.416
100	1.290	1.660	1.984	2.364	2.626	2.871	3.174	3.390
120	1.289	1.658	1.980	2.358	2.617	2.860	3.160	3.373
∞	1.282	1.645	1.960	2.326	2.576	2.807	3.090	3.291

参 考 文 献

[1] 戴明. 戴明论质量管理[M]. 钟汉清, 戴久永, 译. 海口: 海南出版社, 2003.
[2] 朱兰, 德费欧. 朱兰质量手册[M]. 焦叔斌, 苏强, 等译. 北京: 中国人民大学出版社, 2014.
[3] 全国质量管理和质量保证标准化技术委员会秘书处, 中国质量体系认证机构国家认可委员会秘书处. 2000版质量管理体系标准理解与实施[M]. 北京: 中国标准出版社, 2001.
[4] 马林. 日本的质量经营[M]. 北京: 中国经济出版社, 2009.
[5] 埃文斯, 林赛. 质量管理与质量控制[M]. 焦叔斌, 译. 北京: 中国人民大学出版社, 2010.
[6] 博特 K, 博特 A. 世界级质量管理工具[M]. 遇今, 石柱, 译. 北京: 中国人民大学出版社, 2004.
[7] 今井正明. 现场改善: 低成本管理方法[M]. 华经, 译. 北京: 机械工业出版社, 2000.
[8] 马林, 何桢. 六西格玛管理[M]. 2版. 北京: 中国人民大学出版社, 2007.
[9] 田口玄一. 实验计划法[M]. 3版. [出版地不详]: 丸善株式会社, 1977.
[10] 戴明, 奥尔西尼. 戴明管理思想精要[M]. 裴咏铭, 译. 北京: 金城出版社, 2019.
[11] 本堡, 等. 注册质量工程师手册[M]. 克劳士比中国学院克劳士比管理顾问中心, 译. 北京: 中国城市出版社, 2003.
[12] 朱兰. 管理突破[M]. 侯捷心, 胡赛芳, 等译. 北京: 企业管理出版社, 2005.
[13] 铁健司. 质量管理统计方法[M]. 韩福荣, 顾力刚, 等译. 北京: 机械工业出版社, 2006.
[14] 于善奇. 质量专业常用统计技术[M]. 北京: 华龄出版社, 2003.
[15] 中国质量协会. 中国制造业企业质量管理蓝皮书: 2016年[M]. 北京: 人民出版社, 2017.
[16] 王毓芳, 郝凤. 过程控制与统计技术[M]. 北京: 中国计量出版社, 2001.
[17] 美国质量协会. 注册质量经理手册[M]. 中国质量协会, 译. 北京: 机械工业出版社, 2003.
[18] 张公绪. 质量专业工程师手册[M]. 北京: 企业管理出版社, 1994.
[19] 闵亚能. 实验设计（DOE）应用指南[M]. 北京: 机械工业出版社, 2011.
[20] 潘德, 等. 六西格玛团队实战手册[M]. 王金德, 译. 北京: 中国财政经济出版社, 2003.
[21] 大野耐一. 丰田生产方式[M]. 谢克俭, 李颖秋, 译. 北京: 中国铁道出版社, 2006.
[22] 乔治. 精益6西格玛[M]. 方海萍, 魏青江, 译. 北京: 机械工业出版社, 2003.
[23] 林秀雄. 田口方法实战技术[M]. 深圳: 海天出版社, 2004.
[24] 赵涛, 高林. 发现戴明[M]. 北京: 北京工业大学出版社, 2002.
[25] HART, STANULA. The measurement process: roadblock to product improvement[J]. Quality Engineering, 1991, 3: 4.
[26] 德费欧, 格里纳. 朱兰质量管理与分析[M]. 苏秦, 张鹏伟, 译. 北京: 机械工业出版社, 2017.